LE MENTAL
SES MYSTÈRES
ET SON CONTRÔLE

Par

SRI SWAMI SIVANANDA

**SERVEZ
AIMEZ
DONNEZ
PURIFIEZ
MÉDITEZ
RÉALISEZ**

Ainsi parle
Sri Swami Sivananda

Titre original: the mind, its mysteries and control
Publié par la Divine Life Society
www.dlshq.org

OM

1. juillet 1946

Cher Dheerender!

N'aie pas peur. Le mental est sans doute extrêmement turbulent. Par le biais de tentatives répétées, tu peux parfaitement le maîtriser.

Tu es le maître du mental. Par Abhyasa et Vairagya affirme ta maîtrise.

Ressens la puissance, la béatitude et la splendeur qui résultent de la parfaite conquête de soi.

Jugule impitoyablement le mental. Annihile les désirs. Quand les désirs meurent, le mental est ton esclave. Sois sans désir et sois victorieux.

Puisses-tu reposer dans ta liberté primitive !

Sivananda

Prière

Ô toi, l'invisible ! Ô Adorable ! Ô Suprême ! Tu imprègnes et pénètres ce vaste univers, de l'espace illimité jusqu'au minuscule brin d'herbe à mes pieds. Tu es la base de tous ces noms et de toutes ces formes. Tu es la prunelle de mes yeux, le Prema de mon cœur, la Vie même de ma vie, l'âme même de mon âme, l'illuminateur de mon intellect et de mes sens, la douce musique Anahata de mon cœur, et la substance de mes structures physique, mentale et causale.

Je te reconnais Toi seul comme le puissant dirigeant de cet univers et le contrôleur intérieur (Antaryamin) de mes trois corps. Je me prosterne encore et encore devant Toi, mon Seigneur ! Tu es mon seul refuge ! Je n'ai confiance qu'en Toi, ô océan de miséricorde et d'amour ! Élève, éclaire, guide et protège-moi. Supprime les obstacles de mon cheminement spirituel. Lève le voile de l'ignorance, ô toi Jagadguru ! Je ne peux plus supporter, même pour une seconde, les misères de ce corps, de cette vie et de ce Samsara. Donne Darsana rapidement. Ô Prabho ! Je me languis. Je fonds. Écoute, écoute ma fervente prière d'Antarika. Ne sois pas cruel, mon Seigneur. Tu es Dinabandhu. Tu es Adhama-Uddharaka. Tu es Patita Pavana (Purificateur des déchus).

Om Shanti Shanti Shanti

Note de l'éditeur

Pour tous ceux qui s'efforcent de réussir dans la vie, l'invariable pierre d'achoppement s'avère être les caprices turbulents du mental. Un mental indiscipliné rend l'être humain esclave et ruine sa vie. Le contrôler et le soumettre est le plus fâcheux des problèmes pour le chercheur de bonheur. L'importance vitale du sujet a donc incité S.A. Sri Swami Sivanandaji Maharaj à écrire cet ouvrage complet "LE MENTAL, SES MYSTÈRES ET SON CONTRÔLE". Il est destiné à servir de guide précieux à tous les aspirants et il est également d'une immense utilité pour toute personne, quel que soit son milieu. Fruit de l'expérience personnelle du vénéré auteur et rédigé dans un but pratique, "LE MENTAL, SES MYSTÈRES ET SON CONTRÔLE" est un trésor digne d'être possédé et étudié en permanence.

LA DIVINE LIFE SOCIETY

Table des matières

Préface

Le bonheur a toujours été le but premier de tout être humain. Toutes les activités de l'être humain sont orientées vers l'acquisition du maximum de bonheur dans la vie. Mais, dû à la fausse idée illusoire que les objets donneront le bonheur, il le cherche à l'extérieur. Malgré tous ses efforts pendant toute une vie, le résultat est qu'il n'obtient que des déceptions. Partout, on ne voit que la vexation et la misère. Le vrai bonheur durable se trouve à l'intérieur. Un tel bonheur ou Ananda est le Soi intérieur, l'Antaratman. La nature même de l'Atman est la pure Joie. Cela n'est jamais perçu parce que le mental est complètement extériorisé. Tant que le mental erre sans cesse au milieu des objets, toujours fluctuant, excité, agité et incontrôlé, cette vraie joie ne peut être réalisée et appréciée. Contrôler le mental agité et calmer parfaitement toutes les pensées et les désirs est le plus grand problème de l'être humain. S'il a subjugué le mental, il est l'empereur des empereurs.

Pour maîtriser le mental, il faut savoir ce qu'il est, comment il fonctionne, comment il vous trompe à chaque tournant et par quelles méthodes il peut être soumis. Dans ce livre, le sujet a été traité ; et la nature du mental, les différentes formes qu'il prend, le secret de son fonctionnement intérieur et la façon de le contrôler sont pleinement et clairement expliqués. Les éditions précédentes ont été lues avec enthousiasme et appréciées par des milliers d'aspirants qui ont écrit pour dire à quel point les instructions les avaient aidés. Les leçons et les instructions sont éminemment pratiques, et de nombreuses idées et suggestions utiles, obtenues pendant mes méditations, ont été enregistrées et exposées ici. Des conseils très utiles sur la concentration et la méditation se trouvent dans le livre qui, s'il est fidèlement suivi, apportera sans aucun doute un succès en peu de temps.

Je prie tous les aspirants, dans leur Sadhana et dans leur vie quotidienne, d'étudier constamment les précieuses instructions et de suivre les conseils pratiques donnés. Cela leur permettra sans aucun doute de maîtriser leurs passions et leurs désirs et de s'établir dans le Yoga. Le Bhakta, l'étudiant du Vedanta, le Raja Yogi, le Karma Yogi, tous trouveront dans ce livre un guide indispensable.

Les étapes ultérieures de la Sadhana du Yoga sont communes aux quatre voies. Dharana et Dhyana sont tout à fait impossibles sans au préalable soumettre le mental.

Toutes les Sadhanas ont donc pour but d'obtenir la maîtrise du mental. C'est pourquoi j'ai essayé de présenter les voies et moyens pour y parvenir par des méthodes simples, mais bien éprouvées et efficaces. Mes efforts seraient amplement récompensés même si un seul aspirant sérieux était aidé sur le chemin spirituel et atteignait le But.

Que le Seigneur, l'Antaryamin, l'Habitant Suprême inspire tout le monde à essayer le contrôle du mental et le Yoga ! Puisse-t-il accorder le succès aux aspirants sincères qui luttent pour maîtriser le mental indiscipliné ! Puissiez-vous atteindre le But de la Vie, l'Immortalité, la Connaissance Suprême et la Béatitude !

Sivananda

CHAPITRE 1

Qu'est-ce que le mental ?

"Celui qui connaît le réceptacle (Ayatana) devient en vérité le réceptacle de sa personne. Le mental est en vérité le réceptacle (de toute notre connaissance)." (Chhandogya Upanishad, V-i-5)

Ce qui vous sépare de Dieu, c'est le mental. Le mur qui se dresse entre vous et Dieu est le mental. Abattez le mur à travers Om-Chintana ou la dévotion et vous serez face à face avec Dieu.

Le mental, un mystère

La grande majorité des êtres humains ne connait pas l'existence du mental et de ses opérations. Même les personnes dites instruites ne connaissent que très peu subjectivement le mental ou sa nature et ses opérations. Ils n'ont entendu parler que d'un mental.

Les psychologues occidentaux connaissent un peu.

Les médecins occidentaux ne connaissent qu'un fragment du mental. Les nerfs afférents apportent les sensations de la périphérie ou des extrémités de la moelle épinière. Les sensations passent ensuite au bulbe rachidien, à l'arrière de la tête, où les fibres se croisent. De là, elles passent au gyrus frontal supérieur ou à la convolution frontale supérieure du cerveau dans le front, le siège supposé de l'intellect ou du mental. Le mental ressent les sensations et envoie des impulsions motrices par les nerfs afférents aux extrémités - mains, jambes, etc. Pour eux, c'est une fonction cérébrale. Le mental, selon eux, n'est qu'une excrétion du cerveau, comme le foie. Les médecins continuent de végéter dans l'obscurité la plus totale. Leurs esprits ont besoin d'un rinçage drastique pour permettre l'entrée des idées philosophiques hindoues.

Seuls les yogis et ceux qui pratiquent la méditation et l'introspection connaissent l'existence du mental, sa nature, ses voies et son fonctionnement subtil. Ils connaissent aussi les différentes méthodes pour le soumettre.

Le mental est l'un des Ashta-Prakritiques. "La terre, l'eau, le feu, l'air, l'éther, le mental, la raison et l'égoïsme constituent la division octuple de ma nature " (Gita, VII-4).

Le mental n'est rien d'autre que l'Atma-Sakti. C'est le cerveau qui veut se reposer (dormir), mais pas le mental. Un Yogi qui a contrôlé le mental ne dort jamais. Il obtient un repos pur de la méditation elle-même.

Comment le mental est-il né ?

Le mental est Atma-Sakti. C'est par le mental que Brahman se manifeste comme l'univers différencié avec des objets hétérogènes. Brahma pensa : "Là, en effet, sont les mondes ; je vais créer les protecteurs des mondes." Il a recueilli Purusha (Hiranyagarbha) à partir des eaux et l'a façonné. Il l'a chauffé par la chaleur de la méditation. Lorsqu'il fut ainsi chauffé, son cœur éclata. Du cœur, le mental est venu ; du mental, la lune, la divinité qui préside le mental. (Le cœur est le siège du mental ; ainsi, le mental est sorti quand le cœur a éclaté. Dans le Samadhi, le mental va à son siège original, c'est-à-dire le cœur. Dans le sommeil aussi, il se repose dans le cœur avec un voile d'ignorance entre lui et Brahman) (Aitareya Upanishad, 1-3-4).

Mental cosmique et mental individuel

Hiranyagarbha, autrement connu comme Karya Brahman et Sambhuti, est le mental cosmique. Il est la somme totale (Samashti) de tous les mentaux. Le mental individuel est relié au mental cosmique. Le mental cosmique, Hiranyagarbha, le mental superconscient, le mental infini, le mental universel sont des termes synonymes. Différents auteurs ont utilisé des termes différents. Ne soyez pas perplexes. Ne soyez pas confus. C'est seulement Sabda-bheda.

Hiranyagarbha est aussi le Prana cosmique. Il est le Sutratman (Soi filiforme). Il représente la centrale électrique cosmique. Les différents Jivas représentent les différentes petites ampoules. L'électricité de la centrale électrique circule à travers des fils de cuivre isolés dans les ampoules, de la même façon, l'énergie de Hiranyagarbha circule dans les Jivas.

Étant très subtil, le mental est en étroite apposition ou contact avec le mental des autres, bien que le crâne humain s'interpose entre eux. Au fur et à mesure que le mental évolue, vous entrez en relation consciente avec les courants mentaux, avec le mental des autres - proches et lointains, vivants et morts. Le mental individuel de A, bien que séparé de la substance mentale utilisée par d'autres individus, B, C, D, E, X, Y, etc., par une mince paroi de matière très fine, est réellement en contact avec les autres mentaux apparemment séparés et avec le mental universel dont il fait partie.

Si A est un ami de B, le mental de A est relié au mental de B. Le mental des amis, des parents, des frères de A est attaché au mental de A. Le mental de plusieurs personnes est également lié de façon similaire au mental de B. Le mental de ceux qui sont attachés au mental de A est, par conséquent, connecté, à son tour, avec le mental de ceux qui sont reliés au mental de B. De cette manière, un seul mental est en contact avec le mental de tout le monde. C'est la théorie du Vibhu du mental du Raja Yoga.

Le mental dans la philosophie Sankhya

Dans la philosophie Sankhya, Mahat est le terme utilisé pour désigner " le mental cosmique " ou " le mental universel ". C'est le premier principe qui est dérivé d'Avyakta. C'est le premier principe qui se manifeste à partir de l'Avyakta non-manifesté. La roue de la charrette à bœuf repose sur les rayons. Les rayons reposent sur le moyeu. De même, le mental repose sur Prakriti et Prakriti repose sur Brahman.

De Mahat vient Ahankara. De Ahankara Sattvique vient le mental ; de Ahankara Rajasique vient le Prana ; de Ahankara Tamasique, Tanmatras ; de Tanmatras, les éléments bruts ; des éléments bruts, l'univers brut. Le mental n'est autre qu'Ahankara, l'idée du " Je ". Il est, en effet, difficile d'échapper à cette idée de " Je ". Le mental s'attache toujours à quelque chose d'objectif (Sthula). Il ne peut pas se tenir tout seul. C'est seulement ce mental qui s'affirme comme " Je " dans ce corps.

L'idée du "je" est la graine de l'arbre du mental. Le germe qui jaillit en premier de cette graine d'Ahankara est Buddhi. De ce germe, les branches ramifiées appelées Sankalpas ont leur origine.

Linga Sarira et Antahava Sarira

Le mental est le Tattva le plus important du Linga Sarira. Le Linga Sarira est le corps astral ou Sukshma Sarira qui est lié au corps physique par le Prana physique et qui se sépare à la mort du corps physique et voyage au Svarga ou au ciel. C'est ce corps qui fait l'Avagamana (aller et venir). Ce corps se fond en Videha Mukti (le salut désincarné).

Il y a une différence entre le Linga Sarira et l'Antarvaha Sarira. Le Linga Sarira est un corps astral avec dix-sept Tattvas, à savoir, cinq Karma-Indriyas, cinq Jnana-Indriyas, cinq Pranas, le mental et Buddhi. Antarvaha Sarira est très pur. Il est plein de Sattva. Il est libre de Rajas et de Tamas. C'est avec ce corps qu'un Yogi passe d'un corps à l'autre (Parakaya-Pravesa). Lila, par la grâce de Sarasvati, est sortie du corps physique et a voyagé vers des mondes supérieurs avec ce Sarira Antarvaha. Vous trouverez ceci dans le Yogavasishtha. Sri Sankaracharya, Raja Vikramaditya, Hastamalaka et Tirumular avaient Antarvaha Sarira. Avec l'aide de ce type spécial de corps pur, ils passèrent dans le corps d'autres personnes. Un Yogi avec Antarvaha Sarira a Sat-Sankalpa ou Suddha Sankalpa.

Le mental est une matière subtile

Le mental n'est pas une chose grossière, visible et tangible. Son existence n'est visible nulle part. Sa magnitude ne peut être mesurée. Il n'a pas besoin d'un espace pour exister.

Le mental et la matière sont deux aspects en tant que sujet et objet d'un seul et même Brahman tout entier, qui n'est ni l'un ni l'autre et qui pourtant

14

inclut les deux. Le mental précède la matière. C'est la théorie Védantique. La matière précède le mental. C'est la théorie scientifique.

On peut dire que le mental est immatériel seulement dans le sens qu'il n'a pas les caractéristiques de la matière pesante. Cependant, il n'est pas immatériel dans le sens où Brahman (Esprit Pur) l'est. Le mental est la forme subtile de la matière et donc le stimulateur du corps. Le mental est constitué de matière subtile, Sattvique, Apanchikrita (non quintuplée) Tanmatrique. Le mental est toute électricité. Selon le Chhandogya Upanishad, le mental est formé à partir de la partie la plus subtile de la nourriture.

Le mental est la matière. Le mental est la matière subtile. Cette discrimination repose sur le principe selon lequel l'âme est la seule source d'intelligence ; elle est autoévidente ; elle brille par sa propre lumière. Mais les organes (le mental et les sens) tirent leur principe d'activité et de vie de l'âme. Par eux-mêmes, ils sont sans vie. L'âme est donc toujours un sujet et jamais un objet. Le Manas peut être un objet de l'âme. Et c'est un principe cardinal du Vedanta que ce qui est un objet pour un sujet est non intelligent (Jada). Même le principe de la conscience de soi (Aham Pratyak-Vishayatva) ou Ahankara est non intelligent ; il n'existe pas par sa propre lumière. Pour l'âme il est un objet d'aperception.

Le mental corps

Tout comme le corps physique est composé de matières solides, liquides et gazeuses, le mental est lui aussi composé de matières subtiles de divers degrés de densité avec différents taux de vibration. Un Raja Yogi pénètre à travers différentes couches du mental par une intense Sadhana. Le corps mental varie beaucoup selon les personnes. Il est composé de matière grossière ou plus fine, selon les besoins de la conscience plus ou moins développée qui lui est liée. Chez les personnes instruites, il est actif et bien défini ; chez les personnes non développées, il est trouble et mal défini.

Il existe plusieurs zones ou tranches dans le corps mental tout comme il existe divers compartiments dans le cerveau pour des types de pensées particulières. Lors d'une colère intense, le mental tout entier est imprégné de la teinte noire de la méchanceté et de la mauvaise volonté, qui s'exprime par des serpentins d'une noirceur orageuse, d'où jaillissent des flèches ardentes de colère, cherchant à blesser celui pour lequel la colère est ressentie.

Types de mental

Chaque personne a un monde mental qui lui est propre. Chaque être humain diffère entièrement d'un autre être humain par son mode de pensée, son tempérament, ses goûts, sa mentalité, ses caractéristiques physiques, etc. Observez attentivement le nez, les oreilles, les lèvres, les yeux, les sourcils, la disposition des dents, les épaules, les mains, les doigts, les orteils, le regard, la voix, la démarche, la façon de parler, etc. des différentes personnes. Vous trouverez de grandes différences. Même les lignes de la paume de la main seront différentes. Il n'y a pas deux feuilles identiques. La variété est la beauté de la création.

Il y a différents types de mental. Le type de mental bengali est émotionnel et adapté à la dévotion et à l'art. Le type de mental Madrasi est intellectuel et intelligent en mathématiques. Le type de mental Punjabi et le type de mental Maharashtra sont chevaleresques. Le Bengale a produit des saints émouvants, le Seigneur Gouranga ou Chaitanya Mahaprabhu, Sri Ramakrishna Paramahamsa Deva, etc. Madras a produit des philosophes intellectuels comme Sri Sankara et Sri Ramanuja. Le Pendjab a produit Guru Nanak, Guru Govind Singh, etc. La Sadhana et la voie du Yoga varient selon le type de mental, le tempérament et la capacité. Les goûts diffèrent également. La vue d'un poisson apporte une joie excessive à un Bengali. La vue du tamarin et des piments excite le nerf glosso-pharyngien d'un Madrasi. La vue d'un fruit de Palmyre excite le Tamoul Jaffna de Ceylan et apporte une joie excessive. La vue de la viande apporte une joie particulière à un mangeur de viande. N'est-ce pas un mystère qu'un objet se trouve à l'extérieur et que la salive apparaisse dans la langue à sa vue ? Parce que vous vivez cette expérience au quotidien, vous n'y attachez pas beaucoup d'importance. Le mental est très mystérieux. Tout comme Maya.

Même un mental infiniment supérieur n'est qu'un mental, et du même moule que celui de n'importe quelle autre personne.

Taille du corps mental

Le mental est atomique (Anu) selon l'école Nyaya ; il est omniprésent (Vibhu) selon l'école Raja Yoga de Maharshi Patanjali ; il est de taille moyenne (même taille que celle du corps) selon l'école Védantique.

Aura mentale

Le mental a une aura (aura mentale ou aura psychique). L'aura est Tejas, la brillance ou le halo qui émane du mental. L'aura de ceux qui ont développé leur mental est extrêmement brillante. Elle peut parcourir de longues distances et affecter de façon bénéfique un grand nombre de personnes qui sont sous son influence. L'aura spirituelle est plus puissante que l'aura psychique ou pranique.

Influence d'un mental fort sur un mental faible

Un mental fort a une influence sur les esprits faibles. Un hypnotiseur avec un mental fort hypnotise tout un groupe ou un cercle de personnes avec un mental faible.

Certains d'entre nous sont bien plus sensibles que d'autres. En tant qu'organisme, leur corps est plus finement et plus sensiblement construit. Ce sont, en général, des personnes qui sont toujours plus ou moins affectées par la mentalité des autres personnes avec lesquelles elles sont en contact.

Celui qui a purifié son mental devient un centre de force. Le mental inférieur, impur et faible est inconsciemment attiré vers le mental purifié et plus élevé, parce qu'ils tirent la paix, la puissance et la force du mental plus élevé et purifié.

Remarquez l'influence d'un mental hautement développé sur un mental moins développé. Il est impossible de décrire ce que c'est que d'être en présence d'un Maître ou d'un adepte développé. S'asseoir en sa présence, bien qu'il ne dise pas un mot, c'est ressentir une sensation exaltante au point de ressentir de nouvelles inspirations qui nous touchent mentalement. C'est une expérience extraordinaire.

Si vous voulez boire de l'eau au robinet, vous devrez pencher votre corps. De même, un mental inférieur devra se plier (pour être humble) devant un mental développé s'il veut s'imprégner de ses vertus. La pensée elle-même doit être calme et imperturbable. Alors seulement, vous pourrez y puiser des inspirations. Ce n'est que dans ces conditions que des influences bienveillantes peuvent être jetées du haut vers le bas dans le mental inférieur. Dans de tels états mentaux calmes, vous pouvez être en communion avec Dieu. La planification, la colère et les humeurs dépressives perturbent le mental et agissent comme des obstacles à la réalisation de Dieu.

Le mental est en constant changement

Le mental n'est rien d'autre qu'une collection de Samskaras. Il n'est rien d'autre qu'un ensemble d'habitudes. Il n'est rien d'autre qu'un ensemble de désirs qui naissent du contact avec différents objets. C'est aussi une collection de sentiments suscités par les préoccupations du monde. C'est une collection d'idées recueillies à partir de différents objets. Or, ces désirs, idées et sentiments changent constamment. Certains des anciens désirs et sentiments partent constamment de leur entrepôt le mental, et de nouveau les rejoignent.

Ce changement constant n'interfère en rien avec l'harmonie des opérations mentales. Seuls certains des vieux désirs, idées et sentiments s'en vont. Ceux qui restent travaillent en saine coopération et en harmonie avec les nouveaux venus. Les nouveaux arrivants sont fortement magnétisés par les anciens. Ils travaillent tous les deux en harmonie et cette harmonie soutient l'identité de l'existence mentale.

Le mental n'est pas seulement construit quotidiennement, mais toujours construit. Chaque minute, il change de couleur et de forme comme un caméléon. Il est très Chanchala (vacillant) et Asthira (instable)-(Gita, VI, 26). Le mental est en perpétuel changement. Vous faites de nouvelles expériences chaque jour. Vos croyances et votre conscience de 1932 et la faculté qui juge le bien du mal changeront en 1942. Le mental évolue par l'expérience. Le monde est le meilleur enseignant ou Guru.

Selon l'état de ses connaissances, la conscience de l'être humain se construit et se modifie au fil du temps, par la correction de ses opinions due à la lumière des nouvelles connaissances acquises. La conscience est une conviction propre à l'humain, à laquelle on arrive soit instinctivement, soit par le raisonnement. La conscience d'un enfant ou d'un sauvage est entièrement différente de la conscience d'une personne civilisée adulte. Même parmi les personnes civilisées, la connaissance varie tellement que leurs consciences déterminent des lignes de conduite différentes. La conscience d'une personne Sattvique diffère considérablement de celle d'une personne Rajasique. La conscience d'une personne Sattvique est très, très claire et pure.

Esprit quadruple ou Antahkarana Chatushtaya

Antahkarana est un terme utilisé par les Vedantins pour inclure le mental, Buddhi, Chitta et Ahankara. Lorsqu'il est utilisé dans un sens large, il signifie l'instrument interne. Antah" signifie interne, "Karana" signifie instrument. C'est l'instrument intérieur (par opposition au terme Bahya Karana, instrument extérieur ou les sens ou Indriyas) par lequel vous ressentez, percevez, pensez et raisonnez.

Ahankara est dérivé de Prithvi-Tanmatra. (Les Tanmatras sont des Sukshma Bhutas ou des éléments subtils. Les cinq éléments bruts sont dérivés des Tanmatras). Chitta est dérivé de Jala-Tanmatra ; Buddhi de Agni-Tanmatra ; le mental de Vayu-Tanmatra ; le cœur de Akasa-Tanmatra.

Le mental est Chetana (intelligent) en comparaison avec les sens. Il est Jada (non intelligent) en comparaison avec Buddhi. Sankhya Buddhi ou Buddhi dans la philosophie Sankhya est la volonté et l'intellect combinés. Certains mettent Chitta sous le mental, Ahankara sous Buddhi.

Manas, Buddhi, Chitta et Ahankara ne sont que des Vritti-bhedas ou des aspects fonctionnels du mental. Le Manas a toutes choses pour objet et s'étend à travers le passé, le présent et le futur ; il est unique, mais a des fonctions diverses. Vous êtes un Juge lorsque vous exercez vos pouvoirs judiciaires au tribunal. Vous êtes un cuisinier lorsque vous travaillez dans la cuisine. Vous êtes président d'une association lorsque vous occupez le fauteuil à ce titre. Vous êtes la même personne, mais vous fonctionnez différemment et vous êtes appelé par des noms différents selon ces différentes fonctions. De même, lorsque le mental fait Sankalpa-Vikalpa (pensée et imagination), il est appelé le mental ; lorsqu'il discrimine et décide, il est Buddhi ; lorsqu'il s'autoarroge, il est Ahankara ; lorsqu'il est l'entrepôt de Samskaras et le siège de la mémoire, il est Chitta ; également lorsqu'il fait Dharana et Anusandhana.

Qui a donné la fraîcheur à l'eau, la chaleur au feu, le mouvement à l'air ? Ces qualités sont leur nature même. De même, le mental a son Svabhava de courir vers les objets, son Buddhi de déterminer, son Ahankara de s'affirmer et de s'identifier, son Chitta de penser (Smriti) à ces objets qui sont identifiés par Ahankara.

Lorsque le mental est à l'œuvre, Buddhi et Ahankara travaillent simultanément avec le mental. Le mental, Buddhi et Ahankara travaillent en saine coopération. Le mental fait Sankalpa-Vikalpa. Il pense si une certaine chose est bonne ou mauvaise. Buddhi vient pour la détermination. C'est Buddhi qui discrimine les Vishaya (Nischyatmika, Vyavasayatmika).

Le Svarupa du mental est seulement la pensée. Le mental est Sankalpa-Vikalpatmaka. Il est Vyakaranatmaka quand il transmet les décisions de Buddhi, les messages de Buddhi aux organes d'action pour exécution. Le mental sélectionne, assiste et rejette.

Fonctions du mental

La sensation, la pensée et la volition sont les trois fonctions du mental. La cognition, le désir et la volonté sont les trois processus mentaux.

Le mental a trois états, à savoir, actif, passif et neutre. Le mental veut toujours de la variété et de nouvelles sensations. Il est dégoûté par la monotonie.

La Loi de l'Association, la Loi de la Continuité et la Loi de la Relativité sont les trois principales lois du mental.

Le changement (Parinama), l'activité (Cheshta), la suppression (Nirodha), l'idéation et l'action (Sakti), la vie physique (Jivana), la caractérisation (Dharma) sont les caractéristiques du mental.

Penser, planifier, ressentir, connaître sont les différentes activités qui se déroulent dans le mental. Parfois on planifie. Parfois, on ressent. Parfois vous essayez de savoir. Parfois vous pensez sérieusement. Parfois vous voulez (volition). La volonté met en jeu toutes les facultés mentales. Vous devez être capable de savoir par introspection ce qui se passe exactement à différents moments dans le mental.

Aspects du mental

Le mental conscient ou objectif, le mental subconscient ou subjectif (Chitta) et le mental superconscient sont trois aspects du mental. Vous voyez, entendez, lisez avec le mental objectif.

Le mental sensitif, le mental rationnel et le mental intuitif sont trois aspects du mental selon une autre classification des philosophes occidentaux.

Le cœur est le siège de quatre Tattvas-Prana, le mental, Ahankara et Atman. Selon le Vedanta, le siège du mental est le cœur. Ajna Chakra, qui est constitué de deux lotus et qui est situé provisoirement dans l'espace entre les deux sourcils, est le siège du mental selon l'école de Hatha Yoga.

Siège du mental

Le mental possède diverses facultés et centres et fonctionne par l'intermédiaire de centres physiques correspondants dans le cerveau. Le mental, le Buddhi et la compréhension sont dans le Linga Sarira, mais ils opèrent à travers des centres correspondants dans le cerveau physique. Le cerveau n'est pas le mental comme le pensent les Occidentaux. Le mental a son siège dans le cerveau physique. Il acquiert des expériences de cet univers physique par les vibrations du cerveau.

Un roi, bien qu'il ait une influence totale sur tout son territoire, bien que tout le royaume lui appartienne, a des endroits spéciaux pour sa résidence. Il a un palais splendide dans la capitale et une autre belle construction palatiale dans le Mussoorie ou le mont Abu pour l'été. Même si le mental est omniprésent dans le corps, il a trois endroits où il peut résider pendant les trois états : Nagrat, Svapna et Sushupti. Le mental dort profondément dans le cœur. Dans le rêve, le mental est dans le cou. En état de veille, le siège du mental est l'œil droit ou Ajna Chakra. Notez simplement ce que vous faites dans l'Alochana (pensée profonde). Vous tenez votre doigt sur le menton, tournez le cou vers le côté droit, tournez le regard vers l'espace entre les deux sourcils et commencez alors à réfléchir sérieusement sur le problème en cours. Cela montre que le siège du mental est Ajna Chakra.

Le mental n'est pas l'Atman

En Occident, les psychologues font une grave erreur en disant que la conscience est une fonction et un attribut du mental. C'est seulement Chit ou Atman qui est la Conscience Pure elle-même. Le mental emprunte sa lumière à sa source Atman, la Lumière des lumières ou le Soleil des soleils et brille temporairement comme conscience, comme la dorure dans le laiton. Le mental emprunte sa lumière et son pouvoir de Brahman, la source (Yoni), tout comme la barre de fer emprunte sa chaleur et son éclat du feu. Le mental est Jada ou non-intelligent, mais semble être intelligent en empruntant la lumière à Brahman, tout comme l'eau exposée au soleil emprunte la chaleur du soleil.

Le mental ne peut faire qu'une chose à la fois. Il est fini (Parichhinna). Il est Jada. Il est l'effet (Karya) du Sattva Guna. Il est Vinasi (périssable). Il est Chanchala (toujours fluctuant). Il est un faisceau d'idées, de

Samskaras, d'habitudes, d'impulsions et d'émotions. Il emprunte la lumière à l'Adhishthana (le substrat sous-jacent), Brahman. Vous pouvez contrôler le mental. Le penseur est différent de la pensée. Il n'y a pas de fonctionnement du mental dans le sommeil profond. Vous dites toujours "Mon mental", comme si le mental était un de vos instruments, tout comme votre canne ou votre parapluie. Par conséquent, le mental n'est pas l'Atman qui brille de lui-même.

Même en cas de délire ou de paralysie des fonctions mentales, lorsqu'un homme perd partiellement ou totalement sa mémoire et ses autres facultés, "Il" reste. Le "Je" existe (Aham Asmi). Le mental semble autant être votre propriété et être hors de vous que les membres, le vêtement porté ou le bâtiment dans lequel vous habitez. Par conséquent, le mental est différent du " Je ".

Le mental tâtonne dans l'obscurité. Il oublie chaque moment. Il change chaque seconde. Si la nourriture est retirée pendant quelques jours, il ne peut pas penser correctement. Il n'y a pas de fonctionnement du mental pendant le sommeil profond. Il est plein d'impuretés, de Vasanas et de Trishnas (envies). Il devient perplexe pendant la colère. Dans la peur, il tremble. En état de choc, il sombre. Comment pouvez-vous donc prendre le mental comme le Soi pur ?

Manas est un organe de sensation et de pensée. Cet instrument doit être sous le contrôle de celui qui l'utilise. Jiva ou âme humaine n'est pas le dirigeant du mental, car nous voyons que les humains ordinaires ne peuvent pas contrôler leur mental. Ils sont simplement influencés ici et là par un Raga-Dvesha mesquin, l'émotion et la peur. Par conséquent, il doit exister un autre Être, qui est le Dirigeant du mental. Qui est cet Être ? C'est le Manasah pati (Seigneur du mental), Antaryamin, Kutastha Brahman.

Tout comme vous voyez l'arbre devant vous, il doit y avoir quelqu'un pour voir et savoir ce qui se passe dans le mental des Jivas. Ce quelqu'un, c'est Kutastha. Kutastha est Brahman lui-même. Il y a un gobelet devant vous. Il ne peut pas se voir lui-même. Il faut un instrument, l'œil et celui qui voit. Si vous dites que le gobelet peut se voir lui-même, alors il y aura Karmakartritva-bhava-virodha. C'est une logique absurde. Par conséquent, vous devez admettre qu'il y a un Sakshi silencieux du mental, qui est éternel, immuable, éternel connaisseur, qui est toujours le sujet qui connaît. Il est témoin des motivations et des modifications qui surgissent dans le mental des Jivas.

Isvara ou Saguna Brahman (Dieu personnel) a la pleine conscience de Nirguna Brahman. C'est Sa Svarupa- Lakshana. En même temps, il a la pleine conscience cosmique. Il sait ce qui se passe dans chaque mental.

La Conscience en soi ou la Conscience Absolue est commune à tous. Cette pure conscience est une. C'est le Kutastha Chaitanya. Tous les travaux du mental, toutes les modifications qui surviennent dans le mental de tous sont présentés à la seule conscience commune qui est le témoin des Vrittis mentales. Même si la conscience est une, lorsque Rama est piqué par un scorpion, seul Rama ressent et non son ami Krishna qui se tient près de lui. L'Antahkarana ou le mental est différent chez chaque individu. C'est l'Antahkarana qui le limite ; il est en réalité identique au Brahman ou à l'Âme Suprême. Cette identité est réalisée lorsque l'Avarana ou le voile de l'ignorance est enlevé.

Le mental est un objet de perception pour Brahman. L'Atman reconnaît directement tous les phénomènes du mental, c'est-à-dire le désir, l'imagination, le doute, la croyance, l'incrédulité, la honte, l'intelligence, la peur, etc. Il reste Lui-même tout à fait libre et non affecté comme l'éther omniprésent, comme le cristal qui reflète les objets de différentes couleurs, comme le soleil.

Atman : la source pour le mental

Manas, qui se développe par Sankalpas et Vikalpas, est généré avec Brahman comme cause. La forme que l'Atman sans fin (l'Esprit Suprême) assume par le biais de Sankalpa est Manas (le mental). Il a d'abord tourné le dos à la discrimination et s'est donc empêtré dans les plis des Vasanas des objets. Le substrat sous-jacent, Adhishthana du mental, la source ou la base du mental est Atman ou Brahman ou Conscience Absolue. Le Pouvoir des pouvoirs qui donne le pouvoir au mental, la Lumière des lumières qui éclaire le mental, le Sage des voyants qui est témoin des motivations et des mouvements du mental, le Support des supports sur lesquels le mental se repose dans le sommeil est BRAHMAN.

"*Om Keneshitam Patati Preshitam Manah* ; voulu et dirigé, par qui le mental se dirige-t-il vers ses objets désirés ?" (Kenopanishad). A ce pouvoir des pouvoirs, je m'incline les mains jointes. Je suis ce Pouvoir des pouvoirs (Soham, Sivoham).

Cet Être Suprême sans Second qui réside dans les profondeurs de vos cœurs en tant qu'Antaryamin ou Dirigeant ou Contrôleur Intérieur ou Sutradhara ou Sakshi (Témoin silencieux), Antaratman (Moi intérieur), qui n'a ni commencement, ni milieu, ni fin, qui est la source de ce monde, les Védas, le corps, le mental, les Indriyas et le Prana, qui est omniprésent, qui est immuable, qui est une Essence homogène (Ekarasa), qui existe dans le passé, le présent et le futur, qui est auto-existant (Svayambhu), qui est indépendant (Svatantra) et qui est autolumineux (Svayam- jyotis) est Dieu ou Atman ou Brahman ou Purusha ou Chaitanya ou Bhagavan ou Purushottama.

Pendant le rêve, vous êtes une lumière splendide, éclatante. D'où vient-elle ? D'Atman. La lumière qui est présente dans le rêve indique clairement que l'Atman est autolumineux (Svayamjyotis, Svaprakasha).

Dieu est Vérité. Dieu est Amour. Dieu est Lumière des lumières. Dieu est Paix. Dieu est Connaissance. Dieu est incarnation de la Béatitude. Dieu est de Sat-Chit-Ananda, Existence Absolue, Connaissance Absolue et Béatitude Absolue. Dieu est Éternité. Dieu est Immortalité. Dieu est Infinité. Dieu est Avinasi, le Vastu Suprême. Dieu est Essence ou Substance Omniprésente. Dieu est le seul Sara Vastu. Dieu est Beauté Infinie.

Bhagavan est un terme synonyme de Dieu. Celui qui possède les six attributs, à savoir, Jnana (sagesse), Vairagya (détachement), Yasas (renommée), Aisvarya (pouvoirs divins), Sri (richesse) et Dharma (droiture) dans leur pleine mesure est Bhagavan.

Selon Vayu Purana, "Omniscience, satisfaction, connaissance éternelle, indépendance, présence constante du pouvoir, infinité de pouvoirs - ces six aspects sont, dit-on, les aspects (Angas) du Grand Seigneur".

Sarvajnatva (omniscience, connaissance de tous les mondes, leurs Jivas et leurs Karmas), Sarvesvaratva (souveraineté suprême de tous, pouvoir de distribuer les fruits de tous les Jivas), Sarvantaryamitva (contrôle intérieur de tous les noms et de toutes les formes et de tous les Indriyas et mentaux), Sarvakaranatva (causalité pour la création, la préservation et la destruction de tous), Sarvaniyantritva (faire tout sans faillir à Niyama), Sarvakartritva (faire toutes les actions), Sarvasaktimatva (omnipotence), Svatantratva (indépendance absolue) sont les huit attributs de Dieu.

"La connaissance, l'absence de désir, le pouvoir de contrôle, l'action purificatrice, la vérité, le pardon, l'endurance, la création, la Connaissance du Soi, et étant le substrat de toutes les activités, ces dix qualités immuables (Avyaya) vivent toujours dans la Grande Source de tout Bien".

Srishti (création), Sthiti (préservation), Samhara (destruction), Tirodhana (voile) et Anugraha (bénédiction) sont les cinq sortes d'action (Panchakrityas) de Dieu.

Dieu est le Niyamaka (chef), Antaryamin (connaissance du cœur) et Preraka (souffleur). Il aide les Sadhakas de différentes manières, c.-à-d. par les rêves, la Voix Intérieure, en parlant par la bouche des autres dans les conversations quotidiennes, et les conseils des amis.

Nitya Sukha (félicité éternelle), Parama Santi (paix suprême), Nitya Tripti (satisfaction éternelle), bonheur infini, Akhanda Sukha (joie ininterrompue) ne peuvent être obtenus qu'en Dieu. Atteignez cette conscience de Dieu ou réalisation de soi ou Darshana de Dieu par Ananya

Bhakti ou Vichara. C'est le but de la vie. C'est votre devoir le plus élevé. Tous les autres devoirs sont secondaires.

L'essence des Indriyas est le mental ; l'essence du mental est Buddhi ; l'essence de Buddhi est Ahankara ; l'essence d'Ahankara est Jiva (l'âme individuelle). Brahman ou Suddha Chaitanya est l'utérus ou Yoni ou Adhishthana ou le substrat pour tout. Il est le Sakshi ou le témoin de tout.

Atman est le propriétaire de la grande entreprise, cette fabrique mentale. Buddhi est le directeur. Le mental est le chef de bureau. Le chef de bureau a deux fonctions à remplir. Il reçoit des ordres directs du directeur et il doit aussi superviser les ouvriers. De même, le mental a deux fonctions. Il a des connexions avec Buddhi, le manager et les Karma-Indriyas, les ouvriers.

Le mental est plus interne que la parole. Buddhi (l'intellect) est plus interne que le mental. Ahankara est plus interne que Buddhi. Jiva Chaitanya (Abhasa, l'intelligence réfléchie) est plus interne qu'Ahankara. Atman ou Kutastha est plus interne que Jiva Chaitanya. Il n'y a rien d'interne à l'Atman. C'est le Paripurna (Tout Plein).

Lorsque, en analysant votre propre mental, vous vous trouvez face à face avec quelque chose qui n'est jamais détruit, quelque chose qui est par nature éternellement pur, parfait, lumineux et immuable, vous ne serez plus misérable, plus malheureux.

Il n'existe qu'une seule Essence. Elle est Une sans seconde (*Ekameva Advitiyam Brahma*). C'est Ananta, sans tache, toujours pure et Paripurna. Méditez sur elle sans fluctuation du mental et, avec une véritable tranquillité d'esprit, libérez-vous de toutes les souffrances. Étant tout à fait irréel, Ahankara périra par l'effort.

Preuve de l'existence du mental

Quelle est la nature de l'Atman ou de Brahman ? C'est Sat-Chit-Ananda. L'Atman est Vyapaka. Alors, qu'est-ce qui limite la vision de l'âme individuelle ? C'est seulement le mental. Ce fait prouve l'existence d'un instrument interne, le mental.

Dans le commentaire sur le Brihadaranyaka, Sri Sankara donne deux preuves de l'existence de Manas.

D'une part, c'est Manas qui rend possible toute connaissance par les sens. C'est ce qu'on appelle le Sarva Karma Vishaya Yoga. La connaissance par les sens est le produit de la connexion entre le mental et les organes sensoriels. C'est pourquoi il n'y a pas de simultanéité de la connaissance des impressions reçues par les différents organes sensoriels. Les gens disent : " Mon mental était ailleurs. Je n'ai pas vu ça." L'impossibilité de cette simultanéité de la connaissance à travers divers organes sensoriels est une indication de l'existence du mental.

L'âme est un facteur constant. Entre l'Atman et les organes des sens, un lien de connexion est nécessaire. Nous devons reconnaître l'existence d'un organe interne (le mental), à travers lequel l'attention et la non-attention, la perception se produit. Si nous n'admettons pas l'organe interne, il en résulterait soit une perception perpétuelle, soit une non-perception perpétuelle ; la première lorsqu'il y a une conjonction de l'Atman, du sens (Indriya) et de l'objet (Vishaya), les trois constituant les instruments de la perception. Si, sur la conjonction de ces trois causes, l'effet ne suivait pas, il y aurait une perpétuelle non-perception. Mais ce n'est pas le cas non plus. Nous devons donc reconnaître l'existence d'un organe interne sur l'attention (Avadhana) et la non-attention (Anavadhana) duquel se produit la perception et la non-perception. C'est l'argument en faveur de l'existence de l'Antahkarana ou mental.

L'autre preuve est la capacité de jugement que nous possédons. Quelqu'un que nous ne pouvons pas voir nous touche ; et, nous en déduisons la personne. Or, le simple toucher ne peut pas nous faire prendre conscience de ce fait. La faculté par laquelle nous faisons une telle déduction est Manas.

Connaissances particulières qui différencient l'être humain de l'animal.

Un animal n'est pas capable de se "connaître". Il n'a que la conscience physique. Il n'a pas de conscience de soi. Un animal ressent l'inconfort et la douleur. Il n'est pas capable d'analyser ses propres états mentaux. Non seulement un humain sait, mais il sait qu'il sait. C'est soit la conscience mentale, soit la conscience de soi. Non seulement un humain sent ou ressent les choses, mais il a des mots pour exprimer ses sentiments et ses sensations. Il peut décrire ses sentiments de façon vivante. Il peut penser qu'il les ressent lui-même. Il peut se séparer de la sensation des sentiments. Il est capable de penser : " Je ressens, j'entends, je vois, je sens, je goûte, je désire, j'agis, j'aime ".

"Je connais ce livre." "Je sais aussi que je connais ce livre." C'est une conscience de soi propre aux êtres humains seulement.

Au poste de police, le Chaprasi (péon) sonne dix heures à la porte. Le son vibre et passe dans les oreilles des humains et des animaux. Les animaux entendent également dix fois les coups. Mais l'humain les compte et sait par sa Buddhi, "Maintenant il est dix heures." Il a cette Visesha Jnana (connaissance spéciale) ; tandis que les animaux ont Samanya Jnana (connaissance ordinaire). C'est cette connaissance spéciale qui différencie un humain d'un animal. Ahara (nourriture), Nidra (sommeil), Bhaya (peur) et Maïthuna (copulation) sont communs aux deux. Grâce à cette Visesha Jnana, il connaît le bien du mal, le bon du mauvais, ce qu'il faut faire (Kartavya) et ce qu'il ne faut pas faire (Akartavya).

25

Les quatre sources de la connaissance

L'inspiration, la révélation, la perspicacité, l'intuition, l'extase, la vue divine et l'état de Paramananda sont les sept plans de connaissance. Il y a quatre sources de connaissance, à savoir l'instinct, la raison, l'intuition et la super-intuition ou Brahma-Jnana.

Instinct

Lorsqu'une fourmi marche sur votre bras droit, le bras gauche se déplace automatiquement vers le bras droit pour éloigner la fourmi. Là, le mental ne raisonne pas. Lorsque vous voyez un scorpion devant votre jambe, vous retirez automatiquement votre jambe. C'est ce qu'on appelle le mouvement instinctif ou automatique. Lorsque vous traversez une rue, vous bougez instinctivement votre corps pour éviter les voitures ! Il n'y a pas de Vritti dans un tel mouvement mécanique.

L'instinct se retrouve chez les animaux et les oiseaux. Chez les oiseaux, l'ego n'interfère pas avec le libre flux divin et le jeu divin. Par conséquent, le travail qu'ils font par leur instinct est plus parfait que celui des êtres humains. N'avez-vous pas remarqué l'excellent travail des oiseaux dans la construction de leurs merveilleux nids ?

Raison

La raison est plus élevée que l'instinct et ne se trouve que chez les êtres humains. Elle rassemble des faits, généralise, raisonne de cause à effet, d'effet à cause (méthodes de raisonnement a priori et a posteriori), des prémisses aux conclusions, des propositions aux preuves. Elle conclut, décide et rend un jugement. Elle vous amène en toute sécurité à la porte de l'intuition et vous y laisse.

La croyance, le raisonnement, la connaissance et la foi sont les quatre processus psychiques importants. D'abord, vous avez la foi en un médecin. Vous allez le voir pour obtenir un diagnostic et un traitement. Il fait un examen approfondi et vous prescrit ensuite certains médicaments. Vous les prenez. Vous raisonnez : "Telle et telle est la maladie. Le médecin m'a donné du fer et de l'iodure. Le fer va améliorer mon sang. L'iodure va stimuler les lymphatiques et absorber les exsudats et la croissance dans le foie. Je devrais donc le prendre." Ainsi, la maladie est guérie, par un traitement de ces médicaments, en un mois. Puis, vous obtenez la connaissance et la foi parfaite dans l'efficacité du médicament et la compétence du médecin. Ensuite, vous recommandez à vos amis ce médecin et ses médicaments.

Intuition

L'intuition est l'Anubhava spirituel. La connaissance par le fonctionnement de Karana-Sarira est l'intuition. Sri Aurobindo l'appelle super mental ou conscience supramentale. Il y a une perception directe de la vérité (Pratyaksha) ou une connaissance immédiate à travers le Samadhi. Vous savez les choses par un éclair. Le professeur Bergson a prêché sur l'intuition en France pour faire comprendre aux gens qu'il y a une autre source supérieure de connaissance que l'intellect. Dans l'intuition, il n'y a pas du tout de processus de raisonnement. C'est Pratyaksha. L'intuition transcende la raison, mais ne la contredit pas. L'intellect emporte l'humain à la porte de l'intuition et revient en arrière. L'intuition est Divyadrishti. C'est Jnana-Chakshus. Les éclairs spirituels et les aperçus de la vérité viennent de l'intuition. L'inspiration, la révélation, l'intuition spirituelle viennent par l'intuition.

Atma Jnana

Atma-Jnana est au-dessus de l'intuition. Il transcende le Karana-Sarira. C'est la forme la plus élevée de la Connaissance. C'est la seule Réalité.

CHAPITRE 2

Mental et corps

Le corps, le moule pour le plaisir du mental

Le corps avec ses organes n'est autre que le mental. Le corps physique est la manifestation extérieure du mental. Le mental est la forme subtile de ce corps physique. Le mental contemplant le corps devient le corps lui-même et ainsi, prit dans ses filets, est affligé par lui. Tous les corps ont leur siège uniquement dans le mental. Si le mental est paralysé, alors le corps n'exprimera pas notre intelligence. Sans eau, un jardin peut-il exister ? C'est le mental qui traite toutes les affaires et qui est le plus élevé des corps. Les actions mentales sont les actions réelles. Le mental effectue toutes les actions très rapidement dans le Linga Sarira et ainsi fluctue. Mais, le corps brut ne sait rien et est inerte. Même si ce corps brut est dissous, le mental prendra très rapidement de nouveaux corps à son goût. Ce corps physique est, pour ainsi dire, le moule réalisé par le mental pour son propre plaisir, pour l'épanchement de son énergie et ainsi acquérir différentes expériences de ce monde par les cinq voies ou canaux de connaissance, les cinq Jnana-Indriyas (organes de connaissance ou de perception).

Les pensées font le corps

Seules les actions du mental sont effectivement des actions ; pas tant celles du corps. Le corps est en réalité nos pensées, nos humeurs, nos convictions et nos émotions objectivées, rendues visibles à l'œil nu. Il est important de noter avec soin que chaque cellule du corps souffre ou se développe, reçoit une impulsion de vie ou de mort, de chaque pensée qui entre dans le mental, car vous avez tendance à vous développer à l'image de ce à quoi vous pensez le plus.

Lorsque le mental est tourné vers une pensée particulière et s'y attarde, une vibration définie de la matière se met en place et souvent, plus cette vibration est engendrée, plus elle a tendance à se répéter pour devenir une habitude, pour devenir automatique. Le corps suit le mental et imite ses changements. Si vous concentrez votre pensée, les yeux deviennent fixes.

Chaque changement de pensée fait une vibration dans votre corps mental et celle-ci, lorsqu'elle est transmise au corps physique, provoque une activité dans la matière nerveuse de votre cerveau. Cette activité dans les cellules nerveuses provoque de nombreux changements électriques et chimiques dans celles-ci. C'est l'activité de la pensée qui provoque ces changements.

Le visage, un indice du mental

Le mental est la forme subtile de ce corps physique. Le corps physique est la manifestation extérieure du mental. Donc quand le mental est brutal, le corps l'est aussi. De même qu'une personne d'apparence rude ne peut généralement pas invoquer l'amour et la miséricorde des autres, de même une personne au mental rude ne peut invoquer l'amour et la miséricorde de personne. Le mental reflète très visiblement sur le visage ses différents états qu'une personne d'intelligence peut très facilement lire. Le visage est un indice du mental, tout comme la langue est un indice de l'estomac.

Le corps suit le mental. S'il pense à tomber d'une hauteur, le corps se prépare immédiatement et montre des signes extérieurs. La peur, l'anxiété, le chagrin, la gaieté, l'hilarité, la colère - tous produisent leurs diverses impressions sur le visage.

Les yeux qui représentent les fenêtres de l'âme témoignent de la condition et de l'état du mental. Il y a un instrument télégraphique dans les yeux pour transmettre les messages ou les pensées de trahison, de ruse, de fraude, d'amour pur, de compassion, de dévotion, de dépression, de morosité, de haine, de gaieté, de paix, d'harmonie, de santé, de pouvoir, de force et de beauté.

Si vous avez la faculté de lire dans les yeux des autres, vous pouvez lire dans les pensées en même temps. Vous pouvez lire la pensée supérieure ou la pensée dominante d'une personne si vous faites attention à repérer les signes sur son visage, dans sa conversation et dans son comportement. Il faut un peu de volonté, de perspicacité, de pratique, d'intelligence et d'expérience.

Vos pensées, sentiments, modes et émotions produisent de fortes impressions sur le visage. Le visage est comme un panneau de publicité où l'on annonce ce qui se passe dans le mental. Vous pouvez difficilement cacher vos pensées sur votre visage. Vous pouvez bêtement penser que vous avez gardé au secret vos pensées. Les pensées d'envie, d'avidité, de jalousie, de colère, de vengeance, de haine, etc. produisent immédiatement leurs profondes impressions sur votre visage. Le visage est un fidèle enregistreur et un appareil d'enregistrement sensible pour enregistrer et consigner les pensées que vous avez dans votre mental. Le visage est un miroir poli pour indiquer la nature du mental et son contenu à un moment particulier.

Celui qui pense pouvoir cacher ses pensées est un cancre de la première classe. Sa position est comme celle de l'autruche qui, poursuivie par les chasseurs, cache sa tête sous le sable et s'imagine qu'elle ne peut être vue par personne.

Votre visage est comme un disque ou une plaque de gramophone. Tout ce que vous pensez est immédiatement écrit sur votre visage. Chaque pensée malveillante sert de ciseau ou d'aiguille pour écrire les pensées sur votre visage. Vos visages sont couverts des cicatrices et des blessures qui sont faites par les pensées malveillantes de haine, de colère, d'envie, de jalousie, de vengeance, etc. D'après la nature de la cicatrice sur votre visage, je peux tout de suite lire votre état mental. Je peux immédiatement diagnostiquer votre maladie du mental.

Influence mutuelle entre le mental et le corps

Le mental est intimement lié au corps. Le mental agit sur le corps et le corps réagit sur le mental. Le mental a une influence sur le corps. Un mental pur et sain signifie un corps sain. Le chagrin dans le mental affaiblit le corps. Le corps influence le mental à son tour. Si le corps est fort et sain, le mental devient également sain et fort. Si le corps est malade, le mental devient également malade. Une douleur dans l'estomac provoque une dépression dans le mental.

Les mauvaises pensées, la cause première de la maladie

Les mauvaises pensées sont la cause première des maladies qui affligent le corps. Tout ce que vous avez dans votre mental sera produit dans le corps physique. Tout sentiment de malaise ou d'amertume envers une autre personne affectera immédiatement le corps et produira une sorte de maladie dans le corps. La passion intense, la haine, la jalousie amère de longue date, l'anxiété corrosive, les crises de colère détruisent les cellules du corps et induisent des maladies du cœur, du foie, des reins, de la rate et de l'estomac. Les crises de colère violentes causent de graves dommages aux cellules du cerveau. Elles libèrent des produits chimiques toxiques dans le sang, provoquent un choc général et une dépression. Elles suppriment la sécrétion de sucs gastriques, de bile et d'autres sucs digestifs dans le canal alimentaire, drainent votre énergie, votre vitalité, provoquent une vieillesse prématurée et raccourcissent la vie.

Quand le mental est agité, alors ce corps est également agité. Partout où le corps va, le mental suit. Quand le corps et le mental sont agités, le Prana coule dans une mauvaise direction. Au lieu d'imprégner le corps entier de façon stable et égale, il vibrera à un rythme inégal (de façon non rythmique). Alors la nourriture n'est pas digérée correctement. Les maladies naissent. Si la cause première est éliminée, alors toutes les maladies disparaîtront.

Les douleurs qui affectent le corps physique sont appelées maladies secondaires, tandis que les Vasanas qui affectent le mental sont appelées maladies mentales ou primaires. Si les mauvaises pensées sont détruites, toutes les maladies corporelles disparaîtront. La pureté du mental signifie un corps sain. Par conséquent, soyez prudent dans vos pensées, dans la sélection de vos pensées. Ayez toujours des pensées nobles, sublimes, aimantes et gentilles. Vous aurez l'harmonie, la santé et la beauté.

Une pratique déplorable

Il est en effet lamentable de constater que la plupart des médecins, en particulier les allopathes, font plus de mal que de bien à leurs patients. Ils exagèrent la nature de la maladie chez leurs patients. Ils remplissent leur mental de peurs imaginaires de toutes sortes. Ils ne connaissent pas le pouvoir des suggestions et leur influence sur le mental de leurs patients. Comme l'avidité est ancrée dans leur esprit, comme le désir de devenir riche est profondément enraciné dans leur mental, ils font de leur mieux pour extraire de leurs patients autant d'argent que possible. Ils donnent de mauvaises suggestions à leurs patients : "C'est une maladie terrible. C'est une maladie incurable. Un poison dangereux, un microbe dangereux se cache dans vos poumons." Le pauvre patient passe des nuits blanches à cause d'une peur imaginaire, à cause d'une mauvaise suggestion donnée par le médecin. À chaque instant, il pense : "Je peux mourir à tout moment. Le médecin a dit que ma maladie est dangereuse et incurable." Il traîne une existence sans joie. L'inquiétude, l'anxiété et la peur détruisent des millions de globules rouges chaque jour. Le médecin donne de fausses suggestions pour glorifier son habileté et la dextérité dans la profession.

La racine de tous les maux

L'imagination erronée que vous êtes le corps est la racine de tous les maux. Par une fausse pensée, vous vous identifiez au corps. Le Dehadhyasa surgit. Vous êtes attaché au corps. C'est l'Abhimana. Puis, Mamata (le mien) surgit. Vous vous identifiez à votre femme, à vos enfants, à votre maison, etc. C'est l'identification ou l'attachement qui provoque l'esclavage, la misère et la douleur. Vous n'avez jamais pleuré quand des millions d'Allemands sont morts à la guerre. Pourquoi ? Parce qu'il n'y avait pas d'identification et d'attachement. Mais, vous pleurez beaucoup quand votre fils meurt, à cause de l'attachement. Le mot "Mon" produit une formidable influence dans le mental. Notez la différence des effets produits dans le mental quand vous entendez les deux phrases : "Le cheval est mort" et "Mon cheval est mort".

La douleur n'est que dans le mental

La douleur est manifeste tant que vous vous connectez avec le mental. Il n'y a pas de douleur dans le sommeil. S'il y a un gonflement inflammatoire sur le dos avec une douleur lancinante, vous n'éprouverez aucune douleur la nuit pendant votre sommeil. Ce n'est que lorsque le mental est relié à la partie malade par les nerfs et la pensée que vous commencez à ressentir la douleur. Il n'y a pas de douleur lorsque le mental est déconnecté du corps par l'administration de chloroforme. Pendant les moments de grande joie, la douleur sévère cesse entièrement, car le mental est enlevé du corps, du siège de la douleur. Si vous pouvez consciemment retirer le mental de la partie malade en le concentrant sur Dieu ou sur tout autre objet attirant, vous n'éprouverez aucune douleur même lorsque vous êtes largement éveillé. Si vous avez une volonté puissante et un fort Titiksha (pouvoir d'endurance), alors vous n'éprouverez aucune douleur. En pensant constamment à n'importe quel problème ou maladie, vous ne faites qu'augmenter votre douleur et votre souffrance. La douleur est dans le mental. Atman ou Esprit est Anandasvarupa (plein de béatitude).

Conquérir le mental pour contrôler le corps

Pour la majorité de l'humanité, le mental est en grande partie sous le contrôle du corps. Leur mental étant très peu développé, ils vivent principalement sur Annamaya Kosha. Développez Vijnanamaya Kosha et, par Vijnanamaya Kosha (Buddhi), contrôlez Manomaya Kosha (le mental). Vijnanamaya kosha est développé par la pensée et le raisonnement abstraits, par la méditation systématique, le Brahma-Chintana, l'étude des Upanishads, le Yogavasishtha et les Brahma Sutras.

Quand vous avez contrôlé le mental, vous avez un contrôle parfait sur le corps. Le corps n'est qu'une ombre du mental. Il est le moule préparé par le mental pour son expression. Le corps devient votre esclave lorsque vous avez conquis le mental.

CHAPITRE 3

Mental, Prana et Kundalini

Prana, la couche extérieure du mental

Il y a deux principaux Tattvas dans l'univers, à savoir, le mental et le Prana. Partout où il y a du Prana, il y a aussi du mental. Même dans le mouvement externe de la respiration au-delà du nez, le mental est mélangé avec la respiration externe. Le Prana (l'énergie) est le manteau extérieur du mental. Le Prana digère la nourriture, la transforme en chyle et en sang et l'envoie au cerveau et au mental. Le mental est alors capable de penser et de faire Brahma-Vichara (investigation sur Brahman). La vie du mental est maintenue par la vibration du Prana psychique subtil qui donne lieu à la formation de la pensée.

Le Prana est grossier. Le mental est subtil. Le mental est formé de l'essence Sattvique conglomérée des cinq Tanmatras ; tandis que le Prana est formé de la somme totale de l'essence Rajasique des cinq Tanmatras. C'est la raison pour laquelle le mental est plus Sukshma que le Prana. Pranamaya Kosha (gaine vitale) est plus subtile que le corps physique. Elle recouvre Annamaya Kosha (gaine physique) et est plus étendue qu'elle. Manomaya Kosha est plus subtil que Pranamaya Kosha et plus étendue que la gaine vitale. Vous devez toucher le corps d'un autre personne pour avoir une influence physique sur elle. Alors que vous pouvez vous tenir à distance et par de simples " passes " vous pouvez lui communiquer votre Prana ; car le Prana (vital) est plus subtil que le corps. Vous pouvez influencer une personne mentalement par la pensée même si elle vit à mille kilomètres de vous, parce que la force mentale est plus subtile que le Prana.

Interdépendance du mental et du Prana

Le Prana et le mental sont reliés l'un à l'autre dans une relation de soutenant et de soutenu. Les deux sont comme la fleur et son odeur ou une graine de sésame et l'huile qu'elle contient. Si l'un des deux périt, alors l'autre aussi cessera d'exister. Si le mental et le Prana cessent d'exister, alors les pensées ne surgiront plus du tout. La destruction des deux conférera Moksha à tous.

Ekagrata (état d'unicité) et Nirodha (état contrôlé) sont deux Avasthas du mental. Spanda (subtil ou Sukshma) et Nirodha sont deux Avasthas du Prana. Lorsque le mental devient centré sur un seul point, le Spanda Avastha du Prana vient de lui-même. Si le mental est purifié avec le vrai Sattva Guna, le Prana circulera librement dans tout le corps. La nourriture sera digérée complètement.

Le mental, Prana et Virya

Le mental, le Prana et Virya (sperme) sont sous un seul Sambandha (connexion). Si vous pouvez contrôler l'un de ces trois, les deux autres sont contrôlés, assez facilement. Les Hatha Yogis essaient de contrôler le Prana. Les Raja Yogis essaient de contrôler le mental. Les yogis Jnana commencent leur Sadhana avec Buddhi et la volonté.

Bénéfices du Pranayama

Par le Pranayama (contrôle du Prana ou retenue de la respiration), vous pouvez aussi augmenter l'énergie mentale et développer le contrôle de la pensée et la culture de la pensée. Ceci aidera la concentration et la méditation. Cela rendra le mental stable. Cela enlèvera Rajas (la passion) et Tamas (l'inertie). Cela brûlera les scories dans le mental.

Par le Pranayama, le mental passe progressivement du brut au subtil. Il exerce donc un contrôle salutaire sur l'excitation sexuelle. Lorsqu'une mauvaise pensée dérange votre mental, vous devez immédiatement appliquer Padmasana ou Siddhasana et Pranayama, et cette pensée vous quittera immédiatement.

La supériorité du Prana sur le mental

La vue est plus interne que la parole, car la vue informe généralement sans contradiction. Il en va de même pour l'ouïe et la vue, car l'œil peut donner de fausses impressions, par exemple la nacre sous forme d'argent, mais l'oreille n'entend jamais un son inexistant. De même, l'oreille n'exerce ses fonctions qu'avec l'aide de l'attention du mental et, de la même façon, le mental dépend du Prana ou de la vie. Le Prana est donc Brahman, le plus intime de tous.

"Un jour, le mental s'est éloigné du corps. Il est revenu après une année d'absence et a demandé aux organes : ' Comment avez-vous survécu à ma séparation ?' Les organes ont répondu : 'De la même manière qu'un enfant qui ne possède pas le pouvoir de réflexion respire par l'intermédiaire de ses organes respiratoires, parle par l'intermédiaire de l'organe de la parole, voit par ses yeux, entend par ses oreilles'. Le mental regagna sa place. Alors il dit au Prana : 'La qualité de contenir tout ce qui m'appartenait t'est due'. La fonction du mental appartient au Prana ; du Prana ou de la vie procèdent tout." (Chhandogya Upanishad, V-xiv-15). Cette parabole illustre la supériorité de la vie (Prana) sur le mental et les autres organes. En réalité, il n'y avait pas de dispute d'aucune sorte.

Mental et Kundalini

La Kundalini, la puissance enroulée de trois spires et demie en forme de serpent, qui sommeille la face vers le bas dans le Muladhara chakra, le lotus basal au bas de la colonne vertébrale, est reliée au Prana et le Prana est relié au mental.

Même un Vedantin (étudiant de la voie du Jnana) ne peut obtenir le Jnana-Nishtha (superconscience) que par l'éveil de la Kundalini Sakti. Aucun état superconscient ou Samadhi n'est possible sans l'éveil de cette énergie primordiale, que ce soit dans le Raja Yoga, le Bhakti Yoga ou le Jnana Yoga.

La Kundalini Sakti ne peut être éveillée que lorsque le mental est réellement libéré des passions et des désirs. Sakti-Chalana ou Asvani Mudra, Tadana, Pracharana, tous aident à éveiller la Kundalini. Le Mahabheda aide à faire monter la Kundalini. Lorsque le Sakti de la Kundalini est éveillé, le mental entre, avec le Prana et le Jiva, dans la Sushumna et toutes les perceptions sont dans l'espace mental (Chidakasa). Une fois la Kundalini éveillée, le Prana passe vers le haut à travers la Sushumna ou Brahma Nadi dans la colonne vertébrale, avec le mental et Agni. Le Yogi est libéré de la conscience physique. Il est exclu du monde extérieur objectif. Dès que la Kundalini est éveillée pour la première fois, un Yogi fait ces six sortes d'expériences qui durent peu de temps, à savoir : Ananda (félicité spirituelle), Kampana (tremblement de diverses parties du corps), Udbhava (s'élever au-dessus du sol à partir de son Asana), Ghurni (divinité de l'intoxication - le corps se déplace en cercle), Nidra (sommeil) et Murchha (évanouissement). Après avoir éveillé la Kundalini, vous devrez la porter jusqu'à Sahasrara dans le haut de la tête.

Lorsque cette Kundalini passe de chakra à chakra (de centre à centre), les couches successives du mental s'ouvrent. Le yogi expérimente différentes sortes de béatitude (Ananda) à chaque nouveau centre. Il reçoit aussi des expériences différentes ainsi que des pouvoirs différents. Il obtient le contrôle sur les cinq éléments. Il perçoit l'univers dans sa forme subtile ou causale. Il acquiert la pleine connaissance des différents types du plan causal. Lorsque la Kundalini atteint le Sahasrara Chakra, il est dans le Chidakasa (espace de connaissance)

CHAPITRE 4

Mental et nourriture

"Aharasuddhau Sattvasuddhih Sattvasuddhau Dhruva Smritih Smritilabhe Sarvagrantheenam Vipramokshah."

"Quand la nourriture est pure, toute la nature devient pure ; quand la nature devient pure, la mémoire devient ferme ; et quand une personne est en possession d'une mémoire ferme, tous les liens sont rompus." *(Chhandogya Upanishad, VII-xxvi-2)*

Le mental est fait de nourriture

Le mental est élaboré à partir de la nourriture que nous prenons. La partie la plus subtile de la nourriture s'élève jusqu'au cœur et de là, elle entre dans les artères appelées " Hita ", et donnant ainsi naissance à l'agrégat des organes de la parole et se transformant en la forme du mental, elle augmente le mental. Et ainsi, le mental, étant augmenté par la nourriture, est matériel et non éternel comme le soutiennent les Vaiseshikas.

Les philosophes des Upanishads croyaient que le mental dépend de la nourriture pour sa formation. "La nourriture que nous prenons est transformée de trois manières différentes : la partie la plus grossière ou la plus lourde devient l'excrément ; celle de densité moyenne est transformée en chair et la partie la plus fine va former le mental." (Chhandogya Upanishad, VI-v-1) "Tout comme dans le barattage du lait caillé, ses fines particules montent et sont transformées en beurre, ainsi quand la nourriture est consommée, la partie la plus subtile monte et elle est transformée en mental." (Chhandogya Upanishad, VI-vi-1 & 2). Plus tard, même à l'époque de la Bhagavad-Gita, nous constatons que les trois différents tempéraments du mental, Sattvique, Rajasique et Tamasique, étaient censés être dus aux trois différentes sortes de nourriture que nous mangeons. (Bhagavad-Gita, XVII-8 & 10).

La qualité du mental dépend de la qualité de la nourriture

La nourriture a un lien direct et intime avec le mental et joue un rôle vital dans la constitution du mental. Le régime Sattvique calme le mental. Le régime Rajasique excite le mental. Notez la différence dans la nature entre un tigre qui vit de la chair et une vache qui vit de l'herbe. La nourriture exerce une influence importante sur le mental. On le voit clairement tous les jours. Il est très difficile de contrôler le mental après un repas lourd, somptueux et indigeste. Le mental court, erre et saute tout le temps comme un singe. L'alcool provoque une énorme excitation dans le mental.

La nourriture joue un rôle important dans la méditation. Pour les besoins de la méditation, la nourriture doit être légère, Sattvique et nutritive. Le corps est Annamaya (composé de nourriture). Le chakra Bhairavi est dans l'Annamaya Kosha. Le chakra Bhairavi est Maya. La nourriture Sattvique légère, comme les fruits, le lait, etc., vous amène au Chakra Vishnu et de là à l'état Nirvikalpa assez facilement.

Comme la qualité du mental dépend de la qualité de la nourriture prise, il est naturel d'insister, dans l'intérêt de la plus haute moralité, sur une sorte de régime alimentaire Sattvique pour les aspirants qui mènent une vie contemplative et les chefs de famille qui tentent de mener une vie spirituelle dans le monde. C'est parce que Narada avait éliminé son impureté que le vénérable Sanatkumara lui indiqua le chemin au-delà des ténèbres. Le chemin qui mène au-delà des ténèbres doit donc être recherché dans la pureté de la nourriture, ce qui implique la pureté du mental.

Aliments nocifs

Différents aliments produisent des effets différents dans différents compartiments du cerveau. Les plats épicés, les choses acides, les oignons, l'ail, le thé, le vin, le poisson, la viande, l'huile de moutarde, etc. excitent les passions et les émotions et doivent donc être évités. Ils doivent être particulièrement évités par un Sadhaka. Un Jijnasu (aspirant spirituel) devrait strictement renoncer à la viande, au poisson et aux boissons alcoolisées, car ceux-ci rendent le mental grossier et produisent une excitation dans le mental. La nourriture lourde apporte Tandri (somnolence) et Alasya (paresse). Le thé devrait être abandonné. Il détruit Virya. Le sucre doit être pris avec modération. Il est préférable d'y renoncer.

Aliments bons pour la méditation

Le lait, les fruits, les amandes, le sucre candi, le beurre, l'avoine verte, l'avoine du Bengale (Chenai) trempée dans l'eau pendant la nuit, le pain, etc. sont tous utiles à la méditation. Le Thed, une sorte de Kandamula que l'on trouve en abondance à Brahmapuri, Vasishtha Guha et dans d'autres parties de l'Himalaya, est très Sattvique. Il aide à la méditation. Mon ami et frère spirituel Swami Purushottamanandaji vivait de cela pendant quelques jours quand il était à Vasishtha Guha, à quatorze miles du réputé Rishikesh. Le Sunthi-Sevana (prendre de la poudre de gingembre séché) est très bon pour les aspirants. Il peut être pris avec du lait. Il rafraîchit le mental et aide à la digestion. Les yogis en prennent très souvent. L'eau de Triphala est également prise par les Yogis. Elle élimine la constipation, refroidit le système et arrête les rêveries humides. Myrobalan ou Haritaki

(Harad de la sorte jaune) peuvent être mâchés très souvent par les pratiquants de Yoga. Il préserve le sperme et contrôle les écoulements nocturnes. Les pommes de terre bouillies sans sel ou rôties au feu sont très bonnes.

Avertissement

L'évolution vaut mieux que la révolution. Ne faites pas de changements soudains dans quoi que ce soit, en particulier dans la nourriture. Que le changement soit progressif. Le système doit s'y adapter sans problème. *Natura non facil saltum* (la nature ne bouge jamais par bonds).

Un Raja Yogi qui veut contrôler le mental doit être capable d'éviter les deux extrêmes, à savoir le luxe et les sévères Tapas Tamasiques. Trop de jeûne entraîne une faiblesse extrême. Vous ne pouvez pas faire de Sadhana. Vous ne pouvez pas penser. Vous ne pouvez pas raisonner. Prenez n'importe quelle nourriture qui vous convient. N'en faites pas tout un plat. Toute nourriture qui est facilement disponible et qui est en accord avec votre système est inoffensive.

Quand on peut se passer de nourriture

La nourriture n'est qu'une masse d'énergie. L'eau fournit de l'énergie au corps. L'air fournit également de l'énergie. Vous pouvez vivre sans nourriture pendant de très nombreux jours, mais vous ne pouvez pas vivre sans air même pendant quelques minutes. L'oxygène est encore plus important. Ce que l'on veut pour soutenir le corps, c'est l'énergie. Si vous pouvez fournir l'énergie à partir de n'importe quelle autre source, vous pouvez vous passer entièrement de nourriture. Les yogis maintiennent le corps sans nourriture en buvant du nectar. Ce nectar s'écoule par un trou dans le palais. Il s'égoutte et nourrit le corps. Un Jnani peut tirer de l'énergie directement de sa volonté pure et irrésistible et soutenir le corps sans nourriture. Si vous connaissez le processus de tirer l'énergie de l'énergie cosmique ou de l'énergie solaire, vous pouvez maintenir le corps avec cette seule énergie pour n'importe quelle durée et vous pouvez vous passer de nourriture.

Le secret de Madhukari Bhiksha

Le mental est fait de l'essence subtile de la nourriture. Il est donc attaché aux personnes de qui il reçoit la nourriture. Si vous vivez avec un ami pendant quelques mois et que vous prenez de la nourriture avec lui, votre mental s'attache à cet ami qui vous nourrit. C'est la raison pour laquelle un Sannyasin vit sur le Madhukari Bhiksha de trois à cinq maisons, évite l'attachement et voyage de village en village. Il n'est pas autorisé à rester plus d'un jour dans un village pendant sa vie de Parivrajaka (errant itinérant). Le mental d'un Paramahamsa qui vit ainsi de l'aumône est aussi propre que l'eau du Gange. Il est absolument libre de tout attachement.

L'ATTACHEMENT APPORTE LA SERVITUDE. L'attachement est la mort. L'attachement est la racine de tous les maux

CHAPITRE 5

Les trois Avasthas

Le mental a trois Avasthas, à savoir, Jagrat (état de veille), Svapna (état de rêve) et Sushupti (état de sommeil profond).

Jagrat Avastha (état de veille)

L'âme individuelle (Jiva) est appelée éveillée tant qu'elle est reliée aux différents objets extérieurs au moyen des modifications du mental, qui constituent donc des adjonctions limitantes de l'âme. Elle appréhende ces objets extérieurs et s'identifie au corps brut qui est l'un de ces objets extérieurs. En état de veille, le mental occupe le cerveau.

Svapna Avastha (état de rêve)

Lorsque le mental entre dans le Hita Nadi, qui part du cœur et entoure la grande membrane autour du cœur, qui est aussi fine qu'un cheveu divisé en mille parties et qui est remplie de l'essence infime de différentes couleurs de blanc, noir, jaune et rouge, l'âme individuelle ou Jiva (ego) fait l'expérience de l'état de rêve (Svapna Avastha).

Dans le rêve, les sens sont déconnectés tout comme vous enlevez votre vêtement pour aller au lit. Dans l'état de rêve, les sens sont calmes et absorbés dans le mental. Seul le mental entre en jeu pendant le rêve. Le mental fonctionne de manière libre et sans entraves. Il n'y a ni terre, ni mer, ni cheval, ni éléphant dans le rêve ; mais le mental crée tout à partir de son propre corps, à partir des matériaux fournis par la conscience éveillée. Le mental lui-même assume les diverses formes d'abeille, de fleur, de montagne, d'éléphant, de cheval, de rivière, etc. Il est le sujet. Il est aussi l'objet. Le voyant et le vu ne font qu'un.

Les objets perçus dans les rêves sont des réveils d'impressions reçues en état de veille et n'ont de réalité extérieure que pour le rêveur. Le Jiva voit des rêves par les impressions que les objets externes ont laissées. La perception se fait à travers l'organe interne appelé Manas ; c'est pourquoi on l'appelle " perception intérieure ".

Chaque être humain a son propre monde mental subjectif et ses propres créations du rêve. Les créations du rêve d'une jeune femme sont son mari et son nouveau-né. Son mental a deux images mentales fortes, à savoir celles de son mari et de son bébé. Les images mentales sont renforcées par une pensée constante. Les créations du rêve d'un médecin sont ses patients, tandis que celles d'un avocat sont ses clients.

Il y a une différence de tempérament. Certains ont rarement des rêves. Un Jnani qui a la Connaissance du Soi n'aura pas de rêve.

Différence entre Jagrat et Svapna

La différence entre l'état de veille et l'état de rêve consiste en ce que, à l'état de veille, le mental dépend des impressions extérieures, tandis qu'à l'état de rêve, il crée ses propres impressions et se réjouit de celles-ci.

Dans l'état de Jagrat, les objets existent indépendamment du mental. Chaque jour, vous voyez les mêmes objets dès que vous vous réveillez du sommeil. Mais dans les rêves, les objets du rêve n'existent que tant qu'il y a le mental, tant que le rêve dure, car les créatures du rêve ne sont fabriquées qu'à partir du mental. Dans le rêve, le mental lui-même crée les créatures de rêve à partir des matériaux fournis par les expériences d'éveil avec quelques modifications. Lorsque le mental reprend l'état d'éveil, tous les objets du rêve disparaissent.

État de veille : un long rêve

Vous rêvez que vous êtes un roi. Vous jouissez de divers types de plaisirs royaux. Dès que vous vous réveillez, tout disparaît. Mais, vous ne ressentez pas la perte, car vous savez que les rêves-créatures sont tous faux. De même, même dans la conscience éveillée si vous êtes bien établi dans l'idée que le monde est une illusion, vous n'aurez aucune douleur. Lorsque vous connaîtrez le vrai Tattva (Brahman), la conscience éveillée aussi deviendra tout à fait fausse comme un rêve. L'état de Jagrat n'est qu'un long rêve (Dirgha Svapna). L'état de conscience éveillée n'existe ni dans le rêve ni dans le sommeil. C'est pourquoi il est illusoire. La réalité existe toujours dans tous les conditions ou états. Réveille-toi et prend conscience mon enfant !

Manorajya (construire des châteaux en Espagne), le souvenir des événements et des choses du rêve, le souvenir des choses du passé dans l'état de veille sont tous des Svapna-Jagrat (rêver dans l'état de veille).

Sushupti Avastha (état de sommeil profond)

Lorsque le mental entre dans le Puritat Nadi, l'état de sommeil profond s'installe. Dans le Dridha Sushupti (sommeil sans rêve), vous avez un arrêt de la conscience empirique. Il n'y a pas de jeu du mental dans cet Avastha (état). Il n'y a ni Raga ni Dvesha (attraction ou répulsion, aimer ou ne pas aimer). Le mental fait entrer Laya dans sa cause. Manolaya (involution du mental) a lieu. Il n'y a pas non plus de jeu des Indriyas (organes, sens).

Cet état de sommeil profond n'est pas un non-être complet ou négatif, car une telle hypothèse entre en conflit avec les souvenirs ultérieurs d'un repos heureux du sommeil. Le moi continue d'exister, bien qu'il soit dépourvu de toute expérience, la conscience est continue, vous avez l'impression d'avoir existé même pendant le sommeil dès que vous êtes éveillé. Vous avez l'impression d'exister toujours. Les Védantins construisent leur philosophie autour de ce Sushupti Avastha. Cette étape leur donne l'indice de l'état non duel (état advaitique). Une étude attentive des trois états - Magrat, Svapna et Sushupti (éveil, rêve et sommeil profond) - est d'une immense utilité pratique pour la compréhension claire du Vedanta.

Ajata Satru dit à Gargya dans Brihadaranyaka Upanishad (II-i-16) : "Où était le mental dont la nature est comme la connaissance au moment où l'on dort profondément ? Lorsque le mental dont la nature est comme la connaissance dormait ainsi profondément, alors l'éther au milieu du cœur, ensemble avec la connaissance des sens, dormait dans l'éther. Quand le mental attire cela (la connaissance des sens), alors il dort vraiment. Ainsi, la vie est attirée, la parole est attirée, l'œil est attiré, l'oreille est attirée et le mental est attiré".

Lorsque, à la cessation des deux adjonctions limitantes (c'est-à-dire le corps subtil et le corps grossier) et l'absence conséquente des modifications dues aux adjonctions, le Jiva est dans un état de sommeil profond, fusionnée en quelque sorte dans le moi, alors on dit qu'il est endormi. " Ici, quand une personne dort, alors mon cher, il s'unit avec le Sat ; il est parti vers son propre moi. On dit donc de lui : "Il dort (Svapiti), car il est parti chez les siens (Svamapiti)". (Chhandogya Upanishad)

Sankara observe que les phénomènes de dualité causés par l'action du mental ne sont présents que dans les états de veille et de rêve, mais absents de l'état de sommeil profond. Dans les états d'éveil et de rêve, il y a le jeu des pensées (et l'apparition simultanée des noms et des formes) et donc aussi du monde. Dans le sommeil sans rêves, il n'y a pas de pensées ; et donc, il n'y a pas de monde non plus. Nous goûtons la nature de la félicité absolue dans le sommeil sans rêves, où l'homme est coupé du monde qui le distrait. C'est le mental (Manas inférieur) qui crée les différences, les distinctions, la dualité et la séparation. Si ce mental est détruit en augmentant le Sattva et l'Ahangraha Upasana, alors vous sentirez l'unité partout (Sarvatmabhava). Cela nécessite des efforts continus et intenses de la part des Sadhakas.

Degré de conscience dans les trois états

Dans le sommeil, une action ou une autre se produit toujours dans votre être mental ou vital ; des choses s'y produisent et elles régissent la conscience éveillée. Par exemple, certains sont très désireux de se perfectionner et font un grand effort dans ce sens pendant la journée. Ils s'endorment et quand ils se lèvent le lendemain, ils ne trouvent aucune trace des gains de leurs efforts de la veille ; ils doivent à nouveau parcourir le même terrain. Cela signifie que l'effort, et quel qu'en soit l'accomplissement, appartenait aux simples parties superficielles ou éveillées de l'être, mais il y avait des parties plus profondes et dormantes qui n'étaient pas touchées. Dans le sommeil, vous êtes tombé sous l'emprise de ces régions inconscientes qui en s'ouvrant avalaient tout ce que vous aviez laborieusement accumulé dans vos heures de conscience.

Soyez conscient. Soyez conscient de la nuit aussi bien que du jour. D'abord, vous devrez prendre conscience, ensuite vous contrôlez. Ceux d'entre vous qui se souviennent de leurs rêves ont peut-être fait cette expérience que parfois, même en rêvant, vous saviez que c'était un rêve ; vous saviez que c'était une expérience qui n'appartenait pas au monde matériel. Une fois que vous savez, vous pouvez agir de la même manière que dans le monde matériel. Même à l'état de rêve, vous pouvez exercer votre volonté consciente et changer tout le cours de votre expérience de rêve. Et, à mesure que vous deviendrez de plus en plus conscient, vous commencerez à avoir le même contrôle sur votre être la nuit que pendant la journée, peut-être même plus. Car la nuit, vous êtes libéré de l'esclavage du mécanisme du corps. Le contrôle des processus de la conscience du corps est plus difficile, car ils sont plus rigides, moins susceptibles de changer que les processus mentaux ou vitaux. La nuit, les parties mentales et vitales de votre être, surtout celles qui sont vitales, sont très actives. Pendant la journée, elles sont sous contrôle ; la conscience physique remplace automatiquement leur libre jeu et leur expression. Pendant le sommeil, ce contrôle est supprimé et ils sortent avec leurs mouvements naturels et libres.

Dans le sommeil, le mental est dans un état subtil. Les Vrittis ont également assumé un état subtil. Mais, dans Advaita (Védantique) Nishtha, il n'y a pas de mental. Il n'y a pas d'univers. Le monde sombre dans Brahman (Prapanchopasamam)-(Vide Mandukya Upanishad, II-1).

Le Soi Suprême dans les trois Avasthas

Le Soi Suprême qui a quatre formes est à l'intérieur des corps de tous les êtres vivants. Il est connu sous les noms de Visva, Taijasa, Prajna et Turiya. Le siège de Visva est l'œil droit ; à l'intérieur de Manas réside Taijasa, (Manasyantastu Taijasah - le Karika de Gaudapada sur le Mandukya Upanishad), tandis que Prajna réside dans l'éther du cœur. Les objets de jouissance sont de trois sortes : le brut, le subtil et la béatitude elle-même. La satisfaction est également triple.

Jagaritasthano Bahishprajnah Saptanga Ekonavimsatimukhah Sthulabhuk Vaisvanarah Prathamah Padah-Le premier pied de l'Omkara est Vaisvanara, dont la région est l'état de veille, qui a une conscience objective, qui a sept

membres[1] et dix-neuf bouches[2] et qui jouit des objets grossiers."
(Mandukya Upanishad, I-3). L'esprit objectif ou conscient fonctionne à
l'état de veille.

"*Svapnasthano'ntahprajnah Saptanga Ekonavimsatimukhah Praviviktabhuk
Taijaso Dvitiyah Padah*-Le deuxième pied de l'Omkara est le Taijasa, dont la
région est le rêve, qui a une conscience subjective, qui a sept membres et
dix-neuf bouches et qui apprécie les objets subtils." (Mandukya
Upanishad, I-4). Le Taijasa est le Chaitanya réfléchi ou la conscience
associée à l'état de rêve. Le Taijasa est l'enjouement du monde subtil. Le
mental subjectif et le faux ego jouent dans les rêves.

"Yatra Supto Na Kanchana Kamam Kamayate Na Kanchana Svapnam
Pasyati Tat Sushuptam Sushuptasthana Ekeebhutah Prajnanaghana
Evanandamayo Hyanandabhuk Chetomukhah Prajnastritiyah Padah-Le
troisième pied de l'Omkara est la Prajna, dont la région est le sommeil
profond, en qui tout se fond en un, qui est une masse de connaissance,
qui est plein de félicité, qui jouit de la félicité et qui est la porte (vers les
deux états de conscience - éveil et rêve). C'est l'état de sommeil profond
dans lequel le dormeur ne désire rien et ne voit aucun rêve". (Mandukya
Upanishad, I-5). Le mental avec les Vasanas se repose dans un sommeil
profond dans le Mukhya Prana (l'air vital principal) dans le cœur. Mukhya
Prana signifie Brahman. Tous les Vrittis assument un état de Sukshma.

---

[1] . Les sept membres sont : 1. Paradis (est Sa tête) 2. Soleil (est Ses
yeux) 3. Vent (est Son souffle) 4. Akasa (est Sa taille) 5. Eau (est Son pelvis)
6. Feu (est Sa bouche) 7. Terre (est Ses pieds)

[2] . Les dix-neuf bouches sont : Cinq Jnana Indriyas, cinq Karma Indriyas, cinq
Pranas et quatre Antahkaranas (Manas, Buddhi, Chitta et Ahankara).

CHAPITRE 6

Les trois Gunas

Gunas et Vrittis

Le mental a trois Gunas, à savoir, Sattva (lumière, félicité, bonté), Rajas (passion, mouvement) et Tamas (inertie, obscurité). Il y a trois Vrittis dans le mental correspondant aux trois Gunas. Santa Vritti (la paix) vient de Sattva Guna, Ghora Vritti de Rajo Guna et Mudha Vritti de Tamo Guna. L'équilibre ou balance est Santa Vritti ; la colère est Ghora Vritti ; la paresse (Alasya), l'insouciance (Pramada) et la somnolence (Tandri) sont Mudha Vrittis.

Caractéristiques de Sattva Guna

Sattva Guna est la pureté. C'est Prakasa (illumination, lumière). Sattva Guna est une force favorable à l'accomplissement de Moksha. Daivi Sampat - des vertus telles que l'intrépidité, la pureté du cœur, etc. vous conféreront la libération. L'effet du Sattva Guna est le Brahmavichara (investigation ou recherche de la Vérité ; différenciation entre Sat et Asat, ce qui est réel et ce qui est irréel).

Un mental Sattvique est toujours stable. Il trouve le plaisir à l'intérieur. Il peut s'accrocher à un endroit indéfiniment. Il garde l'amitié avec les personnes pendant très, très longtemps. Il peut lire la Gita ou le Yogavasishtha pendant un nombre illimité de jours. Il peut vivre de dal et roti pendant des années sans se plaindre.

Pendant les moments Sattvique, quand il y a une prépondérance de Sattva pur dans le mental, vous êtes en contact avec la Source Divine grâce à la pureté du mental-miroir. Vous obtiendrez de l'inspiration. Vous composerez de belles poésies, etc. Préservez ces écrits inspirés. Notez-les dans votre carnet.

Sattvapatti est un état d'esprit dans lequel le mental est plein de Sattva ou de pureté. Il y a la pureté de la pensée (Bhava-Samsuddhi) et la pureté du cœur (Sattva-Samsuddhi). C'est le quatrième Jnana-Bhumika ou quatrième stade du Jnana.

Caractéristiques de Rajo Guna

Rajo Guna est une force hostile pour vous entraîner dans le Samsara. Les vices d'Asuri Sampat - comme Dambha, Darpa, Krodha, etc. - vous entraîneront en enfer. Un mental doté de Sattva Guna rendra l'être humain immobile et inactif, tandis qu'un mental doté de Rajo Guna le rendra agité. Il ne lui permettra pas de rester inactif et le forcera à travailler.

Le mental Rajasique veut toujours de nouvelles sensations et de la variété. Il aime certaines personnes, certains objets et certains lieux à un moment et, après un certain temps, il en devient dégoûté et veut de nouvelles personnes pour la compagnie, de nouveaux légumes à manger, de nouveaux livres à lire et de nouveaux endroits à voir (trouve du plaisir dans les visites).

Le mental de type Rajasique veut toujours de la compagnie et parler. Ce sont les deux défauts qui distraient beaucoup le mental. Évitez la compagnie. Vivez seul. Observez Mouna. Vous aurez le mental tranquille. La plupart des douleurs viennent de la mauvaise compagnie. Faites attention dans le choix de vos compagnons. Vous trouverez rarement un ami sincère. Ne prenez jamais un ami en toute confiance sans l'avoir testé pendant longtemps. Il n'y a pas de compagnie ou de conversation en Brahman qui est Asanga et Asabda.

Le mental Rajasique a tendance à s'intéresser aux défauts des autres, à se souvenir des mauvaises actions ou des torts des autres et à oublier facilement leurs bonnes actions. Ces deux tendances intensifient la haine et provoquent de fréquentes perturbations dans le mental.

Un mental qui est dépourvu de Sattva Guna ne sera pas assez bon pour considérer le bonheur des autres comme le sien et sera donc toujours en train de se tourmenter. Encore une fois, comme ce mental n'a pas la complaisance de se réjouir des vertus d'autrui, il n'y a pas de contentement intérieur. Puis, comme il ne considère pas les souffrances des autres comme siennes, il n'y a pas de compassion pour eux.

C'est le mental Rajasique qui divise, sépare, scinde et montre de manière trompeuse la pluralité (Nanatva). Le soleil est un. La lune est une. Akasa est un. L'idée derrière les langues est une. Le sentiment de sincérité est un. Il n'y a ni intérieur ni extérieur. Le mari et la femme ne font qu'un dans le cœur. Les amis intimes ne font qu'un dans le cœur. La matière est une. L'énergie ne fait qu'une. L'esprit Sattvique est un. Il s'unifie. Le Mahat Cosmique est un. Le karma (loi de cause à effet) est un. Le Dharma est un. La religion est une. La Vérité est une. Brahman est un. Ekameva Advitiyam Brahma (Brahman est un sans un second).

L'intense Rajas se transforme en Sattva. Dacoit Ratnakar est devenu le sage Valmiki. Jagai et Madhai, qui avaient un Rajas intense et qui lancèrent des pierres au Seigneur Gouranga, devinrent ses premiers disciples.

Importance de Sattva Guna

La véritable tranquillité du mental ne vient pas de l'extérieur. Elle est produite dans le mental même, lorsqu'il est contrôlé et que ses pensées sont maîtrisées. Vous devez faire de grands efforts pour contrôler les passions et les désirs. C'est seulement alors que votre aptitude à l'activité sera maîtrisée et que vous serez au repos et que vos pensées seront apaisées. Développez donc le Sattva Guna par Japa, Vichara, Satsanga, la méditation, la nourriture légère Sattvique, les Tapas et Svadhyaya.

Une personne ordinaire et matérialiste peut à peine entendre la voix intérieure de l'Atman. Elle ne peut pas non plus avoir de pensées pures ou de Vichara (investigation sur le Soi). Chaque pensée Sattvique (pure) émane de Buddhi Sattvique (intellect pur). Dans le cas des matérialistes, toutes les pensées ne proviennent que du mental. Celui qui fait le Nishkama Karma Yoga (service désintéressé) et qui a la pureté du mental commence à entretenir des pensées de Dieu et à méditer. En général, le mental suscite diverses sortes de pensées curieuses et fantastiques. Il trompe tout le monde. Il peut aussi prétendre faire Vichara. Mais, quand il s'agit de la pratique réelle, il ne fera rien. S'il y a une sérieuse détermination en vous à vous concentrer, si vous la mettez en pratique pendant des mois de façon régulière et si le désir de Darshana de Dieu ou de réalisation du Soi devient vif et aigu, alors seulement vous pouvez penser que toutes ces sortes de pensées proviennent uniquement de votre Buddhi Sattvique.

Toutes les Sadhanas visent le développement de Sattva Guna et l'atteinte d'une Volonté pure et irrésistible. Ceci amènera Avidya Nivritti (suppression de l'ignorance) et Paramananda-Prapti (état Sat-Chit-Ananda). L'augmentation du Sattva Guna et de la Volonté pure, forte et déterminée ouvre un long chemin pour atteindre la réalisation de Dieu.

Il y a dans le monde des personnes avec quelques vertus Sattviques comme la patience, la générosité, le pardon, etc. Mais un aspirant spirituel essaie de développer le mental dans son ensemble et essaie d'acquérir toutes les vertus sattviques.

47

CHAPITRE 7

Les états psychiques

Instincts

Il y a deux instincts puissants chez les êtres humains et les animaux aussi. Ce sont l'instinct de conservation et l'instinct de reproduction. La faim est une manifestation de l'instinct de conservation. Le désir est une manifestation de l'instinct de reproduction. L'instinct est une incitation involontaire à l'action.

Jiva ou l'âme individuelle avec égoïsme veut le pouvoir et la renommée. C'est pour l'autoglorification. L'exploitation est avidité. C'est l'acte d'utiliser à des fins égoïstes. Dominer, c'est commander avec arrogance. Jiva veut exercer un pouvoir sur les autres. C'est Jiva-Bhavana. La cause profonde des industries, des affaires, du commerce, etc. est l'avidité et l'autopréservation. Si vous voulez avoir un Brahma-Bhavana constant, vous devrez abandonner l'exploitation et la domination.

Il existe un autre troisième instinct, à savoir l'instinct de troupeau (l'instinct de compagnie). La femme prend plaisir à la compagnie de l'homme. Les hommes prennent plaisir à la compagnie des femmes. La cause fondamentale de cela est l'instinct de reproduction. Une autre raison est qu'une personne faible gagne de la force en compagnie d'une personne forte. Mais un homme qui veut réaliser Dieu devrait fuir impitoyablement la compagnie - en particulier la compagnie des femmes et des personnes ayant un esprit matérialiste. Il devrait vivre seul. Alors, il deviendra très puissant et fort. Il développera une forte individualité. On trouvera des difficultés au début dans la pratique de la vie en solitaire. La peur viendra. Vous devrez surmonter toutes les difficultés, une par une, si vous voulez atteindre l'immortalité (Amritatva). La récompense est très grande : Brahmavit Paramapnoti (Celui qui connaît Brahman obtient le plus haut) ; Amritamasnute (Il boit le nectar de l'immortalité).

Impulsions

Une impulsion est une force de propulsion soudaine. Il existe trois sortes d'impulsions, à savoir les impulsions de la pensée, les impulsions de la parole et les impulsions de l'action. Mouna (silence) contrôle l'impulsion de la parole. La méditation vérifie l'impulsion de la mauvaise pensée et de la mauvaise action.

Il y a deux impulsions importantes. Ce sont l'impulsion sexuelle et l'impulsion de la parole. Il y a une relation intime entre l'impulsion et l'imagination. L'imagination induit l'impulsion. Les impulsions doivent être contrôlées par la raison, la volonté et la méditation sur Dieu.

Émotions

Une émotion est une combinaison de pensée et de désir. Chaque idée est chargée d'émotion. L'émotion est un désir qui est pénétré par l'élément de pensée. En d'autres termes, l'émotion est le désir mêlé à la pensée. Les vibrations des émotions vont susciter une excitation correspondante dans la matière purement mentale et toutes les pensées seront perturbées et déformées.

Il y a l'émotion-désir. Il y a aussi l'émotion-sentiment. Si l'élément désir est prédominant, c'est l'émotion-désir. Si l'élément plaisir est prédominant, c'est l'émotion-sentiment.

Raga et Dvesha (amour et haine) sont les deux émotions importantes du mental et toutes les différentes émotions peuvent être classées sous ces deux rubriques. L'émerveillement est une émotion composée. C'est l'admiration et la peur combinées. La révérence est une émotion composée. C'est la crainte et le respect combinés. L'Amarsha est une émotion composée. C'est la colère et la jalousie combinées. Dès que l'homme est amené à un niveau inférieur, la colère de l'homme inférieur qui était jaloux disparaît.

Le plaisir est un type particulier d'émotion dans le mental. Le mental se dilate pendant le plaisir. La fraîcheur règne dans le mental. Ce qui se passe dans le mental lorsque le sentiment de plaisir survient n'est pas exactement compris par les psychologues occidentaux. Il est incapable d'être compris aussi par des personnes ordinaires. Seuls un Yogi ou un Jnani connaissent ce phénomène psychique. Pendant la douleur, le mental se contracte. Une chaleur considérable est produite dans le mental.

Beaucoup de désirs physiques et d'émotions sont similaires à ceux des animaux inférieurs. La colère et les pulsions sexuelles chez l'humain sont des instincts brutaux. Chez l'humain non développé, ces désirs et émotions qui appartiennent à la nature inférieure (Aparaprakriti) prédominent et dominent la nature supérieure (Paraprakriti).

C'est un symptôme de faiblesse d'avoir des émotions dans le mental. Elles devraient être contrôlées par l'intellect et la volonté.

Comment contrôler les émotions et impulsions

Quand les émotions et les impulsions vous troublent beaucoup, soyez indifférents (Udasina). Dites-vous : "Qui suis-je ? Je ne suis pas le mental. Je suis Atman, Esprit omniprésent, Suddha Sat-Chit-Ananda. Comment les émotions peuvent-elles m'affecter ? Je suis Nirlipta (sans attaches). Je suis un Sakshi (témoin) de ces émotions. Rien ne peut me déranger." Lorsque vous répétez ces suggestions de Vichara, les émotions vont mourir d'elles-mêmes. Cette méthode Jnana de contrôle des émotions est plus facile que la méthode Yogique de conduite des émotions et de lutte avec le mental (Yogas-chittavritti-nirodhah).

Sentiments

Le sentiment religieux, le sentiment moral, le sentiment esthétique (ou le sentiment pour le sublime et le beau) sont les trois sentiments importants du mental. Les sentiments sont illusoires. Ils ne sont pas dans l'Atman. Ce sont des tromperies créées par le mental.

Humeurs

L'humeur est un état mental. Le terme sanskrit est Bhava. Ce terme n'exprime pas non plus la véritable signification du mot " humeur ". Nous disons, "M. Naidu ou M. Atkinson est un gentleman lunatique." Cela signifie qu'il devient rapidement esclave de l'humeur. On dit aussi : "Ce monsieur est de bonne humeur ou d'humeur joyeuse. "Je peux l'approcher maintenant pour une courte entrevue ou une discussion" ou "Il est d'humeur très colérique. Je ne devrais pas le voir maintenant."

Les Français, au cours de leur conversation, utilisent le terme " Humeur " dans un sens large. Ils disent : "Il est d'humeur à parler" ; "Il est d'humeur silencieuse" ; "Il est d'humeur haineuse" ; "Il est d'humeur amoureuse" ; "Il est d'humeur égoïste" ; "Il est d'humeur jalouse" ; "Il est d'humeur séparative" ; "Il est d'humeur égale". À la lumière du Vedanta, ce ne sont tous que des Vrittis (pensées ou émotions). Le Dr. Bhagavan Das, l'auteur réputé de la " Science des Émotions ", ne les classe que sous la rubrique des émotions.

Les deux sortes d'humeurs et leurs effets

Dans le Vedanta, il n'y a que deux sortes d'humeurs, à savoir, Harsha (joie, exultation ou exaltation) et Soka (chagrin ou dépression). Dans le mental, ces deux sortes d'humeurs prévalent. Il y a la joie. Cinq minutes plus tard, il y a la dépression. Ces courants alternent. Ils appartiennent aux Shad-Urmis (six vagues). Ce sont deux vagues qui affectent le mental-océan.

Les personnes d'humeur sombre attirent vers elles des choses sombres et des pensées sombres provenant des autres et des enregistrements Akasiques dans l'éther physique. Les personnes qui ont de l'espoir, de la confiance et de la bonne humeur attirent des pensées de nature similaire. Elles réussissent toujours dans leurs entreprises.

Les personnes qui ont une humeur négative de dépression, de colère, de haine nuisent aux autres. Elles infectent les autres et éveillent ces Vrittis destructeurs chez les autres. Elles sont coupables. Elles font de grands dégâts dans le monde de la pensée. Les personnes d'humeur joyeuse et gaie sont une bénédiction pour la société. Ils apportent le bonheur aux autres.

Tout comme une jeune et belle dame se couvre le visage et n'aime pas sortir pour se mêler aux autres quand elle a une vilaine plaie sur les joues ou le nez, vous ne devriez pas non plus venir en public et vous mêler à vos amis et à d'autres personnes quand vous avez un état dépressif, un état de haine ou de jalousie. Car vous infecterez les autres avec ces humeurs. Vous êtes une menace pour la société.

Comment contrôler les humeurs négatives

Les Sadhakas devraient essayer d'éradiquer la dépression par la prière, la méditation, les contre-pensées de joie, le chant de Om, Vichara et les chants divins. Ne jamais laisser de place à une dépression lugubre. Répétez Om avec Bhava. Répétez "Je suis Ananda-maya", "Ma Svarupa est Ananda". La dépression disparaîtra. Il y a plusieurs causes à cette dépression. Le ciel nuageux, l'association avec des personnes malfaisantes, l'indigestion, l'influence des esprits astraux, la renaissance des vieux Samskaras de la dépression - tout cela induit la dépression.

Lorsque vous êtes d'humeur à parler, pratiquez immédiatement 'Mouna' (le silence). C'est un antidote à l'humeur parlante. Lorsque vous êtes d'humeur haineuse, développez la vertu opposée de l'amour. Cette humeur se dissipera rapidement. Lorsque vous êtes d'humeur égoïste, commencez à faire un travail désintéressé. Lorsque vous êtes d'humeur à vous séparer, essayez de vous mêler aux autres par le service, l'amour, la bonté et Kshama. Lorsque vous êtes d'humeur paresseuse, faites immédiatement une sorte de travail actif, en puisant de l'eau, en jardinant, en courant, en faisant de la marche rapide ou du vélo, etc.

Un Jivanmukta est absolument libre de toute humeur. Il a complètement contrôlé toutes les humeurs. Il est devenu un maître de toutes ces humeurs. Dans l'Atman, il n'y a pas d'humeurs. C'est la pure conscience. Identifiez-vous à l'Atman. Vous pourrez détruire très facilement toutes les humeurs.

L'humeur méditative

Mais il y a une bonne humeur chez ceux qui pratiquent la méditation. C'est ce qu'on appelle "l'humeur méditative". Ceux qui pratiquent la concentration et la méditation ressentent ce genre d'humeur. Lorsque cette humeur se manifeste, vous devez immédiatement cesser de lire, d'écrire, de parler, etc. Vous devez immédiatement vous asseoir dans la posture habituelle et commencer à méditer. La méditation viendra d'elle-même sans effort. Cette humeur est très favorable à la contemplation. Surveillez ce genre d'humeur. Si la lumière vous dérange, fermez les fenêtres ou mettez un rideau devant la fenêtre. La chambre noire est propice aux débutants en méditation.

Caprices et fantaisies

Un caprice correspond au terme "Taranga" en sanskrit. Taranga signifie une vague. Quand un changement soudain survient dans le mental, c'est un caprice. Les caprices sont des Tarangas qui s'élèvent dans le mental. Ils se lèvent et se brisent rapidement. Ils vous entraînent ici et là. Ils vous bouleversent.

Chacun a ses propres caprices. Très souvent, on dit : "C'est une personne capricieuse", quand quelqu'un est influencé par des caprices. L'excentricité est une forme exagérée de caprice. Le caprice jette un homme ici et là, s'il y cède. Les actions fantaisistes entraînent la misère. C'est par le caprice que le mental tente et trompe les humains. Le mental trompe par les caprices. Les caprices doivent être contrôlés par la raison.

Ne faites pas d'actions par caprices. L'action doit être faite par Viveka et la sagesse. Détruisez les caprices dès qu'ils se produisent par Vichara. Demandez toujours si l'action proposée vous apportera du plaisir et un gain spirituel ou non. Soyez sur vos gardes.

Le mot " caprice " est toujours associé au terme " fantaisie ". Nous disons "caprices et fantaisies ". "Une fantaisie est une phase de la faculté intellectuelle d'une tournure plus légère et moins impressionnante que l'imagination du jeu actif de cette faculté plus légère. La fantaisie est une pensée ou une conception nouvelle et agréable due à cette faculté. La fantaisie est une forme d'imagination. Elle aide un poète, mais pas un aspirant. C'est une entrave à la méditation. Elle construit des châteaux en Espagne. Contrôlez-la par Vichara et Viveka.

Tout comme les vagues et les ondulations s'élèvent à la surface de l'océan, les caprices, les fantaisies et les déterminations erronées se produisent également à la surface du mental-océan. Les caprices représentent les ondulations. Vous ne devez pas avoir peur de ceux-ci. Ils viennent et passent rapidement. Vous devez faire attention aux fortes vagues, aux mauvaises déterminations. Les pensées fortes doivent être éradiquées par un Vichara fort et un bon raisonnement.

Imagination

Prakriti ne crée jamais un vide dans le mental. Si une anxiété ou une inquiétude est terminée, une autre anxiété se manifeste immédiatement. Le mental ne peut jamais se vider. Il a des préoccupations infinies.

Notez soigneusement les voies du mental. Il tente, exagère, magnifie, exalte, alarme inutilement par une vaine imagination, une vaine peur, de vains soucis et de vains pressentiments. Il fait de son mieux pour vous détourner de la concentration sur votre Lakshya.

Il m'a fallu de nombreuses années pour comprendre à fond le fonctionnement subtil du mental. Le mental fait des ravages grâce à la puissance de son imagination. Les peurs imaginaires de différentes sortes, l'exagération, l'élaboration, la dramatisation mentale, la construction de châteaux en Espagne sont toutes dues à ce pouvoir de l'imagination. Même un être parfait et sain a une maladie imaginaire ou une autre due à la puissance de l'imagination du mental. Beaucoup d'énergie est gaspillée à cause de peurs imaginaires.

Lorsque son mental est pleinement occupé par les affaires de la guerre, le soldat ne ressent aucune blessure grave comme par ex. une blessure par balle à la jambe. Il n'est pas non plus conscient de la perte d'une grande quantité de sang. Il est rempli d'enthousiasme. Sur le moment, il n'est, pour ainsi dire, pas conscient de son corps. Quand l'excitation est terminée, quand il voit des taches de sang sur ses vêtements ou quand certains de ses amis lui font remarquer la blessure à la jambe, il prend conscience. Il est un peu alarmé. Puis le pouvoir de l'imagination fait des ravages. Il s'effondre. Le pouvoir de l'imagination exagère toujours.

Une personne peut avoir une petite faiblesse. Quand elle devient votre ennemi, vous exagérez et amplifiez sa faiblesse et Dosha. Vous y superposez ou inventez même beaucoup d'autres faiblesses et Doshas. Ceci est dû à une imagination malfaisante de votre part.

Chaque fois que le mental de deux amis est tendu par des ressentiments, ces mentaux commencent à exagérer et à concocter des choses. La recherche de défauts augmente. Il est très difficile d'obtenir la vérité des déclarations de ces deux amis séparés par une amitié brisée. Leurs déclarations sont toujours colorées par leurs sentiments intérieurs. Ainsi, le pouvoir d'imagination fait des ravages. Maya fait des ravages par le biais du mental et de son pouvoir d'imagination.

Le mental tente et trompe. Pensez à une personne comme un bon ami et la chose est créée comme une réalité. Pensez à elle comme votre ennemi et alors le mental perfectionne aussi la pensée en une réalité. Celui qui connaît le travail du mental et le contrôle par la pratique est vraiment heureux.

Je vais vous expliquer la nature de la "dramatisation mentale". Notez les voies du mental. Lors d'une conversation avec vos amis, le mental imagine parfois en vain qu'il a blessé votre ami. Il dépense une grande partie de son énergie en sentiments inutiles. Vous pensez : " Comment puis-je le voir demain matin ? Il pourrait être mécontent de moi." Le lendemain matin, quand vous le rencontrez, il ne se passe rien. Votre ami entame une conversation agréable et sourit. Vous êtes surpris. À votre grand étonnement, le sujet de la conversation prend une tout autre tournure.

Un père de famille imagine qu'une grave épidémie de peste fait des ravages : "Que dois-je faire si ma femme attrape la peste et meurt maintenant ? J'ai six enfants." C'est sa vaine imagination. Il ne se passe rien. Parfois, lorsque le train roule lentement sur le pont Pamban au-dessus de la mer près de Ramesvaram, le mental imagine : " Si le pont cède maintenant, que vais-je devenir ? Je serai mis en pièces." Un peu de peur s'insinue. Il y a mille et une façons comme celles-ci de dramatiser mentalement. Le pouvoir de l'imagination joue un rôle vital dans la dramatisation mentale.

Lorsque votre mental est profondément concentré, une période de deux heures passe comme cinq minutes. Si le mental est distrait et errant, une demi-heure dure comme deux heures. C'est l'expérience de tout le monde. Dans le rêve aussi, beaucoup d'événements qui représentent une période de cinquante ans ont lieu en dix minutes. Par le jeu du mental, un Kalpa est considéré par celui-ci comme un moment et vice versa. Le temps n'est qu'un mode du mental. C'est le Kala Sakti. Il est aussi illusoire que les objets.

Par le truchement du mental, cent mètres à certains moments semblent être une grande distance et trois kilomètres à d'autres moments semblent être une très courte distance. Vous avez dû le remarquer dans votre vie quotidienne.

Marichi Chaitanya, M.A., Ph.D., un Brahmachari de Roumanie et moi-même avons dîné au Kailasa Kutia, à l'Ashram de Svarga, sur la rive du Gange. Un plat de soupe de pommes de terre a été servi. Marichi, qui n'a aucune idée des préparations indiennes, l'a pris pour une soupe de viande. La couleur et l'apparence de la soupe de pommes de terre étaient exactement les mêmes que celles de la soupe de viande. C'est un cas de projection mentale. Marichi a projeté l'idée de la viande de son propre Samskara du mental dans la soupe de pommes de terre. Les projections mentales sont toutes fausses.

Kalpana dans le mental signifie création mentale ou imagination. C'est le vrai Yogamaya. Vous devrez détruire ces différents Kalpanas. C'est le but de toutes les Sadhanas spirituelles. Alors vous serez établi dans l'état de béatitude du Nirvikalpa. Il faut du Nivritti pur pour atteindre cela après avoir obtenu Chitta-Suddhi par le Nishkama-Karma Yoga.

Le tempérament et comment il peut être modifié.

Il y a des sécrétions de glandes endocrines qui sont sans canal, c'est-à-dire la thyroïde, le thymus, la parotide, la pinéale, la surrénale, etc. Ces sécrétions sont directement absorbées dans le sang. Elles jouent un rôle vital dans la constitution du tempérament de chaque individu. Le tempérament d'une personne peut être grandement modifié par l'environnement, l'éducation et l'expérience. Il peut difficilement être changé en totalité. C'est la raison pour laquelle la Gita dit : " Sadrisam

Cheshtate   Svasyah   Prakriter-Jnanavanapi-Même   l'homme   de connaissance se comporte en conformité avec la nature " (Gita, III-33).

CHAPITRE 8

Les facultés mentales

Le pouvoir du mental humain

Si vous étudiez attentivement l'action du mental sur le mental, du mental sur la matière, du mental sur le corps humain, vous constaterez que chaque être humain est une puissance en lui-même. Il vous faudra développer les facultés potentielles par la retenue et la maîtrise des passions. Quand le mental est si puissant, que dire de la gloire d'Atman, qui est le magasin de tout, qui est le magasin central infini et inépuisable de pouvoir, de connaissance et de félicité auquel le petit mental emprunte sa lumière et sa puissance !

Illustrations des pouvoirs du mental

Chaque fois qu'un incendie ou tout autre type d'accident se produit, comme vous êtes agile et vif ! N'avez-vous pas de merveilleux pouvoirs ? Vous sautez par-dessus un mur immense, sauvez de nombreux enfants, courez avec audace au milieu du feu et portez des objets. Toutes les facultés psychiques, la mémoire, l'imagination, la volonté, etc. sont en jeu. La chevalerie, l'intrépidité, le mental imperturbable, la miséricorde et diverses autres nobles vertus sont en œuvre. D'où avez-vous tiré ces facultés et ces pouvoirs ? De cela, vous pouvez conclure que vous êtes, en réalité, tout-puissant. Il y a en vous une grande et magnanime réserve de pouvoir. Allez à la source par la méditation et saisissez-la. Vous obtiendrez tout. Comptez sur le Soi à l'intérieur.

Si vous recevez un télégramme à 12 heures par une chaude journée d'été, qui vous informe que votre père est gravement malade dans votre village natal qui est distant de vingt kilomètres, vous laissez aussitôt votre nourriture et commencez à courir. Bien que vous-même ne soyez pas en bonne santé à ce moment-là, cela ne vous dérange pas du tout, car vous êtes très anxieux de voir votre père bien aimé. Vous avez même couru toute la distance et atteint l'endroit en quelques heures. Puis vous commencez à vous demander : " Quoi ! J'étais moi-même très malade. La journée était très chaude. J'ai parcouru une distance de vingt kilomètres en deux heures. Quelle merveille !" Cela montre clairement que vous êtes, en réalité, tout-puissant. Le mental possède différentes sortes de pouvoirs et de facultés. Ils sont en sommeil. Vous devrez les réveiller.

Les six importants pouvoirs du mental

Il y a trois Saktis (pouvoirs, puissances) dans le mental, à savoir, Ichha Sakti (Volonté), Kriya Sakti (Action) et Jnana Sakti (Connaissance). Un désir surgit dans le mental. C'est Ichha Sakti. Le mental s'efforce de satisfaire ce désir. C'est Kriya Sakti. Il planifie, organise et trouve des méthodes, etc. pour atteindre l'objet désiré. C'est Jnana Sakti.

Vedana-Sakti (pouvoir de perception), Smarana-Sakti ou Smriti-Sakti (pouvoir de mémoire), Bhavana-Sakti (pouvoir d'imagination), Manisha-Sakti (pouvoir de jugement), Ichha-Sakti ou Sankalpa-Sakti (volonté ou volition) et Dharana-Sakti (pouvoir de tenir) sont les six pouvoirs importants du mental.

Vedana Sakti

Vedana-Sakti est le pouvoir de cognition ou de sensation ou le pouvoir de perception et de connaissance à travers les Indriyas ou les sens (Indriya-Jnana).

Smriti Sakti

Smriti-Sakti fait trois choses. Il saisit. Il garde. Il se rappelle chaque fois qu'il a besoin d'une chose. Bien que le pouvoir de saisir soit fait par Vedana-Sakti du mental (pouvoir de perception ou de cognition), Smriti-Sakti participe également à l'acte de saisir.

Supposons que vous entendez le son d'une cloche dans le temple. Sakti-mémoire le saisit. Puis il la retient par Dharana. Lorsque vous entendez à nouveau le son de la cloche du temple, il vous rappelle immédiatement : " Ceci est la cloche du temple. Ce n'est pas la cloche de l'auberge."

Dans Dhyana, le mental saisit et prend possession de ses perceptions ou de ses jugements. Il fait sien le contenu de l'idée. Il renforce les Samskaras de sorte qu'un rappel volontaire est rendu facile.

Bhavana Sakti

Vous n'avez jamais vu un éléphant sur un vélo. Lorsqu'un homme, qui l'a vu, vous donne une description, votre mental se forme immédiatement une image mentale. Ceci est fait par Bhavana-Sakti (pouvoir de l'imagination) du mental.

Manisha Sakti

Le pouvoir de comparer et de contraster, de tirer des conclusions, de discuter, de conclure, tout cela appartient à Manisha-Sakti du mental. Manisha-Sakti (pouvoir de jugement) a deux subdivisions, à savoir, Nirnaya (constatation) et Tarka (raisonnement logique).

A est mortel. B est mortel. C est mortel. Tous les humains sont mortels. M. Choudhary est un homme. Par conséquent, Choudhary est mortel. Ces sortes de conclusions, par la logique inductive et déductive avec des prémisses majeures et mineures et à moyen terme ou par les cinq parties du raisonnement syllogistique de la logique indienne (Nyaya) de Gautama Rishi, sont faites par Manisha-Sakti du mental avec l'aide de Nirnaya et Tarka.

Tarka a deux autres subdivisions, à savoir, Anumana (inférence) et Paramarsa (discussion). Quand vous voyez une rivière en pleine crue le matin, vous en déduisez qu'il a plu pendant la nuit précédente. Quand vous voyez de la fumée sur les collines, vous en déduisez qu'il devait aussi y avoir du feu sur la colline. Ceci est dû à Anumana.

Ichha Sakti

La volonté est Atma-Sakti. C'est l'aspect dynamique de Brahman. La volonté est Brahman en mouvement. Dans le Vedanta, la volonté joue un rôle très important.

On a beaucoup parlé en Occident du pouvoir de l'imagination - qu'il s'agit du pouvoir le plus formidable du mental humain et que dans un conflit entre la volonté et l'imagination, l'imagination l'emporterait invariablement.

Certaines personnes disent que la volonté est plus grande que l'imagination. En Orient, chez les Vedantins, la volonté est considérée comme une faculté plus grande que l'imagination. Que ferait l'imagination sans la force motrice de la volonté pour exécuter avec une puissance dynamique les désirs, les souhaits et les idéaux ?

Il existe une corrélation, une coordination et une coopération entre les différents principes du mental. Par conséquent, qui peut dire ce qui est grand ou petit, important ou sans importance lorsque chacun dépend de l'autre pour son pouvoir ? On ne peut pas vraiment dire que l'un est plus grand que l'autre, car leur indépendance et leur pouvoir découlent l'un de l'autre.

Dharana Sakti

Le Dharana-Sakti (pouvoir de tenir) est en fait une partie de la mémoire ou Smarana-Sakti. Dans le langage courant, on dit : "M. Ramakrishna est un homme de bon Dharana dans le Vedanta." Ici, cela signifie que M. Ramakrishna a des idées arrêtées et stables dans le Vedanta. Il ne peut être changé par personne. Il n'est pas de nature hésitante. Il s'en tient uniquement au Vedanta. Personne ne peut l'ébranler.

Aperception

L'aperception est la perception que le mental a de lui-même en tant qu'agent conscient. Le principe de l'aperception est comme un employé de poste de la conscience qui reçoit, trie, met en corrélation, arrange, classe, colorie, associe, et envoie des messages.

Comment développer les pouvoirs latents du mental

Il y a beaucoup de facultés mentales supérieures latentes chez l'humain. Le mental est un réservoir de pouvoir. Le développement de ces pouvoirs psychiques latents est possible grâce à une Sadhana appropriée. La Sadhana doit être systématique, constante et intense. L'étudiant doit aussi avoir atteint le stade de développement approprié. Il doit aussi y avoir un véritable Sraddha. Alors, seul un succès certain est possible.

CHAPITRE 9

Les trois Doshas

Le lait est agréable pour certains et désagréable pour d'autres. Il n'y a rien de mal avec le lait lui-même. Il y a sûrement quelque chose qui ne va pas avec le mental. Sans doute, il y a un défaut dans le mental. La vision d'un enfant quand il voit sa mère est qu'elle est le soutien, le nourricier et le dispensateur de tous les conforts. Le mari de la femme la considère comme un objet de plaisir. Le tigre, lorsqu'il voit la même femme, la considère comme sa proie. L'objet, la femme, reste le même. Le point de vue diffère dans ces trois cas en raison du Dosha de l'esprit.

Dosha signifie faute ou défaut. Mala (impureté), Vikshepa (agitation), Avarana (voile de l'ignorance) sont les trois défauts du mental.

Le mental est ballotté parmi les objets d'amour et de haine comme une plume légère dans un vent de tempête. Il tourbillonne toujours en vain parmi les objets sensoriels, loin de l'association avec les sages, comme un chien errant ; mais aucun résultat n'en découle. Ce mental malfaisant tourbillonne à la vue de son immense richesse tant convoitée. Ce chien féroce de mental, suivant son compagnon le désir, s'attaque toujours aux pauvres et ignorants de ce monde comme à des carcasses. Il volera en un instant de Howrah à Paris et de Colombo à Berlin. Ne se reposant fermement sur aucun objet, il se caractérise par une puissance fluctuante excessive. Il fluctue et se confond, s'éloigne d'un objet et y revient, se réjouit en vain et s'enivre d'Ahankara. Un mental devient la proie de la peur par sa fluctuation.

Le mental doit être rendu apte au salut, apte à s'approcher de son Adhishthana (substrat), son père, Brahman. Supprimez les trois Doshas.

Mala (comme Kama, Krodha, Lobha, Moha, Mada, Matsarya) est enlevé en faisant le Nishkama Karma. Mala signifie aussi péché. Vikshepa est enlevé par Upasana, Trataka, Pranayama et Raja Yoga.

L'Avarana est supprimé par le Jnana, l'étude de la littérature Védantique, le Nidhyasana et l'Abheda-Chintana après avoir bien compris la juste signification du Mahavakya, "Tat Tvam Asi".

Puissiez-vous être immobile comme un roc sans chercher à faire des choses insignifiantes, terrestres, et faire fluctuer votre mental ! Ceux qui n'ont pas d'impulsions inférieures chassent les renaissances à une grande distance.

Étudiez la nature du mental. Analysez-le soigneusement. Débarrassez-vous des trois Doshas du mental, à savoir Mala, Vikshepa et Avarana. Purifiez-le. Stabilisez-le. Fixez-le sur Dieu ou Brahmane. Dissolvez le mental en Dieu par une pensée constante et intense. Pratiquez la Sadhana de Manonasa. Élevez-vous au-dessus des tromperies et des tentations du mental. C'est votre devoir. Vous n'êtes né que pour cela ; tous les autres devoirs sont auto-créés et auto-imposés à cause d'Avidya ou de l'ignorance.

CHAPITRE 10

Suddha Manas et Asuddha Manas

Grâce au mental discriminant, le mental inférieur est puissamment maîtrisé par le sage.

"Uddharet-atmana-atmanam. Qu'il élève le soi par le Soi." (Gita, VI-5)

Les deux sortes de mental

Suddha Manas ou le mental Sattvique (mental pur) et Asuddha (mental impur) Manas ou le mental instinctif ou le mental du désir comme on l'appelle sont les deux sortes de mental selon l'enseignement Upanishadique. Il y a le mental inférieur rempli de passion. Il y a le mental supérieur rempli de Sattva (pureté). Il y a deux mentaux. Si vous voulez méditer, vous devrez en faire un seul mental Sattvique. C'est par le mental supérieur ou Sattvique que vous devrez contrôler le mental inférieur ou instinctif des passions et des émotions.

Il existe aussi deux sortes de Buddhi : Buddhi Vyavaharique et Buddhi pure. Il y a deux sortes de Aham ou Ahankara, à savoir Aham de Suddha qui s'identifie avec Brahman (Sat-Chit-Ananda) et Aham d'Asuddha qui s'identifie avec le corps. Il y a deux sortes de Sankalpa (résolution, conation), c'est-à-dire, Suddha Sankalpa (pensées de Dieu) et Asuddha Sankalpa (pensées du corps et du monde).

Asuddha Manas qui crée Asuddha Sankalpa, Buddhi Vyavaharique et Asuddha Ahankara- tous ces trois forment un cercle vicieux. Ces trois-là travaillent en coopération. La semence du mental est Ahankara. Le mental n'est qu'un faisceau de pensées. De toutes les pensées, la pensée " Je " est la pensée racine. C'est aussi la première pensée qui émane du mental. C'est pourquoi le mental n'est que la pensée "Je". Buddhi est la base d'Ahankara. C'est Buddhi qui vous force à vous identifier au corps physique. C'est Buddhi qui crée la différence (Bheda) et Nana Bhava (l'idée de beaucoup dans le monde).

Caractéristiques du mental Sattvique

Un mental Sattvique aime la solitude, le silence, la vie simple, la pensée élevée, l'étude de livres spirituels, les discussions philosophiques, la concentration du mental et la compagnie des Sadhus, Mahatmas et Sannyasins. Un mental pur peut être jugé à travers la parole, le visage et les yeux. Par ces expressions, l'opinion peut être formée si une personne a un mental pur. Les désirs supérieurs, les aspirations nobles, les idéaux élevés, le vrai sentiment religieux, la miséricorde, la sympathie, l'amour pur et désintéressé, la dévotion, Vichara (investigation sur l'Atman), l'inspiration, le génie - tous viennent du mental Sattvique pur et supérieur. Suddha Manas (mental pur) est Brahman lui-même. C'est une incarnation de la pureté elle-même.

Caractéristiques du mental Rajasique

Un mental Rajasique aime les villes surpeuplées, beaucoup de discussions, la vie luxueuse, la pensée basse, la compagnie des femmes, la lecture des romans, manger des plats délicats et des actes égoïstes. Le mental instinctif est le Kama Manas inférieur et impur avec des désirs, des passions et des appétits. La grande majorité des personnes n'ont que ce mental instinctif. Même les soi-disant personnes civilisées et éduquées vivent sur le plan du mental instinctif. Leurs sens sont très aiguisés et aigus et ils courent après des choses plus raffinées pour leur satisfaction sensorielle. Elles s'identifient au corps physique et aux sens. Ils n'ont aucune idée de l'Atman subtil qui est entièrement distinct du corps et des Indriyas. Leur " Je " est le corps physique, grossier, mais ils savent qu'il y a un mental.

La jouissance sensuelle provoque des maladies et détruit le pouvoir de discrimination (Viveka). Elle rend le mental Malina (impur). Par conséquent, évitez le Vishayabhoga (la jouissance sensuelle). Essayez de réaliser le Soi à l'intérieur duquel se trouve la béatitude éternelle et l'immortalité.

Le mental Sattvique est nécessaire pour Atma-Vichara

Un mental Sattvique (pur), aiguisé, subtil et concentré est nécessaire pour l'Atma-Vichara (investigation sur l'Atman ou l'Esprit Suprême) et l'étude des Upanishads. Un mental grossier ou Buddhi pratique (Vyavaharique) remplis d'égoïsme et de désir est absolument impropre pour Vichara et la ratiocination philosophique. L'égoïsme obscurcit la compréhension. L'égoïsme est le fléau de la vie. Le mental d'un matérialiste est toujours prêt à absorber les pensées sexuelles. Il ne peut pas s'imprégner d'idées philosophiques subtiles. Il est insensible et ne peut pas vibrer correctement pour absorber des idées philosophiques. Vous pouvez planter un clou dans l'argile, mais pas dans la pierre. Le mental doit être purifié par le Nishkama Karma, le Japa, le Pranayama et les autres Sadhanas spirituelles.

Le mental est comparé à un miroir. Si le miroir est sale, vous ne pouvez pas voir votre visage clairement. De même, si le mental-miroir est sale (plein de Mala, d'impuretés-Kama, Krodha, Lobha, etc.), vous ne pouvez pas voir Dieu clairement ; vous ne pouvez pas voir le Soi clairement. La lumière de Brahman ne peut pas briller efficacement. Nettoyez-le avec effort chaque jour, par la Sadhana spirituelle, la méditation, le Nishkama Karma Yoga vigoureux, la dévotion, etc. Vous réaliserez Dieu.

"Manasaiva-anudrashtavyam" est la déclaration des Srutis. Brahman doit être vu par le mental. Ici, le mental signifie le Suddha Manas (le mental pur). Brahman peut être vu par un mental qui est équipé des quatre moyens de salut ; qui est rendu subtil et pur par la pratique de Sama, Dama, Yama et Niyama ; qui est pourvu des instructions sacrées d'un Guru qualifié et qui fait Sravana (l'audition), Manana (la réflexion) et Nididhyasana (la méditation constante). Si le mental pur se concentre pendant un certain temps à travers l'étude des Jnana Sastras, l'association avec les sages et une pratique ininterrompue de la méditation, alors chez ces personnes qui développent Jnana, une vision divine va naître dans laquelle il y aura une connaissance directe de la Réalité unique.

Éradiquez le mental impur

L'ennemi de l'Atman est le mental impur, qui est rempli d'illusions excessives et d'une foule de pensées. Ce malicieux et puissant diablotin de mental inférieur est le générateur de toutes les douleurs et de toutes les peurs, et le destructeur de toutes les nobles richesses spirituelles. Votre véritable ennemi n'est que ce mental impur qui est plein d'illusion, de Trishnas, de Vasanas et d'une foule d'autres impuretés. Plutôt que de laisser cet ennemi vous abîmer de diverses manières par les "jouissances" des nombreux "plaisirs" de ce monde, éradiquez-le dans l'espoir d'obtenir la félicité éternelle et l'illumination spirituelle. Détruisez le Manas Asuddha (impur) inférieur par le Manas Suddha supérieur. Détruisez votre mental instinctif par la discrimination et l'aide de votre mental supérieur, Sattvique. Alors et alors seulement, vous obtiendrez la paix et la félicité éternelle et infinie d'Atman. C'est alors seulement que vous deviendrez un Jivanmukta.

Les mentaux Sattviques et Rajasiques se déplacent dans des directions diamétralement opposées. Le mental Sattvique s'unifie. Le mental instinctif sépare et divise. La voix du mental instinctif vous induira en erreur. Purifiez le mental et entendez la voix de la conscience (mental Sattvique). Vous devrez développer la partie Sattvique du mental en annihilant le mental inférieur, impur, instinctif. Si le mental inférieur est anéanti par le mental supérieur, alors seulement vous aurez le bonheur et la paix éternels. Alors seulement vous atteindrez Moksha, la connaissance suprême et la félicité éternelle. Éliminez ce mental par Vichara constant et la méditation sur Om et reposez-vous dans votre propre état de Svarupa, Sat-Chit-Ananda.

Comment purifier le mental

Comme un fer façonne un autre fer, le mental pur d'une personne qui fait des efforts dans la voie vertueuse devrait corriger et modeler son mental impur. Le mental est infailliblement rendu pur par des actions sincères, vertueuses et pures et par le Satsanga constant (association avec un sage). Dire la vérité et la pratique de Daya (pure compassion) sont de très grands purificateurs du mental. Toutes les aspirations élevées, les tendances universelles et la pitié - tout cela contribue à purifier le mental. Le Manas supérieur est développé.

Sacrifice, don, compassion, étude des Védas et dire la vérité : ces cinq éléments sont purificateurs. La sixième est la pénitence bien pratiquée. Ce dernier est hautement purificateur. Le pèlerinage vers les lieux sacrés est aussi purifiant. Vous y entrez en contact avec des personnes saintes. Vous pouvez avoir un bon Satsanga.

Charité, Japa, Nishkama Karma, Yajna, Agnihotra, Brahmacharya, Sandhya, Tirtha-Yatra, Dama, Sama, Yama, Niyama, Svadhyaya, Tapas, Vrata, service des saints - tous tendent à purifier le mental. Il y aura, sans aucun doute, une félicité sans mélange dans le mental ainsi purifié.

Un Mantra purifie le mental. La simple répétition d'un Mantra, à la manière d'un perroquet, a très peu d'effet. Elle a un certain bénéfice. Il doit être répété avec Bhava (sentiment). Alors il produit des effets merveilleux. Le Mantra, à moins d'être inspiré par la puissante force de volonté de son propre mental, ne peut pas produire beaucoup d'effets.

L'étude de travaux philosophiques, la pensée juste, l'exercice de bons et nobles sentiments, les prières et les efforts bénéfiques et, par-dessus tout, une méditation régulière et intense sont les moyens d'améliorer le mental. Ces moyens permettront une évolution rapide du mental. Lorsque le mental est purifié, un trou est formé au centre par lequel la pureté, la lumière et la connaissance coulent de Brahman.

Un orfèvre transforme l'or 10 carats en or 15 carats en ajoutant des acides et en le brûlant plusieurs fois dans le creuset. De même, vous devrez purifier votre mental sensuel par la concentration et la réflexion sur les paroles de votre précepteur spirituel et les phrases upanishadiques, la méditation, le Japa ou la répétition silencieuse du Nom du Seigneur, etc. Il faut beaucoup de temps pour purifier le Harital (oxyde jaune d'arsenic ou orpiment). Il faut le faire tremper dans de l'urine de vache pendant sept jours, dans de l'eau de chaux pendant dix jours et dans du lait pendant sept jours. Ensuite il doit être brûlé cent huit fois avant d'obtenir un Bhasma ou un oxyde (cendre) approprié. De même, cela prend beaucoup de temps pour parvenir à Chitta-Suddhi, la pureté du mental, et il faut un Tapascharya (austérité) sévère.

Le résultat de la purification du mental est qu'il devient plus sensible, qu'il est facilement perturbé par un son ou un choc et qu'il ressent toute pression de façon aiguë. Un aspirant doit être sensible et pourtant avoir le corps et les nerfs complètement sous son contrôle. Plus la sensibilité devient grande, plus la tâche est difficile ; il y a beaucoup de bruits qui passent inaperçus pour une personne ordinaire, mais qui sont une torture pour celui qui est très sensible. Vous devez faire de votre mieux pour surmonter cette hypersensibilité.

L'initiation du mental pur mène à la quiescence

La purification est la première partie du Yoga. Lorsque la purification est terminée, la tendance naturelle du mental est d'aller vers la libération, Moksha. Si un disciple dont le mental est purifié de toutes ses impuretés est initié aux mystères sacrés par un gourou, alors son mental obtiendra une quiescence complète. Il entrera dans un état de Nirvikalpa. L'état de Nirvikalpa est appelé Asamvedana.

CHAPITRE 11

Vrittis

Vritti : Nature et fonction

Vritti signifie un bain à remous. C'est une vague de pensée qui surgit dans l'Antahkarana. Les Vrittis sont des modifications du mental. Ils sont l'effet d'Avidya. Quand Avidya est détruit par Jnana, les Vrittis sont absorbés dans Brahman (Laya), juste comme l'eau jetée dans une casserole chauffée est absorbée dans la casserole.

D'où surgit un Vritti ? Du Chitta ou mental. Pourquoi un Vritti surgit-il ? C'est Svabhava de l'Antahkarana. Quelle est sa fonction ? Il provoque Avarana-Bhanga (enlève le voile de Sthula Avidya qui enveloppe les objets). Il aide à l'évolution de l'humain jusqu'à ce qu'il atteigne la perfection (Jivanmukti). C'est Vritti qui ouvre la Kundalini chez un Jnani dans l'Ajna Chakra et la relie à Sahasrara. Ceci est une voie.

Le Chitta est l'essence du mental. C'est la substance mentale. Vritti ou onde de pensée est une modification de cette substance mentale. C'est un processus. De même que les vagues et les bulles surgissent à la surface de l'océan, ces Vrittis surgissent à la surface de l'océan mental. De même que les rayons émanent du soleil, ces rayons mentaux (modification de Vrittis) émanent du mental-soleil. De même que le soleil se fond dans l'horizon au coucher du soleil en rassemblant tous ses rayons, de même vous devrez vous fondre dans ce Soleil des soleils, la Conscience Absolue, la Paix Éternelle en rassemblant tous les rayons mentaux dissipés et en dissolvant le mental lui-même.

La fonction d'un Vritti dans le mental est de provoquer l'Avarana-Bhanga (levée du voile de l'ignorance recouvrant les objets). Sthula Avidya ou l'ignorance grossière est d'envelopper tous les objets. Lorsque le voile est enlevé, la perception des objets devient possible. Le Vritti enlève l'Avarana ou couche d'ignorance. Lorsque vous traversez une grande foule ou des personnes, vous êtes en mesure de remarquer quelques personnes. Vous ne voyez pas certaines personnes, bien qu'elles puissent se trouver devant vous. Pourquoi ? Parce que l'Avarana-Bhanga n'était pas complet. Lorsque cela est fait, l'objet brille devant vous.

Selon le Raja Yoga du Maharshi Patanjali, Pramana (notion juste ou preuve juste), Viparyaya (idée fausse), Vikalpa (imagination fantaisiste), Nidra (sommeil) et Smriti (mémoire) sont les cinq Vrittis ou fonctions mentales. Si ces cinq fonctions mentales sont supprimées, la suppression des désirs et d'autres fonctions suivra.

Vishayakara Vritti et Brahmakara Vritti

Par ses propres efforts, le mental prend la forme de tout objet, il se concentre sur lui. S'il pense à une femme, il prend la forme d'une femme. C'est ce qu'on appelle Vritti Tadakara. S'il pense à Dieu ou à Brahman, Brahmakara Vritti se développe. Dans le premier cas, Rajas (la passion) sera infusée dans le mental, tandis que dans le second, Sattva (la pureté) sera infusée.

Lorsque le mental pense à des objets et s'attarde sur eux, il prend la forme de ces objets. Ceci est appelé Vishayakara Vritti. Lorsqu'il pense à Brahman ou à l'infini, le Brahmakara Vritti est formé. Le Sadhaka doit être très vigilant et circonspect pour surveiller le mental et ses activités. Il doit convertir Vishayakara Vritti en Brahmakara Vritti. Dès que le mental tombe de Brahmakara Vritti en Vishayakara Vritti, il doit à nouveau faire assumer Brahmakara Vritti par le mental. C'est certainement une lutte très dure.

Vous ne pouvez pas avoir Vishayakara Vritti comme Ghatapatadi Vritti (modification du pot, du tissu, etc.) et Brahmakara Vritti (pensée de Brahman) en même temps. Il s'agit de Sruti Virodha (c'est-à-dire contre les propos des Srutis). C'est aussi contre l'expérience pratique.

Ce n'est pas l'objet qui vous lie. C'est le Vritti et l'identification (Tadatmya Sambandha) avec le Vritti qui provoque l'attachement et la servitude. C'est par Avidya ou par l'ignorance que vous vous identifiez à Vritti comme lorsque vous dites "Je suis en colère".

Types de Vritti

Les Vrittis ont été classés en cinq catégories : (1) Mano-Vritti, (2) Buddhi Vritti, (3) Sakshi Vritti, (4) Akhandakara Vritti et (5) Akhanda Ekarasa Vritti. Le numéro 1 appartient au mental instinctif. Les numéros 2, 3, 4 et 5 appartiennent au mental Sattvique. Mano-Vritti est le Vishayakara Vritti des matérialistes. Buddhi Vritti appartient aux Vivekins. Lorsque vous vous identifiez avec le Sakshi Vritti, vous pouvez être témoin des modifications du mental. Lorsque vous essayez de sentir que vous êtes le Soi infini, l'Akhandakara Vritti est généré. Il est également connu sous le nom de Brahmakara Vritti. Il n'y a pas de Vritti en Brahman.

De Mano-Vritti, vous devez passer à Viveka Vritti. Mano-Vritti concerne Manomaya Kosha. Viveka Vritti appartient à Vijnanamaya Kosha. En développant Vijnanamaya Kosha, Mano-Vritti est conquis. De Viveka Vritti, vous devez passer à Sakshi Vritti. De Sakshi Vritti, vous devez passer à Akhandakara Vritti. De Akhandakara Vritti, vous devez passer à Akhanda Ekarasa, qui est Brahma Svarupa. C'est Kaivalya ou le but ultime de la vie.

Antarmukha Vritti et Bahirmukha Vritti

Lorsque les tendances sortantes du mental sont arrêtées, lorsque le mental est retenu dans le cœur, lorsque toute son attention est uniquement tournée vers lui-même, cette condition est Antarmukha Vritti. L'Antarmukha Vritti est l'énergie du mental qui s'épuise en raison de l'augmentation de Sattva. Le Sadhaka peut faire beaucoup de Sadhana quand il a ce Vritti intérieur.

Le Bahirmukha Vritti est la tendance du mental à sortir, due à Rajas. Lorsque la vision est tournée vers l'extérieur, la ruée des événements fugaces sollicite le mental. Les énergies sortantes du mental commencent à agir. De plus, par la force de l'habitude, les oreilles et les yeux courent à la fois vers le son et la vue. Les objets et le désir sont des forces d'externalisation. Une personne Rajasique plein de désirs ne peut jamais rêver d'une vie spirituelle intérieure avec Antarmukha Vritti. Elle est absolument inapte à la pratique de l'introspection.

Vous n'obtiendrez l'Antarmukha Vritti (mental allant vers l'intérieur) qu'après avoir détruit tous les pouvoirs d'extériorisation du mental. Vairagya et l'introspection aident beaucoup à atteindre cet état mental. Vous devez affamer le mental par Vairagya et Tyaga (renonciation aux désirs, aux objets et à l'égoïsme). Vous devez apprendre l'art de rendre le mental introspectif ou tourné vers l'intérieur, sur lui-même, à travers le Kriya Yogique, Pratyahara (abstraction). Tout comme vous devez reprendre avec soin votre tissu qui est tombé sur une plante épineuse en enlevant les épines une par une lentement, vous devrez également récupérer avec soin et effort les rayons dissipés du mental qui se sont jetés sur les objets sensuels pendant de très nombreuses années.

Il vous faudra les rassembler patiemment à travers Vairagya et Abhyasa, à travers Tyaga (renoncement) et Tapas, puis marcher hardiment avec une énergie infatigable vers Dieu ou Brahman. Ceux qui connaissent cette pratique peuvent vraiment être paisibles. Ils sont les seuls à pouvoir être vraiment heureux. Lorsque les rayons mentaux sont concentrés, l'illumination commence. Le mental ne peut plus faire de ravages maintenant. Le mental ne peut pas s'extérioriser. Il peut être gardé à l'intérieur de la Hridaya-Guha (grotte du cœur).

La destruction des Vrittis amène la force mentale

Le mental acquiert une grande force lorsque les Vrittis sont détruits. Il n'est pas facile de détruire les Vrittis (ondes de pensée) car elles sont innombrables. Elles doivent être prises une par une et traitées séparément. Certains Vrittis sont très forts. Elles exigent de gros efforts pour leur destruction. La plupart des Vrittis sont très faibles. Les Vrittis faibles fondent comme des nuages. Les pensées fortes restent et reviennent fréquemment chaque matin dès que vous vous levez de votre lit.

Taisez-vous. Entrez dans le silence. Le silence, c'est Atman. Le silence est Brahman. Le silence est le centre. Le silence est le Hridaya-Guha (la grotte du cœur). Lorsque le mental passe d'un objet à un autre, l'état dans l'intervalle où vous devenez sans mental pendant une très courte période est Svarupasthiti. C'est le Brahman. Lorsque le mental est entièrement contrôlé, Vrittis cesse. Lorsque toutes les modifications s'estompent, vous entrez dans le silence. Réalisez ceci, à ce moment précis. Sentez la gloire divine et la splendeur brahmanique maintenant en fermant les yeux, en retirant les Indriyas, en apaisant le mental, en faisant taire les pensées, en aiguisant l'intellect, en purifiant le Chitta, en méditant sur Om, en chantant Om avec Bhava (sentiment). Maintenez la continuité de la conscience brahmanique tout au long des 24 heures. Ayez un flux incessant de conscience Atmique. C'est très, très important. C'est une condition sine qua non. C'est un grand desideratum.

Quand tous les Vrittis meurent, les Samskaras et la structure du mental restent. Les Samskaras ne peuvent être grillés que par Nirbija-Samadhi.

CHAPITRE 12

Théorie de la perception

"Quand on pense, alors on comprend ; sans avoir pensé, on ne sait pas ; ce n'est qu'après avoir pensé que l'on comprend". *(Chhandogya Upanishad, VII-xxi-1)*

"J'étais distrait, je n'ai pas entendu. J'étais distrait, je n'ai pas vu. Il est donc évident qu'une personne voit avec le mental, entends avec le mental. Le désir, la détermination, l'incertitude, la croyance, l'incrédulité, la constance, l'instabilité, la honte, l'intellect, la peur, tout cela est dans le seul mental. Par conséquent, lorsqu'elle est touchée par-derrière, une personne sait par le mental. *(Brihadaranyaka Upanishad, I-v-3)*

Il y a deux compartiments dans le mental, à savoir la partie pensante et la partie perceptive. Il est facile d'arrêter la partie pensante, mais il est extrêmement difficile d'arrêter le fonctionnement de la partie perceptive.

Seul le mental individuel voit les objets à l'extérieur. Si vous voyez les mêmes objets à travers un télescope, ils apparaissent différents. Si vous pouvez voir directement avec le mental, vous aurez une vision tout à fait différente. Hiranyagarbha ou Karya Brahman a une vision tout à fait différente. Il voit tout comme une vibration ou un mouvement en lui-même comme son propre Sankalpa, tout comme vous pouvez imaginer dans votre propre mental qu'une grande guerre est en cours et que beaucoup de gens meurent de chaque côté. Vous retirez votre imagination à votre gré.

Théories de la perception

Il y a la théorie élastique du mental. Cette école de pensée dit que le mental devient élastique lorsque plusieurs objets entrent en contact avec les différents sens et se met ainsi simultanément en contact avec différents organes sensoriels ou Indriyas de la connaissance (Jnana-Indriyas). Lorsque le mental entre en contact avec un objet et un Indriya, il se contracte jusqu'à un certain point. Cette théorie est pulvérisée et réfutée par les Vedantins comme étant mal fondée.

Il existe une autre école de pensée qui dit qu'il y a différents compartiments ou parties dans le mental. Une partie du mental se connecte à un sens (Indriya), une autre partie à un deuxième sens et ainsi de suite. Cette théorie est également rejetée par les Vedantins, qui la jugent intenable et insensée.

Selon l'école de pensée connue sous le nom de Drishti-Srishti-Vada, le percevant et le perçu ne font qu'un. Tout comme l'araignée tisse la toile de son propre corps, le mental jette cet univers physique hors de son propre corps pendant l'état de veille et retire le monde dans son sein pendant le sommeil. Un objet est un Vritti mental externalisé ou objectivé.

La Drishya (ce que vous voyez à l'extérieur) est due à l'Avidya mentale. Il n'y a que de la lumière à l'extérieur. Il n'y a que des vibrations à l'extérieur. C'est le mental qui donne la couleur et la forme. C'est une tromperie mentale. C'est une vue. C'est une théorie de la perception.

L'interaction entre le mental à l'intérieur et les vibrations tanmatriques à l'extérieur est l'objet ou le monde que vous voyez à l'extérieur. C'est une théorie de la perception. Le mental est formé à partir de la partie Sattvique des cinq Tanmatras. Il y a de la lumière à l'extérieur. Le soleil émet également de la lumière. L'œil est constitué de feu ou Agni-Tattva. La partie du mental qui perçoit est également constituée d'Agni-Tattva. Donc le feu voit le feu. Seule la partie du mental qui est constituée de Sabda-Tanmatra peut entendre. Le son vient de l'Akasa à l'extérieur. Ainsi, l'Akasa du mental entend l'Akasa de l'extérieur. Mais, Atman peut tout voir, entendre, goûter et sentir. Atman ne peut être vu que par Atman. Par conséquent, tout ce que vous voyez à l'extérieur n'est qu'Atman. "Sarvam Khalvidam Brahma-Tout est en réalité Brahmane."

Le point de vue de la science médicale occidentale

Selon la science médicale occidentale, les vibrations lumineuses provenant de l'extérieur frappent la rétine et y forment une image inversée. Ces vibrations sont transmises par l'optictractus et l'opticthalamus au centre de la vision dans le lobe occipital du cerveau, dans la partie arrière de la tête. C'est là qu'une image positive se forme. Alors seulement, vous voyez l'objet devant vous.

Perception selon la philosophie de Sankhya

Selon la philosophie de Sankhya, le véritable arrière-plan de la perception est le Purusha dont les médecins et les psychologues occidentaux n'ont aucune idée. Les yeux de chair ne sont que des instruments externes (Karanas) de la perception. L'œil n'est pas un organe de la vision. L'organe de la vision est un centre situé dans le cerveau ; il en va de même pour tous les sens. Le mental est relié aux Indriyas, les Indriyas aux centres correspondants dans le cerveau et les centres, aux organes physiques, à l'objet extérieur. Le mental présente la sensation à Buddhi ; Buddhi la transmet au Purusha (qui est l'Esprit pur, qui est immatériel). Maintenant, la perception réelle a lieu. Le Purusha donne l'ordre à Buddhi. Ensuite, Buddhi, après une décision et un jugement approprié et après avoir pris en considération les avantages et les inconvénients du sujet en question, donne des ordres au mental, pour exécution par l'intermédiaire des centres moteurs (Karma-Indriyas ou organes d'action). Buddhi est le Premier ministre et le juge qui entend les déclarations de l'avocat, c'est-à-dire le mental. Le mental joue deux rôles, à savoir (i) celui d'un avocat et (ii) celui d'un Commandant en chef. Après avoir reçu des ordres décisifs de Buddhi, le mental joue le rôle d'un commandant en chef et exécute les ordres de Buddhi par l'intermédiaire des cinq soldats, les cinq Karma-Indriyas. C'est la théorie de la perception selon la philosophie Sankhya. Voyez comme les choses sont très claires dans la philosophie hindoue.

Tout d'abord, il y a l'instrument ou Karana - par exemple, l'œil charnu. Il amène les impressions sensorielles au centre ou Indriya. Le mental est ensuite relié au centre et aux instruments externes, à savoir l'œil physique, l'oreille, etc. Le mental porte les impressions encore plus loin et les présente à Buddhi, la faculté déterminante, qui réagit. Puis apparaît l'idée de l'égoïsme ou Ahankara, qui s'autoarroge et s'identifie avec l'Abhimana. Ensuite, le mélange d'action et de réaction est présenté au Purusha, la véritable âme qui perçoit un objet dans le mélange.

La connaissance se fait au contact des objets (Indriyartha-Sannikarsha). Pour connaître une Prapancha Vishaya, Indriya, Antahkarana et Jiva sont nécessaires. Indriya verra Vishaya. Le mental le fera apparaître. Buddhi, avec l'aide de l'Abhasa Chaitanya, le comprendra. Le mental, les sens et les Karanas (instruments externes) tels que l'œil physique, l'oreille, etc. devraient être réunis. Dans ce cas, seule la perception d'un objet est possible. L'objet entre en contact avec les sens. Les sens sont liés au mental. Le mental est relié à l'Atman. L'Atman illumine. Ceci en référence au plan physique.

La théorie Védantique

Selon la théorie Advaitique de la perception, c'est Chaitanya en nous qui rend la perception possible. Chetana en nous s'unit avec Chetana dans l'objet et le résultat est la perception. Il n'en découle pas que le mental et les sens sont inutiles. Les sens sont nécessaires pour l'adaptation de la perception à leurs choses approximatives. La nature essentielle de l'âme étant l'intelligence, il ne s'ensuit pas que les sens sont inutiles, car ils servent à déterminer l'objet spécial de chaque sens.

La théorie Védantique de la perception est que le mental sort par l'œil et prend la forme de l'objet à l'extérieur. L'Antahkarana-Vritti entre par l'ouverture de l'Indriya (œil), enlève le Vishaya Ajnana, assume le Vishayakara (la forme de l'objet qu'il enveloppe) et présente les objets à votre vue. La fonction de Vritti est de provoquer l'Avarana-Bhanga (enlèvement du voile ou de la couche de Sthula Avidya qui enveloppe tous les objets).

En fait, un rayon du mental sort, prend la forme de l'objet et l'enveloppe. Alors, seulement la perception a lieu. La perception d'un livre n'est possible que lorsque le mental a pris la forme réelle du livre. L'image mentale plus quelque chose d'extérieur est l'objet. Les objets que vous voyez à l'extérieur ont leurs propres images dans le mental.

Lorsque vous traversez un jardin de mangues, un rayon du mental sort de l'œil et enveloppe une mangue. Il prend la forme de la mangue. Ce rayon est appelé Vritti. La fonction d'un Vritti est d'enlever l'Avarana (voile) qui enveloppe l'objet et l'Upahita Chaitanya. Le voile qui enveloppe la mangue est enlevé par Vritti ou rayon mental. Il existe un Chaitanya associé au Vritti (Vritti Sahita Chaitanya). Ce Chaitanya illumine l'objet "mangue". C'est ce qu'on appelle Phala-Vyapti. Tout comme une torche illumine un objet en un éclair, ce Vritti-Chaitanya illumine l'objet. C'est alors seulement que la perception de la mangue a lieu. C'est le mental qui fait Sankalpa-Vikalpa : Est-ce une mangue ou non ? Buddhi vient aider le mental et détermine (c'est une mangue) grâce à l'expérience antérieure. Chitta fait Anusandhana (investigation) : "Comment puis-je obtenir la mangue ? Puis-je demander au jardinier ou au propriétaire ?" Ahankara affirme : "Il faut que je prenne la mangue de toute façon. Je la veux." Ensuite, le mental donne l'ordre au Karma-Indriyas de l'exécuter.

Quand vous voyez un manguier, il est extérieur à vous. Il y a une externalité. Le manguier est une perception mentale. C'est aussi un concept mental. Il n'y a pas de manguier en dehors du mental. Vous ne connaissez l'existence de l'arbre qu'à travers le mental. Il y a une image mentale dans le mental. L'image dans le mental plus la chose extérieure est le manguier. Même si vous fermez les yeux, vous pouvez accéder à l'image par la mémoire. La couleur verte des feuilles est due à un certain taux de vibrations lumineuses (disons 10 millions de vibrations). Ces vibrations lumineuses frappent la rétine et sont transmises au centre de vision situé à l'arrière du cerveau. Les feuilles de manguier ont le pouvoir de diviser les rayons blancs et d'absorber uniquement la couleur verte. C'est ce que dit la science.

Votre corps est aussi extérieur à vous que le manguier précédent. C'est aussi une perception mentale ou un concept mental. Le manguier est extérieur à vous en référence à votre corps uniquement. Le manguier lui-même n'est qu'une simple apparence qui flotte dans l'Absolu ou la Réalité Unique. Comme le manguier est extérieur à vous du point de vue de votre corps, et comme le corps lui-même est extérieur à vous, l'idée de l'externalité du manguier ou de cet univers extérieur est maintenant anéantie. Le terme d'intériorité n'a lui aussi qu'une fausse existence. Il n'y a d'intériorité qu'en référence à l'extériorité. Si l'extériorité disparaît, où est l'intériorité ? Les termes d'intériorité et d'extériorité ne sont que des illusions, des créations du mental. Il n'y a que l'existence solide, la Réalité

Unique ou Absolue derrière ce qu'on appelle l'intériorité et l'extériorité, c'est-à-dire le "Je" réel, infini, c'est-à-dire votre propre Soi.

Seul le mental crée les différences

Les yeux présentent devant le mental certaines formes ou images. C'est le mental qui crée les bonnes et les mauvaises formes. Il dit : "C'est bien. C'est moche. C'est beau." Voici l'esclavage et les ennuis. Le bon et le mauvais, le laid et le beau sont de pures créations mentales. Si le mental peut créer, il peut aussi détruire. De même, les oreilles apportent des vibrations sonores au mental. C'est lui qui dit : "C'est une louange. C'est la censure." Les yeux et les oreilles ne sont pas du tout à blâmer. Ils sont innocents. C'est le mental qui cause le mal.

La cognition mentale se déroule en série

Le mental ne peut penser qu'à des choses limitées. Le mental ne peut pas penser à la verdure sans penser à un objet vert.

Le mental est Niravayava (sans parties, divisions, compartiments). Il ne peut avoir qu'une seule idée à la fois. C'est le Siddhanta des Naiyayikas. Même les Védantins qui disent que le mental est Savayava (avec des compartiments) sur l'analogie de Chora-Nari (la prostituée dont le mental est sur l'amant même quand elle travaille chez elle) admettent que le mental peut avoir Visesha Vritti de l'amant seulement et Samanya Vritti du travail en cours à ce moment-là.

Le mental humain a le pouvoir de ne s'occuper que d'un seul objet à la fois, bien qu'il soit capable de passer d'un objet à l'autre avec une rapidité exceptionnelle, si rapide en fait, que certains ont soutenu qu'il pouvait saisir plusieurs choses à la fois. Le mental est un gardien qui ne peut laisser entrer dans l'usine mentale qu'une seule personne, une seule sorte de vibration sensorielle à la fois. On ne peut pas entendre et voir en même temps. Le mental ne peut avoir qu'une seule idée à la fois. Mais il se déplace avec une telle rapidité qu'un homme ordinaire pense qu'il peut avoir plusieurs idées à la fois.

La perception par le mental fini ou la cognition ou l'expérience se fait en série et non simultanément. La connaissance simultanée ne peut se faire que dans le Nirvikalpa Samadhi où le passé et le futur se confondent dans le présent. Seul un Yogi aura une connaissance simultanée. Une personne matérialiste au mental fini ne peut avoir qu'une connaissance par succession. Deux pensées, même si elles sont étroitement liées l'une à l'autre, ne peuvent pas exister en même temps. La nature de l'organisme interne (Antahkarana ou Manas) nous empêche d'avoir plus qu'un aspect d'un objet à chaque instant présenté à la conscience. Bien que plusieurs objets puissent entrer en contact simultanément avec les différents organes des sens, le mental agit comme un gardien qui ne peut admettre qu'une seule personne à la fois à travers la porte. Le mental ne peut envoyer qu'une seule sorte de sensation à la fois dans l'usine mentale intérieure pour la fabrication d'une perception décente et d'un concept agréable.

Lorsque le mental est attentif et attaché au sens de la vue, il ne peut que voir. Il ne peut pas entendre. Il ne peut pas entendre et voir en même temps. C'est l'expérience quotidienne de chacun. Lorsque votre mental est entièrement absorbé par l'étude approfondie d'un livre intéressant, vous ne pouvez pas entendre, même si une personne crie, parce que le mental n'était pas là (avec le sens de l'ouïe). "Mon mental était ailleurs, je ne voyais pas ; mon mental était ailleurs, je n'entendais pas, car l'homme voit avec son mental et entend avec son mental". Brihadaranyaka Upanishad, I-v-3. Lorsque vous pensez sérieusement à un problème, vous ne pouvez ni voir, ni entendre, ni sentir. Tous les Indriyas sont détachés du mental. Il n'y a que le processus d'Anusandhana (analyse ou investigation) par le Chitta (la substance mentale).

Les meilleurs philosophes et voyants, les Rishis et les sages, les meilleures autorités, orientales et occidentales, s'accordent à dire que la théorie de l'"Idée unique" est correcte. Ils sont unanimes à dire que le mental ne peut en fait pas s'occuper de plus d'une chose à la fois, mais quand il semble le faire, il ne fait qu'avancer et reculer avec une rapidité prodigieuse, d'un bout à l'autre. Les ignorants disent qu'ils peuvent voir et entendre en même temps. Le mental se déplace avec une vitesse prodigieuse en arrière et en avant et les gens imaginent que le mental peut faire deux choses à la fois. C'est une triste erreur. Une étincelle de lumière présente l'apparence d'un cercle continu de lumière si on la fait tourner rapidement. Pourtant, bien que le mental ne puisse s'occuper que d'une seule chose à la fois - entendre, voir ou sentir -, bien qu'il ne puisse admettre qu'un seul type de sensation à la fois, nous sommes amenés à croire qu'il fait plusieurs actions simultanément, parce qu'il se déplace d'un objet à l'autre avec une vitesse énorme, si rapidement que son attention et sa perception successives apparaissent comme une activité simultanée.

Avantage compensatoire dans la perception des sens

Chez certaines personnes, le sens de l'ouïe est plus développé que le sens de la vue. Les juges ont une ouïe aiguë. Les commandants en chef ont une vue aiguë. La profession elle-même les oblige à développer ce sens particulier. Les aveugles ont un sens aigu de l'ouïe. Si un Indriya est défectueux, la nature compense en développant d'autres Indriya. Un de mes amis connaît un aveugle qui peut sentir la nature de la couleur par le simple toucher.

La parole est même la vue du Purusha. La parole signifie le son ici, l'objet du sens de l'ouïe. Lorsque ce sens est éclairé, la réflexion est produite dans le mental. Par le mental, un effort est fait pour obtenir une chose extérieure ; car par le mental on voit, on entend. Lorsqu'une personne, à un moment de la nuit, dans l'obscurité, ne peut pas distinguer où le son se produit (que ce soit le hennissement des chevaux ou le braiment des ânes ou les aboiements des chiens), elle a recours à la parole.

Perception super-sensorielle

C'est le mental qui voit, goûte, sent, entend et ressent réellement. Lorsque vous commencez à penser à l'image du Seigneur Krishna les yeux fermés, c'est par l'œil du mental que vous voyez l'image.

Un occultiste peut se passer de ses yeux physiques, charnus, et peut voir directement avec son mental. Un Bhakta (dévot), ne faisant qu'un avec Isvara (Seigneur), voit directement avec l'œil d'Isvara (avec l'œil de Karana-Sarira, corps-semence). Un Jnanin voit avec l'œil de la Connaissance d'Atman (Divya Drishti ou Jnana-Chakshus).

Comment Brahman perçoit-Il

Dans le mental, la volonté et la vue sont séparées. Dans le pur Chit, la volonté et la vue ne font qu'un ; la volonté et la vue sont combinées et non plus, comme dans le cas du mental, séparées l'un de l'autre.

Brahman n'a pas besoin d'Antahkarana pour sentir, penser et raisonner. Brahman n'a pas besoin d'yeux pour voir. Il est autolumineux. Il donne de la lumière à tout. Il donne de la lumière à l'Antahkarana. Il donne la lumière et le pouvoir aux Indriyas. Il est Chit-Svarupa. Il est Chidghana. Il est une masse de connaissances. Il sait tout par la connaissance de Soi. Il voit en lui-même, par la connaissance de Soi, l'univers entier comme son propre Sankalpa, comme Vivarta.

Comment percevoir Brahman

Brahman n'est pas un objet ou Vishaya. Il doit être ressenti par Sakshatkara (connaissance spirituelle directe). La connaissance de Brahman (Existence ou Vérité Absolue) passe par le sentiment et la méditation (Anubhava spirituel, perception directe ou Atma-sakshatkara) où le voyant, la vue et le vu fusionnent dans l'existence unique comme la bulle dans l'océan.

CHAPITRE 13

Chitta et mémoire

Qu'est-ce que Chitta ?

Chitta est appelé "substance mentale". C'est en quelque sorte le rez-de-chaussée. De là partent les trois Vrittis, à savoir Manas, Buddhi et Ahankara. Ce mot appartient à la terminologie du Raja yoga de Maharshi Patanjali. Dans la Gita également, le Seigneur Krishna utilise le terme Chitta à différents endroits.

Chitta est une faculté ou une catégorie distincte dans le Vedanta. Parfois, c'est Antargata, qui relève du mental. Dans la philosophie Sankhya, elle est incluse dans Buddhi ou Mahat-Tattva. La Chitta de la philosophie du Raja Yoga de Patanjali Rishi (Yogas-chittavritti-nirodhah) correspond à l'Antahkarana du Vedanta.

Le subconscient est appelé "Chitta" dans le Vedanta. Une grande partie de votre subconscient est constituée d'expériences immergées, de souvenirs jetés à l'arrière-plan, mais récupérables. Chitta est comme un lac calme et les pensées sont comme des vagues à la surface de ce lac et le nom et la forme sont les moyens normaux par lesquels ces vagues montent. Aucune vague ne peut s'élever sans nom et sans forme.

Les fonctions de Chitta sont Smriti ou Smarana, Dharana, attention et Anusandhana (analyse ou investigation). Lorsque vous répétez le Japa d'un Mantra, c'est Chitta qui fait le Smarana. Il fait beaucoup de travail. Il fait un meilleur travail que le mental ou Buddhi.

Le domaine du subconscient

Les processus mentaux ne sont pas limités au seul champ de la conscience. Le champ du subconscient est beaucoup plus étendu que celui du conscient. Le mental n'est pas conscient de la plus grande partie de ses propres activités. Comme l'humain ne peut détenir en conscience qu'un seul fait à la fois, seule une fraction de nos connaissances peut se trouver dans le champ de la conscience à un moment donné. Seulement dix pour cent des activités mentales entrent dans le champ de la conscience. Quatre-vingt-dix pour cent des activités mentales se déroulent dans le subconscient. Les messages, lorsqu'ils sont prêts, sortent comme un éclair du subconscient à la surface du mental conscient par la trappe du subconscient.

Nous nous asseyons et nous essayons de résoudre un problème et nous échouons. Nous nous promenons, essayons encore et échouons encore.

Soudain, une idée nous vient à l'esprit qui mène à la solution du problème. Les processus subconscients étaient à l'œuvre.

Vous échouez à plusieurs reprises la nuit pour obtenir la solution d'un problème d'arithmétique ou de géométrie. Le matin, au réveil, vous obtenez une réponse claire. Cette réponse vient comme un éclair du subconscient. Même pendant le sommeil, il fonctionne sans cesse sans aucun repos. Il arrange, classe, compare, trie tous les faits et trouve une solution adéquate et satisfaisante.

Parfois, on s'endort à 22 heures en se disant : "Je dois me lever à 2 heures du matin pour prendre le train". Ce message est repris par le subconscient et c'est ce subconscient qui vous réveille infailliblement à l'heure exacte. Le subconscient est votre compagnon constant digne de confiance et votre ami sincère.

Avec l'aide du subconscient, vous pouvez changer votre nature malveillante en cultivant des qualités saines et vertueuses qui restent en sommeil dans chaque cœur humain. Si vous voulez surmonter la peur, niez mentalement que vous avez peur et concentrez votre attention sur la qualité opposée, l'idéal du courage. Lorsque le courage est développé, la peur s'évanouit d'elle-même, le positif l'emportant toujours sur le négatif. C'est une loi infaillible de la nature. C'est la Pratipaksha Bhavana des Raja Yogis. On peut acquérir un goût pour les tâches et les devoirs désagréables en cultivant le désir et le goût pour ceux-ci. Vous pouvez établir de nouvelles habitudes, de nouveaux idéaux, de nouvelles idées, de nouveaux goûts et un nouveau caractère dans le subconscient en changeant les anciens.

Mémoire

Smriti ou la mémoire est une fonction de Chitta (subconscient). La mémoire est utilisée dans deux sens. On dit : "M. John a une bonne mémoire." Cela signifie ici que la capacité du mental de M. John à stocker ses expériences passées est très bonne. Parfois, nous disons : "Je n'ai aucun souvenir de cet incident." Ici, vous ne pouvez pas faire remonter à la surface du mental conscient, dans sa forme originelle, l'épisode qui s'est produit il y a quelques années. Il s'agit d'un acte de mémoire. On n'acquiert pas de nouvelles connaissances par la mémoire. C'est seulement une reproduction.

Si l'expérience est récente, vous pouvez vous rappeler complètement votre expérience passée par la mémoire. Dans le souvenir ordinaire, il existe un coefficient temporel. Dans la mémoire personnelle, il y a un coefficient spécifique. Ce qui agit avec une autre chose est un coefficient. En mathématiques, le facteur numérique ou littéral préfixé à une quantité inconnue est, en terme algébrique, un coefficient.

Comment la mémoire naît-elle ?

Supposons que vous ayez reçu un joli éventail en cadeau de votre ami. Lorsque vous utilisez l'éventail, il vous rappelle parfois votre ami. Vous pensez à lui comme à un Smriti-Hetu (cause de mémoire).

Si votre frère est un grand homme, la vue d'un grand homme similaire dans un autre endroit vous rappellera le souvenir de votre frère. C'est la mémoire due à la similarité des objets (Sadrisyata).

Supposons que vous ayez vu un nain à Madras. Lorsque vous verrez un homme très grand, cela vous rappellera le nain que vous avez vu à Madras. La vue d'un grand palais vous rappellera une hutte de paysan ou une hutte en herbe de Sannyasin sur la rive du Gange. Ce souvenir est dû à la dissimilitude des objets (Viparitata).

Lorsque vous marchez le long de la route un jour de tempête, si vous voyez un arbre tombé, vous en concluez que l'arbre est tombé à cause de la tempête. Dans ce cas, le souvenir est dû à la relation de cause à effet (Karya-karana-sambandha).

Les nouveaux Samskaras balayent les anciens Samskaras. Si les Samskaras sont frais et récents, il est facile de les rappeler rapidement. Ils remontent des profondeurs du subconscient à la surface du mental conscient. La renaissance des anciens Samskaras a lieu. Si, dix ans après être devenu fonctionnaire du gouvernement, vous visitez le lycée où vous avez fait vos études, tous les Samskaras de vos années de collège seront alors ressuscités. Vous vous souviendrez de vos anciens professeurs, de vos vieux amis, de vos vieux livres et de bien d'autres choses encore.

Caractéristiques d'une bonne mémoire

Voici les quatre bonnes caractéristiques d'une bonne mémoire : (1) Si vous lisez une fois un passage et si vous pouvez le reproduire avec aisance, c'est un signe qui indique que vous avez une très bonne mémoire. C'est ce qu'on appelle le Sugamata. (2) Si vous pouvez reproduire la même chose sans augmentation ou diminution, addition ou soustraction, cela s'appelle Avaikalya. (3) Si vous pouvez conserver un fait, un passage ou toute autre chose pendant une période très longue, on l'appelle Dharana (mémoire rétentive). (4) Si vous pouvez reproduire un passage en une seule fois sans aucune difficulté lorsque cela est nécessaire, on l'appelle Upaharana.

Le processus de rappel

Lorsque vous souhaitez vous souvenir d'une chose, vous devrez faire un effort psychique. Vous devrez monter et descendre dans les profondeurs des différents niveaux du subconscient et ensuite trouver la bonne chose dans un curieux mélange de matières diverses et non pertinentes. Tout comme le trieur du service postal des chemins de fer prend la bonne lettre en déplaçant la main de haut en bas le long des différents casiers, le subconscient trieur monte et descend le long des casiers du subconscient et amène la bonne chose au niveau de la conscience normale. Le subconscient peut prendre la bonne chose dans un tas de matières diverses.

Dans une grande clinique chirurgicale, le chirurgien assistant ne permet qu'à un seul patient d'entrer dans la salle de consultation du chirurgien principal pour la consultation. De même, le mental ne permet qu'à une seule idée à la fois d'entrer dans la fabrique mentale par la porte du mental (Manodvara). Le subconscient amène au seuil du mental conscient, lors d'un acte de Smriti (mémoire), la bonne chose au bon moment, supprimant toutes les autres. Il joue le rôle d'un censeur et ne laisse passer que les souvenirs utiles. Quel merveilleux mécanisme ! Qui est le moteur de ces doubles mentaux ? Qui les a créés ? Quel être magnanime Il doit être ! Mes cheveux se dressent quand je pense à Lui ! Ma plume tremble quand j'écris. N'aimeriez-vous pas demeurer avec Lui ? Quel grand privilège et quelle joie d'être en communion avec Lui !

Lorsque vous essayez de vous souvenir de quelque chose, il arrive que vous ne puissiez pas vous en souvenir. Au bout d'un certain temps, la chose oubliée apparaît au mental conscient. Comment expliquez-vous cela ? Il s'agit d'un glissement de mémoire. Le Samskara de cette chose particulière s'est enfoncé profondément. Chitta, qui est le dépôt des Samskaras (et dont la fonction est la mémoire), doit s'exercer un peu, pour analyser, trier et la ramener à la surface du mental conscient par la trappe. Après quelques efforts, les vieux Samskaras renaissent et l'idée oubliée, ou le nom d'une personne, dont on voulait se souvenir, revient soudain au mental conscient ou objectif. Il devait y avoir une congestion dans le cerveau, ce qui a pu empêcher la résurgence d'une chose, d'une idée ou d'une personne oubliée. Dès que l'encombrement est résorbé, l'idée oubliée flotte à la surface du mental. Lorsque le mental est calme, la mémoire devient vive.

Pouvoir de la mémoire

Ceux qui se surchargent mentalement, qui n'observent pas les règles de Brahmacharya et qui sont tourmentés par de nombreux soucis, inquiétudes et anxiétés, perdent rapidement leur pouvoir de mémorisation. Lorsque vous présentez des symptômes de perte de mémoire, en vieillissant, le premier symptôme est que vous avez du mal à vous souvenir des noms des personnes. La raison n'est pas loin à chercher. Tous les noms sont arbitraires. Ils sont comme des étiquettes. Il n'y a pas d'association avec les noms. En général, le mental se souvient par associations, car les impressions deviennent ainsi profondes.

Même dans la vieillesse, on peut se souvenir d'événements anciens, car il y a des associations avec les événements. Vous pouvez vous souvenir de certains passages que vous avez lus dans les écoles et les universités. Mais il est difficile de se souvenir le soir d'un nouveau passage que l'on a lu le matin. La raison en est que l'esprit a perdu son Dharana Sakti (pouvoir de saisir les idées). Les cellules du cerveau ont dégénéré.

Dans la petite enfance, le pouvoir de saisie dans l'esprit est très marqué. Mais, il n'y a pas de pouvoir de compréhension. À 16, 18, 20 ans, le pouvoir de compréhension devient manifeste. Le pouvoir de la mémoire rétentive est également très important à cette époque. Le mental ne se stabilise qu'après 30 ans. En dessous de 30 ans, il y a beaucoup de Chanchalatva (nature errante). Un homme de moins de 30 ans - dans la grande majorité des cas - n'est pas capable de penser et de décider par lui-même. Il n'a pas de pouvoir de jugement. Après 45 ans, le pouvoir de saisir commence à décliner. La mémoire commence également à décliner. Il a un pouvoir de mémorisation pour ce qu'il a appris auparavant. Il ne peut pas apprendre de nouvelles sciences. Brahmacharya aide grandement à développer le pouvoir de mémorisation et divers autres pouvoirs psychiques.

CHAPITRE 14

Samskaras

Qu'est-ce que Samskara ?

Vritti (tourbillon, onde de pensée) naît dans le mental-océan. Il opère pendant un certain temps. Puis il s'enfonce sous le seuil de la conscience normale. De la surface du mental conscient, où il a été le plus élevé pendant un certain temps, il s'enfonce profondément dans la région du subconscient (Chitta). Là, il continue à être une action subliminale et devient un Samskara (impression). Une action consciente - qu'elle soit cognitive, affective ou conative - assume un potentiel et une forme cachée (Sukshma et Avyakta) juste en dessous du seuil de la conscience, c'est ce qu'on appelle un Samskara.

La mémoire : un retour du Samskara

Les Samskaras (impressions) sont ancrées dans le subconscient ou Chitta. Le subconscient est également connu sous le nom d'inconscient. Le mental subjectif, le mental subconscient, le mental inconscient et Chitta sont des termes synonymes. Le siège de ce subconscient est le cervelet ou cerveau postérieur. Nous pouvons rappeler les expériences passées de l'entrepôt des Samskaras dans le subconscient. Le passé est préservé jusque dans les moindres détails. Pas même un petit détail n'est perdu. Lorsque les Samskaras subtils remontent à la surface du mental conscient sous forme de grande vague, lorsque le Vritti passé remonte à la surface du mental conscient par souvenir, il est appelé mémoire ou Smriti. Aucun souvenir n'est possible sans l'aide de Samskara.

Comment un Samskara se forme-t-il ?

Une expérience sur le plan des sens sombre dans les profondeurs du subconscient (Chitta) et y devient un "Samskara" (impression). Un Samskara d'une expérience est formé ou développé dans Chitta à l'instant même que le mental expérimente quelque chose. Il n'y a pas de décalage entre l'expérience actuelle et la formation d'un Samskara dans le subconscient. Une expérience spécifique laisse un Samskara spécifique. Le souvenir de cette expérience spécifique ne provient que de ce Samskara particulier, qui a été formé à partir de cette expérience particulière.

Lorsque vous percevez une orange et que vous la goûtez pour la première fois, vous obtenez la connaissance d'une orange. Vous connaissez son goût. Vous connaissez l'objet, l'orange. Un Samskara se forme immédiatement dans le subconscient. À tout moment, ce Samskara peut générer une mémoire de l'objet, l'orange et la connaissance de l'orange. L'objet et l'acte de connaissance sont distincts, mais ils sont inséparables.

Causalité cyclique de la pensée et de Samskara

Un objet éveille ou ravive les Samskaras dans le mental par des stimuli externes. Un Sankalpa ou une pensée naît subjectivement de l'intérieur, sans stimulus extérieur. Lorsque vous pensez à une vache que vous avez déjà vue, vous répétez mentalement le mot "vache". Alors seulement, l'image mentale vient. Ensuite, une pensée se forme. Samskara cause Sankalpa, et Sankalpa cause Samskara, tout comme la graine est la cause de l'arbre, et l'arbre à son tour est la cause de la graine. Il y a la causalité cyclique dans l'analogie de la graine et de l'arbre (Bija-Vriksha-Nyaya). Un Vritti dans le mental produit un Samskara, et un Samskara, à son tour, provoque à nouveau un Vritti. En raison de la force des stimuli (Udbodhaka, Vyanjaka) provenant de l'intérieur ou de l'extérieur, les Samskaras semblables à des graines se développent à nouveau et donnent lieu à d'autres activités. Ce cycle de Vritti et de Samskara est Anadi (sans commencement), mais il a une fin lorsque l'on atteint la Connaissance Divine et la libération. Ils se dissolvent (Laya) en Prakriti. Ils cessent de produire tout effet sur le Jivanmukta. Les Samskaras doivent être grillés par un Samadhi continu. Alors seulement, vous serez libérés des naissances et des morts.

Samyama sur les Samskaras

Le Samskara est également connu sous le nom de "puissance résiduelle". Lorsque tous les Vrittis ou pensées disparaissent, le cadre du mental reste avec les Samskaras. C'est ce que l'on appelle le mental potentiel. Dans le langage Védantique, il est appelé Antahkarana Matra.

Tous les Samskaras coexistent dans le mental. Les Vrittis s'effacent lentement et laissent des traces dans le mental. Ces traces sont les Samskaras. De ces Samskaras jaillit la mémoire. Si vous avez une vision yogique, vous pouvez remarquer de façon très nette les merveilles qui se produisent dans l'usine mentale d'un individu, comment un Vritti surgit dans le lac mental, comment il disparaît et comment un Samskara est formé. Vous serez frappé d'émerveillement. Samyama sur ces Samskaras fait ressortir la connaissance directe des puissances résiduelles. Un Yogi amène à la conscience directe des états de vie précédents en obtenant la connaissance directe de leurs Samskaras. Une telle connaissance peut difficilement être acquise dans les universités. Seul un Yogi peut transmettre cette connaissance à des aspirants méritants.

Samskaras vertueux et Samskaras malveillants

Comme des forces, les Samskaras s'aident ou s'inhibent mutuellement. Lorsque vous voyez une personne gravement malade et que le sentiment de miséricorde s'élève dans votre cœur, tous les Samskaras de vos précédentes actions miséricordieuses se rassemblent et s'unissent pour servir et aider ce malade. De même, tous les Samskaras des actions caritatives remontent à la surface du mental conscient lorsque vous voyez un homme dans une grave détresse et dans des circonstances difficiles et ils vous forcent à aider cet homme. Vous commencez à partager avec lui vos biens physiques.

Lorsqu'un Samskara ou une action vertueuse entre en jeu, un autre Samskara de nature différente peut émerger et se mettre en travers de son cheminement. C'est le combat entre un Samskara vertueux et un Samskara malveillant.

Lorsque vous essayez de fixer votre mental sur Dieu et de penser à la pureté, à ce moment précis, toutes les mauvaises pensées et les Samskaras surgissent avec force et violence pour vous combattre. C'est ce qu'on appelle "Foule de Samskaras". Les bons Samskaras se rassemblent également et vous aident à chasser les mauvais Samskaras. Le père de Sri Swami Advaitanandaji était un grand Bhakta de Chandi. Au moment de sa mort, il était semi-conscient. Il a commencé à répéter tous les Slokas de Chandi-Stotra qu'il avait reçus par cœur dans sa jeunesse. C'est la "foule des Samskaras spirituelles".

Les Samskaras passés constituent le Prarabdha

À la naissance, le mental n'est pas une simple Tabula Rasa (une tablette lisse ou blanche ou une feuille de papier blanc). C'est un entrepôt de Samskaras, de prédispositions, de penchants, etc. Un enfant naît avec ses Samskaras. Un enfant naît avec ses expériences passées transmutées en tendances et pouvoirs mentaux et moraux. Par ses expériences, agréables et douloureuses, l'être humain recueille des éléments et les transforme en facultés mentales et morales. Les expériences terrestres sont transformées en facultés intellectuelles. Le mental évolue grâce aux impressions reçues de l'univers par les sens. Il faudra de nombreux corps pour qu'il recueille l'expérience complète du monde. Chaque humain naît avec ses Samskaras innées ou inhérentes et ces Samskaras sont intégrées, logées ou imprimées dans Chitta qui est le siège de Prarabdha. Dans la vie terrestre, il acquiert de nombreux autres Samskaras ou expériences par des actions et ceux-ci sont ajoutés au magasin d'origine et deviennent les futurs Sanchita Karmas (actions accumulées).

Tous les Samskaras dorment dans Chitta comme des activités latentes, non seulement de cette vie, mais de toutes les innombrables vies antérieures d'Anadi Kala (temps sans commencement). Les Samskaras de la vie animale (celles des naissances de chiens, etc.), les Samskaras d'une vie de Deva, les Samskaras de la vie de roi, les Samskaras de la vie de paysan, sont toutes cachées là dans Chitta. Dans la vie humaine, seuls les Samskaras qui sont appropriés à ce type de naissance particulier vont se mettre à opérer. Les autres types de Samskaras resteront cachés et dormants.

"Lorsqu'un marchand ferme le livre de comptes de l'année et en ouvre un nouveau, il n'entre pas dans le nouveau tous les éléments de l'ancien, mais seulement ses soldes. De même, le mental transmet au nouveau cerveau ses jugements sur les expériences d'une vie qui est terminée, les conclusions auxquelles il est arrivé, les décisions auxquelles il est arrivé. C'est le stock transmis à la nouvelle vie, le mobilier mental pour la nouvelle habitation - un vrai souvenir".

Karma

Le corps grossier et le mental ont, en raison de vos Karmas passés, une tendance à agir d'une certaine manière et vous agissez juste en accord avec cette tendance comme une machine. Vous vous attribuez à tort la paternité de ces actions et aggravez ainsi les choses. La plupart de vos actions se font plus ou moins automatiquement.

Si vous trouvez difficile de faire vos actions dans un esprit Nishkama, ayez un désir de libération en faisant toutes choses.

Dans Svarga ou le ciel, toutes les expériences terrestres du mental sont triées et analysées. L'essence en est tirée. Le Jiva naît de nouveau dans l'univers physique avec un nouveau cadre et une nouvelle orientation du mental, selon la nature de l'essence extraite dans le plan mental.

Lorsque vous écrivez un livre, si le sommeil vous envahit, vous arrêtez d'écrire et vous vous retirez dans votre lit. Dès que vous vous levez, vous continuez à écrire là où vous vous êtes arrêtés la nuit précédente. De même, lorsque vous prenez une nouvelle incarnation, vous commencez à poursuivre le travail que vous aviez laissé inachevé dans votre vie précédente, conformément au courant de Vasanas de votre vie passée.

Votre prochaine vie dépendra très largement du karma que vous exercerez lors de cette naissance. Il y a probablement beaucoup de choses que l'homme du monde fait constamment et qu'il peut faire sans qu'il en résulte beaucoup de mal. Mais si ces choses étaient faites par des aspirants sincères qui marchent sur le chemin de la Réalisation, elles seraient certainement nuisibles.

L'étude habituelle des problèmes abstraits aura pour résultat, dans une autre vie terrestre, un pouvoir bien développé de pensée abstraite, tandis que la pensée désinvolte et précipitée, passant d'un objet à l'autre, léguera à la naissance suivante un mental agité et mal réglé.

Les chaines d'esclavage des Samskaras

Le mental exerce sa suzeraineté par le biais des Samskaras. Des Vasanas émanent des Samskaras comme des essaims de sauterelles. De ces Vasanas coule le flot du désir ; et de la jouissance des objets du désir naît Trishna ou désir intérieur (désir intense). Trishna est très puissant.

Les Samskaras sont ancrées dans le mental, dans le Karana Sarira. Il en résulte un souvenir de plaisir dans le mental. Puis le mental pense à des objets. Maya a son siège puissant dans l'imagination. Puis vient l'attachement. Le mental fait des plans et des projets. Dominé par les passions, vous vous efforcez physiquement de posséder ces objets et d'en profiter. Dans vos efforts, vous en favorisez certains et en désavantagez d'autres par le biais de Raga et de Dvesha. Vous devrez jouir des fruits de vos actions vertueuses et malveillantes. À travers cette roue à six branches de Raga et Dvesha, de la vertu et du vice, du plaisir et de la douleur tourne sans s'arrêter la roue samsarique de la naissance et de la mort, depuis Anadi Kala (temps sans commencement).

Pensées et désirs dépendent des Samskaras

La nature des désirs et des pensées dépend de la nature de vos Samskaras. Si vous avez de bons Samskaras, vous aurez de bons désirs et de bonnes pensées et vice versa. Même si vous vous êtes adonnés à des actions malveillantes jusqu'à l'âge de quarante ans, commencez à pratiquer des actions vertueuses telles que la charité, Japa, Dama, Svadhyaya, la méditation, le service des pauvres et des malades, le service des saints, etc. À partir de ce moment-là, ces Samskaras vous inciteront à faire des actions plus vertueuses. Ils stimuleront les bons désirs et les nobles pensées. Le Seigneur dit dans la Bhagavad-Gita :

Api chet suduracharo bhajate mam-ananyabhak Sadhureva sa mantavyah samyag-vyavasito hi sah (IX-30)

"Même si le plus pêcheur m'adore de tout son cœur, lui aussi doit être considéré comme juste, car il a justement décidé".

Mauvais Samskaras : le véritable ennemi

Qui est votre véritable ennemi ? Ce sont vos propres Samskaras malveillants. Remplacez les Asubha par des Subha Vasanas. Vous pourrez alors vous rapprocher de Dieu. Le mental sera changé. Les vieux Samskaras seront effacés. Des suggestions erronées de toutes sortes et des superstitions fantastiques grossières sont profondément enracinées dans votre mental. Elles sont nuisibles. Vous devrez les éradiquer par Vichara, les suggestions sublimes, la pensée juste. "Je suis le corps", "Je suis M. John", "Je suis un brahmane", "Je suis riche" - ce sont là de fausses suggestions et de mauvais Samskaras. Suggérez-vous avec audace que vous êtes Brahman. La suggestion erronée précédente et le Samskara "Je suis un corps" vont lentement se dissiper par des efforts intenses.

Si vous oubliez votre véritable nature Brahmique, ne serait-ce qu'une minute, les vieux Samskaras d'Ajnana essaieront de vous submerger.

Voyez comment la détermination de Narada a commencé à fluctuer bien qu'il ait été absorbé dans sa méditation, quand il a vu quelques Deva-girls. Il a tout de suite ressenti le désir sexuel en lui. La graine est sortie, il l'a mise dans un pot et la Chudala sous la forme de Kumbha Muni est sortie du pot. (Yogavasishtha, histoire de Sikhidhvaja). Par conséquent, vous devrez être très, très prudent. Tenez-vous à l'écart de toutes sortes de tentations - argent, femme, nom, renommée, etc.

Comment acquérir de bons Samskaras

Essayez d'acquérir de bons Samskaras spirituels au moins dans cette naissance, si vous n'êtes pas en mesure de consacrer tout votre temps à la poursuite spirituelle. Faites une sorte de méditation pendant un court moment au moins chaque jour, disons pendant une demi-heure le matin et le soir. Ayez une salle de méditation. Faites une sorte de Japa de n'importe quel mantra. Étudiez la Gita régulièrement. Ayez Satsanga. Visitez Rishikesh, Nasik, Varanasi, Haridwar, Prayag une fois par an pour un séjour d'une semaine. Prenez le Darshana des Mahatmas. Vous acquerrez ainsi des Samskaras spirituels qui seront un atout spirituel précieux pour une nouvelle et bonne vie. Vous aurez une très bonne naissance. Vous serez placé dans des environnements appropriés lors de la prochaine naissance pour déployer la divinité qui se cache dans votre cœur, pour la pratique du yoga. Toutes les opportunités et les facilités vous seront données par Dieu, par sa grâce (Isvara-Kripa) pour votre Sadhana spirituelle. Même par une petite pratique spirituelle systématique (Yogabhyasa et Sadhana Védantique), vous pouvez changer votre mentalité, vos vieux Samskaras malveillants. Vous pouvez couper court à plusieurs naissances futures. En pratiquant pendant trois ans, vous pouvez vous libérer des griffes des naissances et des décès. Vous êtes destiné à devenir un Sannyasin. Pourquoi pas maintenant, dans cette même naissance ? Pourquoi n'écourteriez-vous pas le cycle des naissances inutiles et des malheurs qui en découlent ? Combien de temps voulez-vous être un esclave du monde, un esclave des passions et des Indriyas ? Réveillez-vous maintenant. Faites la Sadhana et obtenez l'immortalité. *Udharet-Atmana-Atmanam*. Élevez le soi par le Soi.

De nouveaux Samskaras sains peuvent être implantés grâce à de nouvelles suggestions saines. Supposons que votre cerveau soit une planche dans laquelle sont enfoncés des clous qui représentent les idées, les habitudes et les instincts qui déterminent vos actions. Si vous constatez qu'il existe en vous une mauvaise idée, une mauvaise habitude, un mauvais instinct, pour ainsi dire un clou dans la planche de votre mental, vous devriez en prendre une autre, c'est-à-dire une bonne idée, une habitude ou un instinct, la placer sur la mauvaise et la frapper durement avec un marteau. En d'autres termes, vous devez faire une suggestion saine et utile. Le nouveau clou sera enfoncé d'une fraction de pouce tandis que l'ancien sortira d'autant. À chaque nouveau coup de marteau, c'est-à-dire à chaque nouvelle suggestion, l'une sera enfoncée un peu plus et l'autre sera chassée jusqu'à ce que, après un certain nombre de coups, les vieilles habitudes soient complètement remplacées par les nouvelles, les nouvelles idées. Cela demande, sans doute, de gros efforts. Il faut constamment répéter les nouvelles suggestions saines. L'habitude est une seconde nature. Mais, la volonté pure, irrésistible, déterminée a toutes les chances de réussir un jour.

Lorsque vous répétez une fois "OM" ou la Mahavakya des Upanishads "Aham Brahma Asmi", un Samskara de l'idée que "je suis Brahman ou l'Absolu" se forme dans le subconscient.

Le but en faisant le Japa ou la répétition silencieuse de "OM" 21 600 fois par jour est de renforcer ce Samskara.

La fin des Samskaras conduit à Moksha

Le corps physique peut mourir. Mais les pensées et les Samskaras des actions, des plaisirs et des pensées vous suivent après la mort jusqu'à ce que vous atteigniez Moksha. Ce sont différents Upadhis qui vous accompagnent après la mort. Ils sont différents, car vous transportez différentes sortes de Samskaras à chaque fois que vous mourez. Dans les différentes incarnations, vous créez différentes sortes de Samskaras. Les Upadhis permanents qui vous accompagnent après la mort sont les cinq Jnana-Indriyas, les cinq Karma-Indriyas, les cinq Pranas, le mental quadruple et le Karana Sarira qui est le support ou Adhara pour le Linga Sarira ou corps astral. C'est la fin des Samskaras et du Karana Sarira qui mènent à l'ultime Moksha. Elle conduit à la réalisation de Brahma-Jnana. Vous engendrerez de nouvelles naissances aussi longtemps qu'il y aura des Samskaras. Vous devrez prendre naissance encore et encore jusqu'à ce que tous les Samskaras soient effacés ou grillés par l'acquisition de Brahma Jnana. Lorsque les Samskaras sont anéanties, la Connaissance brahmique brille d'elle-même dans sa propre gloire.

La Sadhana consiste à détruire les Samskaras.

Le but d'un Sadhaka est de faire frire ou brûler ou d'effacer tous ces Samskaras par le biais de Nirbija Samadhi. La Sadhana consiste à anéantir les Samskaras. Respirer, entendre, voir, ressentir, goûter, sentir - tout cela provoque des Samskaras ou Smriti latents dans le mental. Le monde entre dans le mental par les yeux, les oreilles, la langue (parole) et les anciens Samskaras. Si vous restez en isolement, vous pouvez fermer les trois premières portes. Par Vichara (investigation juste sur le Soi suprême), vous pouvez détruire la quatrième voie. Ensuite, le Jnana (connaissance du Soi) naîtra. Un Jnani est sans Samskaras. Ils sont grillés par Jnana. Sans nul doute, la force des Samskaras reste dans l'Antahkarana. Mais ils sont inoffensifs. Ils ne vont pas lier le Jnani.

CHAPITRE 15

Sankalpa

Le fonctionnement de la pensée

Il y a une vie spirituelle en Dieu. C'est elle qui nous relie à l'Infini. On trouve tout en Brahman, car Il est indépendant et Paripurna (tout plein). Tous vos souhaits et désirs y sont satisfaits. Il y a ensuite la vie physique. C'est elle qui nous relie à l'univers qui nous entoure. La vie-pensée relie l'un à l'autre. C'est elle qui joue entre les deux.

Nous avons en nous le pouvoir de nous ouvrir ou de nous fermer au courant divin exactement comme nous le voulons. Nous avons ce pouvoir grâce au pouvoir du mental, grâce à l'opération de la pensée. Si vous êtes Rajasique, vous êtes loin de Dieu. Vous vous êtes fermé à Dieu. Si vous êtes Sattvique, vous vous ouvrez au courant divin.

Le Gange sacré prend son origine à Gangotri (Himalaya) et se dirige de façon pérenne vers Ganga Sagar. De même, les courants de pensée prennent leur origine dans le lit des Samskaras (impressions) dans le mental, où sont ancrés les Vasanas (désirs subtils latents), et coulent sans cesse vers les objets tant à l'état de veille qu'en rêve. Même une locomotive est envoyée dans le hangar pour s'y reposer lorsque les roues deviennent trop chaudes. Mais cette mystérieuse machine du mental continue à penser sans un instant de repos. Sankalpa n'est que l'expansion de ce mental ; et Sankalpa, par son pouvoir de différenciation, génère cet univers.

Les Ajnanis ont des mentaux volages avec beaucoup de fluctuations et des myriades de Sankalpas. Leurs mentaux vacillent toujours par le biais des Sankalpas. Mais les Jnanis seront libérés des Sankalpas. Ils se reposeront toujours dans leur Jnana Atmique (Jnana-Svarupa) qui donne la plus grande satisfaction (Tripti) et la paix suprême (Parama Santi).

La pensée seule est Samsara

Lorsque Sankalpa augmente prodigieusement, cela n'est en rien bénéfique. C'est uniquement pour le mal. La cause de l'esclavage est Sankalpa. Ce sont tous les Sankalpas et les Vasanas que vous générez qui vous enserrent comme dans un filet. Vous vous rendez esclave par vos propres Sankalpas et Vasanas, comme un ver à soie dans son cocon. Le Sankalpa du mental lui-même est la douleur. Son absence est la félicité Brahmique. Sankalpa est seulement Samsara ; sa destruction est Moksha.

C'est le Sankalpa du mental qui donne naissance à ce monde avec toutes ses créatures mobiles et fixes. L'arbre empoisonné de l'illusion de la grande Maya s'épanouit de plus en plus à partir de la graine des modifications du mental, rempli de Sankalpa, dans le sol des plaisirs variés du monde.

Maya est un grand arbre vénéneux. Trishnas et Vasanas arrosent l'arbre de l'illusion maya. Les karmas sont les fruits. L'envie, la colère, l'avidité, etc. sont les germes. Sattva, Rajas et Tamas sont les bourgeons. Les Indriyas sont les rameaux. Ahankara est le tronc. Raga et Dvesha sont les deux branches principales. Les feuilles sont des objets sensuels variés.

Le mental individualisé, plein d'Avidya et tout-pénétrant, bien qu'existant de nom, n'a pas de forme, ni externe ni interne, comme l'Akasa qui imprègne tout l'espace. La simple manifestation dans tous les objets de la réalité (apparente) est le mental. Partout où il y a Sankalpa, le mental existe.

L'origine et la dissolution de cet univers, qui n'est rien d'autre qu'un mode de conscience, ont lieu avec l'origine et la destruction complète des Sankalpas du mental. La réalisation de Brahman ne peut se faire que par le mental après l'abandon de ses Sankalpas et Vikalpas. Vous devez déraciner Sankalpa aussi complètement que possible. Cette destruction du Sankalpa doit être pratiquée intelligemment.

L'annihilation de Sankalpa constitue Moksha

Vous pouvez pratiquer les Tapas pendant des myriades d'années ; vous pouvez voyager à la fois dans les trois mondes ; mais vous ne pourrez atteindre MOKSHA que par le ferme chemin de l'anéantissement des Sankalpas. Il faut donc s'efforcer de détruire ce Sankalpa et atteindre ainsi la félicité Brahmanique qui est dépourvue de douleurs et d'hétérogénéité.

Ce n'est que Sankalpa du mental détruit au-delà de toute renaissance qui constitue le siège immaculé Brahmique. Pourquoi ne pouvez-vous pas contempler en silence et en secret dans votre cœur la destruction de ce Sankalpa ? Alors, il adviendra que même le trône d'un empereur, qui règne sur toute la terre, sera considéré par vous comme une babiole dérisoire.

Restez sans Sankalpa-Vikalpa et Dvaita-Bhavana (idée et sentiment de dualité). Dépouillez-vous de tous les Sankalpas et devenez un Nirvikalpa. C'est Brahma-Nishtha ou Advaita-Nishtha. Efforcez-vous d'obtenir cet état. Vous serez alors dans une paix et une joie parfaites.

Le Svabhava de Manas

Le mental peut très facilement penser aux objets du monde. C'est son Svabhava. Les pensées s'écoulent généralement avec aisance vers les objets. L'énergie mentale s'écoulera facilement dans cette direction. La force mentale peut facilement s'écouler dans les anciens sillons et avenues des pensées matérielles. Il lui est extrêmement difficile de penser à Dieu. C'est une tâche ardue pour le mental samsarique de Vyavahara. La difficulté de sevrer le mental des objets et de le fixer sur Dieu est la même que celle de faire couler le Gange vers Badri Narayan au lieu de son écoulement naturel vers Ganga Sagar. C'est comme ramer contre le courant de la Yamuna. Cependant, grâce à des efforts acharnés et Tyaga, le mental doit être entraîné à couler vers Dieu, bien contre sa volonté, si vous voulez vous libérer de la naissance et de la mort. Il n'y a pas d'autre issue si vous voulez échapper aux misères et aux tribulations du monde.

Comment détruire Sankalpa

Détruisez les taches de Sankalpa ou le nuage de Sankalpa grâce au pouvoir de la discrimination et à des efforts constants, et, avec l'illumination spirituelle, vous serez noyés dans l'océan de la félicité brahmanique. Lorsque vous essayez d'enterrer votre ombre dans la terre, elle en ressort toujours. De même, lorsque vous essayez de détruire les Sankalpas par le biais de Viveka-Vritti, ils sortiront encore et encore. Retirez le mental des objets et agissez selon les instructions de votre gourou. Purifiez le mental et fixez-le sur l'Akasa du cœur (Brahman Infini). Le mental sera détruit au fil du temps. Soyez-en sûr.

Ne contemplez pas un seul instant les choses de l'univers. Vous n'avez pas besoin de trop vous exercer pour vous débarrasser de ce Sankalpa. Avec le contrôle de toutes les pensées, le mental périra. Écraser une fleur épanouie dans sa main demande un petit effort, mais même ce petit effort n'est pas nécessaire pour se débarrasser de Sankalpa. Sankalpa est détruit avec le contrôle des pensées. Après avoir fermement anéanti Sankalpa externe par Sankalpa interne et détruit le mental impur par Sankalpa pur, reposez-vous fermement dans votre Atma-Jnana.

Lorsque vous serez fermement ancré dans l'idée que le monde est irréel, Vikshepa (par les noms et les formes) et Sphurana de Sankalpa (les pensées) disparaîtront lentement. Répétez constamment la formule "Brahma Satyam Jaganmithya Jivo Brahmaiva Naaparah" (Brahman seul est réel. Le monde est irréel. Jiva est identique à Brahman). Vous gagnerez une force immense et une tranquillité d'esprit grâce à la répétition. Après vous être libéré de tous les désirs pour les objets visibles devant vous et avoir rendu votre mental impur ferme et stable par votre mental pur, éradiquez tous les Sankalpas qui surgissent dans le mental. Alors, ce mental, qui surgit à travers les Sankalpas, périt à travers lui seul comme une flamme d'un feu qui, bien qu'attisée par le vent, s'éteint par ce même vent.

L'état de Nissankalpa

Avec l'extinction de la base Sankalpa, il y a l'extinction d'Avidya et son effet, le mental. Sankalpa, c'est la douleur. Nissankalpa est toute béatitude. Asseyez-vous seul dans une pièce solitaire. Fermez les yeux. Observez le mental et détruisez les Vrittis un par un par des efforts continus et énergiques. Asamprajnata Samadhi s'ensuivra.

Si, avec l'extinction des Sankalpas qui produisent la douleur, le mental est également détruit, alors l'épais gel de Moha (illusion) qui vous affecte depuis des périodes lointaines se dissipera. Alors, comme un ciel dégagé en automne, Brahman seul brillera d'un éclat resplendissant, plein de bonheur, impérissable, non duel, sans forme, sans naissance et sans mort.

Lorsque vos pensées, qui sont maintenant dispersées, seront rassemblées et que vous resterez dans un état de repos, alors l'Atman éternellement heureux brillera, comme le reflet du soleil dans une surface d'eau claire. La paix n'est pas dans l'argent, la femme ou la nourriture. Lorsque le mental devient sans désir et sans pensée, l'Atman brille et répand la félicité et la paix éternelles. Pourquoi cherchez-vous en vain le bonheur dans des objets extérieurs ? Cherchez la béatitude intérieure dans le subjectif, Sat-Chit-Ananda Amrita Atman.

CHAPITRE 16

Les pensées créent le monde

La pensée, l'origine de tout

Tout ce qui nous entoure dans l'univers matériel a d'abord son origine dans la pensée. De là, il a pris sa forme. Chaque château, chaque statue, chaque tableau, chaque pièce de mécanisme, en bref tout a d'abord eu sa naissance, son origine dans le mental de celui qui l'a formé avant qu'il ne reçoive son expression ou son incarnation matérielle.

Le mental a des préoccupations diverses. Lorsqu'un artiste commence à dessiner une image sur la toile, il la dessine à partir de la matière préconçue par le mental.

Après tout, le monde n'est qu'une idée ou une pensée. Tout comme une graine commence à germer au moment et à l'endroit appropriés, le voyant (le connaisseur) apparaît comme le visible à travers le Sankalpa du mental (le visible n'étant autre que le voyant lui-même). Lorsque le mental cesse de penser, le monde disparaît et la béatitude est indescriptible. Lorsque le mental commence à penser, le monde réapparaît immédiatement et il y a de la souffrance.

"*Cogito, ergo sum*—je pense, donc je suis." C'est la base de la philosophie de Descartes. Cela est conforme à la déclaration de Sri Sankara selon laquelle l'Atman ne peut être illusoire ; car celui qui le nie, même en le niant, est témoin de sa réalité.

L'univers est rendu visible par le mental. Mais, il est dommage que personne n'ait vu le mental, sauf un voyant. Quand on réfléchit sérieusement et sans cesse à la nature du mental, il n'est rien. Quand vous commencez à analyser le mental, il n'est rien. Il se réduit à rien. C'est un faisceau de pensées et la pensée "je" est la racine de toutes les pensées. Ce "je" est une fausse idée, une non-entité. Lorsque la racine de toutes les pensées disparaît dans le néant, où est le mental vantard ?

La première pensée qui est apparue dans votre mental était "Aham", "Je". La dernière pensée ou Vritti qui surgira dans le mental avant d'être absorbée par Brahman sera Brahmakara Vritti, qui est produite par votre sentiment d'être l'Infini.

L'univers, une création du mental cosmique.

L'univers n'est pas une création mentale de Jiva. Une pensée unique et organisée du Mental Cosmique (Hiranyagarbha) s'est matérialisée sous la forme de l'univers apparent. Cet univers phénoménal, qui semble être réel à travers le fonctionnement du mental, n'est que le résultat de la Volonté Divine.

Avant d'écrire une pièce de théâtre, vous avez une image mentale vivante de l'ensemble de la pièce dans votre mental. Ensuite, vous l'écrivez en quatre actes successifs. Lorsqu'elle est mise en scène, elle est jouée successivement, acte après acte. De même, l'univers avec ses mouvements est une image mentale vivante dans le Mental Cosmique - dans le mental d'Isvara. Il n'y a ni passé ni futur pour Lui. Tout est "Présent" pour Lui. Il n'y a ni "proche" ni "loin" pour Lui. Chaque lieu est "ici". Chaque temps est "maintenant". Les événements se succèdent sur la scène du long théâtre-monde au fur et à mesure que le temps passe. Les atomes tournent continuellement. L'ancien devient nouveau et le nouveau devient ancien. En réalité, il n'y a pas d'ancien, il n'y a pas de chose seule. Les Jivas au mental individuel sont les témoins des événements qui se succèdent. Mais Isvara connaît tous les événements d'un seul coup. Il est Sarvajna (toute connaissance). Il est aussi Sarvavit (toute compréhension). Il connaît tous les détails de sa création. Le Mental Cosmique crée Maya. Les mentaux individuels perçoivent des choses sous l'illusion.

Cet univers n'est rien d'autre qu'un mode du mental autoévolué depuis Brahman, la cause de l'univers. Tous les univers qui n'apparaissent qu'à travers Manas ne sont pas autres que ses modes. Le mental est subjectivement la conscience et objectivement, c'est cet univers. Par conséquent, ce monde omniprésent n'est rien d'autre que la conscience elle-même.

Isvara et Maya

Tous les Samskaras flottent en Maya. Supposons qu'il y ait un très grand miroir. Vous pouvez voir dans le miroir le reflet de toutes les personnes qui se déplacent dans la rue, les voitures, les bus, etc. qui passent sur la route. Vous pouvez simplement observer ces mouvements à distance dans le miroir sans en être affecté le moins du monde. De même, les mouvements de tout cet univers ont lieu dans le très grand miroir de Maya. Isvara ou le Seigneur de l'univers est tout simplement témoin de tout. Il est le silencieux Sakshi. Lorsque l'Adrishta (le pouvoir caché dans les Karmas) des Jivas arrive à maturité, Isvara, tout simplement veut, et l'univers est projeté.

La réalité de cet univers se trouve dans le Sankalpa de Manas

Ce Manas (mental) toujours agité, né de l'ineffable Brahman, crée le monde selon ses propres Sankalpa (pensées). Cette prestidigitation de l'univers jaillit du Sankalpa de votre Manas. C'est par le Sankalpa de votre Manas que l'univers apparaît et c'est à ce Sankalpa qu'il est demandé de renoncer si vous souhaitez vous élever vers la Réalité Unique au-delà de l'univers. "*Sarvasankalpasannyasi Yogarudhastadochyate*—Est dit être établi dans le Yoga celui qui a renoncé à tous ses Sankalpas". (Gita, VI-4)

Avec la croissance d'un Sankalpa dérisoire, l'univers va naître ; avec l'extinction du premier, le second va également disparaître. Avec l'anéantissement de Sankalpa, toute conception des différences entre le voyant et le vu disparaîtra et alors la réalité de Brahman commencera à briller sans interruption. Alors l'ombre de tout l'univers - mobile et fixe - se trouvera absorbée en elle dans un état non duel.

Avec la contemplation du "Je", tout le train des idées de l'univers s'installera ; autrement, tout l'univers disparaîtra aussi instantanément que l'obscurité devant le soleil. Le mental et le "Je" ne font qu'un. Détruisez le "je", le mental sera détruit.

"*Manah-kalpitam Jagat*— (la création du) monde est une imagination du mental" (Yogavasishtha). Cette légende du monde est mise en œuvre par le mental et le mental seul – "*Manomatram Jagat*. Ce que vous appelez le monde est uniquement le mental" (Yogavasishtha). Le mental est le monde. Le mental se manifeste comme le monde extérieur. Cet univers n'est autre que le mental lui-même. Comme un rêve générant un autre rêve en lui, le mental, n'ayant pas de forme visible, va générer des visibles inexistants. Cet univers périssable n'existe que lorsque le mental existe, mais il disparaît en l'absence de ce dernier. Si le mental, qui est l'instrument de la connaissance, de la perception et de l'activité disparaît, avec lui disparaît aussi ce monde subjectif.

Il y a une notion et un objet correspondants pour chaque Sabda (son). Il y a une notion et un objet pour la "Vache" Sabda. Maya vous trompe à travers Sabda-jala. Le monde entier n'est qu'une notion, une idée. C'est Sankalpamatra. C'est Bhrantimatra. C'est Kalpanamatra. C'est Akasamatra. Il n'existe que par le nom. "*Vacharambhanam Vikaro Namadheyam Mritti-ketyeva Satyam*— toutes les modifications étant seulement des noms basés sur des mots, la vérité étant que tout est argile." Le monde entier est une combinaison de cinq éléments. Analyser, réaliser la nature illusoire de tous les objets et abandonner tous les faux objets. Lorsque vous commencez à analyser, le monde entier disparaît, et avec lui, la notion, le son et les objets également.

Le bonheur et la misère que connaît ce monde sont causés par le fonctionnement du mental. Toutes les formes de douleurs et de plaisirs proviennent uniquement du mental. Ils périront si le mental périt par la discrimination sans faille et la Sadhana spirituelle. Les trois mondes sont créés pour les plaisirs et les douleurs du mental. La suspension de l'activité mentale fera disparaître les trois mondes avec leur misère. Avec la destruction du mental, les trois périodes de temps disparaissent. En contrôlant le mental, tous les pouvoirs occultes sont acquis. Si le mental n'est pas contrôlé, tout le reste devient inutile et douloureux. Par conséquent, le mental doit être anéanti.

Le mental fonctionne suivant trois catégories.

Le mental fonctionne toujours dans les domaines du temps, de l'espace et de la causalité. Ces trois catégories ne sont que des créations mentales. Un cocotier ne fait pas vraiment vingt pieds de haut, la hauteur n'est qu'une interprétation mentale. Il n'y a de vibrations qu'à l'extérieur. C'est le mental qui crée la longueur, la largeur, la hauteur, l'épaisseur, les dimensions, le vide, le carré, etc. Une distance de deux miles ne résulte que de la sensation. Vous avez en fait l'impression d'avoir parcouru une telle distance. Lorsque vous transcendez le mental, toutes ces catégories disparaissent entièrement. Anéantissez donc le mental par Brahmavichara. Vous entrerez dans un royaume de Paix et d'Ananda qui est éternel, infini et sans cause (Parama Karana).

Le pourquoi et comment de l'univers : une question transcendantale.

M. Narayan, mon ami qui se tient devant moi, est ma propre création mentale. Même ce monde est ma propre création mentale.

On dit que l'abhava ou non-existence est un objet de perception, puisque la non-existence d'une chose signifie son existence ailleurs.

Selon la théorie idéaliste, il n'y a pas de monde du tout dans la réalité. Tout cela n'est que pure imagination mentale. C'est la Vijnanavada des bouddhistes.

Selon la théorie réaliste, le monde est une réalité solide. Même l'école dualiste de Madhva et l'école Visishtadvaita de Ramanuja et l'école Raja Yogique de Maharshi Patanjali soutiennent que le monde est réel (Jagat Satyam).

Kant a démontré que l'espace, le temps et la causalité ne sont pas des réalités objectives, mais seulement des formes subjectives de notre intellect. La conclusion inévitable est que le monde, dans la mesure où il s'étend dans l'espace, se déroule dans le temps, qu'il est régi par la causalité, n'est qu'une représentation de notre mental, et n'est rien au-delà.

Un mental fini qui est grossier et conditionné par le temps, l'espace et la causalité ne peut pas comprendre le pourquoi et le comment de l'univers, une question qui est transcendantale. Personne, aucun Sastra, aucun sage ou Acharya n'a jamais répondu à cette question. Ne vous torturez pas l'esprit sur ce point. Vous ne pourrez jamais trouver de solution à ce problème. C'est Mauja de Brahman de créer cet univers. C'est sa Lila-Vilasa. C'est Sa Maya. C'est Sa Svabhava.

Non-existence du monde ; ce que cela veut dire

L'Abhava de Jagat (non-existence du monde) ou sa Nasa (destruction) ne signifie pas l'anéantissement des montagnes, des lacs, des arbres et des rivières. Lorsque votre Nischaya (détermination) que ce monde est Mitia (irréel, illusoire) devient de plus en plus fort et lorsque vous êtes bien établi dans cette idée que ce monde est illusoire comme Mrigatrishna (mirage), seul cela est la destruction du monde.

On ne peut pas détruire une montagne, mais on peut détruire l'idée d'une montagne.

L'univers est comme un Svapna dans Jagrat. Tout comme il y a l'image dans le miroir, ce monde est une grande image dans le miroir du mental. Le mental est comme un grand Chaddar (tissu épais) peint avec différentes images. Il n'y a ni peintre, ni toile, ni aucun matériau pour peindre tel que pinceau, huile, poudre, etc. L'image de l'univers apparaît représentée sur le Jnana-Akasa (espace de connaissance) sans tache.

Le jeu du mental issu de la Chaitanya (conscience pure) constitue cet univers. Le mental est Maya. Maya est le mental. Les rouages du mental ne sont rien d'autre que les rouages de Maya elle-même. L'attraction ou l'attachement du mental envers les formes est Maya. L'identification de son propre moi avec le mental est Maya.

Comment le mental se manifeste-t-il en tant que monde.

Le mouvement ou la vibration du Prana fait bouger le mental. Le mouvement du mental génère l'univers. Le mental se manifeste comme le monde extérieur. Les Nama-Rupa (noms et formes) naissent grâce à Vikshepa Sakti, l'un des pouvoirs de Maya, qui opère à la fois dans les états Jagrat et Svapna. Le monde entier est projeté en raison de cette seule puissance. Dans le sommeil, il disparaît.

Le monde entre dans le mental par les yeux, les oreilles, la langue (parole) et les vieux Samskaras. Si vous restez dans l'isolement, vous pouvez fermer ces trois premières portes. Par Vichara (juste investigation du Soi Suprême), vous pouvez détruire les Samskaras, la quatrième voie. Ensuite, Jnana (Connaissance de Soi) viendra.

Tous les univers avec leur hétérogénéité, bien qu'en réalité Atma-Jnana, ne brillent comme des mondes qu'à travers notre mental illusoire, comme le bleu du ciel qui est en réalité inexistant. Seule la lumière de Para Brahman apparaît comme mental ou univers hétéroclite. Le mental, c'est Prajna-Sakti. La matière, c'est Bhuta-Sakti. Le Prana est Kriya-Sakti de Brahman. Tout appartient à Brahman. En réalité, il n'y a pas de Jiva. Il n'y a que Brahman.

Le mental qui fluctue au gré des désirs imagine cet univers illusoire à travers son ignorance ; mais il devrait être informé de la nature réelle de ce monde, alors il le reconnaîtra comme Brahman lui-même.

CHAPITRE 17

Avidya et Ahankara

Avidya

Le mental lui-même est une création d'Avidya (l'ignorance). C'est un Karya (effet) d'Avidya. Il est rempli d'illusion. C'est la raison pour laquelle il vous trompe et vous tente. Il fait que vous vous égarez. Si vous pouvez détruire la cause du mental, Ajnana, en obtenant le Jnana (connaissance du Soi Suprême), le mental n'est nulle part. Il est réduit à néant. La Manonasa (anéantissement du mental) a lieu lorsque Jnana se manifeste.

Avidya travaille à travers les Upadhis (attributs, adjonctions limitantes). Tous les équipements spéciaux requis par Avidya constituent les Upadhis de l'âme. Le mental est un Upadhi ; Buddhi est un Upadhi et Ahankara est également un Upadhi.

L'océan d'Avidya (l'ignorance) est dans le mental de l'humain. L'explication du concept empirique doit être recherchée dans la nature de notre faculté cognitive. Sri Sankara explique Avidya de cette façon. C'est Naisargika ; elle est innée dans notre faculté mentale. C'est Mithyajnananimitta, basée sur une connaissance erronée ; et la connaissance est une fonction du mental. C'est Nityapratyayarupa ; elle consiste en une conception erronée. "Tous les Jivas - entités humaines - qui sont réellement inexistants (avec toutes les apparences concomitantes de naissance, de mort, etc.), sont de simples résultats de la tendance objectivante du mental et rien d'autre".

Toute l'expérience de la dualité, faite de perception et de perçu, est pure imagination. Il n'y a pas d'Avidya en dehors du mental. Lors de la destruction du mental, tout est détruit. L'activité du mental est la cause de toute apparence. À cause d'Avidya ou de Bhranti (illusion) dans le mental, vous voyez les objets, les arbres, etc., à l'extérieur et vous avez l'impression qu'ils sont séparés de vous et réels.

Tant qu'existe le mental, il y a toutes ces distinctions de grand et de petit, de haut et de bas, de supérieur et d'inférieur, de bon et de mauvais, etc. La Vérité la plus élevée est celle dans laquelle il n'y a pas de relativité. Si vous pouvez transcender le mental par une méditation constante et profonde sur Atman, vous pourrez atteindre l'état de Nirdvandva (un état au-delà des paires d'opposés) où se trouvent la paix suprême et la plus haute connaissance.

Il n'y a pas d'Avidya en dehors du mental. Le mental lui-même est Avidya. Les imaginations et les Sankalpas sont des produits d'Avidya.

L'ignorance est ancrée dans le mental. Le mental a besoin d'un nettoyage en profondeur avec Japa, Pranayama, Satsanga, Vichara et Nidhyasana, tout comme une plaque de cuivre rouillée a besoin d'être nettoyée avec de la terre, de la cendre, du tamarin, de la poudre, etc.

Ahankara : comment il se développe

Atman, en liaison avec Buddhi, est Ahankara. La base d'Ahankara est Buddhi. Comme Buddhi (Bheda Buddhi) est la cause de cette différenciation (ce petit "je"), Buddhi est la cause ou la semence de l'Ahankara. Ahamta et Mamata ("je" et "moi") sont des Jivasrishti et c'est Jivasrishti qui lie l'homme au monde. Isvarasrishti (la création de Dieu) aide l'homme dans sa réalisation de Dieu.

La graine du mental est Ahankara. Ahankara est le développement à travers les pensées du mental. Comme la première pensée est la pensée du "je" et comme cette pensée du "je" est à la base de toutes les autres pensées, Ahankara est la semence du mental. Cette idée du "je" va faire apparaître l'idée du temps, de l'espace et d'autres forces. Avec ces environnements, le nom de Jiva lui revient. En même temps que lui, naît Buddhi, la mémoire, Manas qui est la graine de l'arbre de Sankalpa.

Quand vous êtes enfant, l'Ahankara n'est pas très puissant. Il est comme une ombre dans un verre. Il se développe et s'enracine fermement pendant l'adolescence, après que vous vous soyez marié et que vous vous soyez empêtré dans la réalisation de divers désirs matériels. Vous êtes intrépide dans votre enfance. Dès que ce petit "je" devient plus fort en vous, côte à côte, différentes sortes de peurs, différentes sortes de désirs et une foule d'illusions s'emparent de vous. Le monde vous apparaît aussi plus réel.

Le fléau de l'égoïsme

Après tout, Ahankara n'est rien. Mais son influence est énorme ! Maya signifie Ahankara. Le mental est un autre nom pour Ahankara. Le monde signifie Ahankara. Le germe d'Ahankara se ramifie ici et là avec ses longues branches de "mon" et "ton". Il s'est invétéré. Ahankara veut vivre dans la chair (Abhinivesa ou s'accrocher à la vie), manger de la chair et embrasser la chair. Ce n'est que de la pure Ajnana (ignorance). Voyez la supercherie et l'escroquerie de Maya ! Prenez garde ! Réveillez-vous ! Ayez Jnana.

Tout comme le nuage fait écran au soleil, ce nuage d'Ahankara fait écran au "Jnana Surya", le Soleil infini de la Connaissance, Brahman. Vous ne pouvez pas réaliser Dieu, si vous avez la moindre teinte d'égoïsme, si vous avez le moindre attachement au nom et à la forme, si vous avez la moindre nuance de Vasana ou si vous avez la moindre trace de désir matérialiste dans le mental.

Comment éradiquer Ahankara

Les racines profondes d'Ahankara doivent être brûlées par le feu de la connaissance (Jnanagni). Vous obtiendrez alors très facilement la richesse de Moksha. Toutes les tribulations, les peines, les misères et les afflictions prendront alors fin. Le contrôle des Indriyas et du Pranayama aide à développer Buddhi (Vikasa de Buddhi).

Vous ne pouvez pas, d'un seul coup, éradiquer complètement Ahankara. Vous pouvez facilement abandonner votre femme, vos enfants, votre argent, votre colère. Mais il est extrêmement difficile d'abandonner Ahankara. Essayez de le réduire petit à petit. Retirez un anna d'Ahankara dans les trois mois. En quatre ans, vous serez en mesure de l'éradiquer complètement. Vous devrez l'enlever soit par le sacrifice de soi à travers le Karma Yoga, soit par abandon de soi à travers Bhakti, soit par abnégation à travers Atma-Vichara Védantique.

Par les Sankalpas de Manas, l'Ahankara est généré. Si la modification du mental qui s'appuie sur les plaisirs sensuels est détruite, l'Atman, dépossédé de son Ahankara, devient l'innommable Réalité Brahmique.

Ahankara est comme un fil. Il connecte ou lie tous les Indriyas entre eux. Lorsque le fil est rompu, toutes les perles tombent. De même, lorsque le fil d'Ahankara est rompu par "Aham Brahma Asmi" Bhavana ou Sakshi Bhava ou par la méthode de l'abandon de soi en prenant la Nimitta Bhava (attitude de l'instrument entre les mains du Seigneur), tous les Indriyas seront brisés ou détruits. Le lien avec les Indriyas sera rompu.

Si vous vous identifiez avec un corps subtil à l'intérieur, cela vous aidera dans votre réalisation de soi. C'est seulement l'identification avec le corps physique charnu qui apporte toutes sortes de problèmes par le biais de l'Ahankara grossier et de "le mien". Le "moi" physique est une très grande menace.

Chaque fois qu'Ahankara s'affirme, posez-vous la question suivante : "Quelle est la source de ce petit "je" ? Encore et toujours, posez cette question et interrogez-vous. Lorsque vous enlevez couche après couche, l'oignon se réduit à néant. Lorsque vous analysez le petit "je", il devient une non-entité ; il disparaîtra progressivement. Il va se réduire en un rien. Le corps n'est pas un "je". Le "je" reste même après l'amputation de la jambe. Abandonnez Jivasrishti.

Le temps qu'il faut pour cueillir une fleur, en un clin d'œil, cet Ahankara peut être facilement éradiqué par la Sadhana correcte ou le Brahma-Bhava.

Ahankara Sattvique

Lorsque vous affirmez "Aham Brahma Asmi" (je suis Brahman), il s'agit de Sattvique Ahankara. Il s'agit de Moksha Ahankara. Il ne vous liera en aucune façon. Il vous aidera à réaliser Brahman. Le feu dans une photo ne brûlera rien. Une lumière en présence du soleil de midi ne brillera pas et ne diffusera pas sa lumière. De même, l'Ahankara d'une personne Sattvique ne peut faire aucun mal à personne.

CHAPITRE 18

Le pouvoir de la pensée

La pensée est une force vivante

La pensée est une force vitale et vivante, la force la plus vitale, la plus subtile et la plus irrésistible qui existe dans l'univers. Le monde de la pensée est relativement plus réel que cet univers physique. Les pensées sont des choses vivantes. Chaque changement de pensée est accompagné d'une vibration de sa matière (mental). La pensée en tant que force a besoin d'un type particulier de matière subtile pour fonctionner.

Le mental prend la forme de tout ce qu'il contemple. Lorsque vous pensez à un objet, votre mental se façonne à la forme de cet objet. Lorsque vous changez votre pensée, votre mental change également sa forme. De nombreuses modifications surviennent continuellement dans le mental. Vos pensées changent rapidement. Votre mental change aussi rapidement de forme. À chaque instant, le mental crée continuellement des centaines de ces formes de pensée et les décompose à nouveau. Il ne s'accroche jamais à une forme de pensée pendant un certain temps.

Chaque pensée a un certain nom et une certaine forme. La forme est l'état le plus grossier et le nom l'état le plus fin d'une seule puissance manifeste appelée pensée. Mais ces trois éléments ne font qu'un. C'est l'unité dans la trinité, les trois degrés d'existence d'une même chose. Là où se trouve l'un, les autres s'y trouvent aussi. Supposons que votre mental soit maintenant parfaitement calme, entièrement sans pensée. Dès qu'une pensée commence à s'élever, elle prend immédiatement un nom et une forme. Ainsi, vous découvrez, que chaque idée que l'homme a ou peut avoir, doit être reliée à un certain mot comme contrepartie.

La langue est différente, mais la pensée est une. L'image mentale est la même chez tout le monde. Le son a quatre formes, à savoir Para, Pasyanti, Madhyama et Vaikhari. Vaikhari est le langage ordinaire. Il diffère selon les pays. Mais Para, Pasyanti et Madhyama sont une seule et même chose. Para est un son indifférencié qui sommeille en Brahman. La langue des Devatas, la langue du plan mental est une seule et même langue. C'est Madhyama. La vibration rotatoire du corps causal (Karana-Sarira) est Pasyanti. C'est votre vrai nom. Lorsque vous opérez à travers votre Karana-Sarira, (Prakamya inférieur ou Divya Drishti inférieur), vous entendez le son Pasyanti, votre vrai nom.

La pensée est matière subtile

La pensée est une matière subtile. Une pensée est aussi solide qu'un morceau de pierre. Vous pouvez mourir, mais vos pensées ne peuvent jamais mourir. Elles ont une taille, une forme, une couleur, une qualité, une substance, une puissance et un poids. Une pensée spirituelle est de couleur jaune ; une pensée chargée de colère et de haine est de couleur rouge foncé ; une pensée égoïste est de couleur marron ; et ainsi de suite. Un Yogi peut voir directement avec son œil yogique intérieur toutes ces pensées.

Plus les pensées sont fortes, plus la fructification est précoce. Une pensée est concentrée et reçoit une direction particulière ; plus la force de la concentration et de la direction de cette pensée seront grandes, plus elle sera efficace dans le travail qu'elle est destinée à accomplir.

La pensée est une force créatrice

La pensée est une grande force. La pensée est une force dynamique. La pensée bouge. La pensée est contagieuse. La pensée crée. Vous pouvez faire des merveilles avec le pouvoir de la pensée. Grâce à l'instrumentalité de la pensée, vous acquérez un pouvoir créatif. Il existe aujourd'hui de nombreux livres sur le pouvoir de la pensée, la dynamique de la pensée et la culture de la pensée. Étudiez-les. Vous aurez alors une compréhension complète de la pensée, de son pouvoir, de son fonctionnement et de son utilité.

Le pouvoir de la pensée est très grand. Chacune de vos pensées a pour vous une valeur réelle à tous points de vue. La force de votre corps, la force de votre mental, votre succès dans la vie et les plaisirs que vous donnez aux autres par votre entreprise, tout cela dépend de la nature et de la qualité de vos pensées. Vous devez connaître la culture de la pensée.

La pensée amène la santé

Si vous entretenez des pensées saines, vous pouvez rester en bonne santé. Si vous vous accrochez à des pensées maladives, à des pensées de tissus malades, à des pensées de nerfs faibles, à des pensées de mauvais fonctionnement d'organes ou de viscères, vous ne pourrez jamais espérer avoir une bonne santé, la beauté et l'harmonie. Le corps est le produit du mental. Si vous y maintenez des pensées vigoureuses, alors le corps physique sera également vigoureux.

Des pensées malveillantes de toutes sortes souillent le mental et si elles persistent, elles deviennent de véritables maladies et mutilations du mental, incurables pendant la période de la vie.

La pensée forme le caractère

"On devient ce qu'on pense." "L'homme est créé par la pensée ; ce que l'homme pense, il le devient." Pensez que vous êtes fort ; vous deviendrez fort. Pensez que vous êtes faible ; vous deviendrez faible. Pensez que vous êtes un fou ; vous deviendrez un fou. Pensez que vous êtes Dieu ; vous deviendrez Dieu. L'homme forme son propre caractère, devenant ce qu'il pense. Si vous méditez sur le courage, vous allez travailler le courage dans votre caractère. De même avec la pureté, la patience, le désintéressement et la maîtrise de soi. Si vous pensez avec noblesse, vous vous forgerez progressivement un caractère noble, mais si vous pensez avec bassesse, un caractère grossier se formera. Une pensée persévérante et constante crée une habitude définie du mental et cette habitude se manifeste comme une qualité du caractère. Le fil de la pensée est tissé en qualités mentales et morales et ces qualités dans leur totalité forment ce que nous appelons le caractère. Vous pouvez construire votre caractère aussi sûrement qu'un maçon peut construire un mur, en travaillant avec et par la loi.

Le premier pas vers une création délibérée de caractère réside donc dans le choix délibéré de ce que nous allons penser, et de la réflexion avec persistance sur la qualité que nous avons choisie. Au bout d'un certain temps, on aura tendance à manifester cette qualité ; avec le temps, son exercice deviendra une habitude. C'est la pensée qui fait le caractère. On tisse le fil de la pensée pour en faire son destin.

La pensée tisse le destin

Ce à quoi une personne pense dans une vie, elle le devient dans une autre. Si le mental s'attarde continuellement sur un train de pensée, il se forme un sillon dans lequel la force de pensée s'engouffre automatiquement et une telle habitude de pensée survit à la mort et, puisqu'elle appartient à l'ego, est reportée sur la vie terrestre suivante en tant que tendance et capacité de pensée.

Chaque pensée a sa propre image mentale. Chaque personne a un monde mental qui lui est propre, ses propres vues, ses propres sentiments, ses propres émotions, ses pensées habituelles, sa propre expérience et son propre mode de pensée. L'essence des différentes images mentales formées dans une vie physique particulière est élaborée sur le plan mental. Elle constitue la base de la vie physique suivante. Tout comme un nouveau corps physique est formé à chaque naissance, un nouveau mental et une nouvelle Buddhi sont également formés à chaque naissance.

Il est difficile d'expliquer le fonctionnement détaillé de la pensée et du karma. Chaque karma produit des effets doubles, l'un sur le mental individuel et l'autre sur le monde. L'être humain crée les circonstances de sa vie future par l'effet de ses actions sur les autres.

Chaque action a un passé qui y mène ; chaque action a un avenir qui en découle. Une action implique un désir qui l'a suscité et une pensée qui l'a façonné. Chaque acte est un maillon d'une chaîne infinie de causes et d'effets, chaque effet devenant une cause et chaque cause ayant été un effet ; et chaque maillon de la chaîne sans fin est soudé à partir de trois composantes - le désir, la pensée et l'activité. Un désir stimule une pensée ; une pensée s'incarne dans une action.

La convoitise égoïste des biens d'autrui, même si elle n'est jamais réalisée par une tricherie active dans le présent, fait de l'individu un voleur dans une vie terrestre ultérieure, tandis que la haine et la vengeance secrètement chéries sont les graines d'où le meurtrier tire son origine. Ainsi, l'amour désintéressé produit le philanthrope et le saint ; et chaque pensée de compassion aide à construire la nature tendre et pleine de pitié qui appartient à celui qui est l'ami de toutes les créatures.

Le semblable attire le semblable

La grande loi "Le semblable attire le semblable" est constamment opérationnelle. C'est une grande loi cosmique. C'est une loi dans sa nature. Cette loi s'applique également au monde de la pensée. Les personnes ayant des pensées similaires sont attirées les unes vers les autres. C'est la raison pour laquelle on trouve les maximes suivantes : "Les oiseaux de même plumage se rassemblent... Un homme est connu par la compagnie qu'il entretient". Un médecin est attiré vers un médecin. Un poète est attiré par un autre poète. Un chanteur aime un autre chanteur. Un philosophe aime un autre philosophe. Un vagabond aime un vagabond. Le mental possède un "pouvoir d'attraction". Vous attirez continuellement vers vous, à la fois du côté visible et du côté invisible de la vie, des forces, des pensées, des influences et des conditions qui ressemblent le plus à celles de vos propres pensées et de votre vie.

Dans le domaine de la pensée, les personnes ayant des pensées similaires sont attirées les unes par les autres. Cette loi universelle fonctionne en permanence, que nous en ayons conscience ou non. Nous vivons tous, pour ainsi dire, dans un vaste océan de pensées. L'atmosphère qui nous entoure est continuellement remplie des forces de pensée qui sont continuellement envoyées ou qui sortent continuellement sous forme de vagues de pensées. Nous sommes tous plus ou moins affectés par ces forces de pensée, consciemment ou inconsciemment. Suivant que nous sommes plus ou moins organisés de manière sensible ou suivant que nous sommes négatifs et donc ouverts aux influences extérieures plutôt que positifs, nous déterminerons les influences qui entreront dans le domaine de nos pensées et donc dans notre vie.

Emportez avec vous n'importe quel type de pensée qui vous plaît et tant que vous la conserverez, quelle que soit la façon dont vous vous déplacez sur terre ou sur mer, vous attirerez sans cesse vers vous, consciemment ou non, exactement et uniquement ce qui correspond à votre propre qualité de pensée dominante. Les pensées sont votre propriété privée et vous pouvez les régler à votre goût en reconnaissant constamment votre capacité à le faire. Vous êtes entièrement libre de déterminer l'ordre de pensée que vous entretenez et, par conséquent, l'ordre des influences que vous attirez. Vous n'êtes pas des créatures de circonstances, à moins que vous ne choisissiez de l'être.

Les bonnes pensées et les mauvaises pensées

Une bonne pensée est trois fois bénie. Tout d'abord, elle profite au penseur en améliorant son corps mental (Manomaya Kosha). Ensuite, elle profite à la personne qui la reçoit. Enfin, elle profite à l'humanité entière en améliorant l'atmosphère mentale générale.

Une mauvaise pensée, au contraire, est trois fois maudite. Premièrement, elle nuit au penseur en blessant son corps mental. Ensuite, elle nuit à la personne qui en est l'objet. Enfin, elle nuit à toute l'humanité en viciant toute l'atmosphère mentale.

Toute pensée malveillante est comme une épée tirée vers la personne à laquelle elle est destinée. Si vous entretenez des pensées de haine, vous êtes en réalité un meurtrier de cette personne contre laquelle vous entretenez des pensées de haine. Vous êtes votre propre suicide, car ces pensées ne rebondissent que sur vous.

Un mental habité par des pensées mauvaises agit comme un aimant pour attirer les pensées semblables des autres et intensifie ainsi le mal originel.

Les pensées malveillantes jetées dans l'atmosphère mentale empoisonnent le mental des personnes réceptives. S'attarder sur une pensée malveillante la prive progressivement de son caractère repoussant et pousse le penseur à accomplir une action qui incarne cette pensée.

L'héritage des pensées

Il ne suffit pas que vos pensées ne soient pas mauvaises. Vous devez transformer les mauvaises pensées en bonnes pensées. C'est la première partie de votre Sadhana. Vous devez en faire des pensées utiles. Lorsqu'elles sont envoyées, elles doivent être capables de faire un bien immense et de profiter à l'humanité souffrante et à vos voisins.

Les pensées sont vos propres enfants. Faites attention à votre progéniture de pensées. Un bon fils apporte au père le bonheur, le nom et la renommée. Un mauvais fils lui apporte l'infamie, le discrédit. De même, une pensée noble vous apportera bonheur et joie. Une mauvaise pensée vous apportera la misère et les ennuis. Tout comme vous élevez vos enfants avec beaucoup de soin, vous devrez également élever de bonnes et sublimes pensées avec beaucoup de soin.

La pensée est contagieuse

La pensée est très contagieuse, plus contagieuse que la grippe espagnole. La pensée bouge. En fait, elle quitte le cerveau et plane. Elle entre aussi dans le cerveau des autres. Une pensée sympathique en vous suscite une pensée sympathique chez les autres avec lesquels vous entrez en contact. Une pensée de colère produit une vibration similaire chez ceux qui entourent un homme en colère. Elle quitte son cerveau et entre dans le cerveau des autres qui vivent à distance et les excite. Une pensée joyeuse produit une pensée joyeuse chez les autres. Une pensée de joie crée une pensée de joie sympathique chez les autres. Vous êtes rempli de joie et d'un plaisir intense lorsque vous voyez une bande d'enfants hilarants qui jouent et dansent dans la joie.

Dans les émissions, un chanteur chante de belles chansons à Calcutta. Vous pouvez les entendre agréablement à la radio dans votre propre maison à Delhi. Tous les messages sont reçus par radio. De même, votre mental est comme une machine sans fil. Un saint rempli de paix, d'harmonie, d'équilibre et d'ondes spirituelles envoie dans le monde des pensées d'harmonie et de paix. Elles voyagent à une vitesse fulgurante dans toutes les directions, pénètrent dans le mental de milliers de personnes et produisent en elles des pensées similaires d'harmonie et de paix. Tandis qu'un homme du monde, dont le mental est rempli de jalousie, de vengeance et de haine, envoie des pensées discordantes qui pénètrent dans le mental de milliers de personnes et suscitent en elles des pensées similaires de haine et de discorde.

La pensée est très contagieuse. Gardez un homme bon et honnête en compagnie d'un voleur. Il se mettra à voler. Gardez un homme sobre en compagnie d'un ivrogne. Il va se mettre à boire.

Transfert de pensées ou télépathie

Par quel moyen possible les pensées peuvent-elles voyager d'un mental à l'autre ? La meilleure explication possible est que Manas ou la substance mentale remplit tout l'espace comme l'éther et qu'elle sert de véhicule aux pensées, tout comme le Prana est le véhicule des sentiments, l'éther est le véhicule de la chaleur, de la lumière et de l'électricité, et l'air est le véhicule du son. Le mental est Vibhu (omniprésent) comme Akasa. Par conséquent, le transfert de la pensée est possible. Le transfert de pensée est la télépathie.

Si nous jetons une pierre dans un réservoir ou un bassin d'eau, il produira une succession d'ondes concentriques se propageant tout autour de l'endroit affecté. De même, la lumière d'une bougie donnera lieu à des ondes de vibrations éthérées se propageant dans toutes les directions à partir de la bougie. De la même manière, lorsqu'une pensée, bonne ou mauvaise, traverse le mental d'une personne, elle donne lieu à des vibrations dans Manas ou l'atmosphère mentale, qui se propagent dans toutes les directions.

Alors que l'électricité se déplace à la vitesse de 300 000 kms par seconde, les pensées voyagent pratiquement en un rien de temps, leur vitesse étant beaucoup plus rapide que celle de l'électricité, car leur véhicule Manas est plus subtil que l'éther, le médium de l'électricité.

Les pensées sont comme des choses. Tout comme vous remettez une orange à votre ami et la reprenez, vous pouvez aussi donner une pensée utile et puissante à votre ami et la reprendre aussi. Vous devez connaître la bonne technique pour manipuler une pensée. La science est très intéressante et subtile. Vous pouvez aider un ami en difficulté en lui envoyant des pensées de réconfort et aider un ami à la recherche de la Vérité par des pensées claires et précises des vérités que vous connaissez. Vous pouvez envoyer dans l'atmosphère mentale des pensées qui élèveront, purifieront et inspireront tous ceux qui y sont sensibles.

Si vous envoyez une pensée d'amour et d'aide à une autre personne, elle quitte votre cerveau, va directement à elle, suscite une pensée d'amour similaire dans son mental et revient vers vous avec une force redoublée. Si vous envoyez une pensée de haine, elle blesse cette personne et vous blesse aussi en revenant vers vous avec une force redoublée. Par conséquent, comprenez les lois de la pensée, ne suscitez dans votre mental que des pensées de miséricorde, d'amour et de bonté et soyez toujours heureux.

Lorsque vous émettez une pensée utile pour aider les autres, elle doit avoir un but et un objectif précis et positif. Alors seulement, elle produira l'effet désiré. Alors seulement cette pensée accomplira un travail précis.

Le devoir d'un aspirant

Vous devriez apprendre la méthode pour envoyer des pensées d'aide et d'amour aux autres et au monde entier. Vous devez savoir comment éliminer les distractions, rassembler toutes les pensées et les envoyer comme un bataillon de forces d'aide pour faire le bien à l'humanité qui souffre. Le transfert de pensées est une belle science. C'est une science exacte.

Tout comme le Gange qui coule apporte joie et fraîcheur à ceux qui vivent sur ses rives, vos fortes pensées d'amour et de paix doivent aussi s'écouler comme un courant de guérison pour apporter réconfort, paix et joie aux personnes dont le mental est rempli de soucis, d'inquiétudes, d'anxiété, de tribulations, d'affliction, etc.

Même certains chefs de famille de bonne nature entretiennent parfois de bonnes pensées et envoient au monde des pensées utiles. Cela ne suffit pas pour un aspirant sur le chemin de la Vérité. Un flux continu de pensées utiles doit jaillir de son mental. Il doit s'agir d'un flux permanent et guérisseur de pensées aimantes et utiles. Il doit être capable de charger des groupes de vingt personnes, des masses de centaines et de milliers de personnes d'amour, de joie et de gaieté. Il doit les transformer, d'un simple regard et de quelques mots doux et puissants, en enthousiasme, en esprits élevés, en humeurs exaltées et en exaltation. C'est cela la force spirituelle, la force de volonté (Atma-Bala).

Comment les Sannyasins servent-ils le monde par les vibrations de leurs pensées ?

Les Indiens se sont maintenant imprégnés de l'esprit missionnaire de l'Occident et réclament à grands cris que les Sannyasins se manifestent et participent aux activités sociales et politiques. C'est une triste erreur. Un Sannyasin ou un Yogi n'a pas besoin de devenir le président d'une association ou le leader d'un mouvement social ou politique. C'est une idée stupide et puérile. Un vrai Sannyasin peut tout faire à travers ses pensées-vibrations.

Il n'est pas nécessaire qu'un Sannyasin, un saint, apparaisse sur la tribune pour aider le monde, pour prêcher et élever le mental des gens. Certains saints prêchent par l'exemple. Leur vie même est une incarnation de l'enseignement. Leur seule vue élève le mental de milliers de personnes. Un saint est une assurance vivante pour les autres, pour la réalisation de Dieu. Beaucoup s'inspirent de la vue de saints. Personne ne peut contrôler les vibrations de la pensée des saints. Leurs vibrations pures et fortes parcourent une très longue distance, purifient le monde et entrent dans le mental de milliers de personnes. Il n'y a aucun doute à ce sujet.

Un sage vivant dans une grotte de l'Himalaya peut transmettre une pensée puissante à un coin de l'Amérique. Celui qui pratique le Nishkama Karma Yoga dans le monde se purifie par des travaux désintéressés et celui qui médite dans une grotte de l'Himalaya essaie de se purifier. Ils purifient vraiment le monde et aident le monde en général par leurs vibrations spirituelles. Personne ne peut empêcher leurs pensées pures de sortir et de passer à d'autres qui les veulent vraiment. Les travailleurs sociaux au mental matérialiste ne peuvent pas comprendre ce point.

Réflexion claire : Manière dont elle est réalisée

L'homme ordinaire ne sait pas ce qu'est la pensée profonde. Ses pensées s'agitent. Il y a parfois beaucoup de confusion dans le mental. Ses images mentales sont très déformées. Seuls les penseurs, les philosophes et les yogis ont des images mentales bien définies et nettes. Elles peuvent être vues par la clairvoyance de façon très vivante. Ceux qui pratiquent la concentration et la méditation développent des images mentales fortes et bien formées.

La plupart de vos pensées ne sont pas bien fondées. Elles viennent et s'échappent. Elles sont donc vagues et indéfinies. Les images ne sont pas claires, fortes et bien définies. Vous devrez les renforcer par une réflexion claire, continue et profonde. Par Vichara (raisonnement), Manana (réflexion profonde) et la méditation, vous devrez faire en sorte que les pensées s'installent et se cristallisent en une forme définie. Ensuite, l'idée philosophique deviendra ferme. Par la pensée juste, le raisonnement, l'introspection et la méditation, vous devrez clarifier vos idées. Alors la confusion disparaîtra. Les pensées s'installeront et s'ancreront.

Pensez clairement. Clarifiez vos idées encore et encore. Introspectez dans la solitude. Purifiez vos pensées dans une large mesure. Faites taire vos pensées. Ne laissez pas le mental bouillonner. Laissez une vague de pensées s'élever et s'installer calmement. Puis laissez une autre pensée entrer. Chassez toutes les pensées étrangères qui n'ont aucun rapport avec le sujet que vous traitez en ce moment.

Réflexion indépendante et originale

Les penseurs sont très peu nombreux dans ce monde. La plupart d'entre nous ne savent pas ce qu'est la bonne pensée. La pensée est superficielle chez la grande majorité des personnes. La pensée profonde nécessite une Sadhana (pratique) intense. Il faut d'innombrables naissances pour une évolution correcte du mental. C'est alors seulement qu'on peut penser profondément et correctement. Une personne qui dit la vérité et qui a une pureté morale a toujours des pensées puissantes. Celui qui a contrôlé sa colère par une longue pratique a un pouvoir de pensée énorme. Si un Yogi dont la pensée est très puissante prononce un seul mot, cela produira une impression énorme sur le mental des autres.

Les Vedantins ont recours à une pensée indépendante et originale. La Sadhana Védantique (Manana, réflexion) exige un intellect pointu. Réfléchir, réfléchir avec persévérance, réfléchir avec clarté, réfléchir aux racines de tous les problèmes, aux fondements mêmes des situations, aux présupposés mêmes de toutes les pensées et de l'être est l'essence même de la Sadhana Védantique. Vous devrez abandonner une vieille idée, aussi forte et enracinée soit-elle, lorsque vous aurez une nouvelle idée qui la remplace. Si vous n'avez pas le courage d'affronter les résultats de votre réflexion, d'en avaler les conclusions, quelles qu'elles soient pour vous personnellement, vous ne devriez jamais prendre la peine de philosopher. Prenez le chemin de la dévotion.

La pensée appliquée et la pensée soutenue

La pensée appliquée applique le mental à l'objet et la pensée soutenue le maintient continuellement engagé ; le ravissement provoque l'expansion et la béatitude du mental en développement, dont les motifs de non-distraction ont été accomplis par ces deux types de pensée. La méditation peut survenir lorsque la pensée appliquée et soutenue, le ravissement, la béatitude et la concentration du mental apparaissent.

La pensée est une grande force. Elle a un pouvoir énorme. Il devient alors très important de savoir comment utiliser ce pouvoir de la manière la plus élevée possible et avec le plus grand effet possible. La meilleure façon d'y parvenir est de pratiquer la méditation.

CHAPITRE 19

Culture de la pensée

Si un caillou dans notre botte nous tourmente, nous l'expulsons. Nous enlevons la botte et nous la secouons. Une fois que la question est bien comprise, il est tout aussi facile d'expulser du mental une pensée intrusive et odieuse. Il ne devrait y avoir aucun doute à ce sujet. La chose est évidente, claire et sans équivoque. Il devrait être aussi facile de chasser une pensée désagréable de son mental que de retirer une pierre de sa chaussure ; et tant qu'un homme ne peut pas le faire, il est tout simplement absurde de parler de son ascension et de sa conquête sur la nature. Il n'est qu'un simple esclave et la proie des fantômes aux ailes de chauve-souris qui volent dans le couloir de son cerveau. Le sort de ces créatures est vraiment pitoyable !

Les bénéfices de la culture des pensées

Les pensées mènent à l'action. Les pensées sont la source de toutes les actions. La pensée est le véritable Karma. La pensée est l'action réelle. Si vous pouvez éliminer toutes les mauvaises pensées dès le début, vous ne ferez aucune mauvaise action. Si vous pouvez les étouffer dans l'œuf, vous serez libéré des misères et des tribulations de ce monde. Surveillez vos pensées avec vigilance et introspection.

La pensée est la véritable action. Les activités du mental sont les véritables Karmas. Une fois que le Vikshepa du mental aura disparu, vous obtiendrez le bon Nishtha (méditation). Le mental sera très, très calme. Débarrassez-vous des impuretés du mental. Ayez la maîtrise du mental. Alors toutes les misères du Samsara avec les naissances et les morts prendront fin. Si vous vous libérez des griffes du mental, Moksha (libération) viendra de lui-même. Il n'y a aucun doute à ce sujet.

Un homme sage surveille ses pensées et éradique toutes les mauvaises pensées lorsqu'elles surgissent de la surface du mental. Ainsi, il est heureux. Il a toujours des pensées pures. Par la méditation sur Dieu, des pensées pures émanent du mental, car Dieu est pureté (Nitya Suddha).

Si vous avez le contrôle de vos pensées, vous pouvez accomplir un travail immense avec une concentration intense. Les tourments mentaux de toutes sortes, les soucis, les inquiétudes et les angoisses disparaîtront. La paix dont vous jouirez ne peut être décrite de façon adéquate.

Ceux qui ont ne serait-ce qu'un peu de contrôle sur leurs pensées et leur discours auront un visage calme, serein, beau et charmant, une voix douce et des yeux brillants. Tout comme un parfum doux émane continuellement d'un bâton d'encens, de même le parfum divin et le rayonnement divin (Aura magnétique, Brahmanique) émanent d'un yogi qui a contrôlé ses pensées et qui demeure constamment sur Brahman ou l'Infini. Le rayonnement et le parfum de son visage est Brahma-Varchas. Lorsque vous tenez dans votre main un bouquet composé de jasmin, de rose et de fleurs de Champaka, le doux parfum imprègne toute la salle et chatouille le nez de tous les participants. De même, le parfum de la célébrité et de la réputation (Yasas et Kirti) d'un yogi qui a contrôlé ses pensées se répandent de toutes parts. Il devient une force cosmique.

Le radium est une denrée rare. Il n'y a que 16 variétés dans le monde. Les Yogis qui ont contrôlé leurs pensées sont également très rares dans le monde, comme le radium.

La conservation et la bonne utilisation de l'énergie de la pensée

Tout comme l'énergie est gaspillée en paroles oiseuses et en commérages, l'énergie est également gaspillée en pensées inutiles et divertissantes, c'est pourquoi vous ne devez pas gaspiller une seule pensée. Ne gaspillez donc pas ne serait-ce qu'un iota d'énergie dans des pensées inutiles. Conservez toute l'énergie mentale. Utilisez-la à des fins spirituelles supérieures dans la contemplation divine, Brahma-Chintana et Brahma-Vichara. Conservez toute l'énergie de la pensée et utilisez-la pour la méditation et le service utile à l'humanité.

Ne stockez pas dans votre cerveau des informations inutiles. Apprenez à démêler le mental. Désapprenez tout ce que vous avez appris. Ces choses sont désormais inutiles pour vous. Alors seulement vous pourrez remplir votre mental de pensées divines. Vous acquerrez une nouvelle force mentale en rassemblant tous les rayons mentaux dissipés.

En physique, on parle de "pouvoir d'orientation". Bien que la masse d'énergie soit là, le courant ne circule pas. Il doit être connecté à l'aimant et le courant électrique passera alors par le pouvoir d'orientation. De même, l'énergie mentale qui est dissipée et mal orientée dans diverses préoccupations matérielles inutiles doit être bien dirigée dans des canaux spirituels appropriés.

Pensées négatives

Chassez de votre esprit toute pensée inutile, superflue et odieuse. Les pensées inutiles entravent votre croissance spirituelle ; les pensées désagréables sont des obstacles à l'avancement spirituel. Vous vous éloignez de Dieu lorsque vous entretenez des pensées inutiles. Remplacez ces pensées avec des pensées de Dieu. N'entretenez que des pensées utiles et profitables. Les pensées utiles sont les pierres d'achoppement de la croissance et du progrès spirituel. Ne laissez pas le mental courir dans les vieux sillons et avoir ses propres voies et habitudes. Soyez vigilants.

Vous devez éradiquer par l'introspection toutes sortes de pensées méchantes, de pensées inutiles, de pensées indignes, de pensées impures, toutes les pensées sexuelles, les pensées de jalousie, de haine et d'égoïsme. Vous devez anéantir toutes les pensées destructrices de désaccord et de discorde. Vous devez développer une culture de la pensée, des pensées bonnes, aimantes, sublimes, divines. Toute pensée doit être de nature constructive. Elle doit être forte, positive et précise. L'image mentale doit être de nature claire et bien définie. Vous devez développer une pensée juste. Chaque pensée doit apporter la paix et le réconfort aux autres. Elle ne doit pas apporter la moindre douleur ou le moindre malheur à qui que ce soit. Alors vous serez une âme bénie sur la terre. Vous serez une immense puissance sur la terre. Vous pourrez aider beaucoup de gens, en guérir des milliers, spiritualiser et élever un grand nombre de personnes comme l'ont fait Jésus et Bouddha.

Tout comme vous faites pousser des fleurs de jasmin, de rose, de lys, etc. dans un jardin, vous devriez également cultiver les fleurs des pensées paisibles d'amour, de miséricorde, de bonté, de pureté dans le vaste jardin d'Antahkarana. Par l'introspection, vous devez arroser ce jardin du mental par la méditation et la pensée sublime et enlever les mauvaises herbes des pensées vaines et inutiles discordantes.

Pensées incohérentes

En général, chez les personnes non entraînées, quatre ou cinq types de pensées à la fois occupent le mental. Les pensées domestiques, les pensées professionnelles, les pensées de bureau, les pensées corporelles, les pensées de nourriture et de boisson, d'espoir et d'anticipation, de planification pour obtenir de l'argent, certaines pensées de vengeance, certaines pensées habituelles de réponse aux appels de la nature, de bain, etc. occupent le mental à un moment donné. Lorsque vous étudiez un livre avec intérêt à 15h30, l'idée du plaisir d'assister à un match de cricket à 16h perturbe de temps en temps votre étude. Ce n'est qu'un Yogi avec le mental Ekagra, qui ne peut avoir qu'une seule pensée à la fois et peut la garder aussi longtemps qu'il le souhaite.

Si vous observez attentivement votre mental, vous vous apercevrez que beaucoup de pensées sont incohérentes. Le mental erre au hasard, sans aucune raison. Il y a des pensées du corps et de ses désirs, des pensées de vos amis, des pensées d'acquisition d'argent, des pensées de manger et de boire, des pensées de votre enfance, etc. Si vous pouvez étudier le mental et si vous avez des pensées cohérentes sur un sujet ou un type seulement à l'exclusion de toutes les autres pensées, c'est en soi une très grande réussite, c'est un grand pas en avant dans le contrôle de la pensée. Ne vous découragez pas.

Les pensées obsédantes du péché

Les pensées de péché hantent le mental de certaines personnes. Une personne pense toujours : "J'ai commis un péché odieux. Je ne sais pas quoi faire". Cette seule idée ne cesse de la hanter. C'est une mauvaise habitude. Ces gens ne savent pas comment détourner leur mental. Ils deviennent la proie de ces "pensées obsédantes". La vertu et le péché sont des termes relatifs. Ce sont des créations du mental. Le péché n'est rien d'autre qu'une erreur. Le Japa du Nom de Dieu, la charité et le jeûne détruisent immédiatement quantité de péchés. Pourquoi avez-vous peur ? Même le pire des pécheurs peut atteindre le salut, peut devenir saint des saints. Quel était l'état de Valmiki, Jagai et Madhai et Ajamila au début ? N'étaient-ils pas des voleurs de la pire espèce ? Répétez OM, Rama et affirmez avec audace : "Je suis pur maintenant" "Je suis saint maintenant". Où est la place pour le désespoir ? *Nil desperandum*. Faites des actions vertueuses. Souvenez-vous toujours de Lui. Soyez fidèle à l'Antaryamin (habitant de votre cœur).

Techniques de contrôle de la pensée

Voici quelques-unes des autosuggestions pour contrôler vos pensées : (1) je ne penserai à rien. (2) J'aurai la paix si je ne pense à rien. (3) Ma volonté est de plus en plus forte. Je peux contrôler mes pensées. (4) J'obtiendrai une paix parfaite si je ne pense à rien. J'aspire ardemment à cet état de non-pensée.

Plus les pensées sont retenues, plus le mental est concentré et plus il gagne en force et en puissance. Détruisez les mauvaises pensées une par une. Cela demande sans aucun doute un travail patient.

Dès que vous vous réveillez lentement le matin, la première pensée qui vous vient est "je". Puis vient le souvenir des événements de la veille au soir. Les pensées fortes qui flottent dans le mental le soir émergent lentement au moment où vous vous levez de votre lit le lendemain matin et se matérialisent. Viennent ensuite les pensées qui doivent fructifier au cours de la journée. Observez ceci attentivement.

Lorsqu'une pensée plane dans le mental, il faut la réaliser. Ne la laissez pas s'attarder longtemps. Elle reviendra souvent, encore et encore. Elle sera une source de grands problèmes. Chaque fois qu'une pensée surgit pour écrire une lettre à votre ami, terminez ce travail. Ne le remettez pas.

Il y a quatre façons de détruire les mauvaises pensées. Un Jnana Yogi (étudiant du chemin de la Connaissance) le fait en vivant dans OM ou la Vérité. Il détruit les mauvaises pensées par Vichara et l'attitude d'indifférence. Il dit : "Cela n'a rien à voir avec moi. Je suis Satchidananda-Svarupa, Sivoham, Sivoham. Ces pulsions appartiennent au mental. Je suis distinct du mental". Un Bhakta les détruit par la prière et l'abandon de soi. Il dit : "Ô Dieu ! Je me suis abandonné à Toi, ainsi que les fruits de toutes les actions et les actions elles-mêmes. Donne-moi la force de chasser et de détruire ces mauvaises pensées". Il obtient l'aide de Dieu par l'abandon de soi-même. Dieu sublime l'impulsion sexuelle en Sattva ou Ojas (énergie spirituelle). Le Raja Yogi détruit les mauvaises pensées soit en détruisant les Vrittis quand ils se manifestent, soit en leur substituant des pensées opposées et positives de nature Sattvique, en supplantant des pensées sublimes à leur place (Pratipaksha-Bhavana).

Brahma Vichara

La première et la plus importante de toutes les pensées, la pensée primordiale est le "je". Ce n'est qu'après la naissance de cette pensée que toute autre pensée peut naître. Ce n'est qu'après que le premier pronom personnel "Je" a surgi dans le mental que le deuxième pronom personnel "Tu" et le troisième pronom personnel "Il", etc. peuvent faire leur apparition. Si le "je" disparait, le "tu" et le "il" disparaîtront d'eux-mêmes. Éliminez ce faux petit "je" de nature illusoire par un Brahma Vichara approprié. Il n'y a pas d'autre moyen.

Le penseur est différent de la pensée. Souvenez-vous de cela. Cela montre que vous êtes le témoin silencieux des modifications qui surviennent dans le mental. Vous êtes Kutastha Brahman. Vous êtes Pratyagatman.

Destruction des Sankalpas

Le Raja Yoga enseigne *Yogas-chittavrittinirodhah*: "Le yoga est la retenue des modifications mentales." Il vous donne le pouvoir d'expulser les pensées ou, le cas échéant, de les supprimer sur place. Naturellement, cet art nécessite de la pratique, mais comme pour les autres arts, une fois acquis, il n'y a plus de mystère ni de difficulté. Cela vaut la peine de le pratiquer.

Notez comment un Sankalpa se transforme en plusieurs Sankalpas (imaginations) en peu de temps. Supposons que vous ayez un Sankalpa pour organiser un thé pour vos amis. Une pensée de thé invite instantanément à penser au sucre, au lait, aux tasses de thé, aux tables, aux chaises, à la nappe, aux serviettes, aux cuillères, aux sucreries, petits salés, etc. Ce monde n'est donc rien d'autre que l'expansion des Sankalpas. Il n'existe pas de monde indépendant et séparé des pensées. L'expansion des pensées du mental vers les objets est l'esclavage (Bandha). La renonciation aux Sankalpas est la libération (Moksha). Dans le chapelet de Sankalpa, d'innombrables pensées sont enfilées comme autant de perles. Si le fil du chapelet est coupé en morceaux, on peut déduire ce qu'il adviendra des pensées illusoires qui y sont enfilées. Vous devez être très vigilant et étouffer les Sankalpas dans l'œuf. C'est seulement ainsi que vous serez vraiment heureux. Le mental joue des tours. Vous devez comprendre sa nature, ses manières et ses habitudes. Alors seulement vous pourrez le contrôler très facilement.

Pranayama

Le Prana (énergie) est le manteau extérieur du mental. La vibration du Prana subtil et psychique donne naissance à la formation de la pensée. Par le Pranayama (contrôle du Prana ou retenue du souffle), vous pouvez également augmenter l'énergie mentale et développer le contrôle et la culture de la pensée. Cela aidera à la concentration et à la méditation et stabilisera le mental. Cela fera disparaître Rajas et Tamas (passion et inertie). Cela brûlera les scories du mental.

Pratipaksha Bhavana

Si vous pensez sans cesse à des choses impures, une mauvaise pensée acquiert une nouvelle force par la répétition. Elle acquiert la force de l'élan. Vous devez les diriger immédiatement. Si vous avez du mal à le faire, entretenez les contre-pensées de Dieu. Cultivez des pensées sublimes et élevantes. Les mauvaises pensées mourront d'elles-mêmes. Une pensée noble est un antidote puissant pour contrecarrer une mauvaise pensée. Cette méthode est plus facile que la précédente. En répétant le Nom de Dieu des milliers de fois par jour, les bonnes pensées acquièrent une nouvelle force à chaque répétition. En répétant "Aham Brahma Asmi" des milliers de fois par jour, l'idée que vous êtes l'esprit (Atman) devient plus forte. L'idée que vous êtes le corps devient de plus en plus faible.

Contrôle du corps et de la parole

Si vous n'êtes pas capable de contrôler une pensée malveillante, contrôlez d'abord le corps et la parole. Lentement, vous acquerrez de la force mentale et de la volonté et serez en mesure de contrôler les pensées progressivement. Si, pendant un moment, vous pensez que vous ne parviendrez pas à vaincre une mauvaise pensée, levez-vous immédiatement et commencez un travail physique. Un effort après l'autre vous facilitera progressivement la tâche et, en quelques semaines, vous obtiendrez un contrôle complet de vos pensées.

Contrôlez d'abord le corps physique et la parole. Ensuite, procédez lentement au contrôle des pensées. Ne parlez pas en mal des autres. Contrôlez d'abord l'Indriya de la parole. Progressivement, le mental ne pensera pas du mal des autres. Le mental se dira à lui-même : "Pourquoi devrais-je penser du mal des autres, quand l'organe de la parole n'est pas prêt à exprimer ce que je pense ?" Vous ne pouvez contrôler vos actions que lorsque vous êtes devenu moral. Lorsque vous parlez mal d'une personne, vous empoisonnez le mental de plusieurs personnes. Il est ignoble de dire du mal des autres. Mais il est parfois permis de faire des commentaires sans haine ni malveillance.

Ne laissez pas des pensées inutiles ou mauvaises se développer en mots. Limitez la parole. Détournez immédiatement le mental vers de bonnes pensées. Essayez de vous souvenir de quelques Slokas de la Gita ou répétez quelques prières. Conservez des "mots-images" comme "Om Hari", "Om Siva", "Om Narayana". Le respect de Mouna (vœu de silence) pendant quelques heures par jour permettra de contrôler les impulsions de la parole et de la pensée, d'économiser l'énergie, et de favoriser la méditation, le contrôle de la pensée et la culture de la pensée.

Vigilance

Prenez pleinement conscience des conséquences graves et ruineuses des mauvaises pensées. Cela vous mettra sur vos gardes lorsque les mauvaises pensées viendront. Au moment où elles se manifestent, exercez-vous ou détournez le mental vers un autre objet de pensées divines, la prière ou le Japa. Un réel empressement à chasser les mauvaises pensées vous tiendra en alerte, à tel point que même si elles apparaissent en rêve, vous vous réveillerez aussitôt. Si l'ennemi apparaît lorsque vous êtes éveillé, il ne vous sera pas très difficile de lui faire face, pourvu que vous soyez suffisamment vigilant.

Gardez le mental pleinement occupé

Lorsque le mental est vide, les mauvaises pensées tentent d'y pénétrer. La pensée malveillante est le début ou le point de départ de l'adultère. Par un seul regard lascif, vous avez déjà commis l'adultère dans le cœur. Les actions mentales sont les actions réelles. Souvenez-vous de ceci. Dieu juge une personne par ses motifs ; les gens du monde jugent une personne par ses actions physiques extérieures. Vous devrez vous pencher sur les motifs. Ainsi, vous ne vous tromperez pas. Gardez le mental bien occupé. Ainsi, les mauvaises pensées n'entreront pas. Un cerveau inactif est l'atelier du diable. Surveillez le mental chaque minute. Faites toujours des travaux de couture, nettoyez les récipients, balayez, puisez de l'eau, lisez, méditez, comptez les grains d'un chapelet, chantez des chants divins, priez, servez les anciens ou soignez les malades. Évitez les bavardages et les ragots. Remplissez le mental de pensées sublimes, telles que celles contenues dans la Gita, les Upanishads, le Yogavasishtha, etc.

Toile de fond de pensées Sattviques

La grande majorité des gens voudront toujours une chose concrète à laquelle s'accrocher, une chose autour de laquelle placer leurs idées, quelque chose qui sera le centre de toutes les formes de pensée dans leur mental. C'est la nature même du mental. Un arrière-plan de pensée est nécessaire pour fixer le mental.

Ayez un arrière-plan de pensée ou une image mentale de type Sattvique. Le mental prend la forme de tout objet auquel il pense intensément. S'il pense à une orange, il prendra la forme d'une orange. S'il

121

pense au Seigneur Krishna avec une flûte à la main, il prendra la forme du Seigneur Krishna. Vous devez entraîner le mental correctement et lui donner la nourriture Sattvique appropriée pour l'assimilation.

Vous devez avoir un fond de pensée Sattvique pour vous mener au but (le salut). Si vous êtes un adepte du Seigneur Krishna, vous devrez avoir un arrière-plan de pensée de Son image, de la répétition de Son célèbre Mantra "Om Namo Bhagavate Vasudevaya" et de Ses qualités (Formules-qualités). Un Nirguna Upasaka (Vedantin) doit avoir un fond de pensée de "OM" et de sa signification (Océan de lumière infini, Satchidananda, Vyapaka, Paripurna Atman). Travaillez dans le monde, et dès que le mental est libre, commencez à penser à l'arrière-plan de la pensée - soit l'arrière-plan Saguna ou Nirguna selon le goût, le tempérament et la capacité de Sadhana. En pensant constamment, une habitude se formera dans le mental et, sans effort, celui-ci courra vers l'arrière-plan de la pensée.

Il est dommage que la grande majorité des personnes n'aient aucun idéal, aucun programme de vie et aucun arrière-plan de pensées Sattviques. Ils sont condamnés à la destruction. Le fond de pensée d'une jeune femme mariée est généralement lascif. Le fond de pensée d'une vieille mère est l'affection envers ses fils et petits-fils. La grande majorité des gens ont pour toile de fond la haine et la jalousie. Même les personnes dites instruites et possédants de nombreux diplômes universitaires, ce qui n'est qu'une coquille vide par rapport aux connaissances spirituelles, n'ont aucun idéal, aucun programme de vie et aucun arrière-plan de pensée. Un percepteur adjoint, après avoir obtenu une pension, épouse une troisième femme et continue comme ministre d'État.

Une personne au mental matérialiste est une proie pour les pensées sexuelles et les pensées de haine, de colère et de vengeance. Ces deux types de pensées prennent possession de son mental. Il est esclave de ces deux types de pensées. Il ne sait pas comment détourner son mental et le fixer sur une autre bonne et noble pensée. Il ne connaît pas les lois de la pensée. Il n'est pas du tout conscient de la nature et du fonctionnement subtil du mental. Sa position est extrêmement déplorable malgré ses possessions terrestres et la connaissance livresque qu'il a acquise dans les universités. Viveka ne s'est pas éveillé en lui. Il n'a pas de Sraddha dans les saints, les Sastras et Dieu. Il est incapable de résister à un mauvais désir, à une envie ou à une tentation en raison de sa faible volonté. Le seul remède puissant pour éliminer intoxication, charme et illusions du monde est le Satsanga constant ou l'association avec les Sadhus, les Sannyasins et les Mahatmas.

Après la retraite, tout le monde devrait avoir un arrière-plan de pensée et passer son temps dans les études philosophiques et la contemplation divine. Il faut remplacer les vieilles habitudes de pensée floue par de nouvelles habitudes de bonnes pensées. Au début, il se formera une tendance à penser aux bonnes pensées. En poursuivant la pratique, une habitude positive et définie de penser à des pensées vertueuses et aidantes se développera. Vous devrez vous battre très fort. Les vieilles habitudes tenteront de se reproduire encore et encore. Si vous êtes fermement établi dans l'habitude de penser à de bonnes pensées, vous devrez remplir le mental encore et encore avec des pensées Sattviques, des pensées divines, des pensées de la Gita, du Seigneur Krishna, du Seigneur Rama, des Upanishads, etc. De nouveaux sillons et de nouvelles avenues se formeront alors. Tout comme une aiguille de gramophone creuse un petit sillon dans la plaque, la pensée Sattvique creusera de nouveaux sillons sains dans le mental et le cerveau. De nouveaux Samskaras se formeront.

La gloire du Jnani sans oscillations

Grâce à une pratique constante et intense, vous pouvez devenir sans oscillations (sans pensée). Le Yogi sans oscillations aide le monde plus que l'homme sur la tribune. Les gens ordinaires peuvent difficilement comprendre ce point. Lorsque vous êtes sans oscillations, vous pénétrez et vous vous infiltrez réellement dans chaque atome de l'univers, vous purifiez et vous élevez le monde entier. On se souvient encore aujourd'hui des noms des Jnanis sans oscillations comme Jada Bharata et Vamadeva. Ils n'ont jamais construit d'ashrams. Ils n'ont jamais fait de conférences. Ils n'ont jamais publié de livres. Ils n'ont jamais eu de disciples. Pourtant, quelle influence énorme ces Jnanis sans oscillations ont eue sur le mental des gens. Gloire à ces Jnanis sans oscillations !

CHAPITRE 20

Vasanas

Vasanas : comment se manifestent-ils ?

Vasana (le désir sous une forme subtile) est une vague dans le lac mental. Son siège est Karana Sarira. Il y existe sous la forme d'une graine et se manifeste dans le lac mental. Tout comme les fleurs sont latentes dans les graines, les Vasanas sont latents dans l'Antahkarana et le Karana Sarira (corps graine). Chaque jour, de nouvelles fleurs s'épanouissent et se fanent en un jour ou deux. De même, les Vasanas s'épanouissent comme des fleurs une par une et montent à la surface du mental. Ils génèrent des Sankalpas dans le mental des Jivas et les poussent à s'efforcer de posséder et d'apprécier les objets particuliers de plaisir. Les Vasanas provoquent des actions, et les actions renforcent les Vasanas. C'est un chakra, un cercle vicieux. Avec l'avènement de la connaissance de Brahman, tous les Vasanas sont grillés. Les vrais ennemis sont les Vasanas à l'intérieur. Anéantissez-les. Éradiquez-les. Ils sont invétérés.

Le manguier entier avec ses branches, ses feuilles et ses fruits est contenu sous une forme subtile dans la graine. Il faut du temps pour qu'il se manifeste. De même, le Vasana de l'envie se cache dans le mental lorsque vous êtes un garçon, se manifeste à 18 ans, remplit tout le corps à 25 ans, fait des ravages de 25 à 45 ans, puis il décline progressivement. Diverses formes de méfaits et de malversations sont commises par les êtres humains entre 25 et 45 ans. C'est la période la plus critique de la vie. Il n'y a pas de différence particulière entre un garçon et une fille dans leurs caractéristiques lorsqu'ils sont jeunes. Après avoir atteint la puberté, ils manifestent leurs qualités caractéristiques.

Chapalata

Chapalata est un Vasana de type doux. Il ne dure que peu de temps. Il existe deux sortes de Chapalatas importants. Il y a le Jihva-Chapalata de la langue où la langue veut manger les différentes choses de temps en temps. C'est une forme d'appétit morbide. Les riches qui mènent une vie luxueuse ont cette forme de Chapalata. L'autre variété est le Upastha-Chapalata où le sexe Indriyas veut goûter encore et encore à la jouissance sexuelle (Sparsa).

Les Vasanas sont la cause de l'agitation et de l'attachement.

Vasana est la cause de l'agitation du mental. Dès qu'un Vasana se manifeste, il y a une connexion intime entre le mental et l'objet à travers le débordement de Vishaya-Vritti-Pravaha. Le mental ne reviendra pas sur ses pas tant qu'il n'aura pas reçu l'objet et qu'il n'en aura pas profité. L'agitation continuera jusqu'à ce que l'objet soit apprécié. Le Vritti s'écoulera vers l'objet jusqu'à ce qu'il soit obtenu et apprécié. Les êtres humains ne peuvent supprimer ou résister à aucun Vasana en raison de leur faible volonté.

C'est le Vasana dans le mental qui provoque l'attraction vers les objets et entraîne l'attachement ; avec la disparition des Vasanas, l'attachement disparaît naturellement. Il n'y aura aucune attraction, admiration ou excitation pour un objet quelconque à l'extérieur, s'il n'y a pas de Vasana dans votre mental. C'est le Vasana qui est le fondement de toutes vos misères et de tous vos problèmes. Il n'y a pas de douleur de la part des Isvara-Srishti (objets créés par le Seigneur). L'eau étanche votre soif. La brise vous apporte le confort. Le soleil vous vivifie. Le feu donne de la chaleur. C'est Jiva-Srishti qui provoque l'esclavage. Ahankara, la colère, Abhimana, l'attachement sont tous des Jiva-Srishtis. Ayez Suddha Sankalpa, mais pas de Vasanas.

Par un simple entraînement éthique, la jalousie, Raga, Dvesha, Krodha, Kama, etc. peuvent être supprimés, mais pas complètement éradiqués. Ces Vasanas impurs, Asubha, peuvent être considérablement atténués (Tanu-Avastha) par la culture morale. Ils atteignent une condition subtile. Ils ne peuvent pas nuire à l'individu. Ils restent sous un contrôle parfait.

L'éradication et non la suppression, le bon remède

Un Vasana peut être supprimé pour un temps par un aspirant. Mais il se manifeste à nouveau avec une force redoublée lorsqu'une occasion appropriée se présente. Comme un ministre obéissant au roi, les cinq organes du corps agissent selon les ordres du mental. Par conséquent, par votre propre mental pur et des efforts appropriés vous devez éradiquer les Vasanas pour les objets. Vous devez séparer, grâce à d'énormes efforts de votre part, la longue corde de Vasanas attachée au navire de l'homme, qui dérive sur l'océan du Samsara. Les Vasanas devraient être complètement éradiqués. Si ces Vasanas sont détruits par Vichara (enquête sur Atman) et la discrimination, le mental toujours agité obtiendra une tranquillité comme une lampe sans ghee.

Comment détruire les Vasanas

Sama

Vijnanamaya Kosa sert de grande forteresse pour l'aspirant. De là, il peut attaquer les Vasanas lorsqu'ils essaient de sortir du corps-graine (Karana Sarira) pour aller dans le mental. Grâce à la pratique de Sama, l'aspirant doit détruire les Vasanas un par un avec l'aide de Vijnanamaya Kosa (Buddhi). Il doit les écraser dès qu'ils tentent de sortir la tête à la surface du lac mental. Il ne doit pas les laisser germer. Voici Vasana-Tyaga. Cette attaque ou ce combat vient de l'intérieur.

Quand un Vasana ou un Sankalpa surgit dans le mental, celui-ci donne une impulsion à l'Antar-Indriya. De l'Antar-Indriyas, cette poussée est communiquée aux Bahyakaranas (instruments externes) tels que les mains, les jambes, les yeux, les oreilles, etc. La pratique du Sama arrête cette poussée qui est à l'origine du mouvement de tous les Indriyas et Karanas.

Sama est la tranquillité du mental produite par l'éradication des Vasanas (Vasana-Tyaga). L'Antahkarana d'un homme qui possède cette vertu est plus frais que la glace. Même la fraîcheur de la lune ne peut rivaliser avec la fraîcheur de l'Antahkarana d'un homme de Sama. En général, l'Antahkarana d'un matérialiste est une fournaise ardente. Un homme de Sama n'est ni exalté lorsqu'il obtient un objet désiré (Ishta) ni déprimé lorsqu'il obtient une chose non désirée (Anishta). Il garde toujours un mental équilibré. Il n'a pas d'ennemis. Le bonheur d'un empereur n'est rien comparé à la félicité spirituelle suprême d'un homme de Sama. Sama est l'une des quatre sentinelles de Moksha. Si vous avez Sama, vous aurez la compagnie des trois autres amis, à savoir Santosha (contentement), Vichara (investigation sur Atman) et Satsanga (association avec le sage et le saint).

Dama

L'attaque devrait également commencer de l'extérieur. Bahyavritti-Nigraha devrait être fait par Dama (retenue des Indriyas). Vous ne devez pas permettre aux vibrations sensorielles d'entrer de l'extérieur dans le mental par les voies des Indriyas. Cela est également nécessaire. Sama seul n'est pas suffisant. Les sens doivent être émoussés par Dama. Le Vasana des sucreries, par exemple, doit être détruit par Sama par l'intermédiaire de Vasana-Tyaga, en écrasant les Vasanas à l'intérieur dès qu'un désir se fait sentir ; et le Bahyavritti, qui se manifeste à la vue de la confiserie, doit être détruit en retirant les yeux de celle-ci lorsque l'on se déplace dans le bazar et en renonçant à prendre du sucre. Dama complète Sama dans le contrôle du mental. Dama est un auxiliaire pour l'éradication complète des Vasanas.

Si vous abandonnez une vieille habitude de prendre du thé, vous avez contrôlé dans une certaine mesure le sens du goût. Vous avez détruit un Vasana. Cela vous apportera un peu de paix, car l'envie de thé est partie et vous êtes libéré de vos efforts et de vos pensées pour aller chercher du thé, du sucre, du lait, etc. Pour un philosophe et un Sadhaka, penser est une douleur, voir est une douleur, entendre est une douleur. Tout cela est du plaisir pour un matérialiste. L'énergie qui vous agitait pour courir après le thé est maintenant transmutée en volonté. Vous gagnez la paix et la volonté en abandonnant une chose. Si vous renoncez à quinze choses, votre paix mentale sera encore plus grande et la volonté encore plus puissante. C'est le fruit de Tyaga. Ainsi, vous n'êtes pas un perdant dans

Tyaga. Vous gagnez plus de connaissances, plus de bonheur et plus de pouvoir. Vous abandonnez quelque chose en faveur de quelque chose de plus élevé. Y a-t-il quelqu'un qui n'abandonnera pas le sucre noir au profit du sucre blanc ? Si vous contrôlez un Vasana, il vous sera facile de contrôler d'autres Vasanas également, car vous gagnerez en force et en puissance.

Svadhyaya et méditation

Augmentez votre Sastra-Vasana au début. Occupez votre mental avec l'étude des livres philosophiques standards. Vous pouvez ainsi diminuer votre Deha-Vasana (pensée du corps) et votre Loka-Vasana (désir de nom et de célébrité, Kirti, Pratishtha, etc.). Plus tard, vous devrez également renoncer à Sastra-Vasana et vous devrez consacrer tout votre temps et toute votre énergie à la méditation et uniquement à la méditation. La Vasana-Kshaya (destruction de Vasanas) est causée par une délibération bien menée (Vichara), Brahma-Dhyana, Vairagya et Tyaga.

Vichara et Brahma Bhavana

Les sages savent que le mental associé à Vasana a tendance à être asservi alors que le mental absolument libre de Vasana est dit émancipé. Tout comme un lion enfermé dans une cage en sort en détruisant les barreaux de la cage, de même un Jnani sort victorieusement de cette cage de ce corps physique en brisant ou en détruisant les Vasanas du mental grâce à un Vichara constant (investigation Atmique), un nidhyasana constant (méditation profonde et constante sur l'OM et sa signification) et un Brahma-bhavana. Plus vous atténuez vos Vasanas par Svarupa-Bhavana ou Brahma-Bhavana, plus vous serez heureux. En proportion de l'amincissement des Vasanas, le mental est également proportionnellement aminci. Le mental n'est rien d'autre qu'un faisceau de Vasanas. Il n'est rien d'autre que les Vasanas qui génèrent une série infinie de renaissances. La vraie nature du mental, ce sont les Vasanas. Les deux sont synonymes.

Conquête de Ahankara

Si vous détruisez l'égoïsme (Ahankara, ce faux petit "Je") et contrôlez les Indriyas (les sens), les Vasanas mourront d'eux-mêmes. La cause profonde de tous les problèmes est Ahankara. Tout comme les personnes à charge d'une famille s'accrochent au chef de la maison - le père - de la même façon, tous les Vasanas, Trishnas, Kamanas, etc. s'accrochent à Ahankara, le chef de ce corps-maison.

Générez constamment, à partir du mental-batterie Sattvique, le courant électrique Akhanda "Aham Brahmasmi"-Vritti (Brahmakara Vritti). C'est l'antidote puissant. Gardez-le en sécurité dans votre poche ; sentez-le quand une attaque de l'idée du faux "Je" Ahankarique vous submerge. Ce n'est que lorsque vous aurez éradiqué le douloureux

Ahankara du mental et vaincu les ennemis des organes (Indriyas) que les Vasanas toujours éveillés s'apaiseront.

Le sens de Moksha

Les illusoires Vasanas samsariques qui ont vu le jour grâce à la pratique de plusieurs centaines de vies ne périssent jamais, sauf par la pratique du yoga pendant une longue période. C'est pourquoi, ô aspirants, après avoir mis à une certaine distance le désir de jouissance par des efforts discriminatoires, pratiquez l'état mental absolument dépourvu de Vasana.

Moksha ne signifie pas la séparation physique de toutes les affaires du monde, mais seulement un état mental dépourvu de tout Vasanas impur ou s'accrochant aux choses du monde, et travaillant pourtant comme d'habitude au milieu d'elles. Vous devez réaliser Dieu dans et à travers le monde. C'est l'enseignement central de la Gita. "Mais le moi discipliné (inférieur), se déplaçant parmi les objets sensoriels avec des sens libres d'attraction et de répulsion et maîtrisés par le moi supérieur, va vers la Paix" (Gita. II-64). C'est également l'enseignement central du Yoga Vasishtha.

Il n'y a pas de Vasana en Brahman. L'annihilation complète des Vasanas n'a lieu qu'à Nirvikalpa Samadhi. Seul Nirvikalpa Samadhi peut faire brûler complètement les graines de Vasanas impurs. Grâce à la connaissance de Brahman, il y aura une extinction de tous les Vasanas, qui constituent le support des plaisirs. Avec l'extinction de tous les Vasanas, le mental imperturbable obtiendra une tranquillité comme une lampe sans ghee.

CHAPITRE 21

Désirs

"Balayez la sphère de votre mental

Faites une place à l'Aimé pour qu'il puisse s'asseoir.

Époussetez toutes les pensées de ce monde

Afin que Son trône soit digne.

Un million de désirs vous engloutissent,

Un million d'ambitions et de buts.

Comment pouvez-vous faire de la place pour Sa Présence

À moins qu'ils ne quittent Son domaine ?"

Qu'est-ce que le désir

Le désir est un mode du mental émotionnel. Il a le pouvoir d'externaliser le mental. Le désir est le combustible, la pensée est le feu. Le feu de la pensée est entretenu par le combustible du désir. Si vous retirez l'approvisionnement en combustible, le feu sera retiré dans son sein. Si vous arrêtez de penser en coupant les désirs, le mental sera retiré dans Brahman.

Ce n'est que lorsque le mental dépouillé de tous ses désirs est indifférent aux plaisirs et aux peines et n'est attiré par aucun objet, qu'il sera rendu pur, libéré de l'emprise de la grande illusion comme un oiseau libéré de sa cage et volant librement dans l'Akasa.

Le désir, la pensée et Ahankara forment un cercle vicieux. Si vous pouvez détruire l'un d'entre eux, les deux autres mourront d'eux-mêmes. Ce sont les trois piliers ou pierres angulaires de l'édifice du mental. Ce sont les trois maillons de la chaîne mentale. Si vous détruisez l'un de ces maillons, toute la chaîne sera brisée.

Pourquoi les désirs naissent-ils ?

Pourquoi les désirs naissent-ils dans le mental ? A cause d'Ananda-Abhava (absence d'Ananda ou de félicité spirituelle). La cause des désirs est l'existence d'objets à l'extérieur. La curiosité devient un désir dans le mental. L'intérêt et le sentiment précèdent un désir. L'espoir et l'attente engraissent le désir.

Vikshepa : la nature même du mental

Tout comme la chaleur est inséparable du feu, Vikshepa ou l'agitation du mental est inséparable de celui-ci. Cela dérange beaucoup les Sadhakas.

Elle détruit aussi la détermination des personnes de forte volonté. Le mental cesse d'exister s'il est dépourvu de cette agitation. Seul ce mental fluctuant crée l'univers. Mala (impureté) peut être enlevé facilement. Cela demande des efforts acharnés pendant une longue période de la part du Sadhaka pour enlever ce Vikshepa. L'imperturbable Uddalaka a beaucoup souffert de ce Vikshepa distrayant lorsqu'il a essayé d'entrer dans l'état de Nirvikalpa. Raja Bhartrihari a connu la même difficulté lorsqu'il a essayé de surmonter ce Sakti fluctuant et gênant du mental. Vikshepa est Maya. Vikshepa est Vasana impur (Asuddha Vasana). Vous devrez détruire ce Vikshepasakti par un Upasana ou un Yoga constant ou une investigation Atmique incessante (Brahmavichara). Ensuite, la paix (Santi) viendra d'elle-même.

Type de désirs

Le désir dans le mental est la véritable impureté. Le désir sexuel, vulgaire attraction pour le sexe opposé, est la plus grande impureté. C'est ce qui provoque la véritable servitude. On peut renoncer à sa femme, à ses enfants et à sa richesse, mais il est extrêmement difficile de renoncer à l'ambition, à la renommée et à la célébrité. L'ambition est un obstacle sérieux sur le chemin du yoga. C'est l'arme la plus puissante de Maya avec laquelle elle détruit les personnes matérialistes. Même s'il y a un soupçon de désir de renommée et de célébrité, la Vérité ne se manifestera pas. La Vérité brille d'elle-même. Elle n'a pas besoin de publicité pompeuse. Elle est le Moi de tous les êtres et de tous les objets.

Anirbuddha ou désirs subtils cachés

Même après avoir renoncé à tous les désirs, il peut rester dans le mental certains désirs subtils et cachés (Sukshma, Anirbuddha) qui ne peuvent être perçus. Ce sont des désirs très dangereux. Vous devrez donc être très, très prudent. Les courants de désirs cachés vous jetteront à tout moment à terre si vous n'êtes pas très vigilant et prudent. Ils détruiront votre Vairagya (absence de passion) et entraîneront votre chute à terme. J'ai été témoin de la chute de nombreux Yogabhrashtas qui avaient abandonné le Yoga en raison de l'influence irrésistible de ces désirs subtils et cachés. Tant que vous avez ces désirs subtils et cachés, Anirbuddha (imperceptibles) dans votre mental, vous ne pourrez pas même rêver d'entrer dans l'état de Nirvikalpa qui est sans aucune modification mentale. Vous ne pourrez également, jamais développer de véritable Paravairagya (non-attachement suprême et absence de passion).

Envies ou Trishna

Vous pouvez vieillir, vos cheveux peuvent devenir gris, mais votre mental est toujours jeune. La capacité peut disparaître, mais l'envie demeure même lorsque vous avez atteint une sénilité avancée. Les envies (Trishna) sont les véritables graines de la naissance. Ces graines de désir donnent naissance à Sankalpa et à l'action. La roue du Samsara est maintenue en rotation par ces envies. Tuez-les dans l'œuf. Alors seulement, vous serez en sécurité. Vous obtiendrez Moksha. Brahma-Bhavana, Brahma-Chintana, la méditation sur OM et la dévotion vont déraciner ces graines de désir qui sont profondément ancrées. Vous devrez les déterrer correctement dans différents coins et les brûler au-delà de la renaissance. Alors seulement, vos efforts porteront le fruit de Nirvikalpa Samadhi.

"Aimer et tuer", "Être marié et observer Brahmacharya", "Jouir sans désir", "Agir sans fruits" sont des termes paradoxaux. Une personne ayant un Buddhi Vyavaharique grossier peut difficilement comprendre ces termes. Un intellect subtil et pur est nécessaire. Supposons que vous ayez été un terrible fumeur pendant les quinze dernières années, que vous ayez arrêté de fumer pendant cinq ans et que l'envie de fumer soit morte. Supposons qu'un de vos amis vous offre un cigare la sixième année. Vous n'avez plus aucune envie de fumer maintenant. Si vous le prenez maintenant et que vous en profitez juste pour faire plaisir à votre ami, cela s'appellera un Suddha Bhoga uniquement. Vous en avez profité sans aucune envie ni aucun désir. Isvara apprécie le Suddha Bhoga.

La satisfaction du désir ne donne qu'un bonheur illusoire

Le désir excite le mental et les sens. Lorsque le désir est satisfait par la jouissance des objets du désir, la satisfaction (Tripti) intervient temporairement. Le ravissement est la joie d'atteindre l'objet désiré. La félicité est la jouissance de l'expérience de ce qui est atteint. Là où il y a ravissement, il y a félicité ; mais là où il y a félicité, il n'y a pas, nécessairement, de ravissement. L'enchantement est comme un voyageur fatigué qui entend ou voit de l'eau ou un bois ombragé. La béatitude, c'est la jouissance de l'eau ou l'entrée dans l'ombre de la forêt.

Quand il y a du désir, alors seul le plaisir est là. La cause du plaisir est le désir. Lorsqu'il n'y a pas de désir, il ne peut y avoir de plaisir. Quand il n'y a pas de faim, la nourriture délicieuse ne peut pas vous donner de plaisir. Lorsqu'il n'y a pas de soif, toute boisson rafraîchissante n'aura aucun effet. La faim est donc la meilleure des sauces. La première tasse de lait chaud donne du plaisir. La deuxième tasse provoque le dégoût. Lorsque le plaisir est terminé, le Tripti arrive. Ainsi, le dégoût survient lorsque la deuxième tasse est prise. Il n'y a pas de vrai plaisir dans le lait. Le bonheur est dans l'Atman seulement. Il se reflète dans l'objet (le lait) à cause de l'ignorance, à cause de Bhranti (l'illusion). Il s'agit de Bhranti-Sukha. S'il y avait un vrai bonheur dans le lait, il devrait induire du plaisir toujours et chez chaque personne. Ce n'est pas le cas.

Un désir naît dans le mental. Il y a un Vritti. Ce Vritti agite votre mental jusqu'à ce que vous obteniez une satisfaction par la jouissance de l'objet désiré. Il y a Santi, ou paix ou bonheur. Une fois la jouissance terminée, un autre désir surgit dans le mental. Dans l'intervalle entre la satisfaction d'un désir et la manifestation d'un autre, il y a une pure félicité, car il n'y a plus de mental à ce moment-là. Il est au repos. Vous êtes en union avec Brahman. Cet état de pure félicité entre deux désirs est Brahman. Si vous pouvez prolonger cette période de félicité par la Sadhana en conservant l'idée de Brahman et en ne permettant pas qu'un autre Vritti ou désir surgisse, vous serez dans le Samadhi. La période entre un Vritti et un autre Vritti est le véritable Sandhi (jonction).

Les désirs sont insatiables

Le mental fait des ravages à travers les désirs. Dès qu'un désir surgit, vous pensez que vous obtiendrez tout le bonheur par sa réalisation. Vous vous efforcez d'atteindre l'objet désiré. Dès que vous l'obtenez, vous éprouvez un peu de satisfaction (faux Tushti ou gratification) pendant un court moment. À nouveau, le mental devient agité. Il veut de nouvelles sensations. Le dégoût et l'insatisfaction s'installent. Là encore, il veut de nouveaux objets pour son plaisir. C'est la raison pour laquelle ce monde est qualifié de simple Kalpana (imagination) par les Vedantins.

Les désirs sont innombrables, insatiables et incontrôlables. Le plaisir ne peut pas apporter de satisfaction. C'est une erreur de le penser. Le plaisir attise le désir. C'est comme verser du ghee dans le feu. La jouissance renforce, augmente et aggrave un désir. Voyez le cas du Raja Yayati d'autrefois. Il a emprunté l'état de jeunesse de son fils pour avoir du plaisir sexuel pendant des milliers d'années. Enfin, dans sa vieillesse, il s'écrie avec amertume : "Quel idiot je suis ! Mes désirs sexuels s'intensifient encore. Les désirs ne s'arrêtent jamais. J'ai gâché ma vie. Ô Dieu ! Aie pitié de moi. Sors-moi de ce bourbier de Samsara." Cela vient du Mahabharata. Dans la Gita, chapitre III-39, vous trouverez "*Kama-rupena Kaunteya Dushpurena-analena cha*—désir qui est insatiable comme une flamme".

La libération des désirs nécessaire pour Jnana

Vous ne pouvez atteindre Jnana que si vous êtes libéré de vos désirs sensuels et de vos états mentaux immoraux. La distanciation du corps des objets sensuels et la distanciation du mental des états mentaux immoraux sont nécessaires pour atteindre le Jnana. Alors seulement, la Lumière Divine descendra. Tout comme une maison est nettoyé des toiles d'araignée et de toutes sortes de saletés et le jardin de toutes ses mauvaises herbes pour la réception du vice-roi, le palais mental doit être nettoyé de tous les vices, désirs et états immoraux pour la réception du Saint Brahman, le Vice-roi des vice-rois.

Lorsqu'un désir surgit dans le mental, un matérialiste l'accueille et tente de le réaliser ; mais, un aspirant y renonce immédiatement par le biais de Viveka. Les sages considèrent même une étincelle de désir comme un très grand mal. Par conséquent, ils n'entretiennent aucune sorte de désir. Ils ne sont heureux que dans l'Atman.

Comment contrôler les désirs

Dans cet océan de Samsara, les désirs sont les crocodiles. Tuez-les dès qu'ils surgissent à la surface du mental. Ne leur cédez pas. Ne vous découragez pas devant vos épreuves. Devenez ami avec le mental pur, Sattvique, et détruisez le mental impur avec l'aide du mental pur. Faites reposer votre mental dans le bienheureux Atman. Les désirs doivent être écrasés au moment même où ils surgissent dans le mental, par la discrimination et des efforts infatigables et audacieux.

Chaque fois qu'un désir surgit dans le mental, consultez toujours votre Viveka (pouvoir de discrimination). Viveka vous dira immédiatement que le désir est accompagné de douleur, que ce n'est qu'une vaine tentation du mental et que seuls Vairagya et Tyaga peuvent apporter satisfaction et tranquillité mentale. Il vous conseillera de renoncer immédiatement au désir et de vous mettre à l'étude des Upanishads, à la répétition d'OM et d'avoir Samadhi-Nishtha dans un endroit solitaire sur la rive du Gange sacré. Réfléchissez profondément, encore et encore, pour savoir si le nouveau désir vous donnera plus de bonheur ou un gain plus spirituel. Viveka vous guidera pour prendre l'aide de la volonté et chasser le désir immédiatement. Viveka et volonté sont deux armes puissantes pour un aspirant sur la voie du Jnana Yoga pour détruire le mal Mara (la tentation) et éliminer tous les obstacles majeurs et mineurs.

N'acceptez jamais de cadeaux de qui que ce soit, même de vos amis les plus proches. Cela engendrera une mentalité servile, une faible volonté et un attachement. Demander, c'est mendier. Accepter, c'est mendier. Un mendiant est absolument inapte à la liberté et aux activités spirituelles.

Tout comme vous affamez une plante en la privant d'eau, vous pouvez affamer des désirs détestables en permettant au mental de ne pas s'attarder sur ces désirs. Vous n'avez aucun désir pour une chose tant que vous ne savez pas ce qu'elle est. Ce n'est qu'après l'avoir vue, entendue ou touchée que vous en éprouvez le désir. Par conséquent, le meilleur principe pour un homme est de ne pas prendre, toucher ou voir quoi que ce soit qui puisse influencer l'imagination. Vous devrez résolument détourner l'attention et surtout l'imagination du sujet. Au fil du temps, tous les désirs répréhensibles s'éteindront..

C'est le désir dans le mental qui a créé ce corps. La nature du désir dépend de la qualité des Samskaras. S'il s'agit de bons Samskaras vertueux, de bons désirs surgiront et, s'ils sont mauvais, ils donneront naissance à de mauvais désirs. Buddhi est aussi Karmanusarini (selon la nature des Karmas). Il doit être spécialement formé par des efforts répétés pour penser et agir selon les saintes injonctions des écritures sacrées. Le désir devient la pensée et la pensée devient l'action. Un mauvais désir crée une mauvaise pensée qui conduit à une mauvaise action. Faites toujours des actions vertueuses - charité, Tapas, Japa, Dama, Dhyana et étude des écritures. Abandonnez Nishiddha Karma (actions interdites par les Sastras). Ayez un Satsanga constant. C'est très important. C'est le seul moyen de changer les mauvais Samskaras du mental.

Le mental avec Jnana à moitié développé ressent de fortes douleurs lorsqu'il renonce à tous ses désirs. Il demande l'aide par la prière, des âmes supérieures.

Un contre-désir, un désir pour Dieu, un désir fort d'atteindre Brahman détruira tous les autres désirs du monde. Repoussez les désirs vicieux par des désirs vertueux. Puis abandonnez les désirs vertueux par un désir fort - Mumukshutva (désir de libération). Abandonnez ce désir pour Dieu également à long terme. Abandonnez Asubha Vasana par Subha Vasana. Abandonnez Subha Vasana par Svarupa Vasana. Abandonnez Svarupa Vasana par Nididhyasana. Les désirs disparaîtront avec la montée de la discrimination. Lorsque les désirs cessent, le jivahood s'éteint.

Brahma-Chintana détruira tous les désirs. Il n'y a pas de désirs en Brahman. Brahman est Toute-Pureté. Répétez OM. Répétez le Mantra, "Je suis toute pureté." Tous les désirs disparaîtront.

Tuez les pensées. Pratiquez la non pensée. Vous pouvez détruire les désirs. Le mental associé aux pensées de satisfaction des désirs passionnés pousse aveuglément une personne à rechercher des plaisirs sensuels. Les pensées incontrôlées sont à l'origine de tous les maux. Les pensées sublimes détruisent facilement les pensées inférieures et basiques. N'entretenez aucune pensée inférieure.

La destruction des désirs mène à la béatitude Atmique

Le mental Vasanasahita (mental associé aux désirs) est Bandha (servitude). Le mental libre de désirs est Mukta (libre). Les désirs sont une douleur. Le non-désir est la pure félicité Atmique. La simple annihilation de Maya est Moksha. Avec l'extinction de la base Sankalpas, il y a aussi l'extinction d'Avidya. Si tous les désirs du visible cessent, alors une telle abnégation du mental est elle-même la destruction de l'Ajnana ou du mental. Une telle béatitude n'est générée que par les efforts de chacun. Il n'y a rien de tel que le Purushartha (l'effort juste). Purushartha a changé le destin de Markandeya. Il est devenu un Chiranjivi.

Le désir est l'ennemi de la paix. Vous êtes devenu le mendiant des mendiants par les désirs. Une personne sans désir est la plus riche du monde. C'est le mental qui rend une personne riche.

Libérez-vous de la ferme emprise des crocodiles du désir. Ne vous découragez pas devant les épreuves. Encouragez-vous. Redressez-vous comme un lion. Détruisez le mental impur avec l'aide du mental pur. Devenez ami avec le mental Sattvique et reposez-vous paisiblement dans l'Atman.

CHAPITRE 22

Raga-Dvesha

Raga-dvesha-viyuktaistu vishayanindriyais-charan Atmavasyair-vidheyatma prasadam-adhigacchati

"Mais le Moi discipliné (inférieur), se déplaçant parmi les objets sensoriels avec des sens libres d'attraction et de répulsion et maîtrisés par le Moi supérieur, va vers la Paix". (Gita, II-64)

Raga-Dvesha : la cause de l'attachement

Raga (attraction), Dvesha (répulsion) et Tatastha Vritti (indifférence) sont les trois Vrittis importants du mental. Raga et Dvesha (aimer et ne pas aimer ou amour et haine ou attraction et répulsion) sont les deux courants du mental qui lient l'être humain à la roue samsarique de la naissance et de la mort. Raga et Dvesha sont les deux Doshas ou défauts du mental qui vous ont amenés dans ce monde. La Svarupa de Bandha (l'esclavage) est Raga et Dvesha. La Svarupa d'Ajnana est Raga et Dvesha. Toutes les émotions relèvent de la catégorie de Raga-Dvesha. Ces deux courants sont le Dharma (caractéristiques) du mental et non de l'esprit. Le plaisir et la douleur, Harsha et Soka, l'exaltation et la dépression sont dus à Raga-Dvesha. Si Raga et Dvesha disparaissent du mental, Harsha-Soka disparaîtra également.

Amour égoïste et amour divin

Lorsque deux forces de qualité ou de puissance égale se rencontrent, une troisième force est formée. Lorsque deux personnes de qualité et de force égales sont attirées l'une vers l'autre, une troisième force se forme entre elles. C'est ce qu'on appelle l'amour. C'est la manière scientifique d'expliquer ce qu'est l'amour. L'attraction, c'est Akarshana-Sakti. La répulsion est Vikarshana-Sakti. Quand je me vois dans une autre personne, quand je la vois comme mon propre moi, je commence à l'aimer comme mon propre moi. Quand je trouve en l'autre quelque chose que je possède moi-même, je suis naturellement attirée vers lui et je commence à l'aimer. C'est la façon Védantique d'expliquer l'amour. L'amour, c'est répandre son affection (Prema) sur l'autre. L'amour, c'est Dieu. L'amour est de deux sortes, à savoir l'amour égoïste ou physique et l'amour réel ou l'amour divin qui est désintéressé et durable. Le premier type est l'amour avec attachement. Le second est l'amour sans attachement. Celui qui est un véritable aspirant sur la voie Védantique, qui ressent son propre soi partout, qui est un vrai Bhakta voyant Narayana partout dans tout, peut vraiment aimer les autres. Lorsqu'une personne inférieure s'accroche à une autre personne pour son bonheur ou son existence, l'attachement physique surgit. L'attachement entraîne une mentalité d'esclave et une faible volonté. L'attachement, c'est la mort. L'amour physique, c'est la mort. "*Asangasastrena dridhena chhitva*—Coupez toutes sortes d'attaches par l'épée du non-attachement." (Gita, XV-3)

Raga tout aussi douloureux que Dvesha

Raga (l'attraction) dans le mental est aussi dangereux que Dvesha (la haine ou la répulsion). Chaque fois qu'il y a Raga, il y a aussi Dvesha. Non seulement Dvesha-Vritti (la modification de la répulsion), mais aussi Raga-Vritti donne de la douleur à l'être humain. Si un objet donne du plaisir, vous avez Raga pour l'objet. Mais lorsqu'il y a Viyoga (séparation) de l'objet, comme dans le cas de la mort de votre chère femme ou de votre fils, vous avez une immense douleur qui est indescriptible. Supposons que vous ayez l'habitude de prendre des fruits après le repas. Les fruits vous donnent du plaisir. Vous obtenez Raga (le goût) pour les fruits. Mais si vous ne pouvez pas prendre de fruits dans un endroit, vous souffrez.

Chaque fois qu'il y a du plaisir et Raga, il y a côte à côte la peur et la colère. La colère n'est qu'une modification du désir. La peur et la colère sont deux vieux associés du plaisir et de Raga. La peur et la colère sont cachées dans Raga. Elles tourmentent constamment le mental.

La peur est cachée dans Raga. Lorsque vous avez Raga pour l'argent, il y a la peur de perdre de l'argent, car l'argent est le moyen d'obtenir des objets de plaisir. Quand vous avez Raga pour une femme, vous prenez toujours soin de la protéger. La peur est une vieille amie intime de Raga.

Les différents états de Raga-Dvesha

Raga-Dvesha compte quatre Avastas, à savoir Dagdha (brûlé), Tanu (atténué ou aminci), Vicchinna (dissimulé) et Udara (entièrement développé). Les deux premiers états concernent un Yogi, les deux derniers, des matérialistes. Chez un yogi pleinement développé, les Vrittis de Raga-Dvesha sont brûlés par Nirvikalpa Samadhi. Ce sont des Dagdha (comme des graines brûlées). Chez un yogi pratiquant, les impressions de Raga-Dvesha sont ténues. Elles sont dans un état très fin. Il a le contrôle de ces deux Vrittis. Chez ceux qui ont des plaisirs (les mortels ordinaires), elles sont cachées et pleinement développées. Dans l'état de Vichhinna, elles sont dissimulées. Lorsque la femme montre de l'affection à son mari, lorsque Raga-Vritti est en fonction, sa colère et sa haine restent cachées pour le moment. Dès qu'elle est mécontente de lui pour une raison ou une autre, la Dvesha-Vritti se manifeste. Dans le dernier état (entièrement développé), les Samskaras de Raga-Dvesha, ayant un environnement favorable, atteignent une grande activité. Une personne au mental matérialiste est un simple esclave des courants de Raga-Dvesha. Il est ballotté ici et là par ces deux courants d'attraction et de répulsion.

Dans le sommeil, ces deux émotions existent à l'état de Bija (forme de graine). Elles ne sont pas détruites. Dès le réveil, elles recommencent à fonctionner.

Chez l'enfant, ces deux courants se manifestent pendant un court moment et disparaissent rapidement. Ils se battent pendant une seconde et s'unissent avec joie dès la seconde suivante. Ils ne gardent aucun sentiment de malaise dans leur mental. Ils ne ruminent pas non plus les torts causés par les autres. Ils ne montrent aucune rancune. La vague vient et s'en va. Au fur et à mesure que l'enfant grandit, ces courants prennent une forme aiguë par répétition constante et deviennent invétérés.

Dvaita se développe lentement lorsque l'enfant atteint la deuxième année. Placez un bébé de moins d'un an dans n'importe quel endroit. Il y restera comme un bloc de pierre. Il rira et verra de la même façon tous les gens sans Raga-Dvesha. Demandez à un enfant de deux ans de s'asseoir. Il se lèvera. Demandez à l'enfant de s'approcher. Il reculera à distance. Dites à l'enfant : "Ne va pas dans la rue" ; il marchera immédiatement dans la rue. Il fera des actions contraires, car Dvaita est en train de se développer.

Les causes de Raga-Dvesha

Raga-Dvesha est dû à l'Anukula-Pratikula Jnana. Vous avez Raga pour les choses agréables (Anukula) et Dvesha pour les choses désagréables (Pratikula). Lorsque Anukula-Pratikula Jnana qui dépend de Bheda Jnana disparaît, Raga-Dvesha disparaîtra.

Raga-Dvesha est également dû à Abhimana-Ahankara. Dès qu'Abhimana se manifeste, il y a Raga-Dvesha. Lorsque vous vous concevez comme mari, il y a l'attachement (Raga) pour votre femme. Dès que vous vous concevez comme un brahmane, il y a l'amour des brahmanes. Abandonnez Abhimana, si vous voulez éradiquer Raga-Dvesha. Si cet Abhimana, le résultat de l'Avidya (l'ignorance) disparaît, Raga-Dvesha disparaît.

Certains s'attachent à vous à travers Raga, tandis que d'autres s'accrochent à vous à travers Dvesha. Le mental de Ravana s'est attaché à Sri Rama par la haine et la peur. Il voyait Rama partout et en toute chose en pensant constamment et intensément à Rama. De même, le mental de Kamsa s'accrochait à Sri Krishna. C'est aussi une forme de Bhakti (Vaira-Bhakti). De toute façon, leur mental était sur Dieu.

Raga-Dvesha constitue le véritable Karma

Raga-Dvesha dans le mental est le vrai Karma. C'est l'action originale. Lorsque le mental est mis en mouvement ou en vibration par les courants du Raga-Dvesha, les vrais Karmas commencent. Le vrai Karma provient des Sankalpas du mental. Ce sont les actions du mental qui sont

138

véritablement appelées Karmas. Les actions extérieures se manifestent plus tard. C'est le désir qui met le mental en mouvement. Lorsqu'il y a un désir, Raga et Dvesha existent côte à côte dans le mental. Le désir est une force motrice. Les émotions et les pulsions coexistent avec le désir.

D'Avidya émane Aviveka (non-discrimination). D'Aviveka émanent Ahankara et Abhimana. D'Abhimana émane Raga-Dvesha. De Raga-Dvesha émane Karma. De Karma vient le corps. Du corps vient la misère. C'est la chaîne de l'esclavage à sept maillons. C'est la chaîne de la misère.

Si vous ne voulez pas de misère, ne prenez pas de corps. Si vous ne voulez pas de corps, ne faites pas de Karma. Si vous ne voulez pas faire de Karma, abandonnez Raga-Dvesha. Si vous voulez renoncer à Raga-Dvesha, renoncez à Abhimana. Si vous voulez renoncer à Abhimana, renoncez à Aviveka. Si vous voulez renoncer à Aviveka, renoncez à l'ignorance. Ô Rama ! Si vous ne voulez pas l'ignorance, obtenez Brahma-Jnana.

Ce Samsara ou processus du monde est maintenu par la roue à six rayons, à savoir, Raga, Dvesha, mérite, démérite, plaisir et douleur. Si la cause première, Avidya originel, est détruite par l'accomplissement de Brahma-Jnana, toute la chaîne d'Abhimana, de Raga, de Dvesha, du corps, du Karma, du mérite et du démérite, du plaisir et de la douleur disparaîtra. Un maillon s'accroche à un autre. Tous les maillons seront totalement brisés à l'avènement de Jnana. Sruti dit : "*Rite Jnananna muktih*—Libération vient de la connaissance de Brahman."

L'absence de Raga-Dvesha permet la liberté

Ce Yogi ou Jnani qui a détruit ces deux Vrittis de Raga et Dvesha est l'être le plus élevé des trois mondes. Il est le vrai roi des rois, l'empereur des empereurs. Le Linga principal ou la marque distinctive d'un Jivanmukta ou d'une âme libérée est l'absence de Raga-Dvesha. Même si un Jnani ou un Yogi présente parfois des traces de colère, c'est Abhasamatra (simple apparence). De même que l'impression faite dans l'eau avec un bâton disparaît rapidement, de même la colère disparaîtra en un clin d'œil, même si elle se manifeste chez un Jnani. Ceci peut difficilement être compris par les gens du monde.

Celui qui n'a pas Raga mais qui possède Titiksha (pouvoir d'endurance) peut tout faire. Il peut se déplacer où il veut. Il est aussi libre que l'air. Son bonheur, sa liberté et sa paix sont sans limites. On a peine à imaginer leur étendue. La liberté et la joie de ces Sannyasins ne peuvent être imaginées par les pauvres matérialistes mesquins. C'est le Raga et le luxe qui ont affaibli les chefs de famille.

La destruction de Raga-Dvesha constitue l'essence de la Sadhana spirituelle

Je vais vous dire l'essentiel de la Sadhana spirituelle. Détruisez les véritables modifications du mental, Raga-Dvesha, par Vichara et Brahma-Chintana (pensée juste et méditation). Allez au-delà des Dvandvas (paires d'opposés). Vous obtiendrez la félicité et la paix éternelles et infinies. Vous brillerez dans la gloire brahmanique. Vous deviendrez Brahman. VOUS ÊTES BRAHMAN.

Tout comme la chaleur du feu peut être éliminée par le Mantra et l'Oushadha (récitation du nom de Dieu et médecine), les courants Raga-Dvesha, les caractéristiques du mental peuvent également être éliminés par le Kriya yogique (pratiques de Yoga). Ceux-ci peuvent être complètement brûlés par Nirvikalpa Samadhi ou Asamprajnata Samadhi.

Parmi les nombreux Vrittis du mental, Raga-Dvesha et Moha sont très enracinés. Ils exigent des efforts acharnés et persistants pour leur éradication. Dans votre vie mentale, vous pouvez soit tenir le gouvernail et ainsi déterminer exactement la direction que vous prenez et les points que vous touchez, soit vous pouvez échouer et dérivez et être emporté ici et là par chaque brise qui passe, par chaque émotion, par les petits courants de Raga-Dvesha.

CHAPITRE 23

Plaisir et douleur

Le plaisir et la douleur dépendent du mental

Le plaisir et la douleur sont les effets de la vertu et du vice. Ce sont deux types d'émotions qui ne concernent que le mental. C'est lui seul qui apporte les plaisirs et les douleurs et qui en jouit par son penchant excessif pour les objets. Le mental se contracte pendant la douleur et se dilate pendant le plaisir.

Ahankara crée le corps. Le Prana fait toutes sortes de Cheshtas (efforts). Le mental éprouve du plaisir et de la douleur. Si vous effectuez des actions par l'intermédiaire d'un mental pur (avec Akartri Bhava et Nishkama Bhava), votre corps ne partagera pas leurs fruits.

Il n'y a que des faits, des vibrations ou des phénomènes extérieurs. Prakriti est aveugle. Prakriti est tout à fait indifférent. Il n'y a ni plaisir ni douleur dans les objets. Tout est création mentale, perception mentale, jonglerie mentale. C'est seulement l'attitude mentale ou un certain type de comportement mental envers les objets qui apporte de la joie ou du chagrin, du plaisir et de la douleur. Maya a son siège puissant dans l'imagination du mental.

Toutes les douleurs ne sont pas ressenties de la même façon. Il n'y a pas de douleur quand on dort. Ce n'est que lorsque le mental est connecté au corps que les douleurs apparaissent. C'est l'identification avec le mental et le corps, Abhimana due à Avidya, qui provoque la douleur.

Lorsque le mental aime intensément quelque chose, il n'y aura pas de perception de la douleur même si la destruction attend le corps. Lorsque le mental est complètement noyé dans un objet quelconque, qui d'autre est là pour observer et fuir les actions du corps ?

Lorsque vous mettez une goutte d'huile à la surface de l'eau, elle se répand à la surface de l'eau et la rend huileuse. De même, un peu de douleur pour un homme fortuné gâche tous ses plaisirs et fait paraître tous les objets très douloureux. Lorsque vous êtes dans une agonie aiguë, une tasse de café, de lait ou de thé ne vous procure aucun plaisir. Quand vous êtes à l'agonie, le monde entier qui vous semblait plein de bonheur alors que vous étiez en bonne santé vous paraît bien morne. Le monde perd tous ses charmes quand vous êtes gravement malade.

Si le pessimiste change d'attitude mentale, le monde lui apparaîtra comme rempli d'Ananda.

Le mental court toujours après le plaisir, car il est né d'Ananda Brahman. Vous aimez une mangue, parce qu'elle vous procure du plaisir. De toutes les choses, ce que vous aimez le plus est votre propre moi. Cet amour du moi est la preuve qu'Ananda ou la béatitude doit être la nature du moi.

Atman n'a pas de plaisir ni de douleur

L'absence de corps et de mental est la véritable nature du Soi ou de l'Atman et, par conséquent, il n'y a pas de possibilité de vertu et de vice, et encore moins de chance que ceux-ci aient des effets sur l'Atman. Donc, le plaisir et la douleur ne touchent pas l'Atman. L'Atman est Asanga, Anaasakta, Nirlipta (sans attaches). C'est Sakshi des deux modifications, le plaisir et la douleur, qui surgissent dans le mental. Le mental jouit. Le mental souffre. Atman est un témoin silencieux. Il n'a rien à voir avec le plaisir et la douleur.

Le plaisir des sens n'est qu'une tromperie mentale

Plaisir et douleur, beauté et laideur sont autant de fausses imaginations du mental. Il est un faux produit illusoire. Ses conceptions doivent donc aussi être fausses. Elles sont toutes des Mrigatrishna (comme un mirage dans le désert). Ce qui est beau pour vous est laid pour un autre. La beauté et la laideur sont des termes relatifs. La beauté n'est qu'un concept mental. Ce n'est qu'une projection mentale. Ce n'est qu'un être civilisé qui revêt beaucoup de formes, de bons traits, d'allures gracieuses, d'élégantes manières, de forme gracieuse, etc. Un nègre africain n'a aucune idée de toutes ces choses. La vraie beauté n'est que dans le Soi. Le plaisir et la beauté résident dans le mental et non dans les objets. La mangue n'est pas douce ; l'idée de la mangue est douce. C'est tout Vritti. C'est une tromperie mentale, une conception mentale, une création mentale, une Srishti mentale. Détruisez Vritti ; la beauté s'évanouit. Le mari étend sa propre idée de la beauté à sa femme laide et trouve sa femme très belle par passion. Shakespeare l'a justement exprimé dans son "Songe d'une nuit d'été" : "Cupidon est peint aveugle. Il trouve la beauté d'Hélène dans les sourcils de type égyptien".

Le plaisir provenant d'objets extérieurs est évanescent, transitoire et éphémère. Il n'est qu'une simple stimulation nerveuse et une tromperie mentale. Jiva s'associe au mental et à Vritti et apprécie les Vishayas (objets-sensoriels). La chose qui vous donne du plaisir vous donne aussi de la douleur. "*Ye hi samsparsaja bhoga duhkhayonaya eva te*—Les plaisirs qui naissent du contact, sont en réalité les entrailles de la douleur." Le corps est une demeure de misère et de maladie. La richesse apporte beaucoup de difficultés pour acquérir et garder en sécurité. La peine naît de chaque connexion. Les femmes sont une source perpétuelle de contrariété. Hélas

! Les gens préfèrent ce chemin de la misère à celui de la jouissance spirituelle.

Aucune satisfaction véritable et durable ne vient de la jouissance des objets du monde. Pourtant, les gens se précipitent tête baissée vers les objets même s'ils savent que ceux-ci sont irréels et que le monde est plein de misères. Voilà ce qu'est Maya. Lorsque le mental se repose dans Atman, alors seulement Nitya-Tripti (satisfaction éternelle) viendra ; car Atman est Paripurna (tout plein), on y trouve tout. Il est autonome. Tous les désirs sont satisfaits par la réalisation d'Atman.

Certains disent que les enfants sont très heureux. C'est faux. Ils deviennent seulement exubérants. Ils ont aussi de sérieuses réactions. Ils n'ont pas le mental équilibré. Ils pleurent pendant des heures, pour rien du tout. Seul une personne au mental équilibré peut vraiment être heureux.

Les plaisirs naissent de Vritti-Laya, pas des objets des sens

Vraiment, il n'y a pas de plaisir dans les objets. Atman donne une impulsion au mental et le met en mouvement. Un Vritti ou onde de pensée surgit dans le mental à cause de la force d'un Vasana. Le mental s'agite et court vers l'objet en question. L'agitation ne s'apaisera pas tant que le mental n'aura pas obtenu l'objet désiré. Il pensera constamment à l'objet. Il planifiera différentes méthodes pour atteindre l'objet désiré. Il sera toujours agité. Il prendra toujours la forme de l'objet. Dès que l'objet est obtenu et apprécié, l Vritti particulier qui provoquait l'agitation du mental se dissout. Vritti-Laya a lieu. Lorsque Vritti-Laya a lieu, vous n'obtenez la paix et Ananda de Svarupa ou Atman que de l'intérieur et non de l'objet à l'extérieur. Les personnes ignorantes attribuent leurs plaisirs à des objets extérieurs. C'est vraiment une grave erreur.

Il n'y a pas de bonheur du tout dans aucun des objets du monde. C'est de la pure ignorance que de penser que nous tirons un quelconque plaisir des objets sensoriels ou du mental. Chaque fois que nous sentons que nos désirs sont satisfaits, nous observons que le mental se déplace vers le cœur, vers Atman. Dans le plaisir, il y a aussi une activité du mental. Il se dilate. Il se tourne vers l'intérieur et se déplace vers son lieu d'origine, l'Atman, et jouit de l'Atma-Sukha (la félicité du moi).

Le vrai bonheur se trouve à l'intérieur

Pourquoi cherchez-vous, en vain, votre bonheur, ô matérialistes insensés, à l'extérieur, dans les objets, l'argent, les femmes, les titres, les honneurs, le nom et la renommée, qui sont faux, sans valeur et comme de la bouse de vache ? Vous ne pouvez pas y trouver votre bonheur. Vous êtes totalement dans l'illusion. Cherchez dans le cœur, subjectivement dans l'Atman, la source et la fontaine de tout bonheur.

Le vrai bonheur est en vous. Il est dans l'Atman. Il est subjectif. Il est dans le Sattva Guna et au-delà du Sattva. Il se manifeste lorsque le mental est concentré. Lorsque les Indriyas sont retirés des objets extérieurs, lorsque le mental est concentré (Ekagra), lorsqu'il y a Vasana-Kshaya (annihilation des Vasanas) et Manonasa (annihilation du mental), lorsque vous devenez sans désir et sans pensée, la félicité Atmique commence à se manifester ; l'Ananda spirituel commence à frissonner.

Attachement et plaisir

Le mental est la cause de l'attachement à des objets trompeurs. C'est lui qui est le germe de tous les karmas. Il agite quotidiennement notre corps pour qu'il travaille, et pour qu'il obtienne divers objets pour son plaisir.

Il veut toujours faire quelque chose et, lorsqu'il s'attache aux objets qu'il chérit, il se sent amusé et heureux. Un jeu de cartes n'a rien en soi, mais l'attachement et l'attention produisent du plaisir.

Il peut y avoir de l'attraction sans attachement. Vous pouvez être attiré par une belle rose ou une jeune femme. Mais il n'est pas nécessaire que vous soyez attaché à la rose ou à la jeune femme. L'attachement vient après la possession et le plaisir.

L'attachement, l'amour et Ananda (le bonheur) vont ensemble. Vous êtes attaché à votre femme et à vos enfants ; vous les aimez aussi, car ils vous donnent Ananda. Comme ce monde est illusoire et que, par Bhranti (illusion), la douleur apparaît comme un plaisir, vous devez couper impitoyablement tout attachement au monde et diriger votre amour et votre attachement vers la Réalité, Brahman, l'Adhishthana (substrat ou base), qui se trouve en arrière-plan du mental et de tous les objets et qui est le Sakshi (témoin) de toutes les activités qui ont lieu dans Buddhi.

Il est difficile de détourner le mental qui, dès l'enfance, est tombé dans l'habitude pernicieuse de rechercher un plaisir extérieur. Il persistera toujours à le faire, à moins de lui donner quelque chose de supérieur pour s'amuser, une plus grande forme de plaisir pour se délecter.

Sortes et degrés de plaisir

Le plaisir intellectuel est de loin supérieur au plaisir sensuel. Ananda de la méditation est de loin supérieur au plaisir intellectuel. La félicité spirituelle ou la félicité Atmique de la réalisation du soi est infinie, incommensurable et sans limites. C'est l'Anandaghana (masse solide de félicité).

Le juste milieu

Gardez le mental dans un état de modération ou de juste milieu. Ne le laissez jamais aller à l'excès. Les gens meurent sous le choc d'une dépression extrême, mais aussi d'une joie extrême. Ne laissez pas l'Uddharsha surgir dans le mental. C'est une joie excessive. Le mental court toujours à l'extrême - soit à la dépression extrême, soit à la joie extrême. Les extrêmes se rencontrent. Les extrêmes provoquent des réactions. Le mental ne peut jamais être calme dans une joie excessive. Qu'il soit joyeux, mais calme.

Soyez toujours joyeux. Riez et souriez. Comment un mental morose et ennuyeux peut-il penser à Dieu ? Essayez d'être toujours heureux. Le bonheur est votre nature même. C'est ce qu'on appelle l'Anavasada (la gaieté). Cet esprit de gaieté doit être cultivé par tous les aspirants.

Étudier les livres spirituels. Ayez un Satsanga constant. Répétez OM 21 600 fois par jour avec Bhava. Cela vous prendra trois heures. Méditez sur Atman ou Krishna. Réalisez Brahman. C'est la seule façon de vous libérer de toutes les misères du monde et de vous offrir la paix, la connaissance et la félicité éternelles.

Avec la croissance du mental, les douleurs augmentent ; avec son extinction, il y aura une grande béatitude. Ayant pris le dessus sur votre mental, délivrez-vous du monde des perceptions, afin que vous puissiez être de la nature de Jnana. Bien qu'entouré d'objets agréables ou douloureux qui perturbent l'équilibre de votre mental, restez immobile comme un roc, recevant toutes choses avec équanimité. La joie et le rire frais qui en découlent sont la béatitude découlant de la fusion du mental avec le Brahman pur.

145

CHAPITRE 24

Viveka

Qu'est-ce que Viveka ?

Lorsque vous serez pleinement conscient de l'ampleur des souffrances humaines dans ce monde misérable et relatif, vous commencerez naturellement à faire la distinction entre le réel et l'irréel. Brahman est réel et Jagat est irréel. Ceci est Viveka. Alors la sincérité ou Sraddha se développera. Ensuite, l'aspiration ou le désir ardent de réaliser Dieu se fera sentir. Vous devrez alors vous souvenir constamment de la Vérité. Ensuite, vous devrez constamment vous affirmer : "Aham Brahmasmi, je suis Brahman." Par une pratique incessante, Nama, Rupa et Sankalpa disparaîtront et vous réaliserez Brahman. C'est la Sadhana Védantique. La discrimination, la sincérité, l'aspiration, se souvenir toujours de la Vérité, l'affirmation et ensuite la Réalisation sont les différentes étapes ou moyens pour la réalisation de Brahman.

Aides pour Viveka

Viveka ou pouvoir de discrimination n'est éveillé que par des constants Satsanga et Sravana (audition des Srutis). Ceux qui ont fait d'innombrables Karmas vertueux dans leurs naissances précédentes auront la chance, par la grâce de Dieu, d'avoir des Satsanga de Mahatmas, Sadhus, Bhaktas, Yogis, Jnanis et Sannyasins.

Bénéfices de Viveka

Le mental veut la répétition d'un plaisir déjà apprécié. Le souvenir du plaisir se produit dans le mental. La mémoire induit l'imagination et la pensée. C'est ainsi que naît l'attachement. Par la répétition, une habitude se forme. L'habitude provoque une forte Trishna. Le mental exerce alors sa domination sur les pauvres matérialistes, impuissants et de faible volonté. Dès qu'une discrimination se met en place, le pouvoir du mental s'affaiblit. Il essaie de s'éloigner, de revenir à son point de départ, le cœur. Ses crocs venimeux sont extraits par la discrimination. Il ne peut rien faire en présence de la discrimination. Il est détrôné. La volonté devient de plus en plus forte lorsque la discrimination est éveillée. Merci à Viveka qui nous permet de sortir de ce misérable Samsara.

CHAPITRE 25

Vairagya et Tyaga

Qu'est-ce que Vairagya

Si le mental pense constamment au thé et que la douleur vous envahit quand vous ne l'avez pas, on dit que vous avez un "Aasakti" (attachement) pour le thé. Cet "Aasakti" conduit à l'esclavage. La pratique de Vairagya (détachement) exige que vous renonciez à cet "Aasakti" pour le thé. Le simple fait de renoncer à prendre du thé ne constitue pas l'essence de Vairagya.

Étudiez Vairagya-Prakarana dans le Yoga Vasishtha. Vous aurez une compréhension complète de la vraie Svarupa de Vairagya. Une description claire de l'état mental de Sri Rama est donnée. Des plats appétissants, des boissons rafraîchissantes, un père et une mère affectueux, un frère, des amis chers, des diamants, des perles, des fleurs, des sandales, des ornements, des lits moelleux, des jardins n'avaient aucun attrait pour lui. Au contraire, leur seule vue lui donnait une douleur intense.

Dans Vairagya, Brahmacharya est Antargata (caché). Vairagya inclut le célibat en pensée, en parole et en acte.

Deux sortes de Vairagya

Vairagya (détachement, indifférence, non-attachement) est de deux sortes, à savoir (1) Karana Vairagya (Vairagya à cause de quelques souffrances) et (2) Viveka-Purvaka Vairagya (Vairagya à cause de la discrimination entre réel et irréel). L'état mental d'une personne qui a obtenu le premier type de Vairagya est de simplement attendre une chance de récupérer les choses qui ont été abandonnées. Dès que la première occasion se présente, elle retourne à son état antérieur, ce qui provoque sa chute. Vishaya fait des ravages en elle, avec une force de réaction redoublée. Mais l'autre personne qui a abandonné les objets à cause de Viveka, à cause de la nature illusoire des objets, aura un avancement spirituel. Elle n'aura pas de chute.

Comment apparaît Vairagya

Notez comment Vairagya apparaît dans le mental. La nature transitoire et périssable de toute chose crée une sorte de dégoût dans le mental de chacun ; et proportionnellement à sa profondeur et à sa subtilité, cette réaction par rapport au monde agit plus ou moins puissamment dans le mental de chaque individu. Un sentiment irrésistible s'y élève, à savoir que le fini ne peut jamais satisfaire l'Infini en nous et que le changeant et le périssable ne peuvent satisfaire notre immuable et immortelle nature.

Lorsque vous n'êtes pas impressionné par l'idée d'une vie riche, un style de vie riche ne peut pas vous attirer. Lorsque vous êtes marqué par l'idée que la viande et le vin ne sont pas du tout agréables, ils ne peuvent pas vous tenter. Dans ce cas, si vous n'avez pas de viande et de vin ou un mode de vie riche, vous ne serez pas du tout angoissé dans votre mental. Pourquoi êtes-vous attiré par une jeune et belle femme ? Parce que, du fait de votre ignorance, vous pensez en vain que vous obtiendrez du plaisir à travers elle. Si vous avez Viveka, il vous dira tout de suite qu'elle vous apportera une immense douleur, puis le mental se détournera ou se retirera de l'objet, femme.

La Sadhana sans Vairagya est vaine

Lorsque Vairagya apparaît dans le mental, il ouvre la porte de la Sagesse Divine. Du détachement (par rapport aux objets sensoriels et aux plaisirs des sens du monde) naît l'aspiration. De l'aspiration vient l'abstraction. De l'abstraction naît la concentration du mental. De cette concentration naît la méditation ou la contemplation. De la contemplation vient le Samadhi ou la Réalisation du Soi. Sans détachement ou Vairagya, rien n'est possible.

Tout comme la culture sur une terre pierreuse ou salée devient absolument infructueuse, les pratiques yogiques et l'Atma-Vichara (investigation sur l'âme) faites sans Vairagya (absence de passion et indifférence aux plaisirs sensuels) deviennent également infructueuses. Tout comme l'eau, lorsqu'elle s'écoule dans les trous de rats, au lieu de couler dans les canaux appropriés des champs agricoles, est gaspillée et n'aide pas la croissance des plantes, des céréales, etc., de même, les efforts d'un aspirant sont vains s'il n'a pas la vertu Vairagya. Il n'obtient aucun avancement spirituel.

Un intense Vairagya est nécessaire pour atteindre Moksha

Il doit y avoir un intense (Tivra) Vairagya dans le mental des aspirants, tout au long de la période de leur Sadhana. Une simple adhésion mentale ne suffira pas pour réussir dans le Yoga. Il doit y avoir un désir intense de libération, un degré élevé de Vairagya et une capacité de Sadhana (pratique spirituelle). Alors seulement, ils obtiendront le Nirvikalpa Samadhi et le Moksha. Seuls Raja Janaka et Prahlada ont eu Tivra Vairagya (intense détachement). Ce type de Vairagya est nécessaire pour une réalisation rapide. Il est très difficile de traverser l'océan du Samsara avec un type de Vairagya terne. Le crocodile de la quête des sens (Trishna) pour les plaisirs des sens et les objets sensoriels attrapera les aspirants à la gorge et, les saisissant violemment, les noiera à mi-chemin.

Les ennemis de Vairagya

Le fléau de l'affection

L'illusion procède de l'affection (dans le sens de l'attachement). Il est courant de constater qu'une personne est affligée si le chat mange sa volaille domestique ; mais lorsque son affection n'est pas touchée, par exemple, si le chat mange un moineau ou une souris, il n'exprime aucun chagrin. Il faut donc déraciner l'affection, qui est la cause d'un attachement vain. Le corps génère de nombreux germes que les gens sont impatients d'éliminer, mais à une variété ils donnent le nom d'enfants, pour lesquels leur vie est gaspillée. Telle est l'illusion du monde.

Derrière l'affection et l'amour, il y a le chagrin et la tristesse. L'affection est mêlée à la tristesse. Derrière le plaisir, il y a la douleur. La douleur est mêlée au plaisir. L'homme sème la graine empoisonnée du chagrin sous le nom d'amour, d'où jaillissent rapidement des pousses d'affection qui contiennent un feu dangereux comme la foudre ; et de ces pousses, poussent des arbres de chagrin aux branches innombrables qui, brûlant comme un tas de paille couvert, consomment lentement le corps.

Le nœud de l'affection est renforcé par une longue indulgence. L'affection a tissé ses fils autour du cœur des hommes. Le principal moyen de se débarrasser de l'affection est de considérer qu'il s'agit d'une existence éphémère. Dans ce vaste monde, combien de millions de parents, d'épouses, d'enfants, d'oncles et de grands-pères sont décédés. Vous devriez considérer la société des amis comme un éclair momentané et, en y réfléchissant souvent, profiter de la félicité.

Espoir et anticipation

L'espoir et l'anticipation sont à l'opposé de Vairagya et Tyaga. Ils grossissent le mental. Être parfaitement sans espoir est un état très élevé pour un philosophe. C'est un très mauvais état pour les matérialistes. Ils disent toujours avec mépris : "C'est un homme sans espoir." Les matérialistes et les philosophes évoluent vers des pôles diamétralement opposés.

Comment développer Vairagya.

Ceux qui ne développent pas un Vairagya indolore et ce avec beaucoup de félicité et de bonheur, ne sont au mieux que des parasites aux formes humaines. Lorsqu'une abeille découvre que ses pieds sont collés dans le miel, elle se lèche lentement les pieds plusieurs fois, puis s'envole avec joie. De même, par le biais de Vairagya et de la méditation, extrayez-vous du mental qui colle et s'accroche à ce corps et à ce miel d'enfant dû à Raga et Moha, et envolez-vous de cette cage de chair et d'os vers la Source, le Brahman ou l'Absolu.

Il est très difficile de sevrer certains enfants. Ils tètent le sein même lorsqu'ils ont trois ou quatre ans. La mère applique un peu de pâte de nim sur les mamelons. L'enfant est sevré rapidement. De même il vous faudra un médicament de pâte nim pour que le mental puisse se sevrer des objets sensuels. Asseyez-vous dans une chambre isolée. Pensez aux misères de cette vie terrestre, à ses soucis, ses inquiétudes, ses angoisses, sa faim, sa soif, ses péchés, ses tentations, sa passion, ses combats, ses peurs, sa vanité, sa maladie, sa mort, sa vieillesse, son chagrin, ses tribulations, ses pertes, ses échecs, ses déceptions, son hostilité, ses scorpions, ses moustiques, etc. Cela servira de pâte nim efficace pour sevrer le mental du Samsara. Vous devez penser de cette façon tous les jours.

Rappelez-vous constamment les douleurs de toutes sortes liées à cette existence matérielle. Moha disparaîtra si vous répétez la ligne suivante du chapitre XIII de la Gita plusieurs fois par jour : "*Janma-mrityu-jara-vyadhi-duhkha-dosha-anudarsanam*—La compréhension de la douleur et du mal de la naissance, de la vieillesse et de la maladie". Faites toujours comprendre clairement au mental qu'il n'y a que de la douleur dans ce monde. Réfléchissez souvent à l'instabilité de ce monde. C'est la première Sadhana pour les aspirants. Ils peuvent ainsi développer Vairagya. Le mental sera sevré des objets. L'attrait pour les objets sensoriels disparaîtra progressivement.

La renonciation amène Moksha

Évitez les objets terrestres comme le feu, le poison ou les abats. Renoncez à tous les désirs et à toutes les envies. C'est cela même, Moksha (liberté). Le renoncement aux désirs entraîne l'annihilation du mental. Son anéantissement entraîne la destruction de Maya, car seul le mental est Maya. Maya trône dans l'imagination du mental. Comme elle est rusée ! Un Viveki connaît bien ses tours. Elle a terriblement peur de l'homme de renoncement et d'Atmavichara. Elle s'incline devant lui les mains jointes.

Qu'est-ce la véritable renonciation

Le mental est tout et sa maîtrise conduit au renoncement à tout. Chitta-Tyaga constitue à lui seul le renoncement à tout. Le vrai renoncement réside dans l'abnégation du mental. Il consiste à renoncer à tous les désirs et à l'égoïsme et non à l'existence du monde. Par une telle abnégation mentale, vous pourrez vous libérer de toute douleur. Puis viendra l'immortalité dans la vie ou la jouissance de la joie infinie de l'existence libre d'égoïsme, fondée sur l'unité de tous en Brahman.

Sannyasa : un état mental.

Le Sannyasa n'est qu'un état mental. C'est la coloration du cœur et non du seul tissu. Est un véritable Sannyasin celui qui est libre de passions et d'égoïsme et qui possède toutes les qualités Sattviques, même s'il vit avec sa famille dans le monde. Chudala était une reine Yogini-Sannyasini, bien qu'elle régnât sur un royaume. Ce Sannyasin qui vit dans la forêt, mais qui est plein de passions est un imbécile matérialiste et pire qu'un chef de famille. Sikhidhvaja était un homme du monde, bien qu'il ait vécu nu dans la forêt pendant de très nombreuses années.

Le véritable renoncement est le renoncement à toutes les passions, à tous les désirs, à l'égoïsme et à Vasana. Si vous avez un mental pur, un mental libre d'attachement, d'égoïsme et de passion, vous êtes un Sannyasin - que vous viviez dans une forêt ou dans l'agitation d'une ville, que vous portiez un tissu blanc ou une robe orange, que vous vous rasiez la tête ou que vous gardiez une longue touffe de cheveux.

Rasez le mental. Quelqu'un a demandé à Gourou Nanak : "Ô saint, pourquoi ne t'es-tu pas rasé la tête ? Tu es un Sannyasin". Gourou Nanak a répondu : "Mon cher ami, j'ai rasé mon mental." En fait, le mental doit être complètement rasé. Se raser le mental consiste à se débarrasser de toutes sortes d'attachements, de passions, d'égoïsme, de Moha (engouement), d'envie, d'avidité, de colère, etc. C'est le vrai rasage. Le rasage externe de la tête n'a pas de sens tant qu'il y a une envie interne, Trishna.

Beaucoup n'ont pas compris ce qu'est la véritable renonciation. Le renoncement aux objets physiques n'est pas un renoncement du tout. Le véritable Tyaga (renoncement) consiste en la renonciation à l'égoïsme (Ahankara). Si vous pouvez renoncer à cet Ahankara, vous avez renoncé à tout le reste dans le monde. Si vous renoncez à l'Ahankara subtil, le Dehadhyasa (identification au corps) disparaîtra automatiquement.

Vedanta ne veut pas que vous renonciez au monde. Il veut que vous changiez votre attitude mentale et que vous renonciez à ce "je" faux et illusoire (Ahamta) et à ce mien (Mamata). Le charmeur de serpent n'enlève que les deux crocs venimeux du cobra. Le serpent reste le même. Il siffle, lève son capuchon et montre ses dents. En fait, il fait tout ce qu'il a fait auparavant. Le charmeur de serpent a changé son attitude envers le serpent. Il sait à présent qu'il n'a plus de crocs venimeux. De même, vous ne devez enlever que les deux crocs venimeux du mental, à savoir Ahamta et Mamata. Alors vous pourrez permettre au mental d'aller où il veut. Vous serez toujours en Samadhi.

Vous devez également renoncer à Tyagabhimana. Tyagabhimana est très enracinée. Vous devez renoncer à l'idée : "J'ai renoncé à tout". "Je suis un grand Tyagi". Cet Abhimana des Sadhus est un plus grand mal que celui des chefs de famille, "Je suis un propriétaire ; je suis un Brahmane, etc.

CHAPITRE 26

Contrôle des Indriyas

Les Indriyas, une prolongation du mental

Les Indriyas sont des désirs objectivés. La volonté de voir est l'œil. La volonté d'entendre est l'oreille. Les Indriyas (les sens) ont deux états, statique et dynamique. Lorsque le désir commence à fonctionner, les Indriyas sont mis en mouvement. C'est l'état dynamique. Dès que le désir est satisfait, les Indriyas se rétractent par Tripti (satisfaction). C'est l'état statique ou passif.

Le mental et les Indriyas ne font qu'un. L'Indriya est un prolongement du mental. L'océan est alimenté par les fleuves ; il ne peut exister sans les fleuves. De même, le mental est alimenté par les Indriyas et ne peut exister sans les Indriyas. Si vous avez contrôlé les Indriyas, vous avez déjà contrôlé le mental. L'Indriya est un autre nom pour le mental.

Le mental est une masse d'Indriyas. Le mental est une puissance supérieure à celle des Indriyas. Le mental est un Indriya consolidé. L'Indriya est le mental en manifestation. Tout comme un ministre obéit au roi, les cinq Jnana-Indriyas agissent en accord avec les préceptes du mental. Les Indriyas représentent les eaux dormantes. Le désir de manger se manifeste dans le mental par la langue, les dents et l'estomac, et le désir de marcher se manifeste par les jambes et les pieds. Si vous pouvez contrôler le mental, vous pouvez contrôler les Indriyas.

Les yeux ne peuvent que voir. Les oreilles ne peuvent qu'entendre. La langue ne peut que goûter. La peau ne peut que toucher. Le nez ne peut que sentir. Mais le mental peut voir, entendre, goûter, toucher et sentir. Il est le sens commun. Les cinq sens y sont mêlés. Il peut directement voir, entendre, sentir, goûter et ressentir indépendamment des sens. Il est un agrégat des cinq sens. Toutes les facultés sensorielles sont mélangées dans le mental. Vous pouvez voir et entendre directement à travers le mental par la pratique du yoga (clairvoyance et clairaudience). Cela fait éclater la théorie psychologique occidentale de la perception.

Le mental est appelé le sixième sens : "*Manah shashthanindri-yani* – les sens dont le mental est le sixième" (Gita, XV-7). Les cinq sens sont les cinq Jnana-Indriyas (organes de la connaissance, de la sensation ou de la perception).

Ayatana signifie le mental (Chhandogya Upanishad, IV-vii) qui est le substrat des expériences de tous les autres organes. Les sens ne peuvent rien faire si le mental n'est pas connecté avec eux. Lorsque vous êtes entièrement absorbé par l'étude d'un journal intéressant, vous n'entendez pas les appels sonores de votre ami. Vous n'avez pas conscience que l'horloge a sonné cinq heures. C'est l'expérience quotidienne de chacun. Le mental était absent à ce moment-là. Il n'était alors pas lié au sens de l'ouïe. Les yeux peuvent être grands ouverts pendant le sommeil. Ils ne voient rien, parce que le mental n'est pas là.

Indriyas sœurs

Le nez et l'anus sont des Indriyas sœurs. Ils sont nés de la même Prithvi-Tanmatra, le nez de la partie Sattvique, l'anus de la partie Rajasique. Ces deux Indriyas sont les moins malveillants. Le sens olfactif et le nerf olfactif ne vous dérangent pas beaucoup. Ils peuvent être contrôlés très facilement.

La langue et les organes génitaux sont nés du Jala-Tanmatra, le premier de la partie Sattvique et le second de la partie Rajasique. Ils sont Indriyas sœurs. Manger renforce les Indriyas reproducteurs.

L'œil et les pieds sont d'Agni-Tanmatra, l'œil de la portion Sattvique Amsa, les pieds de la portion Rajasique Amsa. Ce sont des Indriyas sœurs. L'œil aime voir des "curiosités". Ses sœurs, pieds, disent : "Nous sommes prêts à vous emmener à la foire de Kumbha à Allahabad. Soyez prêts."

La peau et les mains sont nées de Vayu-Tanmatra, la peau de Sattvique Amsa et les mains de Rajasique Amsa. Ce sont des organes sœurs. La peau dit : "Je veux de la soie et d'autres articles lisses pour mon plaisir." Sa sœur, la main, dit : "Je peux sentir à travers mes corpuscules tactiles. Je vais te chercher de la soie fine et douce. N'aie pas peur, ma chère sœur".

La parole et l'oreille sont nées du même Akasa-Tanmatra, l'oreille du Sattvique Amsa et la parole du Rajasique Amsa. Il s'agit d'Indriyas sœurs. Ils s'entraident dans l'économie de la nature.

Dans un bungalow, vous trouverez deux portes, l'une pour l'entrée, l'autre pour la sortie. Notre corps est aussi un joli bungalow pour le Seigneur. Les yeux et les oreilles sont des portes d'entrée pour la réception des formes et des sons. Ce sont les voies de la connaissance des sens (la vue et l'ouïe). L'Upastha Indriya (organe de reproduction) et le Guda (anus, organe d'excrétion) sont des portes de sortie, ils rejettent l'urine et les fèces.

La langue, la plus difficile à contrôler

L'Indriya le plus malveillant et le plus gênant est l'organe géniteur. Puis vient la langue. Puis vient la parole. Puis vient l'oreille. Puis vient l'œil. Le contrôle de l'organe du goût est bien plus difficile que celui des organes génitaux, car vous savourez des aliments délicieux depuis votre naissance. L'envie se manifeste juste avant l'âge de 18 ans. À chaque naissance, vous ne vous livrez au plaisir sexuel que pendant une courte période. Mais, vous devez prendre de la nourriture même en cas de sénilité avancée. Le contrôle de la langue signifie le contrôle de tous les Indriyas.

La musique, le cinéma, le spectacle ne sont appréciés que dans les naissances humaines. Les fourmis et les rats n'apprécient pas le cinéma. L'Indriya de la vue n'est pas aussi puissant que la langue.

L'organe de la vue sert de camarade affectueux à l'organe du goût. Le mental est immédiatement excité à la vue de la couleur jaune de la mangue, les yeux voient une belle mangue et les différents plats qui sont servis sur la table. Les nerfs glossopharyngés sont aussitôt stimulés. On a bon appétit et on savoure. La nourriture est rendue plus appétissante. Un aveugle n'a pas forcément un aussi bon goût qu'une personne qui a une vue perçante.

Objet de la Sadhana : Empêcher l'externalisation des Indriyas

Les trois organes que sont l'œil, l'oreille et la langue extériorisent le mental et rendent l'être humain tout à fait matérialiste. Les yeux et les oreilles sont les voies de la connaissance des sens ou Vritti-Jnana. Fermez les yeux. Fermez les oreilles soit avec des boules de coton ou des boules de coton battues avec de la cire d'abeille jaune, soit avec les deux pouces en faisant Yoni-Mudra. Vous avez maintenant détruit les deux cinquièmes du monde. Ne laissez rien entrer dans le mental par ces deux portes de la connaissance des sens.

L'objectif de la Sadhana est d'intérioriser le mental par l'introspection ou Antarmukha Vritti et de réaliser la Vérité en soi. Contrôlez les trois organes que sont l'œil, l'oreille et la langue. Vous pouvez alors discipliner le mental et empêcher l'énergie mentale de circuler à l'extérieur. Ces organes sont les principales causes de la turbulence du mental. Le contrôle de ces organes permet de concentrer l'énergie à l'intérieur.

Est un vrai Kshatriya celui qui mène une guerre interne avec le mental, qui se bat avec les Indriyas, les Svabhava, à travers Viveka et la force de volonté et qui obtient une maîtrise absolue sur le mental. Est un vrai Kshatriya celui qui se bat avec l'armée des mauvais Samskaras et des mauvaises pensées, les Rajasiques et les Tamasiques, en réveillant et en augmentant Sattva Guna. Est un vrai Kshatriya celui dont le Sastra est la volonté et Astra est Viveka, dont le champ de bataille est à l'intérieur, dont le groupe musical chante Pranava et Udgitha de la Chhandogya Upanishad et dont les armoiries sont les trois qualifications, à savoir, Viveka, Vairagya et Mumukshutva.

Comment contrôler les Indriyas

Il y a six façons de contrôler les Indriyas : (1) par Vichara, (2) par la force de la volonté (3) par Kumbhaka (rétention du souffle dans le Pranayama), (4) par Dama (retenue), (5) par Pratyahara (abstention) et (6) par Vairagya et Tyaga. Un contrôle parfait ne peut être effectué que par Vichara.

Dama

Dama est la retenue des Indriyas. Dama freine les Indriyas. La maîtrise parfaite des sens n'est pas possible par le seul biais de Dama. Si les sens sont très aiguisés et vifs, ils emportent impétueusement le mental des bons Sadhakas, tout comme le coup de vent emporte le navire par temps de tempête (Gita, II-67). Ils peuvent être parfaitement contrôlés grâce à l'aide du mental, par le biais de Vichara.

Lorsque vous marchez sur la route du Mont à Madras, chaque Indriya fait de son mieux pour s'emparer de ses objets de plaisir et de réjouissance. Les Indriyas se révoltent avec véhémence si vous ne leur procurez pas ces objets. La langue vous traîne jusqu'au café hôtel ou à l'Hôtel de Angelis. Tvak (la peau) dit : "Laissez-moi aller au magasin de Bombay Sait et prendre un morceau de fine soie de Chine". L'oreille dit : "Donnez-moi un gramophone ou un harmonium." Le nez dit : "Laissez-moi prendre une bouteille d'*Otto de Rose*". Le mental est derrière ces Indriyas pour inciter. Une lutte interne tumultueuse se déroule entre les cinq organes de la connaissance, chacun essayant d'avoir la part du lion du plaisir. Utilisez toujours Viveka, le pouvoir de discrimination. Les Indriyas vous tentent et vous trompent. Les Indriyas sont les jongleurs. Maya répand son Moha-Jala par le mental et les Indriyas. Soyez sur le qui-vive.

Pratiquez Dama à travers Vairagya et Vasana-Tyaga. Le bonheur vient du calme des Indriyas, du calme du mental (Uparati). Aller au bazar des sucreries avec beaucoup d'argent en main. Marchez ici et là pendant quinze minutes. Regardez d'un œil avide les différentes sucreries. N'achetez rien. Rentrez chez vous. Même si des friandises sont servies ce jour-là à la maison, rejetez-les. Ayez un régime alimentaire simple. Ce faisant, vous contrôlerez la langue qui est à la base de tous les maux. Vous finirez par contrôler le mental aussi. Vous développerez votre volonté.

Renoncer à toute nourriture luxueuse et à tout article de plaisir sensuel. Pratiquez une pénitence rigide. Les tapas réduisent les Indriyas et conduisent finalement au contrôle du mental. Si vous renoncez au thé, vous avez vraiment contrôlé une petite partie du mental ; le contrôle de la langue signifie vraiment le contrôle du mental.

Pratyahara

Lorsque les Indriyas abandonnent les objets, ils prennent la forme de la substance mentale. Ils sont tirés dans le mental. C'est ce qu'on appelle Pratyahara ou l'abstraction. Lorsque les Indriyas sont retirés de leurs objets respectifs, on parle d'Indriya-Pratyahara. L'abstraction mentale a lieu lorsque le mental est déconnecté des Indriyas. Pratyahara est un terme général et large qui inclut également Dama. L'effet de Dama (retenue des Indriyas) est Pratyahara.

Si vous pouvez faire consciemment le Pratyahara à volonté, en attachant et détachant consciemment le mental des sens, vous avez vraiment acquis un grand contrôle sur le mental. Vous pouvez vérifier à tout moment les tendances ou les forces sortantes du mental. Pratyahara est le tremplin vers la vie spirituelle intérieure. Celui qui a réussi Pratyahara peut concentrer son mental assez facilement pendant très longtemps. Dharana et Dhyana viennent automatiquement si Pratyahara est parfait. Un aspirant doit lutter avec acharnement pour maîtriser Pratyahara. La perfection de Vairagya est indispensable pour réussir dans Pratyahara. Vous pouvez réussir après une lutte acharnée et incessante pendant quelques années. "*Tatah parama vasyatendriyanam*— de là découle le contrôle suprême des organes" (Patanjali Yoga Sutras, II-55). Si Pratyahara est parfait, tous les organes sont sous un contrôle parfait.

Pendant la période de la Sadhana, ne vous mélangez pas beaucoup, ne parlez pas beaucoup, ne marchez pas beaucoup, ne mangez pas beaucoup, ne dormez pas beaucoup. Observez attentivement les cinq "à ne pas faire". Le fait de se mêler provoquera des perturbations dans le mental. Parler beaucoup provoque des distractions du mental. Marcher beaucoup provoque l'épuisement et la faiblesse. Manger beaucoup induit Alasya et Tandri (paresse et somnolence).

Contrôle de la pensée : un grand desideratum

Si vous avez les rênes des chevaux sous votre contrôle, vous pouvez faire un voyage en toute sécurité. Les Indriyas sont les chevaux. Si vous avez les sens sous votre contrôle efficace, vous pouvez voyager en toute sécurité sur le chemin du Moksha. Les Indriyas ne peuvent rien faire sans l'aide du mental, de leur maître et de leur commandant. Le contrôle des Indriyas signifie uniquement le contrôle du mental. Le contrôle des pensées conduit au contrôle du mental et des Indriyas aussi. Il mène à l'obtention de la béatitude infinie et de la vie éternelle. Le contrôle de la pensée est indispensable - un grand desideratum pour tous.

Rappelez-vous votre demeure d'origine

Ô Mental ! Ne te perds pas en compagnie des sens et de leurs objets. Assez. Assez. Maintenant, concentre-toi sur Brahma-Svarupa. C'est ta maison d'origine. C'est ta véritable et heureuse maison. Souvenez-vous-en constamment lorsque vous chantez OM. Brahmakara ou Akhandakara Vritti s'élèvera ainsi. Svarupa est votre foyer d'origine. Je dois le répéter encore et encore, car vous oubliez toujours votre vraie nature. Vous avez pris naissance de Svarupa. Maintenant, retournez à votre maison ou lieu de naissance d'origine grâce à l'aide de Brahmakara Vritti générée par la constante Nididhyasana (méditation profonde et constante), par

Mahavakya-Anusandhana ou Chintana (investigation ou réflexion sur la signification profonde et réelle de la grande phrase "Tat Tvam Asi" ou "Aham Brahmasmi"). Alors Avidya (nescience) sera détruite et vous serez libéré de toutes sortes de misères et de douleurs et vous atteindrez l'état de Paramananda (la plus haute connaissance couplée à une félicité infinie). Lorsque Svarupakara Vritti se lèvera, tous vos vains Sankalpas disparaîtront. Vous atteindrez l'état de Turiya avec Sahajananda (la béatitude qui est votre nature même). Alors, ô mental, tu seras libéré de la naissance et de la mort. Tu n'auras plus à entrer de nouveau dans cette maison sale du corps physique. Tu ne seras plus revêtu de chair et d'os. Tu auras fusionné dans Sat-Chit-Ananda Brahman, ton Adhishthana ou base.

CHAPITRE 27

Mouna et introspection

Mouna : sa pratique et ses bénéfices

Parler de diverses choses est une très mauvaise habitude. Elle distrait le mental. Cela maintient le mental toujours Bahirmukha (sortant) et rend une personne non spirituelle. Un vœu de silence doit être prononcé une fois par semaine. Beaucoup d'énergie est gaspillée à parler.

Le Vag-Indriya (organe de la parole) distrait sérieusement le mental. "La parole est le quatrième "pied" du Mental-Brahman, car c'est au moyen du "pied" de la parole que le mental s'approche des objets tels que la vache, la chèvre, etc. La parole est donc comme un pied du mental. De la même manière, le nez est un "pied", car c'est par le nez que le mental s'approche des objets odorants. De même, l'œil est un "pied" ; l'oreille est un autre "pied". Ceci constitue le caractère à quatre pieds du Mental-Brahman" (Chhandogya Upanishad).

Ne laissez rien sortir du mental par le Vag-Indriyas (organe de la parole). Observez Mouna (vœu de silence). Cela vous aidera. Une paix considérable suit Mouna. L'énergie de la parole se transmue en énergie spirituelle (Ojas). Les Sankalpas diminuent considérablement. La volonté devient plus forte. Vous éliminerez une grande source de perturbation. Vous vous reposerez en paix. Méditez sur Dieu ou sur Brahman avec sérieux.

Les aspirants spirituels doivent observer Mouna pendant quelques heures chaque jour.

Faites attention au choix de vos mots avant de parler. Réfléchissez trois fois avant de parler. Réfléchissez à l'effet que les mots produiront sur le sentiment des autres. Observez Mouna pendant quelques années. C'est le Tapas de la parole.

Ne discutez pas inutilement. Les discussions provoquent de l'hostilité, des sentiments enflammés et un gaspillage d'énergie. Chaque personne a ses propres points de vue, ses propres opinions, idées, sentiments, croyances et convictions. Il est très difficile de changer le point de vue des autres. N'essayez pas de convaincre les autres. Lorsque vous êtes un aspirant, lorsque vous rassemblez des faits et des connaissances issus de l'étude des coutumes sacrées, ne discutez pas avec les autres avant que vos pensées ne soient mûres et stables.

L'imagination dans le mental exagère toujours. L'exagération est une modification du mensonge. Les aspirants ne doivent pas exagérer. Ils doivent prononcer les mots avec une précision mathématique et scientifique.

On demande à un aspirant de renoncer à la compagnie et d'observer Mouna, car à cause de Raga, il va multiplier les relations ; à cause de Dvesha, il va s'attirer le mécontentement des autres en prononçant des paroles désagréables. Il y a une épée dans la langue. Les mots sont comme des flèches. Ils blessent les sentiments des autres. En observant Mouna et en abandonnant la compagnie, on peut contrôler le Vag-Indriya et éliminer Raga. Alors le mental s'apaisera.

Il y a quinze Doshas qui découlent de la société. Un aspirant doit donc, de préférence, rester seul pendant la période de la Sadhana. Les Doshas de la compagnie sont : (1) Malentendu, (2) Malaise, (3) Mécontentement, (4) Raga-Dvesha, (5) Jalousie, (6) Vampirisme, (7) Attachement, (8) Partage mental de la douleur d'un autre homme, (9) Critiques des autres, (10) Anathème, (11) Habitude de parler, (12) Bahirmukha Vritti, (13) Idée et Samskara de la dualité, (14) Mentalité servile et faible volonté, (15) Mépris. Aimez peu, mais aimez longtemps.

Lorsque vous faites vœu de silence, n'affirmez jamais de l'intérieur, très souvent, "Je ne parlerai pas". Cela produira un peu de chaleur dans le cerveau, car le mental veut se venger de vous. Il suffit de prendre une fois une décision et de rester silencieux. Occupez-vous d'autres affaires. Ne pensez pas toujours : "Je ne parlerai pas, je ne parlerai pas".

Au début, lorsque vous observez Mouna, vous trouverez quelques difficultés. Il y aura une sévère attaque de Vrittis. Diverses sortes de pensées vont surgir et vous forcer à rompre le silence. Il n'y a que de vaines imaginations et des tromperies du mental. Soyez courageux. Concentrez toutes vos énergies sur Dieu. Occupez pleinement votre mental. Le désir de parler et d'avoir de la compagnie va mourir. Vous obtiendrez la paix. Le Vag-Indriya (organe de la parole) distrait considérablement le mental.

Mouna du mental

Mouna du mental est de loin supérieur à Mouna du Vak (discours). Mouna doit venir de lui-même. Il doit être naturel. Mouna forcé n'est qu'une lutte avec le mental. C'est un effort. Si vous vivez dans la Vérité, Mouna viendra de lui-même. Alors seulement, il y aura une paix absolue.

Ce qu'on veut, c'est Mouna naturel et la nudité mentale. La nudité physique n'a pas de sens. C'est le Tapas Tamasique des fous, qui n'est pas cautionné par les Sastras et la raison. Dans un Jivanmukta ou une âme libérée, la nudité vient d'elle-même, car il est absorbé dans Brahman, quand il est dans le Saptama Jnana-Bhumika (le septième stade de la connaissance).

L'introspection : ce qu'elle est et ce qu'elle fait

Brahman auto-existent a créé le mental et les sens avec des tendances extraverties. Le mental a une fâcheuse habitude d'extériorisation depuis des temps immémoriaux. Vous voyez donc l'univers extérieur et non le Soi intérieur. C'est Vikshepa-Sakti ou Maya qui vous attire vers l'extérieur. Dès votre enfance, on vous apprend à regarder vers le monde extérieur et non vers le monde intérieur, psychique. Vous avez perdu entièrement la faculté d'introspection. Pour avoir une compréhension complète de ce qui se passe dans la "fabrique mentale" intérieure, il faut Suddha Buddhi (la raison pure) et un intellect subtil doté d'un pouvoir d'introspection. Vous devrez tourner le mental à l'intérieur, puis concentrer tous ses pouvoirs et les diriger sur le mental lui-même, afin qu'il puisse connaître sa propre nature et s'analyser. C'est ce qu'on appelle le Raja Yoga.

Faites une recherche énergique et sérieuse à l'intérieur. Ne faites pas confiance au mental et aux Indriyas. Ils sont vos ennemis. La femme et la richesse sont vos ennemis acharnés. Ce sont deux grands maux.

Dans l'introspection, le mental lui-même est le sujet d'étude. Une partie étudie la partie restante. Le mental supérieur étudie le mental inférieur. L'introspection est l'aperception. Tout comme vous observez le travail d'un coolie, une partie du mental observe les mouvements du reste du mental. Si vous ne faites qu'un avec lui, si vous vous identifiez avec lui, vous ne pouvez pas connaître vos défauts. Si vous êtes un Sakshi ou un témoin silencieux du mental et si vous pratiquez l'introspection, vous pouvez connaître vos différents défauts.

Grâce à une surveillance attentive, de nombreux défauts sont détectés et éliminés par une Sadhana appropriée. Entrez dans une pièce calme. Entrez dans le silence tous les jours pendant environ quinze minutes, matin et soir. Introspectez. Observez attentivement le mental. Le mental va soit penser, planifier, ressentir, savoir ou vouloir. Vous devrez découvrir par l'introspection subjective ce que le mental fait exactement à un moment donné. Pour effectuer cette pratique, vous devez avoir Antarmukha Vritti, un mental subjectif et Buddhi subtil. Buddhi peut être rendu subtil par l'étude des livres philosophiques, du Satsanga, du contrôle des Indriyas (Dama) et de la nourriture Sattvique. La prononciation constante des noms sacrés de Dieu comme Hari, OM, Narayana, Rama, Siva purifie le mental et aide à le rendre introspectif (Antarmukha).

Comment pratiquer l'introspection

Vous êtes le meilleur juge de votre mental. Introspectez en vivant seul dans la solitude ou en vous retirant dans une pièce calme pendant une heure. Vous devez vous asseoir seul dans une pièce calme, les yeux fermés, et observer les activités du mental. Vous connaîtrez alors très clairement vos défauts et vos faiblesses.

Vous devriez ensuite ressentir la nécessité de les supprimer. Ensuite, votre Svabhava devrait accepter de changer. Vous devez connaître la bonne méthode pour éliminer le défaut. Vous devez appliquer la méthode en permanence. Alors, seulement l'amélioration s'installera. L'application constante de la Sadhana est une condition indispensable. Vous devez observer l'amélioration de temps en temps, par exemple une fois par semaine, par quinzaine ou par mois. Vous devrez tenir un registre de vos progrès (journal quotidien spirituel). Vous devez surveiller attentivement si vous progressez sur le chemin spirituel, si vous restez immobile ou si vous régressez, si le mental est distrait ou concentré. S'il est distrait, vous devez éliminer les causes de distraction une par une avec patience et vigilance par des méthodes appropriées. Si une méthode ne donne pas les résultats escomptés, vous devrez combiner deux méthodes (les méthodes yogiques et Vichara).

Rappelez-vous le triplet, c'est-à-dire auto-analyse, autonomie, autodétermination. Il sera d'une immense utilité à votre Sadhana spirituelle. Analysez-vous par l'introspection. Découvrez la nature de vos Vrittis. Découvrez ce qui prédomine chez les Gunas (qualités) à un moment donné, qu'il s'agisse de Sattva, Rajas ou Tamas. Combien de temps le mental peut-il être absolument fixé sur votre Lakshya (point de méditation) - soit Dieu, Brahman, idée ou objet, qu'il soit interne ou externe ? Combien de temps peut-il être fixé sur l'objet, la rose et la rose seule à l'exclusion de tout autre objet, deux secondes ou deux minutes ou cinq minutes ou une demi-heure ? C'est l'auto-analyse. Ne comptez que sur vous-même. Vous êtes votre propre rédempteur et sauveur. Personne ne peut vous donner Moksha. Vous devrez suivre le chemin spirituel étape par étape. Les livres et les gourous peuvent vous montrer le chemin et vous guider. C'est cela l'autonomie. Faites preuve d'une forte autodétermination, "Je réaliserai Dieu. J'aurai Atma-Sakshatkara ou Brahmanubhava en ce moment même et non dans un avenir incertain." C'est l'autodétermination.

Les matérialistes n'ont pas le temps de réfléchir, même pour quelques minutes, aux problèmes de la vie, au mystère de la vie, etc. Ils se lèvent le matin. Leur mental se dirige généralement vers les objets spéciaux de plaisir à cause de Raga. Leurs énergies mentales sont déversées dans les sillons et les avenues habituels : Pensées du corps, pensées de manger et de s'habiller, pensées de la femme, des enfants, des amis et aussi pensées du travail au bureau et des affaires ; et ainsi, la journée se termine. La même routine se poursuit jour après jour, semaine après semaine. Les années passent et la vie est gâchée. C'est vraiment déplorable !

Seul celui qui fait Manana (réflexion) et de l'introspection à travers Antarmukha Vritti peut changer sa nature matérielle. En lui seul, l'idée de Brahman peut s'installer durablement.

CHAPITRE 28

Les mauvais Vrittis et leur éradication

Kama, Krodha, Lobha, Moha, Mada, Matsarya, Darpa (arrogance), Dambha (hypocrisie), Asuya (forme de jalousie), Irshya (intolérance), Ahankara, Raga (attachement), Dvesha (répulsion) sont quelques-uns des mauvais Vrittis qui lient une personne au Samsara (transmigration). L'orgueil, l'illusion et les désirs sont autant de cordes d'attache du mental.

Le désir : une force puissante

Kama (le désir), Krodha (la colère), Lobha (la convoitise), Moha (l'illusion), Mada (l'orgueil), Matsarya (la jalousie) sont les six passions du mental. Si le désir est vaincu, la colère, Lobha, etc., qui sont des armes auxiliaires, deviendront inefficaces. Si cet ennemi invétéré, le désir, est détruit, ses adeptes ou sa suite peuvent être assez facilement conquis. Si le commandant est tué, il est facile de tuer les soldats. Si le désir, qui est la source de tous les plaisirs, cesse, alors toute servitude matérialiste, qui a son substrat dans le mental, cessera. Comment, sans son renoncement, pouvez-vous espérer atteindre le rare Nirvikalpa Samadhi ou Brahma Nishtha ?

Le désir naît chez celui qui développe un attachement particulier envers une personne du sexe opposé. L'arme principale de l'amour est la femme ou le désir. Par conséquent, l'attachement ne doit pas être développé, en particulier envers le sexe opposé.

L'amour entre un mari et une femme est principalement physique. Il est d'une nature égoïste, éphémère et changeante. Seul celui qui a réalisé Atman peut vraiment aimer tout le monde avec la sincérité du cœur. L'amour entre deux aspirants basé sur l'affinité psychologique et la parité intellectuelle est réel et durable. Débarrassez-vous de l'égoïsme. L'égoïsme est une impureté majeure. Il obscurcit la compréhension. Éliminez-le par le service désintéressé, la charité, l'étude de la littérature Védantique et du Satsanga.

Chez un Jnani, l'envie sexuelle est totalement éradiquée. Chez un Sadhaka, elle reste bien maîtrisée. Chez un chef de famille, lorsqu'elle n'est pas contrôlée, elle fait des ravages. Elle existe en lui dans un état de pleine expansion. Il ne peut pas y résister. Il y cède impuissant en raison de sa faible volonté et de son manque de résolution ferme.

Si vous conservez du jus de citron ou de tamarin dans une tasse dorée, il n'est ni gâté ni contaminé. Si vous le conservez dans un récipient en laiton ou en cuivre, il est à la fois gâté et rendu toxique. Ainsi, même s'il y a quelques Vishaya-Vrittis (pensées sensuelles) dans le mental pur d'une personne, elles ne la pollueront pas et n'induiront pas de Vikara (excitation sensuelle). S'il y a des pensées sensuelles chez les personnes au mental impur, elles provoquent une excitation en elles lorsqu'elles rencontrent des objets sensuels.

Le souvenir de l'image d'une femme trouble le mental. Lorsqu'un tigre a goûté une fois au sang humain, il cherche toujours à tuer des êtres humains. Il devient un mangeur d'hommes. De même, lorsque le mental a goûté une fois aux plaisirs sexuels, il court toujours après les femmes. L'envie est puissante. Elle porte un arc fleuri équipé de cinq flèches, à savoir, Mohana (fascination), Stambhana (stupeur), Unmadana (exaspération), Soshana (émaciation) et Tapana (excitation).

Dans la Bhagavad-Gita, vous trouverez la mention que les sens, le mental et Buddhi sont les sièges des passions. Le Pranamaya Kosha est un autre siège. Le désir est omniprésent dans le corps. Chaque cellule, chaque atome, chaque molécule, chaque électron est surchargé de passion. Dans l'océan de la passion, il y a des sous-courants, des courants transversaux, des inter-courants et des courants sous-marins. Vous devez les anéantir.

Soyez prudent dans la destruction des passions. Il est facile de contrôler le mental conscient. Mais il est très difficile de contrôler le subconscient. Vous pouvez être un Sannyasin. Vous pouvez être une personne morale. Notez comment le mental se comporte ou se conduit en rêve. Vous commencez à voler en rêve. Vous commettez un adultère en rêve. Les pulsions sexuelles, les ambitions, les bas désirs sont tous ancrés en vous et profondément enracinés dans le subconscient. Détruisez le subconscient et ses Samskaras par Vichara, Brahma-Bhavana, la méditation sur OM et sa signification. Un homme qui est établi dans le Brahmacharya mental ne peut jamais avoir une seule pensée de mal dans ses rêves. Il ne peut jamais faire un mauvais rêve. Il manque Vichara ou Viveka dans les rêves. C'est la raison pour laquelle vous faites de mauvais rêves, même si vous êtes pur dans l'état de Jagrat grâce au pouvoir de Viveka et de Vichara.

Cet état mental dans lequel aucune pensée sexuelle n'entre dans le mental est appelé Brahmacharya mental. Bhishma avait cet état. Si vous n'êtes pas établi dans le Brahmacharya mental, essayez au moins de contrôler le corps lorsque l'impulsion sexuelle vous trouble.

Une source de perpétuel danger pour les Sadhakas

La présence ou le souvenir d'une femme excite généralement des idées impures dans le mental des reclus qui ont abandonné ce monde et se sont consacrés à des exercices spirituels, les privant ainsi du fruit de leur austérité. Il est très difficile de comprendre la présence d'une envie subtile dans le mental des autres, en particulier chez les Sadhakas spirituels, bien que le regard, le ton, les gestes, la démarche, le comportement, etc. puissent donner un indice.

L'exemple de Jamini

Un jour, Sri Vedavyasa tenait sa classe de Vedanta parmi ses élèves. Au cours de sa conférence, il a mentionné que les jeunes Brahmacharis devaient être très prudents et ne devaient pas se mêler aux jeunes femmes et que, avec toute leur vigilance et leur circonspection, ils pouvaient devenir des victimes, car le désir est très puissant. Un de ses élèves, Jaimini, l'auteur de Purva-Mimamsa, s'est montré un peu impertinent. Il a dit : "Guruji Maharaj ! Votre déclaration est fausse. Aucune dame ne peut m'attirer. Je suis bien établi dans Brahmacharya". Vyasa dit : "Jaimini, tu le sauras bientôt. Je vais à Bénarès. Je reviendrai dans trois mois. Sois prudent. Ne sois pas trop fier." Sri Vyasa, par ses pouvoirs yogiques, prit la forme d'une belle jeune fille, aux yeux perçants et au visage très charmant, bien habillée d'un fin vêtement de soie. Elle se tenait sous un arbre au coucher du soleil. Les nuages se rassemblèrent. Il commença à pleuvoir. Par hasard, Jaimini passa à côté de l'arbre. Il vit la jeune fille, eut pitié d'elle et s'adressa à elle : "Ô, madame, vous pouvez venir et rester dans mon Ashram. Je vous donnerai un abri". La jeune femme demanda : "Vivez-vous seul ? Y a-t-il une femme qui y habite ?" Jaimini répondit : "Je suis seul. Mais je suis un Brahmachari parfait. Le désir ne peut pas m'affecter. Je suis libre de toute sorte de Vikara. Vous pouvez y rester." La jeune femme protesta : "Il n'est pas normal qu'une jeune fille vierge reste seule avec un Brahmachari la nuit." Jaimini dit : "Ô demoiselle, n'ayez pas peur. Je vous promets un parfait Brahmacharya." Puis elle accepta et resta dans son Ashrama la nuit. Jaimini dormait à l'extérieur et la dame dormait à l'intérieur de la pièce. Au milieu de la nuit, Jaimini commença à ressentir l'influence de l'envie dans son mental. Une petite envie sexuelle se fit jour dans son mental. Au début, il était absolument pur. Il frappa à la porte et dit : "Ô madame, le vent souffle dehors. Je ne supporte pas les coups de froid. Je veux dormir à l'intérieur." Elle ouvrit la porte. Jaimini dormit à l'intérieur. Une fois de plus, le désir sexuel devint un peu plus intense et vif, car il était très proche d'une femme et il entendait le son de ses bracelets. Puis il se leva et commença à l'embrasser. Aussitôt, Sri Vyasa reprit sa forme originelle avec sa longue barbe et dit : "Ô, mon cher Jaimini, qu'en est-il de la force de ton Brahmacharya maintenant ? Es-tu maintenant établi dans ton célibat parfait ? Qu'as-tu dit lorsque j'ai donné une conférence sur ce sujet ? Jaimini a baissé la tête de honte et a dit : "Guruji, je me suis trompé. Veuillez me pardonner."

Même Jésus a été tenté par Satan. Bouddha a dû se battre sérieusement avec Mara (l'envie) juste avant d'atteindre son Nirvana ou état de Bouddha.

Attention à Maya, un avertissement aux aspirants

C'est pourquoi, ô, chers aspirants, vous devrez être très, très prudents. Pendant la période de Sadhana, évitez la compagnie des femmes. Vous ne devez jamais vous mêler aux jeunes femmes, quelle que soit votre force. Maya travaille si furtivement dans les courants souterrains que vous ne vous rendrez peut-être pas compte de votre chute réelle.

Gardez le mental pleinement occupé par des activités spirituelles. Tenez-vous le plus loin possible de tout ce qui pourrait attiser vos passions. Alors seulement vous serez en sécurité.

Ne vivez pas avec des chefs de famille. Ne testez pas votre force et votre pureté spirituelles lorsque vous êtes un débutant sur le chemin spirituel. Ne vous précipitez pas dans des associations maléfiques lorsque vous êtes un néophyte spirituel pour montrer que vous avez le courage d'affronter le péché et l'impureté. Ce serait une grave erreur. Vous courriez un grave danger. Vous auriez une chute rapide. Un petit feu sera très facilement éteint par un tas de poussière.

Le mental a un grand pouvoir d'imitation. C'est la raison pour laquelle il est interdit à un aspirant spirituel de se mêler aux membres de la famille. Son mental essaiera d'imiter celui des matérialistes. La chute s'ensuivra.

Si un aspirant se déplace avec des gens riches, Zamindars et Rajas, son mental commence à imiter les habitudes luxueuses de ces gens et avant longtemps il chute inconsciemment. Certaines mauvaises habitudes s'insinuent en lui inconsciemment. Et il lui est difficile de les éliminer ou de les supprimer. Après quarante ans, il est difficile d'éliminer les vieilles habitudes et d'établir de nouvelles habitudes saines.

Un aspirant ne peut vivre que peu de temps dans son lieu d'origine s'il y a un appel urgent. Les règles et les lois du yoga ne peuvent pas lui permettre d'y rester pendant une période assez longue, quels que soient le lieu et le degré de Vairagya (détachement) de l'aspirant. La force des Samskaras (impressions) est énorme. À moins que tous les Samskaras ne soient complètement brûlés par le Samadhi Asamprajnata pur ou le Nirvikalpa Avastha (état de semence), il n'est pas sûr pour lui de rester longtemps dans son lieu d'origine. Il se trouve toujours dans la zone de danger.

Après cinq ans d'isolement, l'aspirant doit tester son état mental en venant dans le monde et en se mêlant aux gens du monde. S'il n'y a pas d'attirance pour les objets, il peut être sûr d'avoir atteint la troisième étape du Jnana-Bhumika-Tanumanasi, où le mental s'amincit comme un fil.

Comment le désir se développe-t-il et nous ruine-t-il ?

Du lit de Samskaras et Vasanas émane l'imagination, à travers la mémoire. Puis vient l'attachement. Avec l'imagination, l'émotion et l'impulsion se manifestent. L'émotion et l'impulsion existent côte à côte. Viennent ensuite le désir sexuel, l'excitation et la brûlure dans le mental et à travers le corps. Les excitations et les sensations de brûlure mentales pénètrent dans le corps physique tout comme l'eau du pot pénètre dans la surface du pot. Si vous êtes très vigilant, vous pouvez chasser l'imagination au tout début et éviter le danger. Même si vous laissez le voleur imagination entrer par la première porte, surveillez attentivement la deuxième porte lorsque l'excitation se manifeste. Vous pouvez arrêter la brûlure maintenant. Vous pouvez aussi facilement empêcher la forte pulsion sexuelle d'être transmise à l'Indriya lui-même. Faites remonter l'énergie sexuelle vers le cerveau par Uddiyana et Kumbhaka. Répétez OM mentalement avec force. Déviez le mental. Priez. Méditez.

Méthode pour contrôler le désir

Tout comme vous contrôlez la sensation de démangeaison dans une partie eczémateuse de la jambe ou des croutes sur la main, vous devez contrôler la démangeaison du désir par Viveka, Vichara, Brahma-Bhavana, régime Sattvique léger, jeûne, Pranayama, Uddiyana Bandha, Satsanga, étude de la Gita, Japa, prière, etc. Alors seulement, vous pourrez jouir de la félicité spirituelle.

Vichara et Brahma-Bhavana

C'est par le biais de Vichara et de Brahma-Bhavana constants que le mental doit être sevré des pensées et tendances lascives. Vous devez éliminer non seulement l'envie et les pulsions sexuelles, mais aussi l'attrait sexuel. Pensez aux misères que vous procure une vie conjugale avec ses divers imbroglios et servitudes. Faites comprendre au mental, par des autosuggestions répétées et des martèlements, que le plaisir sexuel est faux, sans valeur, illusoire et plein de douleur. Placez devant le mental les avantages, la béatitude, la puissance et la connaissance d'une vie spirituelle. Faites-lui comprendre que la vie exaltée, éternelle est dans l'Atman immortel. Lorsqu'il entendra constamment ces suggestions utiles, il abandonnera lentement ses vieilles habitudes. L'attirance pour le sexe va lentement disparaître. Alors, seulement une véritable sublimation du sexe aura lieu. Alors, seulement vous deviendrez un Urdhvaretas.

Atman est sans sexe. Il n'y a pas de sexe dans les cinq éléments. C'est le mental qui crée l'idée de sexe. Sukadeva n'avait pas d'idée sexuelle. Considérez qu'une femme est une combinaison de cinq éléments, une masse d'électrons ou d'atomes. L'idée de sexe va lentement disparaître.

Raison pure

Il existe deux types de force dans le mental, à savoir la force hostile ou antagoniste et la force amie ou favorable. La passion est une force hostile qui vous entraîne vers le bas. La raison pure est une force favorable qui vous élève et vous transmute en Divinité. Par conséquent, mon enfant, développe la raison pure pour obtenir la félicité pure et la connaissance brahmanique suprême. La passion mourra d'elle-même.

Nourriture Sattvique

Prenez des aliments Sattviques légers, tels que du lait, des fruits, etc. Vous pouvez ainsi contrôler les passions. Les sages disent que la pureté de la nourriture mène à la pureté du mental.

Jeûner

Le jeûne affaiblit le sexe Indriya. Il détruit l'excitation sexuelle. Les jeunes hommes et femmes passionnés devraient recourir au jeûne occasionnel. Cela s'avérera très bénéfique.

Pranayama

Avec le Pranayama, le mental passe progressivement du brut au subtil. Il exerce donc un contrôle sain sur l'irritation sexuelle. Lorsqu'une pensée malveillante vous dérange, prenez immédiatement Padmasana ou Siddhasana et pratiquez le Pranayama, la pensée vous quittera immédiatement.

Satsanga et Svadhyaya

N'étudiez pas de romans romantiques. Ne parlez pas de sujets sexuels. Ne fréquentez pas les personnes qui se livrent à des activités sexuelles. Faites de votre mieux pour détourner votre mental et vos yeux des objets extérieurs qui suscitent des désirs sexuels. Tenez compagnie aux Sâdhus et aux Sannyasins. Lisez des livres sublimes tels que la Gita, les Upanishads et le Yogavasishtha. Pratiquez le Mantra-Japa et le Pranayama.

Gardez le mental toujours occupé

ardez le mental pleinement occupé. Vous pouvez vous établir dans le Brahmacharya mental et physique. Je vais vous donner ici la routine du travail : six heures pour le sommeil (22 h à 4 h) ; six heures pour la méditation (4 h à 7 h et 19 h à 22 h) ; six heures pour l'étude ; quatre heures pour le travail de Nishkama, le service des pauvres, le service des malades, etc. Deux heures de marche ou d'exercice à l'intérieur. Cela permet de garder le mental toujours engagé.

Bénéfices de Brahmacharya

Le mental, Prana, Virya (énergie séminale) sont les trois maillons d'une même chaîne. Ils sont les trois piliers de l'édifice de Jivatman. Détruisez l'un de ces piliers – le mental, Prana ou Virya – et tout l'édifice tombera en morceaux. Si vous pouvez observer Akhanda Brahmacharya pendant une période de 12 ans, vous entrerez spontanément dans le Nirvikalpa Samadhi sans aucun effort. Le mental sera contrôlé par lui-même. L'énergie séminale est un puissant Sakti. Le sperme est Brahman lui-même. Un Brahmachari qui a pratiqué le célibat sans interruption pendant douze ans atteindra l'état de Nirvikalpa au moment où il entendra le Mahavakya "Tat Tvam Asi" (Tu es cela). Son mental est extrêmement pur, fort et pointu. Il n'a pas besoin d'avoir subi à plusieurs reprises le long processus de Sravana (audition) et de Manana (réflexion).

Une goutte de sperme est constituée de 40 gouttes de sang. L'énergie dépensée dans un acte de copulation équivaut à une dépense d'énergie mentale par un effort mental pendant 24 heures ou à une dépense d'énergie physique par un effort physique pendant trois jours. Notez combien le sperme est important et précieux ! Ne gaspillez pas cette énergie. Conservez-la avec grand soin. Vous aurez une vitalité et une énergie merveilleuses. Lorsqu'elle n'est pas utilisée, elle est transmutée en Ojas-Sakti (énergie spirituelle) et stockée dans le cerveau. Les médecins occidentaux connaissent mal ce point essentiel. La plupart de vos maux sont dus à un gaspillage séminal excessif.

Un vrai Brahmachari en pensée, parole et action a un merveilleux pouvoir de réflexion. Il peut faire bouger le monde. Si vous développez un célibat strict, Vichara-Sakti (pouvoir d'investigation) et Dharana-Sakti (pouvoir de saisir et de détenir la Vérité) se développeront. Si un homme refuse obstinément de céder à sa nature inférieure et reste célibataire, l'énergie séminale est déviée vers le cerveau et stockée sous forme d'Ojas-Sakti (pouvoir spirituel). Ainsi, le pouvoir de l'intellect est intensifié à un degré remarquable. Le célibataire strict a une mémoire vive et aigüe, même dans la vieillesse. Le célibataire qui a réussi la transmutation de l'énergie séminale constatera que les désirs sexuels ne le dérangent plus. Ce célibataire est connu sous le nom d'Urdhvaretas. Hanuman, Bhishma, Lakshmana, Swami Dayananda et Swami Vivekananda étaient des Urdhvareto-Yogis.

La colère : comment naît-elle ?

La colère monte en celui qui pense à son ennemi. Même si vous avez oublié le sentiment d'agacement, il se cache dans le mental sous une forme latente. L'effet est là pour un certain temps. Si vous renouvelez plusieurs fois le même type de pensée de jalousie, d'envie ou de haine envers la même personne, l'effet dure plus longtemps. La répétition d'un sentiment de colère intensifie la haine. Un simple sentiment de malaise se transforme en une intense malveillance par la répétition de la colère.

Les jours où vous avez beaucoup de soucis, de vexations, d'inquiétudes du matin au soir, une broutille provoque beaucoup d'irritation dans le mental. Son équilibre est perturbé par une affaire dérisoire. Un seul mot dur vous met hors d'équilibre, alors que toute la journée, lorsque vous êtes paisible, même une forte injure et une sévère censure ne produisent aucun effet.

La colère réside dans le Linga Sarira ou corps astral. Mais elle s'infiltre dans le corps physique tout comme l'eau s'infiltre par les pores dans la surface extérieure d'un pot de terre.

Effets néfastes de la colère

De même que la chaleur fait fondre le plomb, de même que la chaleur et le borax font fondre l'or, Kama et Krodha, les facteurs de chauffage du mental, le font fondre. Lorsque vous êtes en colère, le mental est perturbé. De même, lorsque le mental est perturbé, le corps l'est aussi. Tout le système nerveux est agité. Vous vous énervez.

La colère abîme le cerveau, le système nerveux et le sang. Lorsqu'une vague de colère survient dans le mental, le Prana commence à vibrer rapidement. Vous êtes agité et excité. Le sang devient chaud. De nombreux ingrédients toxiques se forment dans le sang. Lorsque le sang est agité, le sperme est également affecté.

Un jour, un enfant a sucé le sein de sa mère alors qu'elle était dans une violente fureur ou rage et il est mort immédiatement à cause d'un empoisonnement par des produits chimiques virulents qui ont été jetés dans le sang de la mère alors qu'elle était très excitée. De nombreux cas de ce type ont été enregistrés. Tels sont les effets désastreux de la colère. Même trois minutes de tempérament violent et chaud peuvent produire des effets si délétères sur le système nerveux qu'il faudra des semaines ou des mois pour réparer les blessures.

La colère trouble la compréhension. Lorsque le mental est violemment agité, il est impossible de comprendre clairement le passage d'un livre. Vous ne pouvez pas penser correctement et clairement. Lorsque la lampe vacille dans le vent, vous ne voyez pas clairement les objets. De même, lorsque Buddhi (le mental) vacille ou est agitée par la colère, le chaos s'y installe et vous n'êtes pas capable de voir et de comprendre les choses correctement. Buddhi est toute lumière.

Un homme qui est esclave de la colère peut s'être bien lavé, oint, coiffé et avoir revêtu des vêtements blancs ; mais il est laid, en proie à la colère. Des symptômes sur le visage indiquent la présence de la colère dans le mental. Si vous ressentez de la colère, vous perdrez la bataille de la vie. Si vous avez un mental facilement irritable, vous ne serez pas en mesure d'accomplir vos tâches quotidiennes et vos affaires de manière efficace.

Comment contrôler la colère

Il y a trois façons de détruire la colère et le Vritti désir : (1) vous pouvez les diriger par la force de la volonté. C'est, sans aucun doute, difficile et éprouvant. Cela épuise beaucoup votre énergie. (2) La méthode Pratipaksha-Bhavana : Entretenez des contre-pensées - des pensées de pureté et d'amour. C'est facile. (3) Vivre dans la Vérité ou Brahman. Il n'y a pas de Vrittis d'aucune sorte dans Brahman. Brahman est Nirvikara, Nirvikalpa et Nitya Suddha (toujours pur). Cette méthode est parfaite et puissante. Les Vrittis disparaissent complètement.

Conquérez la passion. Il sera alors facile de maîtriser la colère, qui n'est qu'un de ses acolytes.

Maîtrisez la colère par l'amour. La colère est une énergie puissante qui est incontrôlable par la pratique du Buddhi Vyavaharique, mais contrôlable par la raison pure (Buddhi Sattvique) ou Viveka-Vichara.

Lorsque vous vous fâchez contre votre serviteur alors qu'il ne vous sert pas votre lait habituel, posez-vous la question : "Pourquoi devrais-je être esclave du lait ?" Alors, la vague de colère va immédiatement s'apaiser naturellement. Elle ne se manifestera pas non plus en d'autres occasions, si vous êtes prudent et réfléchi.

Maîtrisez la colère par Kshama (pardon), Daya, la patience, la tolérance, l'amour universel (Visva-Prema), la douceur, Viveka, Vichara, Atma-Bhava, Udasinata, Nirabhimanata et d'autres vertus similaires. Pardonnez et ayez pitié de la personne qui vous fait du mal. Considérez la censure comme une bénédiction, un bijou et un nectar. Supportez le reproche. Développez l'amour universel par le service, la charité, Brahma-Bhava. Rappelez-vous tout état de calme et de pureté qui, lorsqu'il vous vient à l'esprit, supprime la haine et apporte le calme. Lorsque la colère est maîtrisée, l'impolitesse, l'orgueil et l'envie disparaissent d'eux-mêmes. La prière et la dévotion permettront d'extirper la colère.

Pratiquez Pratipaksha-Bhavana (pratique d'une contre-idée). Quand vous vous mettez en colère, remplissez le mental avec l'idée de l'amour. Si vous êtes déprimé, remplissez le mental avec l'idée de joie et d'exaltation.

Lorsque vous vous mettez en colère, quittez immédiatement les lieux pendant une demi-heure. Faites une longue promenade. Répétez le mantra sacré, "OM SANTIH", 108 fois. Votre colère s'apaisera. Je vais vous dire un autre moyen facile. Quand vous vous mettez en colère, comptez d'un à trente. La colère s'apaisera.

Lorsque la colère tente de se manifester, observez le silence. Gardez le silence. Ne prononcez jamais un mot dur ou une parole obscène. Essayez de l'étouffer avant qu'elle n'émerge du subconscient. Vous devrez être très vigilant. Elle essaie de sortir soudainement. Avant que la colère ne se manifeste, il y a une agitation (Udvega) dans le mental. Vous devez essayer d'extirper cette même agitation avant qu'elle ne prenne une forme très grossière sous la forme de contractions des muscles du visage, de serrement des dents, d'yeux rouges, etc. Vous devrez vous imposer une retenue et une punition en jeûnant pendant un jour chaque fois que l'Udvega (l'agitation) se manifeste dans le mental.

Si vous vous efforcez et faites un effort sincère pour maîtriser votre colère, la haine s'apaise. Mais un léger mouvement d'impatience persiste bien que le sentiment de colère ait disparu. Vous devez également éviter ce léger trouble. Pour une personne qui mène une vie divine, c'est un inconvénient très sérieux.

L'irritabilité est une faiblesse mentale. Si vous êtes facilement irritable, il est probable que vous commettiez des injustices à l'égard de nombreuses personnes. Supprimez cela par la pratique de la patience, Titiksha, la tolérance, Karuna (miséricorde), l'amour, Brahma-Bhava, Narayana-Bhava, etc.

La tranquillité mentale est un moyen direct de réaliser Brahman (ou le Soi supérieur).

Une certaine personne est calme dans son comportement. Son calme est remarqué par tout le monde alors qu'elle s'acquitte de ses tâches, grandes et petites, magnifiquement bien. Une autre personne est calme dans son comportement, dans son discours, ce qui est remarqué par tout le monde. Car, par nature, elle est amicale, douce dans sa parole, sympathique, d'un visage franc, prête à saluer. Vous devriez être calme dans tous les trois états. Envers une telle personne, le développement de l'amour n'est pas difficile.

Vous devez avoir le don de garder le mental toujours en équilibre et en harmonie. Fermez les yeux. Plongez profondément dans la Source Divine. Sentez sa présence. Souvenez-vous toujours de Lui. Pratiquez Son nom. Répétez Son Nom même au travail. Vous acquerrez une immense force spirituelle. Méditez tôt le matin avant de vous mêler aux gens. Vous devez vous élever au-dessus des mille et une choses qui vous irriteraient facilement au cours de votre vie quotidienne. C'est seulement ainsi que vous pourrez accomplir chaque jour un travail merveilleux dans l'harmonie et la concorde.

La haine et ses modifications

La haine et la malveillance sont deux passions redoutables. Elles sont si profondément implantées dans le système qu'il est très difficile de les déraciner. L'orgueil n'est pas aussi effrayant que la haine et la malveillance. Lorsqu'un homme est placé dans une position élevée et gagne beaucoup d'argent et qu'il est ainsi honoré et respecté de tous, il devient très fier. Lorsqu'il perd cette position et ne gagne plus d'argent, son orgueil disparaît. Mais la haine et la malveillance sont deux passions invétérées qui nécessitent des efforts constants et diligents pour leur éradication.

Préjugés, intolérance, Ghrina, insolence, impertinence, dédain, mépris, ces Vrittis sont autant de modifications de l'émotion de la haine. Le soupçon devient un préjugé par la répétition. Les préjugés se transforment en malveillance (Ghrina) et en intolérance. La mauvaise volonté est une forme de haine légère. Lorsqu'elle est répétée, elle se transforme en haine. La haine, par répétitions successives, devient de la malveillance ou une inimitié extrême.

Préjugés

Les préjugés ou l'aversion déraisonnable, les opinions préconçues et l'intolérance sont trois Vrittis indésirables dans le mental. Les préjugés rendent le mental et le cerveau insensible. Le mental ne peut pas penser vraiment. Les préjugés sont une sorte de plaie mentale. Si vous avez des préjugés contre les mahométans, vous ne pouvez pas comprendre les enseignements de Mahomet dans le Coran. Le cerveau et le mental ne vibreront pas harmonieusement pour recevoir les idées spirituelles du Coran, car les préjugés ont rendu le mental insensible.

Les préjugés sont comme une plaie ouverte sur le corps physique à travers laquelle la volonté de l'homme s'échappe. Soyez libéral ou éclectique dans vos opinions. Vous devez donner une place à chaque école de philosophie et à chaque religion. Une religion particulière convient à une nation particulière en fonction du stade d'évolution, du tempérament et des capacités du peuple. Arya-Samaja, Brahmo-Samaja, la Nouvelle Pensée, le Mouvement, l'Occultisme et les cultes de différentes sortes et dénominations servent leur propre objectif utile.

Intolérance

L'intolérance est une étroitesse d'esprit due à certaines croyances, convictions et opinions étroites. Vous devez être extrêmement détaché et sobre dans vos opinions. Votre mental sera fortement perturbé par l'intolérance. Même si vos opinions sont diamétralement opposées à celles des autres, vous devez faire preuve d'une tolérance parfaite. Un personne tolérante a le cœur large. La tolérance apporte une paix durable.

Insolence

L'insolence est une nature dominatrice. C'est une attitude hautaine qui se manifeste par un traitement méprisant des autres. C'est un mépris arrogant. C'est une impudence brutale. C'est une nature manifestement grossière ou irrespectueuse. L'insolence est un comportement grossier et hautain en violation des règles établies des relations sociales. L'homme insolent fait preuve d'un mépris total pour les sentiments d'autrui. Il se livre à des attaques personnelles, en paroles ou en actes, qui dénotent soit un mépris, soit un triomphe.

Comment éradiquer la haine

Aucun Samadhi ou union avec Dieu n'est possible lorsque la haine, les préjugés, la jalousie, la colère, le désir, etc. existent dans le mental. Éliminez ces défauts par l'amour, Titiksha, Brahma-Bhavana, Atma-Drishti, Satsanga, Vichara. L'amour est la plus grande puissance sur terre.

Karuna est la plus haute Sadhana. Ne pas faire de mal aux autres et soulager la souffrance là où elle se trouve est Karuna.

Celui qui aime une autre personne n'aime que lui-même. Celui qui donne cinq roupies comme charité à un pauvre être en détresse, se les donne à lui-même. Car il n'y a rien d'autre que son propre soi dans l'univers. Celui qui blesse, hait et abuse d'un autre être, ne blesse, ne hait et n'abuse que de lui-même. Il creuse sa propre tombe.

Lorsque des pensées de vengeance et de haine surgissent dans le mental, essayez d'abord de contrôler le corps physique et la parole. Ne prononcez pas de paroles méchantes et dures. Ne censurez pas. N'essayez pas de blesser les autres. Si, par la pratique pendant quelques mois vous y parvenez, les pensées de vengeance, n'ayant aucune possibilité de se manifester à l'extérieur, mourront d'elles-mêmes. Il est extrêmement difficile de contrôler de telles pensées dès le début sans avoir, en premier lieu, recours au contrôle du corps et de la parole.

Vichara constant et le développement des vertus opposées – Prema, Daya et Karuna (amour, compassion, sympathie et commisération) – éradiqueront les deux passions violentes que sont la haine et la malveillance.

Lorsque la haine se manifeste, réfléchissez aux bienfaits de l'amour ; elle disparaîtra lentement. Les bénédictions de l'amour sont nombreuses. On dort heureux. On vit heureux. On ne fait pas de mauvais rêves. On est cher à tous. On est cher aux sous-humains. Les Dévas protègent ces êtres. Le feu, le poison et l'épée ne peuvent les approcher. Ils concentrent leur mental rapidement. Leur nature est sereine. Ils meurent paisiblement et se rendent à Brahma-Loka.

N'ayez pas d'ennemis. N'entretenez pas de pensées hostiles à l'égard de toute personne qui pourrait vous avoir fait du tort. Si, pendant que vous dirigez votre mental vers votre ennemi, vous vous rappelez les offenses qui ont été commises contre vous et que la haine s'élève en vous, vous devez la dissiper en vous attardant de façon répétée sur l'amour envers lui. Imaginez encore et encore qu'il est votre ami intime et au prix d'efforts, suscitez un fort courant d'amour à son égard. Faites appel aux sentiments affectueux et à d'autres qui provoquent l'amour et la tendresse. Souvenez-vous de l'histoire de Pavahari Baba et Jayadeva, l'auteur de Gita Govinda dans Bhakta Vijaya, qui a prié Dieu avec ardeur et a obtenu Mukti pour son ennemi, le voleur qui lui avait coupé les deux mains.

Servez l'homme que vous détestez. Partagez avec lui ce que vous avez. Donnez-lui quelque chose à manger. Lavez-lui les jambes. Prosternez-vous sincèrement. Votre haine s'apaisera. Il commencera aussi à vous aimer. Les cadeaux et les mots gentils apprivoisent les êtres indomptables. Ils baissent la tête grâce aux cadeaux et aux paroles aimables.

Si vous donnez une couverture à un homme dans le besoin avec réticence, ce n'est pas du tout Dana (acte de charité). C'est uniquement un acte égoïste. Le mental attendra pour reprendre la couverture à la première occasion. Donnez tout volontairement.

La Sadhana de la vision égale

Servez tout le monde. Servez le Seigneur en tout. Aimez tout le monde. Respectez tout le monde. Développer l'amour cosmique. Ayez Atma-Bhavana et Atma-Drishti. Ayez une vision égale (Sama Drishti). Toutes les sortes de haines disparaîtront. La Sadhana de la vision égale est extrêmement difficile, mais des efforts acharnés et constants finiront par porter leurs fruits.

Les aspirants qui souhaitent abolir la ligne de démarcation doivent immédiatement développer l'amour pour une personne très chère, ensuite pour une personne indifférente et ensuite pour un ennemi. Et, ce faisant, dans chaque cas, ils devraient rendre le cœur tendre et aimant et devraient immédiatement après susciter Dhyana (méditation).

Vous devez faire la différence entre un voleur et un honnête homme, mais vous devez aimer le voleur. Un homme du monde déteste un voleur, le voit de l'extérieur et considère qu'il est entièrement séparé du voleur ; tandis qu'un Jnani aime un voleur comme son propre moi et le voit en lui-même.

Lorsque vous vous souviendrez qu'un sauvage ou un voyou est un saint du futur et qu'il possède toutes les qualités divines sous une forme potentielle, vous commencerez à aimer tout le monde. La haine disparaîtra lentement. Ce n'est qu'une question de temps pour le voyou ou le sauvage pour son évolution et son développement.

Un aspirant qui souhaite commencer par le développement des quatre états divins, à savoir l'amour, la pitié, la sympathie et l'égalité mentale, doit d'abord, après avoir supprimé les obstacles, se consacrer à la méditation, chasser la somnolence due à son alimentation, s'asseoir confortablement sur un siège bien disposé dans un endroit retiré, et réfléchir aux maux de la haine et aux très nombreux avantages de la tolérance. En vérité, grâce à cette pratique, la haine disparaîtra lentement et la tolérance se développera. Une personne qui est envahie par la haine et dont le mental est assaillie par la haine tue des êtres. La patience est la plus haute vertu. Rien ne peut surpasser la tolérance. Celui qui est fort dans la tolérance est vraiment un être divin.

Il n'y a rien d'absolument juste ou d'absolument faux dans cet univers relatif. Le bien et le mal sont créés par le mental. Chacun a raison de son propre point de vue. Il y a un grain de vérité dans chaque chose. Le point de vue est le facteur déterminant dans la vie de chacun. Lorsque la compréhension est éclairée par la sagesse, le point de vue est large et entier. Lorsque la compréhension est assombrie par l'ignorance, le point de vue est étroit, limité et unilatéral. Le point de vue large est le signe de l'expansion du cœur. Un personne qui a une vue large est libre de tout soupçon, préjugé et intolérance de toutes sortes. La vue large résulte des voyages à l'étranger, d'une bonne naissance, d'une vaste étude, du Satsanga, du service social, d'une expérience variée, de la méditation, etc. Une personne aux vues larges voit les choses dans leur globalité et dans leurs justes relations. Une vision large crée l'harmonie et la concorde. Une vue étroite crée la mésentente et la discorde.

Anticipation et avarice

La mémoire et l'anticipation sont deux sortes de Vrittis mauvais pour un aspirant spirituel, bien qu'elles soient bénéfiques pour les personnes matérialistes. Pratyasa (anticipation) et Parigraha (saisie) font de vous un mendiant parmi les mendiants et détruisent votre volonté. N'anticipez rien. L'anticipation grossit le mental et provoque de l'agitation. N'attendez rien. Cela provoque des perturbations mentales. Si vous n'attendez rien, vous ne serez pas déçu. Oubliez tout ce qui se rapporte au monde. Même si quelque chose qui est propice au luxe arrive, rejetez-le immédiatement. Vous deviendrez plus fort. Souvenez-vous de Dieu et de Dieu seul. Tout le reste ici est un rêve. Le monde est un long rêve.

Détruisez l'avarice par Santosha (le contentement), l'intégrité, le désintéressement et la charité. Ne nourrissez pas d'espoirs. Vous n'aurez aucune déception. Santosha est l'une des quatre sentinelles du domaine de Moksha. Un mental satisfait est une fête continuelle. Si vous avez Santosha, vous recevrez l'aide des trois autres sentinelles, à savoir Sama, Vichara et Satsanga. Avec l'aide de ces quatre sentinelles, vous pouvez atteindre Brahma-Jnana, le but ultime de la vie.

Moha et son remède

Moha (illusion) est une arme puissante de Maya. Ne dites pas, mon ami, que le désir est plus puissant que Moha. Moha est aussi puissant et dangereux que le désir. Moha fait trois choses. Il crée l'idée de "mien" - ma femme, mon fils, ma maison, etc. Il produit un amour et un attachement entiers pour le corps, la femme, le fils et les biens. Il crée le "Nitya-Buddhi" (l'idée de stabilité) dans les objets périssables du monde et le "Dehatma-Buddhi". Il fait apparaître une chose fausse comme vraie. Le monde apparaît comme réel à cause de Moha. Le corps est confondu avec l'Atman ou le Soi pur en raison de l'influence trompeuse de Moha.

Bien que vous sachiez parfaitement que le corps d'une femme est composé de chair, d'os, de peau, de cheveux, de sang, d'urine et de fèces, vous vous accrochez passionnément à la forme. Pourquoi ? À cause de la force de Raga, Moha, Samskara, Vasana et Kalpana (imagination). Quand il y a Vasana-Kshaya (anéantissement de Vasanas) par Vichara et Viveka, vous ne serez pas attaché à une femme.

Débarrassez-vous de Moha excessif et de l'attachement à la femme, à l'argent et aussi aux enfants par Sannyasa (renoncement extérieur). S'il y a un changement externe, un changement interne doit également se produire. Le renoncement externe est tout à fait nécessaire.

Le mental est généralement attiré par la lumière brillante, la beauté, l'intelligence, les couleurs variées et les sons agréables. Ne vous laissez pas tromper par ces choses dérisoires. Investiguez à l'intérieur. Quel est l'Adhishthana ou l'arrière-plan de toutes ces choses ? Il y a une Essence en arrière-plan du mental et de tous les objets de cet univers sensoriel apparent. Cette essence est pleine (Paripurna) et autonome. Cette essence est le Brahman des Upanishads. Cette essence, vous l'êtes en vérité – "Tat Tvam Asi" – mes chers lecteurs !

Fierté

La fierté est un sentiment de supériorité sur les autres. Elle est de neuf sortes : (1) la fierté physique (fierté de posséder une grande force physique), (2) la fierté intellectuelle (fierté de posséder un grand savoir), (3) la fierté morale (fierté de posséder de grandes vertus morales), (4) la fierté psychique (fierté de posséder de grands pouvoirs psychiques ou Siddhis), (5) la fierté spirituelle, (6) la fierté d'être né dans la noblesse, (7) la fierté du pouvoir, de la richesse et d'autres possessions, (8) la fierté d'être beau et (9) le Rajamada (fierté de la souveraineté). Toutes ces variétés d'orgueil devraient être complètement surmontées.

Débarrassez-vous de votre orgueil grâce à Viveka. Tout est Anitya. Pourquoi êtes-vous vaniteusement gonflés de fierté ?

L'arrogance est une forme de fierté. C'est une présomption indue d'importance personnelle. C'est aussi prétendre beaucoup.

Darpa est vanité. C'est un étalage vain. C'est un spectacle vain. L'homme est gonflé alors qu'il ne possède rien. En fait, un homme fier possède quelque chose. C'est la différence entre la fierté et la vanité. La vanité est une forme de fierté exagérée.

L'hypocrisie (Dambha) consiste à prétendre être ce que l'on n'est pas vraiment. C'est faire semblant. C'est la dissimulation de son vrai caractère. C'est le contraire de l'Adambhitva de la Gita (XIII-7). Un hypocrite fait semblant d'être ce qu'il n'est pas vraiment, afin de soutirer aux autres de l'argent, de l'honneur, de la gloire ou autre chose.

Hypocrisie, mensonge, tricherie, avarice et Trishna (avidité) sont très étroitement liés. Ils sont membres d'une même famille. L'hypocrisie est la progéniture de l'avarice. Le mensonge est le fils de l'hypocrisie. L'hypocrisie coexiste avec le mensonge. Trishna est la mère de l'hypocrisie. L'hypocrisie ne peut pas vivre un seul instant sans mensonge, le fils et l'avarice et Trishna (père et mère). Quand il y a une envie d'objets, l'avidité pour l'argent entre en jeu. Sans argent, il ne peut y avoir de plaisir. Pour satisfaire la soif d'argent, il faut faire preuve d'hypocrisie, mentir et tromper les autres. La cause profonde de tout cela est le désir de plaisir. La diplomatie trompeuse et le mensonge sont de vieux alliés de la cupidité et de la haine.

La suffisance est une modification particulière dans le mental. C'est l'effet de la vanité, de l'orgueil et de Dambha. C'est un Rajoguna Vritti. Enlevez-le par la pensée juste, Vichara et la pratique de la vertu opposée, l'humilité.

La jalousie et ses modifications

La jalousie est une forme de colère continue. Irshya est une forme de jalousie. C'est une forme de haine. Blâmer, accuser, se moquer, ridiculiser, critiquer injustement, censurer, dénigrer, calomnier, rapporter, bavarder, commérage, trouver des défauts, se plaindre - tout cela procède de la jalousie, qu'elle soit subtile ou grossière, et d'une haine de différentes sortes. Cela indique un manque de culture mentale et de la méchanceté. Cela doit être supprimé.

Se moquer, c'est censurer sarcastiquement. Taquiner, c'est tourmenter ou irriter par des plaisanteries. Ricaner, c'est faire preuve de mépris par l'expression du visage, comme en remontant le nez. Froncer les sourcils, c'est comme dans la colère. Se moquer, c'est rire en ridiculisant, imiter en ridiculisant. Ridiculiser, c'est faire de l'esprit en exposant au rire. C'est de la dérision ou de la moquerie. C'est exposer quelqu'un à l'hilarité. Une plaisanterie est une insulte intelligente. Il faut éviter tout cela lorsque l'on se déplace avec d'autres personnes, car cela provoque une rupture entre amis, des sentiments enflammés et un sentiment d'hostilité. Les mots doivent être doux et les arguments durs ; si les mots sont durs, ils apporteront la discorde. Un seul mot dur brisera en une minute l'amitié de longues années. Les mots ou les sons ont un pouvoir énorme. Il s'agit de Sabda Brahman. C'est Sakti.

Il y a un monde de différence entre "Juste des commentaires" et Ninda (censure). "Juste des commentaires" n'est pas Ninda. C'est autorisé. C'est aussi inévitable. Vous ne pouvez l'éviter que lorsque vous vous enfermez seul dans une grotte lointaine de l'Himalaya. Si vous n'avez pas de haine pour un homme, si vous n'êtes pas jaloux de lui et si vous faites remarquer à votre ami, au cours de la conversation, ses faiblesses et aussi ses bonnes vertus – "Mr. Thomas est un homme honnête, aimant, gentil et sympathique. Il est humble. Il dit la vérité. Mais il est extrêmement irritable et colérique" – ce n'est pas du tout Ninda (censure), bien que vous souligniez le défaut de M. Thomas. En Ninda, on vilipende un homme.

Vous ne faites que souligner ses défauts. Vous exagérez ses faiblesses. Vous pointez le défaut à chacun de votre propre chef sans qu'on vous le demande. Au fond de votre cœur, vous êtes jaloux de l'homme. Vous voulez le vilipender.

Si vous vous penchez toujours sur les défauts des autres, vous vous en imprégnerez en y pensant constamment. Regardez toujours le bon côté d'une personne. Ignorez ses défauts. La haine disparaîtra. L'amour augmentera.

L'habitude de critiquer, ergoter et le commérage sont des défauts. Les défauts et les faiblesses sont deux qualités distinctes. La colère est un défaut. L'habitude de boire du thé est une faiblesse. Être trop sentimental est une faiblesse. Les défauts et les faiblesses doivent être éliminés en leur substituant les vertus opposées.

Comment détruire la jalousie

Il y a trois façons de détruire la jalousie :

(1) Mithya Drishti (Dosha Drishti) : "Le monde entier avec ses plaisirs, sa richesse et son luxe est tout à fait illusoire. Qu'est-ce que je gagne à être jaloux d'un autre ?" Si quelqu'un pense sérieusement comme ça plusieurs fois par jour, le Vritti de la jalousie va lentement mourir. Ce Vritti est la racine de toutes les misères. Il est profondément enraciné.

(2) Bhratri Bhava (sentiment de fraternité universelle). Vous n'êtes pas jaloux de votre ami intime ou de votre frère aimant. Dans ce cas, vous ne faites plus qu'un avec votre ami ou votre frère. Vous sentez intérieurement que tout ce qui leur appartient est à vous. Vous devrez le faire avec tout le monde. Vous devrez aimer tout le monde comme votre frère ou votre ami. Alors vous n'aurez plus de Vritti de jalousie.

(3) Ceci est un état avancé : répétez la formule "Je suis le tout", "Je suis le tout en tout". Sentez-vous partout. Pensez qu'il n'y a rien d'autre qu'Atman, votre propre Soi, partout. La jalousie disparaîtra lentement en entretenant cet Atma-Bhava. Vous devez toujours entretenir cette idée - "*Vasudevah sarvamiti*" (Vasudeva est tout). "Vasudeva" signifie "tout". Vous aurez une joie infinie qui ne peut être que ressentie. Elle ne peut être décrite de façon adéquate par des mots.

Si vous placez un grand miroir devant un chien et que vous mettez du pain devant, tout de suite le chien aboie en regardant son reflet dans le miroir. Il s'imagine bêtement qu'il y a un autre chien. De même, l'être humain ne voit dans tous les gens que son propre reflet à travers le miroir de son mental, mais il imagine bêtement comme le chien qu'ils sont tous différents de lui et se bat à cause de la haine et de la jalousie.

La peur : une maladie grave

La peur est une grande malédiction humaine. C'est une pensée négative. C'est votre pire ennemi. Elle prend différentes formes, à savoir la peur de la mort, la peur de la maladie, la peur des critiques publiques, la peur de perdre ses biens ou son argent, etc. La peur détruit de nombreuses vies, rend les gens malheureux et les fait échouer.

Certaines personnes peuvent affronter courageusement l'obus ou le tir sur le champ de bataille. Mais elles craignent les critiques et l'opinion publique. Certains peuvent affronter un tigre sans peur dans la forêt. Mais ils ont peur du couteau du chirurgien et du bistouri. Il faut se débarrasser de toute sorte de craintes.

Le pouvoir de l'imagination dans le mental intensifie la peur. La peur est due à l'illusion ou Moha, l'attachement au corps grossier et physique à cause d'Avidya (l'ignorance). L'attachement au corps (Moha, Dehadhyasa) est la cause de toute peur. Celui qui peut se débarrasser de la gaine physique (Annamaya Kosha) soit par le Yoga, soit par Jnana, sera libéré de la peur. Celui qui a vaincu la peur a tout vaincu. Il a acquis la maîtrise du mental.

Certaines personnes s'évanouissent lorsqu'elles voient une grande quantité de sang. Certains hommes ne peuvent pas voir une opération chirurgicale. Ils s'évanouissent. Ce sont toutes des faiblesses mentales. Certains ne peuvent pas prendre leur nourriture si des matières fécales ou des vomissures se trouvent à proximité. Toutes les faiblesses mentales doivent être éradiquées par Vichara.

Un mental calme est synonyme de courage. Vous pouvez affronter sans crainte les épreuves et les difficultés du chemin spirituel. Il a sa racine dans la reconnaissance de l'unité du Soi. "Abhayam" (l'intrépidité) est l'une des Daivi Sampats (qualités divines). Pensez constamment que vous êtes Atman. Vous allez lentement développer un immense courage. La seule idée que vous êtes le Soi immortel (Atman) peut détruire efficacement toute sorte de peur. C'est le seul tonique puissant, la seule panacée sûre pour cette terrible maladie de la peur. Pensez que vous êtes l'Atman immortel (Amrita), sans peur (Abhaya). Lentement, la peur disparaîtra. Développez la vertu positive, à savoir le courage. La peur disparaîtra lentement.

Le doute

Le doute est un grand tourmenteur du mental. Il possède un monde mental qui lui est propre. Il trouble sans cesse l'être humain. Le doute n'a pas de fin. Si un doute est levé, un autre doute est prêt à prendre sa place. C'est l'astuce du mental. Coupez le nœud des doutes par l'épée de la sagesse. Connaissez celui qui a les doutes. Personne ne doute de celui qui doute. Si tous les doutes disparaissent grâce à Brahma-Jnana, alors le mental sera détruit.

Les pensées d'inquiétude et les pensées de peur sont des forces effrayantes en nous. Elles empoisonnent les sources mêmes de la vie et détruisent l'harmonie, l'efficacité en cours, la vitalité et la vigueur ; tandis que les pensées opposées de gaieté, de joie et de courage guérissent, apaisent au lieu d'irriter, augmentent immensément l'efficacité et multiplient la puissance mentale. Soyez toujours joyeux. Souriez. Riez.

Les mauvais Vrittis sont vos véritables ennemis. Détruisez-les.

Qui est votre véritable ennemi ? C'est votre propre Antahkarana (mental) possédé par les maléfiques Vrittis. Seul ce mental, qui est libre d'attachement, d'illusion, de jalousie, de désir, d'égoïsme et de colère, peut se souvenir constamment de Dieu. Si le miroir est sale, vous ne pouvez pas voir votre visage correctement. De même, si le mental-miroir est sale par l'accumulation de Mala (six passions, Kama, Krodha, etc.), Brahman ne peut pas se refléter dans le mental. Lorsqu'il est nettoyé à fond, lorsqu'il devient Sattvique, il est apte (Yogayukta) à refléter Brahman.

Quoique vous pratiquiez - le Karma Yoga, le Bhakti Yoga, le Raja Yoga ou le Jnana Yoga - vous devez être libre de jalousie, de haine, d'attachement, d'orgueil et d'égoïsme et vous devez avoir le contrôle des Indriyas. Si vous voulez tout pour vous-même, si vous vivez dans le luxe et si vous n'avez pas réduit vos désirs, comment pouvez-vous être capable d'offrir quelque chose aux autres ? Vous ne pouvez vous unir au cosmos que par l'amour, le service désintéressé et la charité désintéressée.

Les aspirants devraient abandonner totalement tous les mauvais Vrittis décrits ci-dessus. Ceux-ci constituent ce que l'on appelle les Asuri Sampat (qualités diaboliques). Que vous viviez dans une ville ou dans une grotte de l'Himalaya, il n'y a pas de différence lorsque vous avez le mental troublé. Vous emportez vos propres pensées avec vous, même si vous vous retirez dans une grotte lointaine et solitaire. Le mental reste le même. La paix vient de l'intérieur. L'irritation, la colère, l'impatience, la vengeance, la suspicion, les préjugés, la rancune, l'antipathie, l'intolérance, l'agitation, la dépression, les sentiments enflammés doivent être totalement éliminés par la Sadhana spirituelle, par le développement des qualités Sattviques, par la méditation sur OM, et par un constant Vichara. Alors seulement, la paix pourra être obtenue. En développant des Daivi Sampat (qualités divines) telles que Karuna, Satya, Ahimsa, Brahmacharya, Daya, etc. les qualités maléfiques seront surmontées.

Pratipaksha-Bhavana : la méthode de substitution

Lorsqu'il y a une pensée lascive, substituez des pensées de pureté. Commencez à étudier la Gita ou les Upanishads. Chantez le Bhajan de Hari à l'harmonium. Les pensées impures disparaîtront. Lorsqu'il y a de la haine, remplacez-la par des pensées d'amour. Pensez aux bonnes qualités de l'homme que vous détestez. Souvenez-vous encore et encore de ses bonnes actions. Servez-lui des sucreries, des fruits et du lait. Parlez-lui avec des mots aimables. Riez avec lui. Lavez-lui les jambes. Prenez-le comme Seigneur Siva ou Narayana quand vous le servez. La haine disparaîtra. Quand il y a de la peur, remplissez le mental de pensées de courage. Lorsqu'il y a de l'irritabilité, méditez sur les vertus de la tolérance, de la patience et de la retenue. Les pensées négatives mourront d'elles-mêmes. Si vous êtes déprimé, remplissez le mental avec l'idée de joie et d'exaltation. Si vous êtes malade, remplissez-le avec des idées de santé, de force, de puissance et de vitalité. Pratiquez ceci. Pratiquez ceci. C'est là que se trouve un grand trésor pour vous.

Chaque pensée, émotion ou humeur produit une forte vibration dans chaque cellule du corps et y laisse une forte impression. Si vous connaissez la méthode permettant de faire naître une pensée opposée ou une contre-pensée, alors seulement, vous pourrez mener une vie heureuse et harmonieuse de paix et de puissance. Une pensée d'amour neutralisera immédiatement une pensée de haine. Une pensée de courage servira immédiatement d'antidote puissant contre une pensée de peur.

L'idée crée le monde. L'idée donne naissance à l'existence. L'idée développe les désirs et excite les passions. Ainsi, une idée contraire de tuer les désirs et les passions contrecarrera l'idée première de satisfaire les désirs. Ainsi, lorsqu'une personne sera marquée par cette idée, une idée contraire l'aidera à détruire ses désirs et ses passions.

Comment peut-on ignorer une mauvaise pensée ? En l'oubliant. Comment peut-on oublier ? En n'y cédant pas à nouveau. Comment pouvez-vous empêcher le mental de s'y adonner à nouveau ? En pensant à autre chose de plus intéressant. IGNOREZ. OUBLIEZ. PENSEZ À QUELQUE CHOSE D'INTÉRESSANT. C'est une grande Sadhana. Rappelez-vous les idées sublimes contenues dans la Gita. Rappelez-vous les idées enrichissantes et élévatrices d'âme incarnées dans les Upanishads et le Yogavasishtha. Argumentez, cogitez, réfléchissez, raisonnez subjectivement. Les pensées matérialistes, les pensées d'inimitié, de haine, de vengeance, de colère, d'envie, tout cela va mourir.

Lorsqu'il y a des maladies, des discordes, des désaccords dans les cellules du corps dus à l'influence de pensées négatives, de pensées d'inquiétude, de peur, de haine, de jalousie, de convoitise, vous pouvez neutraliser le poison ou le chancre dans ces cellules malades et morbides et établir la paix, l'harmonie, la santé, une nouvelle vigueur et vitalité en entretenant des pensées sublimes, stimulantes, vivifiantes, élevantes, sattviques et divines, par les vibrations du chant "OM", par la répétition des différents Noms du Seigneur, par le Pranayama, le Kirtan (chant du

Nom du Seigneur), l'étude de la Gita et des saintes écritures, par la méditation, etc. Pensez constamment que vous êtes Suddha Sat-Chit-Ananda Vyapaka Atman. Toutes les propensions au mal disparaîtront et les vertus Sattvique se manifesteront.

Ne vous efforcez pas de détruire les différents Vrittis-Kama, Krodha, Dvesha, etc. Si vous pouvez détruire un seul Vritti Ahankara, tous les autres Vrittis mourront d'eux-mêmes. Ahankara est la pierre angulaire de l'édifice de Jiva. Si la pierre angulaire est enlevée, tout l'édifice de Jiva s'effondrera. C'est là le secret.

Pourquoi avez-vous peur de Kama, Krodha, etc. Ce sont vos serviteurs. Vous êtes Sat-Chit-Ananda Atman. Affirmez la majesté et la magnanimité du Soi.

CHAPITRE 29

Cultiver les vertus

Maitri (amabilité), Karuna (compassion), Daya (sympathie), Visva-Prema (amour cosmique ou universel), Kshama (pardon), Dhriti (patience spirituelle), Titiksha (pouvoir d'endurance, indulgence) et tolérance sont des qualités Sattviques du mental. Elles contribuent à la paix et au bonheur des êtres humains. Elles doivent être cultivées à un très haut degré.

L'amour et la pitié rendent le mental doux. La pitié a la caractéristique de faire évoluer le mode de suppression de la douleur et la propriété de ne pas pouvoir supporter de voir souffrir les autres. C'est la manifestation de ne pas nuire, la cause immédiate de voir le besoin de ceux qui sont vaincus par la douleur. Son aboutissement est la suppression du mal ; son échec est la production de la tristesse.

La patience, la ténacité, Utsaha (persévérance) et la détermination sont indispensables pour réussir à s'épanouir. Elles doivent être développées au maximum, en particulier par les aspirants spirituels. Lorsque vous méditez sur OM, lorsque vous vous affirmez comme Brahman dans la méditation du matin, vous gagnez beaucoup de force. Cela vous aidera à vous donner le courage nécessaire pour progresser sur le chemin spirituel. De nombreuses difficultés sur le chemin de la Vérité doivent être surmontées grâce à l'aide de la force et de l'endurance (Titiksha). Ces qualités sont les formes du courage. La force d'âme est la puissance mentale de l'endurance. C'est la fermeté face au danger. C'est la force de résistance.

Les dix Lakshanas du Dharma

"Dhritih kshama damo'steyam saucham-indriyanigrahah Dheer-vidya satyam-akrodho dasakam dharmalakshanam" (Manusmriti, VI-92)

La patience, le pardon, le contrôle du mental, ne pas voler, la pureté externe et interne, le contrôle des Indriyas, la connaissance des Sastras, la connaissance de l'Atman, la véracité et l'absence de colère sont les dix Lakshanas du Dharma selon Manu.

Vos pensées doivent être en accord avec la parole. C'est ce qu'on appelle l'Arjava (droiture). Pratiquez ceci. Vous en tirerez de merveilleux avantages. Si vous pratiquez Satya pendant douze ans, vous obtiendrez Vak-Siddhi. Tout ce que vous direz s'accomplira. Chinta (l'anxiété) disparaîtra. En disant la vérité, vous éviterez de commettre de nombreuses mauvaises actions.

La patience, la persévérance, l'application, l'intérêt, la foi, le zèle, l'enthousiasme, la détermination sont nécessaires pendant la Sadhana. Sraddha et Bhakti sont de nobles Vrittis qui aident une personne à se libérer de l'esclavage. Ces vertus doivent être cultivées. Alors seulement, le succès est possible. Observez les différentes difficultés qui surgissent sur le chemin. La voie spirituelle est difficile. Très peu de gens prennent le chemin, un sur mille (selon la Gita). Parmi eux, très peu réussissent. Beaucoup abandonnent la Sadhana à mi-chemin, car il leur est difficile de continuer jusqu'à la fin. C'est seulement le Dhira (ferme) avec Dhriti, Dhairya et Utsaha qui atteint le but de l'état de Sat-Chit-Ananda. Gloire, gloire, à de si rares âmes nobles !

CHAPITRE 30

Comment contrôler le mental

"*Manojaya eva mahajayah*—la conquête du mental est la plus grande victoire". "*Man jita, jag jita*—si tu conquiers le mental, tu as conquis le monde." (Proverbes hindi)

Dans la philosophie hindoue, vous trouverez toujours un sens ésotérique et exotérique. C'est la raison pour laquelle vous avez besoin de l'aide d'un professeur. Il est extrêmement difficile de comprendre la signification ésotérique et intérieure. Vous trouverez dans les livres de Hatha Yoga : "Il y a une jeune veuve vierge assise à la jonction du Gange et de la Yamuna." Qu'allez-vous en tirer ? C'est difficile à comprendre. La jeune veuve est Sushumna Nadi. Le Gange est Pingala Nadi. La Yamuna est Ida Nadi.

Dans la Katha Upanishad, vous trouverez un mot dont le sens est brique. "Brique" signifie ici "Devata" ou divinité.

Le secret du Ramayana

Il existe également un Rahasya (secret) du Ramayana. Le secret du Ramayana est le contrôle du mental. Tuer le monstre à dix têtes Ravana de Lanka signifie l'annihilation des dix Vrittis maléfiques du mental, tels que Kama, Krodha, etc. Sita, c'est le mental. Rama est Suddha-Brahman. Ramener Sita de Lanka, c'est concentrer le mental sur Rama (Brahman) en le retirant des Vishaya (objets) et en l'unissant à Rama. Sita (le mental) s'unit à Rama (Brahman), son mari à Ayodhya (Sahasrara Chakra). Le mental fusionne avec Brahman. C'est en bref, la signification ésotérique du Ramayana. C'est l'exposition Adhyatmique du Ramayana.

La maîtrise du mental ; la seule porte d'accès à Moksha.

D'un côté, il y a la matière ; de l'autre côté, il y a le pur Esprit (Atman ou Brahman). Le mental forme un pont entre les deux. Traversez le pont (contrôlez le mental). Vous atteindrez Brahman.

Est un vrai potentat et un Maharaja celui qui a conquis le mental. Il est l'homme le plus riche ayant conquis les désirs, les passions et le mental. Si le mental est sous contrôle, peu importe que vous restiez dans un palais ou dans une grotte de l'Himalaya comme Vasishtha-Guha, à quatorze miles de Rishikesh, où Swami Ramatirtha a vécu, que vous fassiez du Vyavahara actif ou que vous vous asseyiez en silence.

Il est en effet rare de trouver un mental qui ne soit pas affecté par son contact avec la fluctuation. Comme la chaleur, qui est inséparable du feu, la fluctuation qui avilit le mental, en est inséparable. Dépourvu de cette fluctuation, il cesse d'exister. C'est cette puissance de fluctuation que vous devez détruire par une constante investigation de l'Atma-Jnana.

Le mental est la cause de Sankalpa-Vikalpa. Par conséquent, vous devez le contrôler. Vous devez le lier.

La vraie liberté résulte du désengagement du mental. La réflexion du Soi sur le mental ne peut être perceptible lorsque le mental n'est pas libre de ses fluctuations, comme la réflexion de la lune ne peut être visible ou perceptible à la surface d'un océan turbulent. Pour atteindre la réalisation du Soi, on doit constamment lutter avec le mental pour sa purification et sa stabilité. Seul le pouvoir de la volonté peut le contrôler et arrêter ses fluctuations. Avec la triple arme du désir fort, de Sraddha (la foi) et de la volonté forte, vous pouvez avoir un succès certain dans toute tentative que vous entreprenez. Si le mental est purgé de toutes ses impuretés et de ses souillures terrestres, il deviendra extrêmement calme. Toutes ses fluctuations cesseront. Alors, la Nishtha suprême (méditation) apparaîtra. Alors toute illusion samsarique, accompagnant ses naissances et ses morts, prendra fin. Vous obtiendrez alors le Parama Dhama (demeure suprême de la paix).

Il n'y a pas d'autre navire sur cette terre sur lequel on peut traverser l'océan de la métempsychose que la maîtrise du mental antagoniste. Seuls ceux qui ont maîtrisé le serpent du mental rempli de désirs et de Vasanas impurs atteindront le monde de Moksha.

Pour les amoureux de Moksha, en qui les désirs invincibles ont été détruits et qui tentent, par leurs propres efforts, de suivre leur chemin jusqu'au Salut, l'abandon facile de leur terrible mental est en soi leur chemin transcendantal. Ils se sentent alors comme si un grand fardeau leur était enlevé. Aucune autre voie n'est vraiment bénéfique.

Si vous parvenez à maîtriser le mental et à obtenir le vrai Jnana ou l'illumination après avoir détruit Ahankara et soumis les Indriyas (organes), vous serez sans aucun doute libéré des trames des naissances et des morts. Les différenciations telles que "je", "tu", "il" disparaîtront. Toutes les tribulations, les contrariétés, les misères, les chagrins cesseront avec la destruction du mental.

Qui peut contrôler le mental ?

Le mental peut être contrôlé par une inlassable persévérance et une patience égale à celle d'une personne qui s'emploie à vider l'océan, goutte à goutte, avec le bout d'un brin d'herbe.

Un oiseau a déposé ses œufs sur le rivage de la mer. Les vagues sont arrivées et ont emporté les œufs. L'oiseau se mit très en colère. Il voulait vider l'océan avec son bec. Il a appliqué toute son énergie pour vider l'océan. Le roi des oiseaux eut pitié de sa condition et vint à son secours. Narada, le Rishi pacificateur, est également venu et a donné quelques conseils à l'oiseau. Quand le roi de l'océan a vu tout cela, il a été très terrifié. Il ramena tous les œufs de l'oiseau et les lui remit en s'excusant et en se prosternant. Les Sadhakas (aspirants), qui tentent de contrôler le mental, devraient avoir la même patience et la même persévérance infatigable que l'oiseau qui a tenté de vider l'océan avec son petit bec.

Vous devez avoir le don ou l'aptitude à apprivoiser le mental. Dompter un lion ou un tigre est bien plus facile que de dompter son propre mental. Domptez d'abord votre propre mental. Ensuite, vous pourrez très facilement dompter celui des autres.

Le mental est la cause de l'attachement et de la libération

Le mental est la cause de l'esclavage ou du salut de l'homme. "*Mana eva manushyanam karanam bandhamokshayoh*" – le mental a deux aspects, l'un est discriminant et l'autre est imaginatif. Le mental, dans son aspect de discrimination, se libère de l'esclavage et atteint Moksha. Dans son aspect d'imagination, il se lie au monde.

C'est le mental qui lie un homme à ce monde ; pas de mental, pas de servitude. Le mental s'imagine, par la non-discrimination et l'ignorance, que l'âme a été confinée et située dans ce corps et il perçoit donc l'âme comme étant en servitude. Le mental s'identifie exactement au Jivatman et se sent comme "moi" et pense donc "je suis en esclavage". Le mental égoïste est la racine de l'esclavage. Le mental non égoïste est la racine de Moksha.

Détruisez le mental par le mental

La spécificité souveraine présentée par les sages pour l'éradication de la maladie du mental peut facilement être obtenue par le seul biais du mental. Les êtres intelligents ne nettoient un chiffon sale qu'avec de la terre sale. Un Agni-Astra (missile) meurtrier est contré par Varuna-Astra. Le venin d'une morsure de serpent est éliminé par son antidote, à savoir, un poison comestible. C'est également le cas de Jiva. Ayant développé la discrimination, détruisez les illusions du mental hétérogène par le Manas concentré, comme le fer qui en coupe un autre.

Pureté du mental

Vous devez être sauvé de la malformation et des erreurs de votre mental. Le mental est comme un enfant qui joue. Les énergies de clameur du mental doivent être fléchies pour devenir les canaux passifs de la transmission de la vérité. Le mental doit être rempli de Sattva (pureté). Il doit être entraîné à penser constamment à la Vérité ou à Dieu.

Le système du Yoga exige que nous suivions un cours de discipline mentale et spirituelle. Les Upanishads mettent également l'accent sur la pratique des vertus austères avant que le but ne soit atteint. Tapas détruit les péchés, affaiblit les Indriyas, purifie Chitta et conduit à Ekagrata (le mental concentré).

Les pénitences vous donneront un calme mental et élimineront l'agitation du mental qui est un grand obstacle à la connaissance. La vie de célibat (Brahmacharya), où vous n'aurez aucun attachement familial pour perturber votre mental, vous permettra d'accorder toute votre attention à votre Sadhana spirituelle. Si vous pratiquez Satya et Brahmacharya, vous deviendrez sans peur (Nirbhaya). Vous finirez aussi par réaliser Brahman. Saisissez fermement une chose avec une ténacité de type sangsue. Sraddha ou la foi est nécessaire.

L'arsenic, lorsqu'il est purifié et administré à des doses appropriées, est une bénédiction. Il élimine de nombreuses maladies. Il améliore le sang. Lorsqu'il n'est pas purifié correctement et administré en surdose, il provoque de nombreux effets néfastes. De même lorsque le mental est rendu pur et Nirvishaya, il conduit à Moksha. Lorsqu'il est impur et Vishayasakta (qui aime les objets sensuels), il conduit à l'esclavage.

Bénis soient les cœurs purs, car ils auront le darshan du Seigneur. Le cœur doit être pur. L'œil aussi doit être chaste dans son regard. Il y a une langue dans l'œil. Un œil lascif veut goûter les différents types de beauté de son choix. La convoitise des yeux est aussi dangereuse que la convoitise de la chair. La beauté de la nature émane du Seigneur. Entraînez l'œil correctement. Laissez-le voir Atman partout.

Les méthodes yogiques donnent des instructions sur la façon de purifier et d'affiner le mental, de nettoyer le miroir et de le garder propre en se débarrassant des impuretés telles que le désir, la colère, l'avidité, la vanité, la jalousie, etc. Le but de Dana, Japa, Vrata, Tirtha-Yatra, Seva, Daya, Svadhyaya, Agnihotra, Yajna est de purifier le mental.

Le Sermon sur la Montagne par le Seigneur Jésus est l'essence de la pratique de Yama du Raja Yoga. Il est difficile de mettre les enseignements en pratique. Mais, s'ils sont mis en pratique, le mental peut être facilement contrôlé.

Voici le résumé du Sermon :

(1) "Heureux les pauvres en esprit, car le royaume des cieux est à eux."

(2) "Heureux les affligés, car ils seront consolés".

(3) "Heureux les doux, car ils hériteront de la terre".

(4) "Heureux ceux qui ont faim et soif de la justice, car ils seront rassasiés".

(5) "Heureux les miséricordieux, car ils obtiendront miséricorde".

(6) "Heureux les cœurs purs, car ils verront Dieu".

(7) "Heureux les artisans de paix, car ils seront appelés enfants de Dieu".

(8) "Heureux ceux qui sont persécutés à cause de leur droiture, car le royaume des cieux est à eux".

(9) " Bienheureux êtes-vous, quand les hommes vous injurieront et vous persécuteront, et qu'ils diront faussement contre vous toute sorte de mal, à cause de moi. Réjouissez-vous et soyez dans l'allégresse, car la récompense est grande dans le ciel, car les prophètes qui vous ont précédés ont été persécutés de la sorte".

(10) "Mais je vous le dis, ne résistez pas au mal ; si on vous frappe sur la joue droite, vous lui tendrez aussi l'autre."

(11) "Et si quelqu'un te poursuit en justice et t'enlève ton manteau, qu'il ait aussi ta cape".

(12) "Aimez vos ennemis comme vous-mêmes, bénissez ceux qui vous maudissent, faites du bien à ceux qui vous haïssent, et priez pour ceux qui vous utilisent avec mépris et vous persécutent".

Avant d'aller travailler quotidiennement, étudiez attentivement ce sermon du Seigneur Jésus le matin et rappelez-vous les enseignements une ou deux fois au cours de la journée. Au fil du temps, vous serez en mesure de réguler vos émotions et vos humeurs, de cultiver la vertu et d'éradiquer le vice. Vous aurez une paix et une force de volonté immense.

Le chemin spirituel est accidenté, épineux et abrupt. Les Srutis déclarent : "Kshurasyadharanisita duratyaya durgam pathastat kavayo vadanti,- le chemin est aussi tranchant que le fil d'un rasoir et impraticable ; ce chemin, disent les intelligents, est difficile à suivre." Les épines doivent être éliminées avec patience et persévérance. Certaines épines sont internes, d'autres sont externes. Le désir, l'avidité, la colère, l'illusion, la vanité, etc. sont les épines internes. La compagnie de personnes mal intentionnées est la pire de toutes les épines externes. Par conséquent, évitez impitoyablement la compagnie des personnes mal intentionnées.

Faites le bien et introspectez

Faites toujours des actions vertueuses. Surveillez le mental et voyez ce qu'il fait. Ces deux méthodes sont tout à fait suffisantes pour contrôler le mental.

Réveillez vos Samskaras spirituelles par le Satsanga, le Japa, etc. Protégez-les. Développez-les. Nourrissez-les. Vichara, Sadhana, Nididhyasana, Satsanga vous aideront à contrôler votre mental et à atteindre Moksha.

Introspectez. Ayez toujours une vie intérieure. Laissez une partie du mental et des mains faire leur travail mécaniquement. Une jeune acrobate, lors de ses spectacles, a son attention rivée sur le pot à eau qu'elle porte sur sa tête bien qu'elle danse tout le temps sur des airs variés. L'homme vraiment pieux s'occupe donc de toutes ses affaires, mais son mental est fixé sur les pieds bienheureux du Seigneur. C'est le Karma-Yoga et le Jnana-Yoga combinés. Cela conduira à un développement intégral. C'est l'équilibre. C'est le yoga de la synthèse. Certains Vedantins ont un développement unilatéral. Ce n'est pas bon.

Faites Kirtan

Un serpent est très friand de musique. Si vous chantez un air de Punnagavarali de façon mélodieuse, le serpent se présentera devant vous. Le mental aussi est comme un serpent. Il aime beaucoup les airs mélodieux. Il peut être piégé très facilement par des sons doux.

Fixez le mental sur les doux sons Anahata qui émanent du cœur en fermant les oreilles. Il peut être contrôlé assez facilement par cette méthode. C'est le Laya-Yoga. La Ganika Pingala fixe son mental sur le son "Rama, Rama" émis par le perroquet et atteint Bhava-Samadhi. Le Ramaprasad du Bengale, un célèbre Bhakta, contrôlait le mental par la musique. La musique exerce une influence énorme et apaisante sur un mental troublé. En Amérique, les médecins utilisent la musique pour soigner de nombreuses maladies, notamment d'origine nerveuse. La musique élève également le mental.

Le kirtan, qui est l'une des neuf formes de culte (Navavidha Bhakti) provoque le Bhava-Samadhi (union avec Dieu à travers le Bhava ou sentiment). Il est répandu dans toute l'Inde. Il correspond au chant d'hymnes par les chrétiens. Ramaprasad réalise Dieu à travers le Kirtan. Ses chants sont très célèbres au Bengale. En ce Kali-Yuga ou âge du fer, le Kirtan est un moyen facile de réalisation de Dieu. Chantez constamment le nom de Hari. Louez constamment ses qualités. Vous aurez le Darshan de Hari. Ceux qui savent bien chanter devraient se retirer dans un endroit solitaire et chanter de bon cœur avec Suddha Bhava. Au fil du temps, ils entreront dans Bhava-Samadhi. Il n'y a aucun doute à ce sujet.

Pensez toujours à Dieu

PENSEZ CONSTAMMENT À DIEU. VOUS POUVEZ TRÈS FACILEMENT CONTRÔLER LE MENTAL. Même si vous ne pensez au Seigneur Vishnu ou à Shiva qu'une seule fois, même si vous vous faites une image mentale de ces divinités, la matière Sattvique augmentera un peu. Si vous y pensez des milliers de fois, votre mental sera rempli d'une grande quantité de Sattva. Penser constamment à Dieu réduit le mental et détruit les Vasanas et les Sankalpas.

Lorsque vous fixez votre mental sur le Seigneur Krishna dans le lotus de votre cœur, votre attention est fixée sur le personnage du Seigneur Krishna. Lorsque l'attention est fixée, le courant spirituel est déclenché.

191

Lorsque vous méditez, le flux du courant devient régulier et lorsque la méditation devient très profonde et intense, l'"Union" (Samadhi) a lieu. Vous ne faites plus qu'un avec le Seigneur. Tous les Sankalpas et Vikalpas s'arrêtent. Il y a "Chitta-Vritti-Nirodha" complet (retenue des modifications du mental).

Pratiquez Pranayama

Deux choses sont essentielles pour obtenir le contrôle du mental, à savoir le Prana-Nirodha (contrôle du Prana) et le Sanga Tyaga (renonciation au Sanga ou à l'association). Par ce dernier on entend la dissociation, non pas du monde, mais seulement du désir ou de l'attraction vers les objets du monde.

Le pranayama ou contrôle de la respiration contrôle la vitesse du mental et réduit la quantité de pensées. Il élimine du mental les scories (impuretés) sous forme de Rajas et de Tamas.

Pour le contrôle du mental, Kumbhaka (rétention du souffle) est indispensable. Vous devrez pratiquer Kumbhaka quotidiennement. Vous devrez pratiquer Puraka, Kumbhaka et Rechaka (inspiration, rétention et expiration du souffle) régulièrement et de façon rythmée. Le mental deviendra alors Ekagra. La période de Kumbhaka augmentera par une pratique systématique, avec un régime alimentaire réglementé et une discipline diététique appropriée (nourriture légère, nutritive, Sattvique). C'est la méthode Hatha yogique. La pratique de Kumbhaka doit se faire sous la direction d'un gourou qui est un yogi développé.

Pratiquez Sama et Dama

L'Uparati du mental (le calme) vient de la pratique de Sama et Dama. Sama est la tranquillité mentale induite par l'éradication des Vasanas. Vasana-Tyaga (renoncement aux désirs) par la discrimination constitue la pratique de Sama, une des six vertus (Shatsampatti). Si un désir surgit dans votre mental, ne lui cédez pas. Cela deviendra la pratique de Sama. Sama garde le mental dans le cœur par la Sadhana. Sama le retient en ne lui permettant pas de s'extérioriser ou de s'objectiver. La modération des activités extérieures et des Indriyas est la pratique de Dama (Bahyavrittinigraha).

Si vous renoncez au désir de manger des mangues, c'est Sama. Si vous ne permettez pas aux pieds de vous porter au bazar pour acheter les mangues, si vous ne permettez pas aux yeux de voir les mangues et si vous ne permettez pas à la langue de les goûter, c'est Dama.

Un désir de manger des sucreries se fait jour. Vous ne permettez pas que les pieds se déplacent vers le bazar pour acheter les sucreries. Vous ne permettez pas à la langue de manger les sucreries. Vous ne permettez pas non plus aux yeux de voir les bonbons. Ce type de retenue des Indriyas est appelé Dama.

Elle est appelée Sama lorsque vous ne permettez à aucune pensée de surgir dans le mental concernant les sucreries par l'éradication de Vasanas (Vasana-Tyaga). Cette éradication des Vasanas peut être réalisée par le biais de Vichara, Brahma-Chintana, Japa, Dhyana, Pranayama, etc.

Sama est une contrainte interne. Dama est une retenue des Indriyas. Bien que la pratique de Sama inclue la pratique de Dama, comme les Indriyas ne bougeront pas et ne travailleront pas sans l'aide du mental, la pratique de Dama est néanmoins nécessaire. La pratique de Dama doit aller de pair avec celle de Sama. Sama seul ne suffira pas. Vous devez attaquer l'ennemi, le désir, de l'intérieur et de l'extérieur. Alors seulement, vous pourrez contrôler le mental très facilement. Alors seulement, le mental sera parfaitement maîtrisé.

Développez Vairagya

Ceux qui pratiquent Vairagya sont de véritables dompteurs d'esprits. N'ayez pas de désir pour les objets. Évitez-les. Vairagya affine le mental. Vairagya est un purgatif drastique pour le mental. Le voleur-mental frémit et tremble lorsqu'il entend les mots "Vairagya", "Tyaga", "Sannyasa". Il reçoit un coup mortel lorsqu'il entend ces trois termes.

Détruisez lentement et prudemment tous les centres de plaisir du mental tels que la consommation fréquente de plats délicats, les commérages, les visites touristiques, la musique et la compagnie des femmes. Maintenez trois centres de plaisir Sattvique tels que l'étude de livres traitant de l'Atma-Jnana, la méditation et le service de l'humanité. Lorsque vous progressez dans la méditation, abandonnez le service et l'étude également pendant un certain temps. Une fois que vous avez atteint l'état de Nirvikalpa, prêchez, travaillez et distribuez la connaissance divine (Jnana Yajna de la Gita, XVIII-70).

Tout objet que le mental aime beaucoup doit être abandonné. Tout objet sur lequel il s'attarde constamment, auquel il pense très souvent, doit être abandonné. Si vous aimez beaucoup les brinjals ou les pommes, abandonnez-les d'abord. Vous gagnerez beaucoup de paix, de volonté et de contrôle du mental.

Supposons que vous aimiez beaucoup le thé, les mangues, le raisin et les sucreries. Mettez un point d'honneur à renoncer à ces objets et même à leur désir. Au bout de quelques mois, l'envie ou la gourmandise s'atténuera et disparaîtra lentement. Vous devez consacrer trois ou quatre heures par jour à la prière, au Japa et à la méditation sur Dieu. Les objets ci-dessus, qui vous attiraient auparavant, semblent maintenant très détestables. Ils présentent l'inverse de vos anciens sentiments. Ils vous donnent une douleur intense. C'est un signe de véritable Vairagya (absence de passion) et de destruction du mental.

Si tous les objets qui ont un aspect enchanteur deviennent des plaies pour les yeux et présentent l'inverse même des sentiments antérieurs, alors sachez que le mental est détruit. Lorsque celui-ci est changé, les objets qui vous donnaient du plaisir auparavant vous donneront de la douleur. C'est le signe de l'annihilation du mental.

Les choses qui vous dérangeaient facilement auparavant ne vous toucheront plus maintenant. Des événements qui auparavant vous rendaient irritable ne vous toucheront plus maintenant. Vous avez acquis de la force, de la puissance et de l'endurance, de la résistance, de la capacité à faire face aux problèmes. Certaines paroles désagréables d'autres personnes qui vous tourmentaient ne vous causeront plus d'ennuis maintenant. Même si vous devenez irritable et montrez des signes de colère, vous êtes maintenant capable de vous ressaisir rapidement. Ce sont tous des signes d'un renforcement de votre force mentale et de votre volonté. La méditation permet d'obtenir tous ces résultats bénéfiques.

Lorsque le mental est calme et indifférent à tous les plaisirs, lorsque les puissants Indriyas sont tournés vers l'intérieur et que l'Ajnana du mental est détruit, alors et alors seulement toutes les nobles paroles du sage gourou s'infiltreront et se répandront dans le mental du disciple, tout comme l'eau de couleur rose impacte un tissu parfaitement blanc.

Ayez Santosha

e mental est insouciant et aime la facilité. Vous devez contrôler cette nature. Le désir d'aisance et de confort est ancré dans le mental. Les aspirants doivent être très prudents et attentifs. N'essayez pas de satisfaire vos désirs. C'est une façon de contrôler le mental.

Vous ne devez pas reprendre les choses auxquelles vous avez renoncé. Chaque fois que vous renoncez à un objet, le désir pour cet objet particulier devient vif et fort pendant quelques jours. Il agite votre mental. Restez tranquille. Restez ferme. Il diminue et finit par mourir. Chaque fois que le mental siffle pour récupérer les objets rejetés, levez la baguette de Viveka. Il va s'abaisser. Il se taira.

Vous ne devez pas faire preuve d'indulgence ou de clémence envers le mental. Si vous augmentez vos désirs, ne serait-ce que d'un seul article, les articles commenceront à se multiplier. Le luxe viendra peu à peu. Si vous lui permettez de prendre un objet aujourd'hui, il en voudra deux demain. Les objets augmenteront chaque jour. Il deviendra comme un enfant trop choyé. Qui aime bien châtie bien ; cela vaut aussi pour le mental. Il est pire qu'un enfant. Vous devrez le punir en jeûnant pour chaque faute grave qu'il commettra. Gardez les organes à leur place. Ne les laissez pas bouger d'un pouce. Levez la tige de Viveka chaque fois qu'un organe siffle pour relever sa tête. Cette pratique vous permettra d'obtenir un mental concentré. Ceux qui, sans désirer les objets, les évitent subjuguent leur mental.

Ceux qui ne se contentent pas de ce que la vie leur amène ne sont que des esprits faibles. Le Santosha (contentement dans le mental) est une très grande vertu. "*Santoshat paramam labham*-par le contentement, vous aurez un grand gain.*" Il est l'une des quatre sentinelles du vaste domaine de Moksha. Si vous avez cette vertu, elle vous mènera à l'accomplissement de Satsanga (association avec les sages), Vichara (investigation sur soi) et Santi (paix).

Lorsque vous ne voulez pas stocker des choses pour le lendemain, on l'appelle "Asangraha Buddhi". C'est l'état mental d'un vrai Sannyasin. Un Sannyasin ne pense pas au lendemain, alors qu'un maître de maison a, au contraire, le Sangreha Buddhi. Nous devons être aussi libres qu'une alouette qui n'a pas de "Sangreha Buddhi".

Prenez les choses comme elles viennent

Prenez les choses comme elles viennent, au lieu de vous plaindre. Par ce moyen, on saisit toutes les opportunités. On se développe facilement, on acquiert une grande force mentale et une grande régularité d'esprit. L'irritabilité disparaît. La force de l'endurance et de la patience se développe.

Si vous devez vivre au milieu du bruit, ne vous en plaignez pas, mais profitez-en. On peut se servir des perturbations extérieures pour la pratique de la concentration. Vous devez développer le pouvoir de travailler sans être dérangé par ce qui peut se produire à proximité. Ce pouvoir vient avec la pratique et il est alors utile de diverses manières. Apprendre à travailler dans des conditions différentes signifie des progrès et un contrôle mental important.

Ayez recours au Satsanga

Sans être convaincu par une idée claire de la nature du mental, on ne peut pas le brider. Une pensée sublime contrôle le mental et une idée malveillante l'excite. Il est nécessaire pour une personne de tenir compagnie aux êtres spirituels et d'éviter la compagnie de la lie de la société.

La compagnie de personnes spirituelles et les bons environnements jouent un rôle énorme dans l'élévation du mental. Satsanga aide beaucoup à l'accomplissement de Moksha. Il n'y a pas d'autre moyen. Il restructure complètement le mental et change le courant et sa nature Rajasique. Il supprime les anciennes Vishaya-Samskaras et le remplit de Samskaras Sattvique. Il détruit les trois feux - adhyatmique, adhibhautique et adidaivique - et calme l'Antahkarana. Il détruit Moha. Si vous pouvez avoir

Satsanga, vous n'avez pas besoin d'aller à un Tirtha. C'est la Tirtha des Tirthas. Partout où il y a du Satsanga, le Triveni sacré est déjà là.

Anéantissez ce mental d'Ajnana (l'ignorance) par le pouvoir de l'association constante avec les hommes saints (Satsanga). En l'absence de bonne compagnie positive, ayez une bonne compagnie négative de livres écrits par des personnes réalisées et de livres traitant de l'Atma-Jnana (connaissance spirituelle) tels que les œuvres de Sri Sankara, Yogavasishtha, l'Avadhuta Gita de Sri Dattatreya, les Upanishads, les Brahma-Sutras, Atma-Purana, Sarva-Vedanta-Siddhanta-Sara-Sangraha, Aparokshanubhuti de Sri Sankaracharya, etc.

L'étude de livres inspirants aide la Sadhana spirituelle, mais trop d'étude entraîne un état vaseux du cerveau. Quand vous sortez de la méditation, vous pouvez étudier occasionnellement pendant une courte période des livres comme Avadhuta-Gita, Yogavasishtha, Katha-Upanishad, Brihadaranyaka-Upanishad. Cela élèvera le mental.

Si vous êtes en compagnie de Sannyasins, si vous lisez des livres sur le Yoga, le Vedanta, etc., une adhésion mentale se produit dans le mental pour atteindre la conscience de Dieu. Une simple adhésion mentale ne vous aidera pas beaucoup non plus. Vairagya brûlant, Mumukshutva brûlant, capacité de Sadhana spirituelle, intention et application constante et Nididhyasana (méditation) sont nécessaires. Alors seulement, la réalisation du Soi est possible.

Annihilez les Sankalpas

Les idées de différenciation de telle ou telle personne ou de "je" ou "tu" ou de tel ou tel objet ne concernent que le mental. Mettez fin au mental avec l'épée d'Abhavana (non pensée). Tuez les soldats un par un lorsqu'ils sortent du fort. Vous pourrez finalement mettre la main sur la forteresse. De même, détruisez chaque pensée une par une lorsqu'elle surgit dans le mental. Vous pourrez finalement le conquérir.

Si vous parvenez à faire disparaître toutes sortes de Kalpanas (imaginations, pensées) comme les épais nuages sont dispersés par le vent violent, le mental sera absorbé par la Source, le Chit (Conscience absolue). Vous serez alors libéré de toutes les sortes de tribulations, de soucis et de misères. Alors seulement vous aurez le bonheur éternel et la richesse de Moksha.

Le mental, c'est Maya. S'il court sauvagement vers les objets sensuels, Maya embastionne l'homme. Maya fait des ravages dans le mental. Cet esprit impulsif inférieur vous entraîne vers le bas dans toutes sortes de plaisirs sensuels mesquins et vous trompe de diverses manières. Maya, par son pouvoir, fait naître des millions de Sankalpas dans le mental. Jiva devient la proie des Sankalpas.

Ce Manas inférieur ne peut pas approcher ceux qui ont un fort Viveka (pouvoir de discrimination) entre Sat et Asat (le réel et l'irréel). Maya est très facile à détecter et le Soi à réaliser par les personnes qui possèdent une discrimination et une forte détermination. Grâce à ces pouvoirs, à savoir Viveka et la volonté, Manas peut être contrôlé.

Détruisez le mental inférieur, l'ennemi d'Atman par le mental supérieur et Sattvique. Utilisez constamment votre Vichara, votre Viveka et votre raison pure lorsque des objets vous troublent ou vous trompent. Une fois que la raison a dissipé l'obscurité des illusions des sens qui recouvrent le mental, elle revient encore à ces choses trompeuses comme l'apparition de l'eau dans les déserts sablonneux. Encore et toujours, exercez votre raison jusqu'à ce que vous soyez établi dans la connaissance. Le pouvoir d'Avidya est vraiment grand.

Renoncez aux désirs ; renoncez aux Sankalpas des objets. Cultivez Vairagya. Renoncez à ce petit faux "je". Tous les Sankalpas encerclent et enveloppent ce "je". Ne faites pas trop attention au corps. Pensez au corps et à ses besoins le moins possible.

N'ayez pas de Sankalpa. Le mental fluctuant mourra de lui-même. Il fondra en Brahman (Arupa Manonasa). Vous aurez alors Sakshatkara (vision béatifique de l'Atman). Lorsque le mental mourra, "moi, toi, lui, ceci, cela, le temps, l'espace, Jiva, Jagat, tout se réduira à néant. L'idée de l'intérieur et de l'extérieur disparaîtra. Il n'y aura qu'une seule expérience de l'Unique, Akhanda (l'indivisible) Chidakasa qui est Paripurna (tout plein). Tous les doutes et les illusions disparaîtront grâce à Jnana dans le cœur.

Détruisez l'ego

Vous devriez essayer de détruire non seulement les pensées (Sankalpas), mais aussi le mental lui-même et l'Aham Vritti qui s'identifie au corps et le Buddhi Vyavaharic qui crée Jiva-Bhava et les différences dans le monde. Vous serez alors établi dans l'état de Svarupa (Sahaja-Sat-Chit-Ananda-Nirvikalpa). C'est le véritable état Mouna ou Advaita Brahmanishtha. Le contrôle du mental inclut le contrôle de Buddhi et l'anéantissement du petit "je", la fausse personnalité qui s'autoarroge.

Le Seigneur Jésus dit : "Vide-toi et je te remplirai." La signification est la suivante : "Détruisez votre égoïsme. Vous serez rempli de Dieu." Ce vidage signifie "Yogas-chittavrittinirodhah- restreignant toutes les modifications mentales". Ce processus de vidage ou "faire le vide dans le mental" est sans doute une discipline éprouvante. Mais, une pratique continue et intense est porteuse de succès. Il n'y a aucun doute à ce sujet. Ce n'est que par une discipline rigoureuse que l'on peut s'élever au niveau d'une impersonnalité forte, à partir de laquelle les âmes douées du monde voient des visions lointaines et jouissent d'une vie supérieure, divine.

Si le mental est débarrassé de tous les Sankalpas du "Je", alors, par la méditation sur l'Atman après avoir été initié par un gourou et avoir connu la signification réelle des Védas, le mental peut être détourné de diverses douleurs et se reposer dans l'Atman subjectif béni.

Pratiquez Brahma-Vichara

Ne luttez pas avec le mental. C'est un gaspillage d'énergie. C'est une grande contrainte et un épuisement de la volonté. Ne luttez pas avec le mental. Vivez dans la Vérité. Vivez dans le OM. Vivez dans l'Atman à travers Vichara, Brahma-Bhavana et Nididhyasana. Tous les obstacles, tous les facteurs perturbants, toutes les émotions disparaîtront d'eux-mêmes. Essayez, pratiquez, ressentez et réalisez l'utilité de la méthode Vichara. Le contrôle parfait du mental ne peut être réalisé que par Brahma-Vichara. Le Pranayama, le Japa et diverses autres méthodes ne sont que des auxiliaires.

Ne vous laissez pas décourager par les échecs

Ne vous laissez pas décourager par les échecs, mais continuez à faire de votre mieux. Ne ruminez pas vos fautes et vos échecs. Observez-les seulement pour voir la raison pour laquelle vous avez échoué et ensuite, essayez à nouveau. Ainsi, vous affamerez les tendances qui vous ont conduit à eux ; alors que le fait d'y penser ne fait que leur donner une force nouvelle. Ne faites pas trop d'histoires sur les petits échecs. Ne vous asseyez pas et ne ruminez pas vos échecs.

Certaines personnes ont l'habitude d'essayer de faire une chose tout en pensant à une autre. Ces personnes échouent toujours dans leurs entreprises. La partie pensante du mental doit travailler en harmonie avec la partie active du mental. Tout en s'occupant d'un objet, nos pensées ne doivent pas s'égarer sur un autre. Pendant que vous lisez, ne pensez qu'à la lecture. Ne pensez pas à un match de cricket. Lorsque vous jouez au cricket, ne pensez pas aux études. La cause fréquente de l'échec est l'effort de penser à plusieurs choses à la fois.

Chaque fois que vous observez les Niyama (observances religieuses), faites-le à la lettre de manière rigide. Ne dites pas : "Je le ferai dans la mesure du possible". L'expression "dans la mesure du possible" donnera de l'indulgence au mental. Il attendra simplement une occasion et cèdera assez facilement à la première tentation, dès que celle-ci se présentera. Soyez donc strict.

Contrôlez l'habitude de vagabondage du mental

Le mental de la grande majorité des personnes a été laissé libre de suivre sa douce volonté et son désir. Il est en perpétuel changement et errance. Il saute d'un objet à l'autre. Il est inconstant. Il veut de la variété. La monotonie lui apporte le dégoût. C'est comme un enfant gâté à qui ses parents accordent beaucoup d'indulgence ou comme un animal mal dressé. Le mental de beaucoup d'entre nous est comme une ménagerie d'animaux sauvages, chacun poursuivant le penchant de sa propre nature et suivant son propre chemin. La retenue du mental est une chose inconnue à la grande majorité des personnes.

Cette habitude de vagabondage du mental se manifeste de diverses manières. Vous devrez toujours être vigilant pour vérifier cette habitude d'errance du mental. Le mental d'un maître de maison vagabonde au cinéma, au théâtre, au cirque, etc. Le mental d'un Sadhu vagabonde à Varanasi, Vrindavana et Nasik. De nombreux Sâdhus ne s'en tiennent pas à un seul endroit pendant la Sadhana. L'habitude d'errance du mental doit être contrôlée en le rendant chaste et constant par Vichara. Le mental doit être entraîné à rester au même endroit pendant cinq ans au cours de sa vie méditative, à suivre une méthode de Sadhana, une voie de yoga – soit Karma, bhakti ou Vedanta -, un objectif spirituel et un guide. "Une pierre qui roule ne recueille pas de mousse." Lorsque vous acceptez un livre pour l'étude, vous devez le terminer avant d'en accepter un autre. Lorsque vous acceptez un travail, vous devez consacrer toute votre attention au travail en cours et le terminer avant d'en accepter un autre. "Une chose à la fois et bien faite est une très bonne règle, comme beaucoup peuvent le dire". C'est la façon de faire du Yogi. C'est une très bonne règle pour réussir dans la vie.

N'ayez pas le mental d'une chèvre ou le cœur d'une prostituée. Une chèvre broute pendant quelques secondes une parcelle d'herbe verte, puis saute immédiatement vers une parcelle éloignée, même s'il y a beaucoup d'herbe à manger dans la première parcelle. De même, un mental hésitant saute d'une Sadhana à l'autre, d'un gourou à l'autre, du Bhakti Yoga au Vedanta, de Rishikesh à Vrindavana. Cela est extrêmement délétère pour la Sadhana. Tenez-vous en à un seul gourou, à un seul endroit, à une seule forme de yoga, à une seule sorte de Sadhana. Soyez stable et ferme. Alors seulement, vous réussirez. Ayez un mental stable et résolu.

Disciplinez le mental. Dites-lui : "Ô mental ! Sois stable. Sois fixé sur une idée. L'absolu est la seule Réalité." S'il erre, s'il vacille, allez dans un endroit isolé, donnez deux ou trois gifles bien senties sur votre visage. Le mental deviendra alors stable. L'autopunition aide beaucoup à contrôler le mental errant. Effrayez-le comme si vous alliez le battre avec un fouet ou une baguette, chaque fois qu'il s'éloigne de Lakshya, chaque fois qu'il entretient de mauvaises pensées.

Le mental vous tente et vous trompe par l'objet. La distance confère un charme à la vue. Tant que vous n'aurez pas atteint l'objet, il vous semblera être un objet agréable à distance. Lorsque vous l'atteignez réellement, il devient une source de vexation et de douleur. Le désir se mélange à la douleur. Les objets sont si trompeurs qu'ils trompent souvent même les sages de cette façon. Le véritable sage est capable de détecter la nature illusoire de ces objets.

Le mental vous incite toujours à faire diverses sortes de visites. C'est une ruse futile du mental que de vous détourner du but. Utilisez toujours votre Viveka. Adressez-vous au mental ainsi : "Ô mental insensé, n'as-tu pas déjà vu auparavant, divers lieux et paysages ? Qu'y a-t-il dans le tourisme ? Repose-toi dans l'Atman intérieur. Il est autonome. On peut tout y voir. C'est Purnakama, c'est Purnarupa. (Il contient toutes les formes ; c'est la Beauté des beautés). Que vas-tu voir à l'extérieur ? N'est-ce pas partout le même ciel, la même terre, les mêmes passions, la même nourriture, les mêmes commérages, le même sommeil, les mêmes latrines, les mêmes urinoirs, les mêmes cimetières ?

Au début, j'avais l'habitude de donner une longue corde à mon mental. Il me murmurait : "Laisse-moi aller à Allahabad Kumbha Mela." Je disais : "Mon cher ami, mon mental ! Tu peux y aller maintenant." Dès que j'en revenais je lui demandais : "ô mental, es-tu satisfait maintenant ? Qu'as-tu apprécié là-bas ?" Il allait se cacher et baisser la tête en toute honte. Peu à peu, il a abandonné ses vieilles habitudes et est devenu mon véritable ami, mon guide et mon gourou grâce aux conseils qu'il donne pour atteindre le but le plus élevé.

Ne laissez pas le mental vagabonder ici et là comme le chien de rue qui se promène. Gardez-le toujours sous votre contrôle. Alors seulement, vous pourrez être heureux. Il doit être toujours prêt à vous obéir, à exécuter vos ordres. Si le mental vous dit : "Allez vers l'est", alors allez vers l'ouest. S'il vous dit : "Allez au sud", alors marchez vers le nord. S'il vous dit : "Prenez une tasse de thé chaud en hiver", alors prenez une tasse d'eau froide et glacée. Nagez comme des poissons à contre-courant du mental. Vous le maîtriserez assez facilement.

Ordonnez au mental de faire une chose qu'il n'apprécie pas et il se révoltera. Cajolez-le et il obéira.

Si le mental est privé de ses centres de plaisir de tous les objets sensoriels, il s'accroche à Vairagya et Tyaga et doit naturellement se diriger vers Atman. Renoncez à tout mentalement et détruisez le mental en atteignant l'Atma-Jnana. Reposez-vous dans l'auto-existant siège Brahmique. Ce n'est que par une énergie sans faille que la richesse sans douleur de Moksha peut être acquise.

Changez les habitudes

Le mental est un ensemble d'habitudes. Les mauvaises habitudes et les préjugés cachés dans la nature d'une personne seront nécessairement ramenés à la surface du mental lorsque l'occasion se présentera. Si vous changez les habitudes, vous pouvez aussi changer de caractère. Vous semez un acte, vous récoltez une habitude. Vous semez une habitude, vous récoltez un caractère. Vous semez un caractère, vous récoltez un destin. Les habitudes naissent dans le mental conscient. Mais, lorsqu'elles s'installent par une répétition constante, elles s'enfoncent dans les profondeurs de l'inconscient et deviennent une "seconde nature".

Bien que l'habitude soit une seconde nature, elle peut être changée par une nouvelle habitude saine et agréable de nature plus forte. Vous pouvez changer n'importe quelle habitude par des efforts patients et de la persévérance. L'habitude de dormir pendant la journée, de se lever tard, de parler fort, etc. peut être changée progressivement en développant de nouvelles habitudes.

Par une nouvelle pratique, vous pouvez changer la manière dont vous écrivez. De même, par un nouveau mode de pensée, vous pouvez changer votre destin. Lorsque vous tirez de l'eau avec une corde et un seau, d'un puits avec un parapet en briques, une entaille bien définie se forme le long de la brique et la corde glisse facilement le long de l'entaille. De même, la force mentale court facilement ou s'écoule facilement le long des rainures du cerveau faites par la pensée continue sur certaines voies. Aujourd'hui vous pensez : "Je suis le corps". Pensez : "Je suis Brahman". Au fil du temps, vous serez établi dans la conscience de Brahman.

Par la Sadhana spirituelle, Vichara, la méditation, le Pranayama, Japa, Sama et Dama, un mental entièrement nouveau est formé chez le Sadhaka avec de nouveaux sentiments, de nouveaux canaux nerveux, de nouvelles avenues et rainures dans le cerveau pour se déplacer et marcher, de nouveaux courants nerveux et de nouvelles cellules cérébrales, etc. Il ne pensera jamais aux affaires qui tendent à l'agrandissement de soi et à l'exaltation. Il pense pour le bien-être du monde. Il pense, ressent et travaille en termes d'unité.

Ne soyez pas esclave d'une seule idée. Chaque fois que vous avez de nouvelles idées saines, vous devez abandonner les anciennes. La grande majorité des personnes sont esclaves de vieilles idées dépassées. Elles n'ont pas la force de changer les vieilles habitudes et les vieilles idées dans le mental. Lorsque vous entendez une information nouvelle et marquante, vous êtes surpris. Quand vous voyez une chose nouvelle, vous êtes surpris. C'est naturel. C'est encore plus vrai pour les nouvelles idées. Le mental court dans les ornières, dans ses vieilles et étroites rainures. Il est directement ou indirectement attaché à certaines idées agréables ou favorites. Il s'attache inutilement à une idée comme de la colle et ne l'abandonne jamais. C'est une grande épreuve pour le mental que de se lancer dans une nouvelle idée. Chaque fois que l'on veut introduire une nouvelle idée saine dans le mental et éviter toute idée dépassée, celui-ci se bat contre elle et se rebelle avec véhémence. Placez l'idée près des ornières.

Il la prendra lentement. Au début, il peut se révolter furieusement pour la reprendre. Plus tard, en l'amadouant et en l'entraînant, il l'absorbera et l'assimilera.

Dans le mental, il y a un combat interne qui se déroule en permanence entre Svabhava (la nature) et la volonté, entre les anciennes habitudes matérialistes et les nouvelles habitudes spirituelles dans le cas des aspirants, entre les anciens Vishaya-Samskaras et les nouveaux Samskaras spirituels, entre Subha Vasanas et Asubha Vasanas, entre Viveka et le mental instinctif et Indriyas. Chaque fois que vous essayez de changer une mauvaise habitude et d'en établir une nouvelle, il s'ensuit un combat interne entre la volonté et Svabhava. Si vous essayez de chasser la colère, l'envie, etc., ils disent et affirment : "O Jivas ! Tu nous as donné la permission de rester dans cette maison de chair et de corps pour une longue période. Pourquoi veux-tu nous chasser maintenant ? Nous t'avons beaucoup aidé dans les moments de tes excitations et de tes passions. Nous avons tout à fait le droit de rester ici. Nous persisterons, nous résisterons à tous tes efforts pour nous diriger ; nous perturberons ta méditation et nous reviendrons encore et encore". Le Svabhava fera de son mieux pour retrouver ses anciennes habitudes. Ne cédez jamais. La volonté finira certainement par réussir. Même si vous échouez une ou deux fois, cela n'a pas d'importance. Appliquez à nouveau la volonté. Finalement, la volonté - pure, forte et irrésistible - est vouée à réussir. Il n'y a aucun doute à ce sujet. Lorsque votre raison grandit, lorsque vous devenez de plus en plus sage par l'étude, le contact avec le sage et la méditation, votre mental sera bien préparé pour reprendre à tout moment des idées nouvelles, saines et rationnelles et éviter les anciennes idées morbides. Il s'agit d'une croissance saine du mental.

Le mental n'est que votre outil ; maniez-le correctement

Le mental n'est que votre outil ou instrument. Vous devez savoir le manier avec doigté. Lorsque des émotions, des humeurs, des sentiments, surgissent dans le mental, il faut les séparer, étudier leur nature, les disséquer et les analyser. Ne vous identifiez pas à eux. Le vrai "moi" est entièrement distinct d'eux. C'est le Sakshi silencieux. Maîtrisez vos pulsions, vos émotions et vos humeurs et passez du statut d'esclave à celui de roi spirituel qui peut les dominer avec force et puissance. Vous êtes l'Atman éternel, omniprésent dans la réalité. Secouez-vous de la tyrannie du mental qui vous a opprimé pendant si longtemps, qui vous a dominé et exploité jusqu'à présent. Levez-vous avec audace comme un lion. Affirmez la magnanimité de votre Soi et soyez libre.

Devenez un expert de la subtile et puissante machine mentale. Utilisez toutes les facultés mentales à votre avantage. Le mental deviendra un bon serviteur de bonne volonté lorsque vous saurez l'utiliser avec compétence.

Utilisez également le subconscient ; donnez-lui des ordres pour travailler pour vous pendant que vous dormez et même pendant que vous êtes conscient. Il triera, analysera et réorganisera tous les faits et chiffres pour vous en un clin d'œil.

Le mental est très plastique si vous connaissez le secret de sa manipulation. Vous pouvez le plier comme vous le souhaitez. Vous pouvez créer une aversion pour les choses que vous aimez le plus et un penchant pour les articles que vous détestez le plus.

Faites une chose que le mental ne veut pas faire. Ne faites pas une chose qu'il veut faire. C'est une façon de développer la volonté et de le contrôler.

Maintenez une attitude positive

Essayez d'acquérir le pouvoir de vous fermer aux influences néfastes ou indésirables en vous rendant positif par une attitude particulière du mental. Ce faisant, vous pouvez être réceptif à toutes les impulsions supérieures de l'âme à l'intérieur et à toutes les forces et influences supérieures de l'extérieur. Faites-vous une suggestion : "Je me ferme ; je me rends positif par rapport à toutes les choses d'en bas et ouvert et réceptif à toutes les influences supérieures, à toutes les choses d'en haut". En adoptant cette attitude mentale, consciemment, de temps en temps, cela devient vite une habitude. Toutes les influences inférieures et indésirables, tant du côté visible que du côté invisible de la vie, sont fermées, tandis que toutes les influences supérieures sont invitées et, dans la mesure où elles le sont, elles entrent.

Dans le mental, il y a le doute ; il y a aussi la réalité. Un doute surgit quant à savoir s'il y a un Dieu ou non. C'est ce qu'on appelle le Samsaya-Bhavana. Un autre doute surgit quant à savoir si je peux réaliser Brahman ou non. Puis une autre voix crie : "Dieu ou Brahman est réel. Il est une Réalité solide et concrète comme un fruit d'Amalaka dans ma main. Il est une masse de Connaissance et d'Ananda (Prajnanaghana, Chidghana, Anandaghana). Je peux le réaliser !" Nous avons clairement compris quelque chose et ces idées sont bien fondées et bien ancrées. Certaines idées sont floues et non fermes. Elles vont et viennent. Nous devrons cultiver les idées et les ancrer jusqu'à ce qu'elles soient fermement fixées et implantées. La clarification des idées permettra d'éliminer la perplexité et la confusion dans le mental.

Lorsqu'un doute surgit si Dieu existe ou non, si je réussis à me réaliser ou non, il doit être dissipé par des suggestions et des affirmations bien ciblées telles que "C'est vrai, je vais réussir. Il n'y a aucun doute à ce sujet". Dans mon dictionnaire, dans mon vocabulaire, il n'y a pas de mots tels que "ne peut pas", "impossible", "difficile", etc. Tout est possible sous le soleil. Rien n'est difficile quand on se décide avec force. Une forte détermination et une résolution ferme sont les garants d'un succès optimiste dans chaque affaire ou entreprise.

La puissance des forces d'aide

À l'intérieur, il y a des forces d'aide qui agissent également contre les forces hostiles de nature démoniaque. Si vous répétez dix fois "Om" ou "Rama", si vous vous asseyez une fois en méditation pendant cinq minutes, le Samskara vous obligera à répéter le Mantra plusieurs fois, à vous asseoir à nouveau en méditation pendant un certain temps, bien que vous oubliiez tout ce qui concerne la spiritualité à cause de la force de Maya ou d'Avidya. Les forces hostiles, par exemple le désir, la colère, etc. tenteront de vous faire chuter ; les courants spirituels, la force de Sattva et de Subha Vasanas tenteront de vous amener jusqu'à Dieu. Si des pensées mauvaises vous viennent à l'esprit une fois par mois au lieu de trois fois par semaine (rappelez-vous que les mauvaises pensées sont le début de l'adultère), si vous vous mettez en colère une fois par mois au lieu d'une fois par semaine, c'est un signe de progrès, c'est un signe de volonté accrue ; c'est un signe de force spirituelle croissante. Soyez de bonne humeur. Tenez un journal de vos progrès spirituels.

Un mental toujours plein d'espoir, confiant, courageux et déterminé sur le but qu'il s'est fixé et qui s'en tient à ce but, attire à lui, parmi les éléments, les choses et les pouvoirs favorables à ce but.

Quelques lignes directrices en matière de contrôle du mental

Le mental est structuré de telle manière qu'il va jusqu'à l'extrême. Par la Sadhana ou la pratique spirituelle, il doit être amené à un état d'équilibre (Samata). Il est unilatéral par sa nature même. C'est par l'exercice mental ou l'entraînement qu'un développement intégral doit être atteint.

Faites une recherche intérieure énergique et sérieuse. Ne faites pas confiance au mental et aux Indriyas. Ils sont vos ennemis. Les femmes et la richesse sont vos ennemis acharnés. Ce sont deux grands maux.

Le mental exerce sa souveraineté sur l'être humain par la force de l'attachement, de l'envie, du Samskara et du Vasana (tendance, désir latent, volonté de posséder et de jouir, désir du monde). Il fait des tours divers. Une fois que l'on connaît ses voies, il se tapit comme un voleur. Il ne vous dérangera plus.

Pour contrôler le mental, vous devez faire sept choses : (1) vous devez vous débarrasser de tous les désirs, Vasanas et Trishnas. (2) Vous devez contrôler vos émotions. Vous devez contrôler votre tempérament afin de ne pas ressentir de colère ou d'impatience. (3) Vous devez contrôler le mental lui-même afin que la pensée soit toujours calme et imperturbable. (4) Vous devez contrôler les nerfs par le biais du mental afin qu'ils soient le moins irritables possible. (5) Vous devez renoncer à Abhimana.

Abhimana renforce le mental. Il est la semence du mental. Lorsque vous devenez un Nirabhimani, comment les critiques, les moqueries et la censure pourraient-elles vous affecter ? (6) Vous devez détruire tous les attachements sans pitié. (7) Vous devez renoncer à tout espoir et à tout préjugé.

Ce qui suit vous apportera sans aucun doute la tranquillité mentale. (1) Évitez la compagnie de personnes mal intentionnées. (2) Vivez seul. (3) Réduisez vos désirs. (4) Ne débattez pas, cela crée un sentiment d'hostilité. C'est un pur gaspillage d'énergie. (5) Ne vous comparez pas aux autres. (6) Ne prêtez pas l'oreille à la critique publique. (7) Abandonnez l'idée de nom et de célébrité.

Selon Patanjali Maharshi, Maitri (amitié entre égaux), Karuna (pitié envers les inférieurs), Mudita (complaisance envers les supérieurs), Upeksha (indifférence envers les voyous), apporteront la Chittaprasada ou la tranquillité mentale.

Vous devez, par votre mental Sattvique supérieur, éviter que le mental se dirige vers les objets et, en progressant plus loin, vous devez, sans vous décourager, accumuler des richesses de Tapasya pour acquérir ce siège suprême impérissable (Parama Pada). Comme un empereur qui met sous son emprise tous les rois de la terre, le mental fluctuant doit être amené sous le contrôle parfait du mental non fluctuant et ce dernier atteint alors son propre état qui est le Suprême.

CHAPITRE 31

Concentration

"*Tatpratishedhartham-ekatattvabhyasah* - Pour éliminer cela (agitation et divers autres obstacles qui empêchent la concentration du mental), la pratique de la concentration sur une seule chose (devrait être faite)". (*Yoga Sutras de Patanjali, I-32*)

Concentration, la clef pour la paix

Les plaisirs matérialistes intensifient le désir de jouir de plus grands plaisirs. C'est pourquoi le mental des matérialistes est très agité. Il n'y a pas de satisfaction et de paix mentale. Le mental ne peut jamais être satisfait, quelle que soit la quantité de plaisir que vous lui réservez. Plus il apprécie les plaisirs, plus il les désire. Ainsi, les gens sont extrêmement troublés et dérangés par leur propre mental. Ils sont fatigués de leur mental. C'est pourquoi, afin d'éliminer ces tracas et ces problèmes, les Rishis ont pensé qu'il valait mieux priver le mental de tous les plaisirs sensuels. Lorsque le mental a été concentré ou éteint, il ne peut plus nous presser de chercher d'autres plaisirs, et ainsi toutes les tracasseries et les problèmes sont pour toujours éliminés et la personne atteint une paix réelle.

Il y a un pouvoir d'externalisation ou d'objectivation dans le mental. Cela mène à Bahirmukha Vritti. Le mental est attiré vers divers objets. Il y a une dissipation de l'énergie mentale, des pouvoirs du mental, dans diverses directions. Les rayons du mental sont comme les rayons de la lumière, dispersés dans le cas des personnes qui ont un mental matérialiste. Lorsque les rayons du mental sont dispersés sur divers objets, vous ressentez de la douleur. Lorsque les rayons sont rassemblés et concentrés par la pratique, le mental devient concentré et vous obtenez Ananda (le bonheur) de l'intérieur.

Quand vous voyez votre cher ami après six ans, l'Ananda que vous obtenez n'est pas de la personne, mais de vous-même. Le mental se concentre sur l'instant et le bonheur vient de l'intérieur de soi-même.

Lorsque vous êtes au Cachemire, lorsque vous appréciez les paysages pittoresques de Muttan, Gulmarg, Sonamarg, Chashmashahi et Anantanag, votre mental sera soudainement bouleversé, si vous recevez un télégramme qui vous annonce la triste nouvelle de la mort prématurée de votre fils unique. Le paysage ne vous intéressera plus. Il a perdu son charme pour vous. L'attention est éjectée. Il y a la dépression. C'est la concentration et l'attention qui vous donnent le plaisir dans la visite.

Dans un but de concentration, vous devrez rassembler patiemment les rayons épars du mental à travers Vairagya et Abhyasa, à travers Tyaga (renoncement) et Tapas, puis marcher hardiment avec une énergie infatigable vers Dieu ou Brahman. Par une Sadhana (pratique spirituelle) constante, le mental doit être empêché de s'extérioriser. Il doit être amené à se diriger vers Brahman, son foyer d'origine. Lorsque les rayons mentaux sont concentrés, l'illumination commence.

Illustrations de la nature du mental

Le mental est comparé au mercure, car ses rayons sont dispersés sur divers objets. Il est comparé au singe, car il saute d'un objet à l'autre. Il est comparé à l'air en mouvement, parce qu'il est Chanchala. Il est comparé à un éléphant furieux et en rut, à cause de son impétuosité passionnée. Le mental est connu sous le nom de "grand oiseau", car il saute d'un objet à un autre, tout comme un oiseau saute d'une brindille à une autre, d'un arbre à un autre. Le Raja Yoga nous enseigne comment concentrer le mental et ensuite comment fouiller les recoins les plus intimes de notre propre mental.

Différents degrés de concentration

Kshipta, Mudha, Vikshipta, Ekagra et Niruddha sont les cinq Bhumikas yogiques. Le Chitta ou mental se manifeste sous cinq formes différentes. Dans l'état Kshipta, les rayons du mental sont dispersés sur divers objets. Il est agité et saute d'un objet à l'autre. Dans l'état de Mudha, il est morne et oublieux. Vikshipta est le mental qui se rassemble. Il est parfois stable et, à d'autres moments, distrait. Par la pratique de la concentration, le mental lutte pour se rassembler. Dans l'état d'Ekagra, il est sur un seul point. Il n'y a qu'une seule idée présente dans le mental. Dans l'état de Niruddha, il est sous contrôle parfait. Dharana est pratiqué pour arrêter les modifications du mental.

Le pouvoir de la concentration

En manipulant le mental, vous pourrez l'amener sous votre contrôle, le faire fonctionner à votre guise et l'obliger à concentrer ses pouvoirs comme vous le souhaitez. Celui qui a appris à manipuler le mental mettra toute la nature sous son contrôle. Il n'y a pas de limite au pouvoir du mental humain. Plus il est concentré, plus il exerce de pouvoir sur un point.

Un scientifique concentre son mental et invente beaucoup de choses. Par la concentration, il ouvre les couches du mental brut et pénètre profondément dans ses parties supérieures et acquiert des connaissances plus approfondies. Il concentre toutes les énergies de son mental en un seul point et les projette sur les matériaux qu'il analyse et découvre ainsi leurs secrets.

La concentration, le premier devoir de l'homme.

Sri Sankara écrit dans le commentaire sur le Chhandogya Upanishad (VII-xx-1) que le devoir d'un homme consiste à contrôler ses sens et à concentrer son mental. Tant que les pensées d'un homme ne sont pas complètement détruites par une pratique persistante, il devrait toujours concentrer son mental sur une vérité à la fois. Par une telle pratique ininterrompue, le mental se concentrera sur une seule vérité à la fois et, instantanément, toutes les pensées disparaîtront. La concentration s'oppose aux désirs sensuels, la béatitude à l'agitation et à l'inquiétude, la pensée soutenue à la perplexité, la pensée appliquée à la paresse et à la torpeur, la joie à la rancune.

Vous êtes né pour concentrer le mental sur Dieu après avoir collecté les rayons mentaux qui se dissipent sur divers objets. C'est là votre important devoir. Mais vous oubliez le devoir à cause de Moha pour la famille, les enfants, l'argent, le pouvoir, la position, le respect et la renommée. La concentration du mental sur Dieu après la purification peut vous donner un vrai bonheur et une vraie connaissance. Vous êtes né dans ce seul but. Vous êtes emporté vers des objets extérieurs par Raga et Moha (attachement et amour engoué).

Fixez le mental sur Atman. Fixez-le sur l'Intelligence pure et omniprésente et sur le rayonnement autolumineux (Svayamjyotis). Maintenez-vous en Brahman. Alors vous deviendrez "Brahma-samstha", établi en Brahman.

Comment se concentrer

Pratiquez la concentration mentale. En essayant de concentrer votre mental ou même de projeter une pensée, vous constaterez que vous avez naturellement besoin de former des images dans votre mental. Vous ne pouvez pas vous en empêcher. Fixez le mental sur un objet, sur une idée. Retirez le mental, encore et encore, lorsqu'il s'éloigne de la Lakshya et fixez-le là. Ne lui permettez pas de créer des centaines de formes-pensées. Introspectez et observez-le attentivement. Vivez seul. Évitez la compagnie. Ne vous mêlez pas aux autres. C'est important. Ne laissez pas le mental dissiper son énergie en vain sur de vaines pensées, de vains soucis, une imagination vaine et de vaines craintes et pressentiments. Faites-le s'accrocher à une forme de pensée pendant une demi-heure par une pratique incessante. Faites en sorte que le mental se façonne en une seule forme et essayez de maintenir cette forme pendant des heures par une pratique constante et incessante.

Qu'est-ce que la concentration

Desabandhas-chittasya dharana "La concentration consiste à maintenir le mental sur une forme ou un objet de manière constante pendant longtemps" (Yoga Sutras, III-1). "Dharana fixe le mental sur un objet externe ou un chakra interne ou une idée abstraite comme Aham brahmasmi" (Yoga Sutras, III-1).

Concentration sur les Chakras internes

Un Raja Yogi se concentre sur le Trikuti (Ajna Chakra, l'espace entre les deux sourcils) qui est le siège du mental à l'état de veille. Vous pouvez facilement contrôler le mental si vous pouvez vous concentrer sur cette région. La méditation et la concentration sur Ajna chakra permettent de contrôler son mental très facilement. Certaines personnes voient très rapidement la lumière lors de la concentration dans cette région, même lors d'une journée de pratique. Celui qui veut méditer sur le Virat et celui qui veut aider le monde devrait choisir cette région pour sa concentration.

Un Bhakta ou un dévot doit se concentrer sur le cœur, le siège de l'émotion et du sentiment. Celui qui se concentre sur le cœur obtient le grand Ananda. Celui qui veut obtenir Ananda doit se concentrer sur le cœur.

Un Hatha Yogi fixe son mental sur le Sushumna Nadi, la voie du milieu dans le canal rachidien et sur un centre spécifique, à savoir le Muladhara ou le Manipura ou l'Ajna Chakra. Certains yogis ignorent les chakras inférieurs et fixent leur mental uniquement sur le chakra Ajna. Leur théorie est qu'en contrôlant le chakra Ajna, tous les chakras inférieurs peuvent être contrôlés automatiquement. Lorsque vous vous concentrez sur un chakra, une connexion filiforme se forme au départ entre le mental et le chakra (centre d'énergie spirituelle). Ensuite, le yogi monte le long de la Sushumna, de chakra en chakra. L'ascension se fait progressivement par des efforts patients. Même un simple tremblement de l'ouverture de Sushumna provoque beaucoup d'Ananda (le bonheur). Vous devenez enivrés. Vous oubliez complètement le monde. Lorsque l'ouverture de Sushumna est un peu secouée, le Kula-Kundalini Sakti tente d'entrer dans Sushumna. Un grand Vairagya survient. Vous devenez sans peur. Vous avez différentes visions. Vous êtes témoin du splendide "Antarjyotis". C'est ce qu'on appelle "Unmani Avastha". Vous obtiendrez différents Siddhis, différents types d'Ananda et vous obtiendrez différents types de connaissances en contrôlant et en opérant sur différents chakras. Si vous avez conquis le Muladhara chakra, vous avez déjà conquis le plan terrestre. Si vous avez conquis le Manipura chakra, vous avez déjà conquis le feu. Le feu ne vous brûlera pas. Le Panchadharana (cinq sortes de Dharana) vous aidera à conquérir les cinq éléments. Apprenez-les sous la direction d'un gourou qui est un Yogi développé.

Une mise en garde

Si vous avez des maux de tête ou des douleurs en vous concentrant sur le Trikuti (l'espace entre les deux sourcils) en tournant les yeux vers le haut, abandonnez immédiatement cette pratique. Concentrez-vous sur le cœur. Si vous avez du mal à vous concentrer sur votre cœur ou sur l'espace entre les deux sourcils (Trikuti) ou sur le dessus de la tête, si vous avez mal à la tête ou une douleur au crâne, déplacez votre centre de concentration vers tout objet extérieur au corps.

Il est facile de concentrer le mental sur des objets extérieurs. Il a une tendance naturelle à aller vers l'extérieur. Vous pouvez vous concentrer sur le ciel bleu, la lumière du soleil, l'air ou l'éther omniprésent ou le soleil, la lune ou les étoiles.

Entraînement dans la concentration

Entraînez le mental de diverses manières à la concentration au début. Concentrez-vous sur les sons Anahata du cœur en fermant les oreilles. Concentrez-vous sur la respiration avec la répétition de Soham. Concentrez-vous sur une image concrète. Concentrez-vous sur le ciel bleu. Concentrez-vous sur la lumière omniprésente du soleil. Concentrez-vous sur les différents chakras du corps. Concentrez-vous sur les idées abstraites de Satyam (Vérité), Jnanam (Sagesse), Anantam (Infinité), Ekam (Un), Nityam (Essence éternelle), etc. Pour finir, ne vous en tenez qu'à une seule chose.

Aides à la concentration

Foi

Bien que tout sujet ait été établi au moyen d'arguments et d'autorités valables, le mental des gens étant encore entièrement occupé par des objets extérieurs grossiers, toute conception claire de vérités ultimes subtiles est presque impossible sans une foi appropriée. Lorsqu'il y a foi, le mental peut facilement se concentrer sur le sujet à comprendre et la compréhension suit alors rapidement.

Contrôle du souffle

Supprimer les Rajas et Tamas qui enveloppent le Sattva du mental par Pranayama, Japa, Vichara et Bhakti. Il devient alors apte à la concentration. Le Pranayama ou contrôle de la respiration enlève le voile de Rajas et de Tamas qui enveloppent le Sattva du mental. Il purifie les nerfs (Nadis). Il rend le mental ferme et stable et le rend ainsi apte à la concentration. Les scories du mental sont purifiées par le Pranayama, tout comme les scories de l'or sont éliminées par la fusion. Un Hatha Yogi essaie de concentrer son mental en contrôlant sa respiration par le Pranayama.

Un Raja Yogi tente de concentrer son mental en "Chitta-Vritti-Nirodha" (en limitant les diverses modifications de Chitta), en ne permettant pas au mental d'assumer diverses formes d'objets. Il ne se soucie pas du contrôle de la respiration. Mais, sa respiration devient nécessairement contrôlée lorsque son mental est concentré. Le Hatha Yoga est une branche du Raja Yoga.

Avadhana ou attention

L'attention (Avadhana) joue un très grand rôle dans la concentration. Elle est la base de la volonté. Lorsqu'elle est correctement guidée et dirigée vers le monde intérieur à des fins d'introspection (Antarmukha Vritti), elle analyse le mental et vous éclairera sur de très nombreux faits étonnants.

La force avec laquelle quelque chose frappe le mental est généralement proportionnelle au degré d'attention qui lui est accordé. De plus, le grand art de la mémoire est l'attention et les personnes inattentives ont de mauvais souvenirs. La puissance de l'attention s'affaiblit avec l'âge.

L'attention est la concentration de la conscience. C'est l'un des signes de la volonté entraînée. On la retrouve chez les humains à la mentalité forte. C'est une faculté rare. Brahmacharya développe merveilleusement ce pouvoir. Un Yogi qui possède cette faculté peut même fixer le mental sur un objet désagréable pendant très longtemps. L'attention peut être cultivée et développée par une pratique persistante. Tous les grands hommes du monde qui ont atteint la grandeur se sont élevés grâce à cette faculté.

C'est par la puissance de l'attention que le mental réalise toutes ses activités. L'attention est la base de la force de volonté. Cultivez donc la puissance de l'attention.

L'attention peut être soit subjective ou interne sur une idée, soit objective ou externe sur un objet quelconque. Portez toute votre attention sur ce que vous êtes en train de faire en ce moment. Il est facile de fixer le mental sur un objet qu'il aime le plus. Exercez votre attention sur des tâches désagréables, que vous avez déjà décalées en raison de leur caractère désagréable. Portez de l'intérêt aux objets et aux idées inintéressantes. Gardez-les présents à l'esprit. L'intérêt se manifestera lentement. De nombreuses faiblesses mentales disparaîtront. Le mental deviendra de plus en plus fort.

Une illustration d'un mental concentré

Il y avait un ouvrier qui fabriquait des flèches. Il était une fois très occupé à son travail. Il était tellement absorbé par son travail qu'il n'a même pas remarqué une grande fête d'un Raja avec sa suite passant devant son magasin. Telle doit être la nature de votre concentration lorsque vous fixez votre mental sur Dieu. Vous devez avoir la seule idée de Dieu et de Dieu seul. Sans doute, cela prend du temps pour avoir un Ekagrata complet du mental. Vous devrez vous battre très fort pour avoir une concentration mentale unique. Sri Dattatreya a fait de ce faiseur de flèches l'un de ses Gurus.

211

Une erreur courante

Certains étudiants en médecine quittent l'école de médecine peu après l'avoir rejointe, car ils trouvent dégoûtant de laver les pustuleuses et de disséquer les cadavres. Après avoir étudié la pathologie, la médecine, la chirurgie opératoire, l'anatomie morbide et la bactériologie, le cours sera très intéressant en dernière année. De nombreux aspirants spirituels abandonnent la pratique de la concentration du mental après un certain temps, car ils ont du mal à la pratiquer. Ils commettent également une grave erreur, comme les étudiants en médecine. Au début de la pratique, lorsque vous luttez pour dépasser la conscience du corps, ce sera désagréable et gênant. Ce sera une lutte physique. Les émotions et les Sankalpas seront abondants. Au cours de la troisième année de pratique, le mental sera frais, pur et fort. Vous en tirerez une joie immense. La somme totale des plaisirs du monde entier n'est rien en comparaison de l'Ananda dérivé de la méditation. N'abandonnez pas la pratique à tout prix. Continuez. Persévérez. Faites preuve de patience (Dhriti), d'Utsaha (gaieté) et de Sahasa (ténacité, application). Vous finirez par réussir. Ne désespérez jamais. Découvrez par une introspection sérieuse les différents obstacles qui font obstacle à votre concentration et éliminez-les un par un avec patience et efforts. Ne laissez pas surgir de nouveaux Sankalpas et de nouveaux Vasanas. Tuez-les dans l'œuf grâce à Viveka, Vichara et Dhyana.

Sachez que vous progressez dans le yoga et que Sattva augmente, lorsque vous êtes toujours joyeux, lorsque le mental est égal et concentré.

CHAPITRE 32

Méditation

"Achintaivaparamdhyanam- être sans pensée est la plus haute forme de méditation". (Sri Sankaracharya)

"Dhyanam nirvishayam manah- Quand le mental devient Nirvishaya (libéré de la pensée des objets sensoriels et de leurs plaisirs), c'est de la méditation". (Patanjali Yoga Sutras)

Qu'est-ce que la méditation ?

Dans le Vedanta ou le chemin de Jnana, les termes "Manana" (réflexion) et "Nidhyasana" sont très fréquemment utilisés. Manana-Vritti-Tiraskara chasse toutes les pensées des objets du monde et Svajatiya-Vritti-Pravaha augmente les courants de pensée de Dieu ou de Brahman comme un flux régulier. Nididhyasana est la méditation sur Atman. C'est une contemplation profonde et intense. C'est Anatma-Vritti-Vivadana-Rahita Atmakara-Vritti-Sthiti. Le mental est parfaitement établi dans l'Absolu. Aucune pensée matérialiste ne s'y immiscera désormais. La contemplation est comme un flux constant d'huile (Tailadharavat).

Caractère indispensable de la méditation pour la réalisation de Dieu

Le mental se sent fatigué après un travail dur et prolongé. Il ne peut donc pas être Atman. Atman est le magasin de tous les pouvoirs (Ananta-Sakti). Le mental n'est qu'un instrument de l'Atman. Il doit être correctement discipliné. Tout comme vous développez le corps physique par la gymnastique et divers types d'exercices physiques, vous devrez entraîner le mental par un entraînement mental, une culture mentale ou un exercice mental. Dans la méditation et la concentration, vous devrez entraîner le mental de diverses manières. Alors seulement le mental brut deviendra subtil (Sukshma).

Mettez un morceau une barre de fer dans le feu de la forge. Il devient rouge comme le feu. Enlevez-le. Il perd sa couleur rouge. Si vous voulez qu'il reste toujours rouge, vous devez toujours le garder dans le feu. De même, si vous voulez garder le mental chargé du feu de la sagesse brahmanique, vous devez le garder toujours en contact avec le feu brahmanique de la connaissance par une méditation constante et intense. Vous devez maintenir un flux incessant de la conscience brahmanique. Vous aurez alors le Sahajavastha (état naturel).

Mener une vie vertueuse n'est pas suffisant en soi pour la réalisation de Dieu. La concentration du mental est absolument nécessaire. Une vie bonne et vertueuse ne prépare le mental qu'en tant qu'instrument adéquat pour la concentration et la méditation. C'est la concentration et la méditation qui mènent finalement à la réalisation du Soi.

Dieu s'est caché dans ce monde (immanent) et est assis dans la cavité du lotus de votre cœur. Il est un propriétaire absent. Vous devrez Le chercher par la concentration et la méditation avec un mental pur. C'est un véritable jeu de cache-cache.

Toutes les choses visibles sont Maya. Maya disparaîtra par le Jnana ou la méditation sur Atman. On doit s'efforcer de se débarrasser de Maya. Maya fait des ravages dans le mental. La destruction du mental signifie l'annihilation de Maya. Nididhyasana est le seul moyen de conquérir Maya. Le Seigneur Bouddha, Raja Bhartrihari, Dattatreya, Akhow du Gujarat - tous n'ont conquis Maya et le mental que par la méditation profonde. Entrez dans le silence. Méditez. Méditez. La solitude et la méditation intense sont deux conditions importantes pour la réalisation du Soi.

Faites le vide dans le mental. C'est le seul moyen de faire face à ces graves crises de chagrin. Il est difficile de supprimer une pensée et, après l'avoir supprimée, une nouvelle succession de pensées surgit qui envahit le mental. Fixez-le sur un objet tranquille. Vous parviendrez à le contrôler. Rassemblez vos pensées dans l'Esprit (Atman), comme une personne se rafraîchit en allant dans une piscine d'eau pendant la saison chaude. Méditez continuellement sur Hari, qui est de couleur azur, qui porte un collier inestimable et est orné d'ornements sur ses bras, ses oreilles et sa tête.

Conditions préalables à la méditation

Pour la méditation, vous voulez un instrument (mental) correctement entraîné. Vous devez avoir un Buddhi calme, clair, pur, subtil, pointu, régulier et concentré pour comprendre le Brahma-Tattva ou Brahma-Vastu. Ce n'est qu'à ce moment-là que la réalisation est possible. Brahman est pur et subtil et vous devez avoir un mental pur et subtil pour vous approcher de Brahman.

Seul un mental entraîné qui contrôle totalement le corps peut investiguer et méditer sans fin tant qu'il reste de la vie, sans jamais perdre un instant de vue l'objet de sa recherche et de sa contemplation (Brahman), sans jamais le laisser s'obscurcir par une quelconque tentation terrestre. Toutes les activités physiques doivent être complètement suspendues, tous les attachements doivent être impitoyablement coupés durant cinq ou six ans, si vous voulez pratiquer le Dhyana Yoga, si vous voulez réaliser Dieu par la concentration du mental. La lecture des journaux et la correspondance avec les amis et la famille devraient être complètement arrêtées, car elles provoquent une distraction du mental et renforcent l'idée du monde. Une période d'isolement de cinq ou six ans est indispensable.

Pour les besoins de la méditation, tout doit être rendu Sattvique. Le lieu de méditation doit être Sattvique. La nourriture doit être Sattvique. Les vêtements portés doivent être Sattvique. La compagnie doit être Sattvique. La parole doit être Sattvique. Le son que vous entendez doit être Sattvique. La pensée doit être Sattvique. L'étude doit être Sattvique. Tout doit être Sattvique. Alors seulement, de bons progrès dans la Sadhana seront possibles, en particulier pour les débutants (néophytes).

Un lieu solitaire avec des conditions vibratoires spirituelles, un lieu frais, Sattvique avec un climat tempéré comme à Uttarkashi, Rishikesh, Lakshmanjhula, Kankhal ou Badrinarayan est indispensable pour la concentration du mental et la méditation, car le cerveau devient chaud pendant la méditation. Les rives du Gange ou de la Narmada, les paysages himalayens, les beaux jardins de fleurs, les temples sacrés, voilà les lieux qui élèvent le mental dans la concentration et la médiation. Ayez recours à eux.

Bien sûr, la condition idéale ne peut pas toujours être obtenue, car il s'agit d'un plan relatif. Tous les lieux combinent des avantages et certains inconvénients également côte à côte. Vous devez choisir un lieu qui présente un maximum d'avantages et un minimum d'inconvénients. Vous devez faire du mieux que vous pouvez. Vous devez essayer de surmonter certaines difficultés. Vous devez les surmonter. Vous devez être seul avec vous-même. Vous devez être capable de vous abstraire des causes qui vous distraient.

Il doit y avoir une bonne nourriture, Sattvique, substantielle, légère et nutritive. La méditation n'est possible que lorsque le mental est rempli de Sattva-Guna. L'estomac ne doit pas être chargé. Il existe un lien intime entre le mental et la nourriture. Un repas lourd est nocif : prenez un repas complet à 11 heures et la moitié d'un verre de lait le soir. Le repas du soir doit être léger pour ceux qui méditent.

Il doit y avoir des capacités pour la Sadhana. Alors seulement la méditation se poursuivra régulièrement avec bonheur. Asana (la posture) stabilise le corps. Les Bandhas et les Mudras rendent le corps ferme. Le Pranayama rend le corps léger. Le Nadi-Suddhi a un effet Samyavastha sur le mental. Ayant acquis ces qualifications, vous devrez fixer le mental sur Brahman.

Lorsque Sushumna Nadi travaille, c'est-à-dire lorsque le souffle passe par les deux narines, la méditation se poursuit avec aisance et joie. Le mental est alors calme. Il y a une augmentation de Sattva Guna lorsque

Sushumna est en train d'opérer. Asseyez-vous pour méditer au moment où Sushumna commence à couler.

Vous ne pouvez méditer que lorsque votre mental est au-delà de toutes les anxiétés. Retirez-vous dans une pièce ou un endroit tranquille où vous ne craignez pas d'être interrompu afin que votre mental se sente en sécurité et au repos. Asseyez-vous dans une position confortable et soyez, autant que possible, à l'abri des influences extérieures perturbatrices. Chassez les pensées négatives. Devenez toujours positif. Le positif domine le négatif. Vous pouvez faire une belle méditation lorsque vous êtes positif.

Il doit y avoir en vous un Vairagya ferme, un Mumukshutva brûlant et un Viveka fort. Il doit y avoir un bon professeur spirituel (gourou Anubhava) pour vous guider.

Vous devez d'abord, par le mental purifié, avoir une compréhension intellectuelle, une conviction intellectuelle et une compréhension approfondie de Brahman. Nombreux sont ceux qui ne bénéficient pas des conditions favorables mentionnées ci-dessus pour la Sadhana spirituelle. C'est la raison pour laquelle ils ne font aucun progrès spirituel.

Saguna et Nirguna formes de méditation

Lorsque vous voyez la figure concrète du Seigneur Krishna les yeux ouverts et que vous méditez, c'est la forme concrète de la méditation. Lorsque vous réfléchissez à l'image du Seigneur Krishna en fermant les yeux, c'est aussi une forme concrète de méditation, mais elle est plus abstraite. Lorsque vous méditez sur l'infinie lumière abstraite, c'est encore une méditation plus abstraite. Les deux premiers types appartiennent à la forme de méditation Saguna, le second à la forme Nirguna.

Même dans la méditation Nirguna, il existe au début une forme abstraite pour fixer le mental. Plus tard, cette forme disparaît et le méditant et le médité ne font plus qu'un. La méditation procède uniquement du mental. Son aide est toujours nécessaire, que ce soit pour la perception d'un objet ou pour la compréhension de Brahman. Lorsque vous lisez un livre avec un intérêt et une attention passionnante, votre mental se fixe sur les idées. De même, dans la méditation Nirguna de Brahman (Dhyana sans forme), le mental est fixé sur une idée, à savoir celle d'Atman.

Exercices dans la méditation Saguna

Asseyez-vous dans Padmasana dans une chambre solitaire. Fermez les yeux. Méditez sur le rayonnement du soleil, la splendeur de la lune, la gloire des étoiles, la beauté du ciel. C'est une sorte de méditation pour les débutants.

Méditez sur l'Himalaya. Imaginez que le fleuve Ganga prend son origine dans la région glacée de Gangotri, près d'Uttarkashi, qu'il traverse

Rishikesh, Haridwar, Varanasi et qu'il entre dans le Gangasagar dans le golfe du Bengale. L'Himalaya, le Gange et l'océan – seules ces trois pensées devraient occuper votre mental. D'abord, emmenez votre mental dans le glacial Gangotri, puis le long du Gange et enfin dans l'océan. Puis, encore une fois, emmenez-le au Gangotri glacé. Faites tourner le mental de cette manière pendant 15 minutes. C'est un autre type de méditation.

Imaginez qu'il y ait un beau jardin avec de belles fleurs. Dans un coin, il y a des fleurs de jasmin. Dans un autre coin, il y a de belles roses. Dans le troisième coin, il y a la "dame de la nuit". Dans le quatrième coin, il y a des fleurs de Champaka. Maintenant, méditez sur ces quatre variétés de fleurs. Méditez d'abord sur le jasmin. Ensuite, amenez le mental à la rose, puis à la "dame de la nuit" et enfin au Champaka. Faites de nouveau pivoter le mental comme ci-dessus. Faites-le encore et encore pendant quinze minutes. Des méditations grossières comme celles-ci préparent le mental à une méditation abstraite plus fine sur des idées subtiles.

Méditez sur la magnanimité de l'océan, sa nature infinie. Comparez l'océan avec le Brahman infini, les vagues, les mousses et les blocs de glace aux différents noms et formes. Identifiez-vous à l'océan. Devenez silencieux. Développez-vous. Développez-vous.

Exercices pour la méditation Nirguna

Il existe un pouvoir vivant et universel qui sous-tend tous ces noms et formes. Méditez sur ce Pouvoir qui est sans forme. Cela formera une méditation Nirguna élémentaire sans forme (Dhyana sans forme).

"Il n'y a pas de monde. Il n'y a ni corps ni esprit. Il n'y a qu'un seul Chaitanya (conscience pure). Je suis cette pure conscience" - C'est la méditation Nirguna (sans attributs).

Asseyez-vous en Padmasana. Ouvrez les yeux. Regardez fixement l'air sans forme. C'est aussi une autre méthode de méditation sans forme. Concentrez-vous sur l'air. Cela conduira à la réalisation du Brahman sans nom et sans forme, l'Unique Vérité vivante.

Imaginez qu'il y ait un Parama, un Ananta, un Akhanda Jyotis (un rayonnement suprême, infini) caché derrière tous les phénomènes avec un rayonnement qui équivaut à l'embrasement de milliers de soleils ensemble. Méditez sur cela. C'est aussi une autre forme de méditation Nirguna.

Concentrez-vous et méditez sur le ciel immense. C'est aussi une autre forme de Nirguna, la méditation Nirakara. Avec les méthodes précédentes de concentration, le mental cessera de penser aux formes finies. Il va lentement commencer à fondre dans l'océan de la paix, car il est privé de son contenu, à savoir des formes de toutes sortes. Il deviendra aussi de plus en plus subtil.

Méditation sur OM

Ayez la figurine OM devant vous. Concentrez-vous sur ce point. Faites également Trataka avec les yeux ouverts (en regardant fixement sans cligner de l'œil jusqu'à ce que les larmes coulent abondamment). C'est une méditation de Saguna et de Nirguna (avec et sans attributs). Gardez une image de OM dans votre salle de méditation. Vous pouvez faire une Puja pour le symbole de Brahman. Brûlez de l'encens, etc. Offrez des fleurs. Cela convient aux personnes instruites modernes.

Méditation sur le mental

Le mental est Brahman ou Dieu en manifestation. Le mental est Dieu en mouvement. Comme Brahman est accessible par le mental, il n'est approprié de méditer sur le mental qu'en tant que Brahman. " Le mental doit être adoré en tant que Brahman ; c'est une adoration intellectuelle. " (Chhandogya Upanishad, III-18). C'est l'Upasana Vakya.

La pièce de méditation

La pièce de méditation doit être considérée comme un temple de Dieu. Les discussions de nature profane ne devraient jamais y être permises. Aucune pensée vicieuse de jalousie rancunière, d'avarice ne doit y être entretenue. On ne devrait jamais y entrer sans un esprit pieux et respectueux. Car ce que nous faisons, ce que nous pensons et ce dont nous parlons laissent leurs impressions sur l'éther de la pièce et, si l'on ne prend pas soin de les éviter, elles exerceront leur influence sur le mental de l'aspirant et, rendant son esprit pervers et rétif, le rendront incapable de se consacrer à la dévotion. Les mots prononcés, les pensées chéries, les actes accomplis ne sont pas perdus ; ils se reflètent toujours sur les couches subtiles d'éther qui entourent la pièce où ils sont accomplis et affectent invariablement le mental. Il faut s'efforcer autant que possible de les surmonter. Cela ne doit être fait que pendant quelques mois ; lorsque l'habitude sera changée, tout ira bien.

Comment méditer

Asseyez-vous dans un endroit isolé en Padma, Siddha ou Sukha Asana. Libérez-vous de toutes vos passions, émotions et pulsions. Subjuguez les sens. Retirez le mental des objets. Il sera alors calme, uni, pur et subtil. Avec l'aide de cet instrument entraîné, le mental discipliné, contemplez sur ce Soi infini. Ne pensez à rien d'autre. Ne laissez aucune pensée du monde entrer dans le mental. Ne lui permettez pas de penser à un quelconque plaisir physique ou mental. Lorsqu'il s'adonne à ces pensées, donnez-lui un bon coup de marteau. Il se dirigera alors vers Dieu. Tout comme le Gange coule continuellement vers la mer, les pensées de Dieu devraient couler continuellement vers le Seigneur. De même que l'huile, lorsqu'elle est versée d'un récipient à l'autre, coule en un flux continu et ininterrompu, de même que le son harmonieux produit par le tintement des cloches tombe sur l'oreille en un flux continu, de même le mental devrait "couler" vers Dieu en un flux continu. Il doit y avoir une Vritti-Pravaha divine continue, Svajatiya-Vritti-Pravaha, du mental Sattvique vers Dieu par le biais d'une Sadhana continue.

Vous devez avoir une image mentale de Dieu ou de Brahman (concrète ou abstraite) avant de commencer à méditer. Lorsque vous êtes un néophyte en matière de méditation, commencez à répéter quelques sublimes Slokas ou Stotras (hymnes) pendant dix minutes dès que vous vous asseyez pour méditer. Cela élèvera le mental. Il peut être facilement retiré des objets du monde. Puis, arrêtez aussi ce genre de pensées et fixez le mental sur une seule idée par des efforts répétés et vigoureux. Alors, Nishtha s'ensuivra.

Dans Nididhyasana (méditation), vous devrez développer le Svajatiya-Vritti-Pravaha. Faites couler les pensées de Brahman ou de Présence Divine comme une inondation ou un déluge. Faites la Vijatiya-Vritti-Tiraskara. Renoncez aux pensées des objets. Chassez-les avec le fouet de Viveka et Vichara. Au début, il y a une lutte. C'est effectivement une rude épreuve. Mais, plus tard, à mesure que vous devenez de plus en plus fort et que vous grandissez en pureté, Brahma-Chintana devient facile. Vous vous réjouissez de la vie d'unité. Vous tirez votre force d'Atman. La force intérieure grandit lorsque tous les Vishaya Vrittis sont éclaircis et que le mental devient concentré (Ekagra).

Quand vous commencez à allumer du feu, vous entassez un tas de papier et des morceaux de bois fin. Le feu s'éteint rapidement. Vous soufflez à nouveau dessus plusieurs fois avec le soufflet. Au bout d'un certain temps, il se transforme en un petit feu. On peut difficilement l'éteindre maintenant, même avec de grands efforts. De même, au début de la méditation les néophytes retombent de la méditation dans leurs vieux sillons. Ils devront relever leur mental encore et encore et se fixer sur le Lakshya. Lorsque la méditation devient profonde et régulière, ils finissent par s'établir en Dieu. La méditation devient alors Sahaja (naturel). Elle devient habituelle. Utilisez le soufflet de Tivra Vairagya et la méditation intense pour allumer le feu de la méditation.

Pendant la méditation, notez combien de temps vous pouvez exclure toutes les pensées du monde. Observez le mental très attentivement. Si c'est pour vingt minutes, essayez de porter la période à trente ou quarante minutes, et ainsi de suite. Remplissez le mental avec les pensées de Dieu, encore et encore.

Permettez à l'unique idée "Brahman" de couler lentement et continuellement. Pensez constamment à Dieu. Le mental doit toujours se diriger vers Dieu. Attachez-le avec un fil de soie fin aux pieds de lotus du Seigneur Siva ou Hari. Chassez doucement les idées étrangères ou extérieures (matérielles). Essayez de maintenir le Brahmakara Vritti en répétant mentalement OM ou "Aham Brahmasmi" très souvent. L'idée de l'infini, l'idée d'un océan de lumière, l'idée de toute la connaissance et du tout-Ananda devraient accompagner la répétition mentale de OM. Si le mental vagabonde, répétez verbalement six fois le long (Dhirga) Pranava avec 3 et demi-Matras. Ce processus éliminera le Vikshepa et tous les autres obstacles.

Lorsque vous commencez à balayer une pièce qui a été maintenue fermée pendant six mois, différentes sortes de saletés sortent des coins de la pièce. De même, pendant la méditation, sous la pression du yoga, par la grâce de Dieu, diverses sortes d'impuretés flottent à la surface du mental. Il faut courageusement les éliminer une à une par des méthodes appropriées et des contre-vérités, avec patience et des efforts intenses. Les vieux Samskaras négatifs se vengent lorsque vous essayez de les supprimer. N'ayez pas peur. Ils perdent leurs forces au bout d'un certain temps. Vous devez apprivoiser le mental tout comme vous apprivoisez un éléphant sauvage ou un tigre. Ne vous livrez pas à des pensées malveillantes qui servent de nourriture au mental. Faites en sorte qu'il soit Antarmukha (introspectif). Remplacez-les par des pensées bonnes, vertueuses et sublimes. Nourrissez le mental avec des aspirations et des idéaux élevant. Les vieux Samskaras négatifs seront progressivement amoindris et finalement effacés. Alors, le Brahmakara Vritti va se lever. Couplé à Brahma-Jnana, c'est le destructeur d'Avidya. Laissez le Brahmakara Vritti s'écouler régulièrement comme le Tailadhara (flux continu d'huile). Alors, le Niratisayananda (félicité infinie) va couler. À cet état, l'univers entier n'apparaîtra plus que sous la forme de Sat-Chit-Ananda. Cette pensée aussi mourra. Vous entrerez alors dans l'état de Sahajananda (Advaita-Avastharupa Samadhi).

Quelques indications utiles

En méditation, ne fatiguez pas les yeux. Ne fatiguez pas le cerveau. Ne luttez pas avec le mental. Ce serait une grave erreur. De nombreux néophytes commettent cette grave erreur. C'est la raison pour laquelle ils se fatiguent facilement et rapidement. Ils ont des maux de tête et ils doivent se lever très souvent pour uriner pendant la méditation en raison de l'irritation qui s'installe dans le centre de la miction, dans la moelle épinière.

Ne faites aucun effort violent pour contrôler le mental. Ne luttez pas avec force contre lui. C'est une erreur de le faire. Mais, au contraire, laissez-lui un moment pour courir et épuiser ses efforts. Le mental va d'abord sauter comme un singe non dressé. Peu à peu, il ralentira. Ensuite, vous pouvez le fixer sur votre Lakshya, soit sur une forme concrète, soit sur une idée abstraite.

Levez-vous à 4 heures du matin (Brahma Muhurta). Asseyez-vous confortablement dans Padma, Siddha, Sukha ou Svastika Asana. Gardez la tête, le cou et le tronc en ligne droite. Détendez les muscles, les nerfs et le cerveau. Calmez le mental objectif. Fermez les yeux. Ne luttez pas avec le mental. Ne chassez pas volontairement et violemment les pensées intrusives. Laissez les pensées divines s'écouler doucement. Pensez régulièrement au Lakshya (point de méditation). Ayez des pensées sublimes, Sattvique. Les pensées néfastes disparaîtront d'elles-mêmes.

Même si le mental vagabonde à l'extérieur pendant votre pratique de la méditation, ne vous en préoccupez pas. Laissez-le courir. Essayez lentement de l'amener à votre Lakshya (centre). Par une pratique répétée, le mental se concentrera finalement dans votre cœur, dans l'Atman, l'habitant de vos cœurs, le but de la vie. Au début, le mental va vagabonder 80 fois. Au bout de six mois, il peut le faire 70 fois ; au bout d'un an, 50 fois ; au bout de deux ans, 30 fois ; au bout de cinq ans, il sera complètement fixé dans la Conscience Divine. Ensuite, il ne vagabondera plus du tout, même si vous faites de votre mieux pour le faire sortir, comme le buffle errant, qui avait l'habitude de courir dans les jardins de différents propriétaires pour manger de l'herbe, mais qui mange maintenant des grains frais et des extraits de graines de coton dans son propre lieu de repos.

S'il y a beaucoup de tension dans la méditation, réduisez le nombre d'heures pendant quelques jours. Ne faites qu'une méditation légère. Lorsque vous avez retrouvé le tonus normal, augmentez à nouveau la durée de la période. Faites appel à votre bon sens tout au long de la Sadhana. Je répète toujours ce point.

Ceux qui méditent pendant quatre ou cinq heures en une seule fois peuvent avoir deux Asanas, soit Padma et Vajra, soit Siddha et Vajra, au début. Parfois, le sang s'accumule dans une partie des jambes ou des cuisses et donne un peu de fil à retordre. Après deux heures, changez l'Asana de Padma ou Siddha Asana en Vajrasana ou étirez les jambes sur toute leur longueur. Appuyez-vous contre un mur ou un oreiller. Gardez la colonne vertébrale droite, c'est l'asana le plus confortable. Joignez deux chaises. Asseyez-vous sur une chaise et étirez les jambes sur une autre chaise. C'est un autre dispositif.

La posture ou Asana est vraiment mentale. Essayez d'avoir un Padma mental ou un Siddha Asana mental. Si le mental est errant, vous ne pouvez pas avoir un corps stable ou une pose physique stable. Lorsque le mental est stable ou fixé en Brahman, la stabilité du corps suit automatiquement.

Ayez la seule Bhavana (sensation) d'omniprésence. Niez le corps fini comme une simple apparence. Essayez de toujours maintenir les sentiments. Tout ce qui vous élève, vous pouvez le prendre à votre avantage pour élever le mental et poursuivre votre méditation prolongée.

Vous devez quotidiennement augmenter votre Vairagya, la méditation et les vertus Sattviques telles que la patience, la persévérance, la miséricorde, l'amour, le pardon, la pureté, etc. Vairagya et les bonnes qualités aident à la méditation. La méditation augmente les qualités Sattviques.

Tout comme vous conservez l'énergie en observant Mouna (vœu de silence), vous devrez également conserver l'énergie mentale en arrêtant les pensées inutiles. Vous économiserez ainsi une abondante énergie de réserve pour la méditation.

Souvenez-vous de ces trois mots-images : PURIFICATION, CONCENTRATION, ABSORPTION. Répétez-les mentalement pendant la méditation. C'est un triplet. Souvenez-vous de ce triplet. Purifiez le mental. Débarrassez-vous de Mala (des impuretés telles que Kama, Krodha, etc.). Effectuez des actions désintéressées et sans désir. Cela purifiera le mental. Pratiquez Upasana, Pranayama, Trataka et "Chitta-Vritti-Nirodha" du Raja Yoga. Cela aidera Ekagrata. Ensuite, pratiquez une méditation constante et profonde. Le mental sera finalement absorbé.

"Pranavo dhanuh saro hyatma brahma tallakshyam uchyate; Apramattena veddhavyam saravan tanmayo bhavet."

"Om est l'arc, le mental est la flèche et Brahman est le but à viser. Brahman doit être atteint ou transpercé par celui dont les pensées sont concentrées. Il sera alors de la même nature (Tanmaya) que Brahman, car la flèche ne fait plus qu'un avec la cible lorsqu'elle l'a percée". (Mundakopanishad, II-ii-4)

Asseyez-vous en Padma ou Siddha Asana. Fermez les yeux. Concentrez le regard sur Trikuti (espace entre les deux sourcils). Ensuite, chantez Dhirga Pranava (OM long) avec force pendant cinq minutes. Cela supprimera le Vikshepa ou le remue-ménage du mental. La concentration s'ensuivra. Ensuite, répétez OM mentalement avec Brahma-Bhavana. Chaque fois que le mental commence à vagabonder, chantez à nouveau OM verbalement. Dès qu'il devient calme, répétez mentalement OM à nouveau. Le même processus peut être adopté pour la méditation Saguna. Ceux qui ont la connaissance du flux des cinq Tattvas dans les narines peuvent très rapidement progresser dans la méditation. Il existe un lien intime entre le mental et les cinq Tattvas. Lorsque l'Agni-Tattva coule dans les narines, le mental est très agité et la méditation est interrompue. Pendant le flux de l'Akasa-Tattva, la méditation est très favorable. La connaissance de "Svarasadhana" ou "Svarodaya", comme on l'appelle communément, est une nécessité indispensable pour ceux qui se mettent à la méditation.

Tout comme un archer très habile, lorsqu'il tire sur un oiseau, est conscient de la façon dont il se tient sur ses jambes, dont il tient l'arc, la corde de l'arc et la flèche au moment où il perce l'oiseau - "Debout dans cette position, tenant ainsi l'arc, la corde de l'arc et la flèche, je perce l'oiseau" - et même après, ne manquerait pas de remplir ces conditions pour pouvoir percer l'oiseau, de même, l'aspirant devrait noter les conditions d'une nourriture appropriée : "En mangeant ce genre de nourriture, en suivant telle personne, dans telle habitation, dans ce mode, à ce moment, j'atteignis cette méditation et le Samadhi."

Comme un cuisinier intelligent, au service de son maître, note le genre de nourriture qu'il apprécie et donc la sert et en tire profit, l'aspirant devrait aussi noter les conditions de nourriture, etc., au moment d'atteindre la méditation et le Samadhi et, en les remplissant, il obtient l'extase encore et encore.

La méditation avec les yeux ouverts

Au début, lorsque vous êtes un néophyte, vous pouvez fermer les yeux pour éliminer la distraction mentale, car vous êtes très faible. Mais plus tard, vous devez méditer les yeux ouverts, même en marchant, et garder l'équilibre de votre mental, même lorsque vous êtes dans le tourbillon de l'activité. Alors seulement, vous serez parfait. Pourquoi fermez-vous les yeux pendant la méditation ? Ouvrez les yeux et méditez. Pensez fermement que le monde est irréel, qu'il n'y a pas de monde, qu'il n'y a qu'Atman. Si vous pouvez méditer sur l'Atman même lorsque les yeux sont ouverts, vous serez une personne forte. Vous ne serez pas facilement dérangé.

Les bénéfices de la méditation

Agni (feu) est de deux sortes, à savoir, Samanya Agni (feu ordinaire) et Visesha Agni (feu spécial). Samanya Agni est caché dans tous les arbres et les bois. Il n'est pas utile aux fins de combustion. Visesha Agni, qui se forme en frottant une allumette ou en frottant deux morceaux de bois, est utile pour la cuisine et pour d'autres usages. De même, il y a le Samanya Chaitanya (intelligence ou conscience ordinaire) qui est omniprésent. Il y a aussi la Visesha Chaitanya (intelligence spéciale). Le Samanya Chaitanya ne peut pas détruire l'ignorance ou Avidya. Seule l'intelligence spéciale - Atmakara Vritti ou Avichhinna Visesha Chaitanya - peut détruire Mula Ajnana, l'ignorance primitive qui enveloppe Svarupa (Brahmane ou Existence). Cette intelligence particulière se développe lorsqu'une personne médite sur l'Infini avec un cœur pur.

Dans la contemplation, vous êtes en contact spirituel avec la Lumière immuable. Vous êtes purifiés de toutes les impuretés. Cette Lumière purifie l'âme qui la touche. La loupe est exposée à la lumière du soleil et la paille qui se trouve en dessous prend feu. Ainsi, en vous-même, si vous avez un cœur ouvert et dévoué à Dieu, la Lumière de Sa pureté et de Son amour, qui illumine cette âme ouverte, consumera toutes vos lacunes dans le feu de l'Amour Divin. La Lumière apporte une énergie accrue et un grand confort.

Ce processus de purification conduit à une meilleure compréhension de la Vérité. C'est l'action de la Grâce du Seigneur sur l'âme en méditation. Dans cette Grâce qui afflue, surgit immédiatement la Lumière du mental dans laquelle Dieu envoie un rayon de Sa Splendeur sans nuages. Cette Lumière est très puissante.

Si vous pouvez méditer pendant une demi-heure, vous pourrez vous engager avec paix et force spirituelle dans la bataille de la vie pendant une semaine grâce à la force de cette méditation. Tel est le résultat bénéfique de la méditation. Dans votre vie quotidienne, vous devez interagir avec le mental de différentes personnes d'une nature particulière ; obtenez la force et la paix de la méditation et vous n'aurez alors plus de problèmes ni d'inquiétudes.

Toutes les actions, qu'elles soient internes ou externes, ne peuvent être faites que lorsque le mental est uni aux organes. La pensée est la véritable action. Si vous avez le contrôle du mental par une pratique régulière, si vous pouvez réguler vos émotions et vos humeurs, vous ne ferez pas d'actions stupides et erronées. La méditation aidera beaucoup à contrôler les différentes émotions et impulsions.

La méditation agit comme un puissant tonique. C'est aussi un tonique mental et nerveux. Les vibrations sacrées pénètrent dans toutes les cellules du corps et guérissent les maladies du corps. Ceux qui méditent économisent les frais de médecin. Les ondes puissantes et apaisantes qui se produisent pendant la méditation exercent une influence bénéfique sur le mental, les nerfs, les organes et les cellules du corps. L'énergie divine coule librement comme le Tailadhara (écoulement d'huile d'un récipient à l'autre) des pieds du Seigneur vers les différents systèmes des Sadhakas.

La pratique de la méditation entraîne des changements considérables dans le mental, le cerveau et le système nerveux. De nouveaux courants nerveux, de nouvelles vibrations, de nouvelles avenues, de nouveaux sillons, de nouvelles cellules, de nouveaux canaux se forment. Tout le mental et le système nerveux sont remodelés. Vous développez un nouveau cœur, un nouveau mental, de nouvelles sensations, de nouveaux sentiments, un nouveau mode de pensée et d'action et une nouvelle vision de l'univers (comme Dieu en manifestation).

Le feu de la méditation anéantit toute souillure due au vice. Puis soudain, vient la connaissance ou la Sagesse Divine qui mène directement à Mukti ou à l'émancipation finale.

La paix réelle et Ananda (la béatitude) ne se manifestent que lorsque les Vasanas sont dilués et les Sankalpas éteints. Lorsque vous fixez le mental sur Sri Krishna, Siva ou Atman, même pour cinq minutes, Sattva Guna est infusé dans le mental. Les Vasanas sont dilués et Sphurana de Sankalpa devient plus faible. Vous ressentez la paix et la félicité pendant ces cinq minutes. Vous pouvez comparer cet Ananda de la méditation avec les plaisirs sensuels éphémères. Vous constaterez que cet Ananda de la méditation est un million de fois supérieure au plaisir sensuel. Méditez et ressentez cet Ananda. Vous connaîtrez alors sa véritable valeur.

Vous n'obtiendrez le plein Ananda de la gloire divine que lorsque vous vous fondrez dans une méditation silencieuse. Lorsque vous êtes à la frontière de la divinité de Dieu, lorsque vous êtes au seuil de Dieu, lorsque vous êtes dans les limites extérieures, vous n'obtiendrez pas la paix et la béatitude maximales.

Voici les bénéfices que retirent les étudiants en yoga qui pratiquent la méditation de façon systématique. Ils ont Santi (paix), Santosha (contentement), Abhaya (intrépidité), Ananda spirituel particulier (félicité), état mental imperturbable dans les difficultés du monde, Nischala Sthiti (stabilité), inspiration, perception intuitive, qualités Sattvique et absence de colère (Akrodha), d'égoïsme et de Raga-Dvesha (aimer et ne pas aimer).

Développer la Prakamya, la vision divine (Divine Drishti), le Jnana-Chakshus par la concentration, la purification et la méditation.

Comment développer les vertus par la méditation

Examinez votre caractère. Choisissez un défaut particulier et trouvez son contraire. Disons que vous souffrez d'irritabilité. Le contraire de l'irritabilité est la patience. Essayez de développer cette vertu en méditant sur la vertu abstraite de la patience. Régulièrement, chaque matin, asseyez-vous à 4 heures du matin à Padma ou Siddhasana dans une pièce solitaire pendant une demi-heure et commencez à réfléchir sur la patience, sa valeur, sa pratique sous la provocation. Prenez un élément un jour, un autre élément un autre jour et réfléchissez aussi régulièrement que vous le pouvez, en rappelant le mental quand il erre. Pensez que vous êtes parfaitement patient, que vous êtes un modèle de patience et terminez par un vœu : "Cette patience qui est mon vrai moi, je la ressentirai et la montrerai à partir d'aujourd'hui".

Pendant quelques jours, probablement, il n'y aura aucun changement perceptible. Vous continuerez à ressentir et à montrer de l'irritabilité. Continuez à pratiquer régulièrement chaque matin. Au moment où vous direz une chose irritable, la pensée vous viendra spontanément à l'esprit : "J'aurais dû être patient". Continuez dans la pratique. Bientôt, la pensée de la patience surgira avec l'impulsion irritante et la manifestation extérieure sera maîtrisée. Continuez à pratiquer. L'impulsion d'irritabilité deviendra de plus en plus faible jusqu'à ce que vous constatiez que l'irritabilité a disparu et que la patience est devenue votre attitude normale face aux contrariétés. De cette manière, vous pouvez développer diverses vertus comme la sympathie, la retenue, la pureté, l'humilité, la bienveillance, la noblesse, la générosité, etc.

CHAPITRE 33

Expériences et obstacles dans la méditation

Ce qui arrive dans la méditation

Dans la méditation, de nouveaux sillons se forment dans le cerveau et le mental se déplace vers le haut dans les nouveaux sillons spirituels. Lorsque le mental devient stable en méditation, les globes oculaires le deviennent également. Un Yogi dont le mental est calme aura des yeux stables. Il n'y aura pas de clignement du tout. Ils seront brillants, rouges ou d'un blanc pur. Lorsque vous entrerez dans une méditation très profonde et silencieuse, le souffle ne sortira pas des narines. Les poumons et l'abdomen peuvent occasionnellement bouger lentement. Lors d'une expiration normale, l'air sort à 16. Lorsque le mental se concentre, cela se réduit et atteindra 15 puis 14, 13, 12, 10, 8 et ainsi de suite. De la nature de la respiration, on peut déduire le degré de concentration d'un aspirant. Observez la respiration très attentivement.

L'être humain essaie de saisir l'abstrait à travers les formes. Après que le mental ait été purifié, une image abstraite est formée dans le mental purifié par Sravana (écoute des discours spirituels et des Écritures saintes) et Brahma-Chintana. Cette image abstraite se fond par la suite dans Nidhyasana profond. Ce qui reste après est Chinmatra ou Kevala Asti (la pure Existence seule).

Dans Nididhyasana ou méditation profonde et continue, la pensée cesse. Il n'y a qu'une seule idée de "Aham Brahmasmi". Lorsque cette idée est également abandonnée, il s'ensuit Nirvikalpa Samadhi ou Sahaja Advaita-Nishtha. Tout comme le sel fond dans l'eau, le mental Sattvique fond en silence dans Brahman-son Adhishthana (substrat).

Expériences en méditation

Diverses personnes font des expériences spirituelles variées. Il ne peut y avoir une expérience commune à tous. Cela dépend du tempérament, du mode de Sadhana, du lieu de concentration et de divers autres facteurs. Certains entendent des sons mélodieux dans les oreilles. D'autres voient des lumières. D'autres obtiennent Ananda (félicité spirituelle). D'autres obtiennent à la fois Prakasa et Ananda. Pendant la méditation, vous pouvez faire l'expérience que vous vous soulevez de votre siège. Certains font l'expérience qu'ils volent dans les airs.

Lumières

La lumière divine ne passe pas par des portes ouvertes, mais seulement par des fentes étroites. L'aspirant voit le Rayon Divin comme un rayon de soleil qui traverse une fissure et pénètre dans une pièce sombre. C'est comme un "éclair". Cette illumination soudaine étouffe tous les sons des mots. L'aspirant est envoûté par l'extase et l'émerveillement. Il tremble d'amour et d'admiration, tout comme Arjuna lorsqu'il a reçu la Virat-Visvarupa-Darsana du Seigneur Krishna. La Lumière qui entoure le Divin est si brillante et glorieuse que l'initié est ébloui et déconcerté.

Pendant la méditation, la couleur des lumières que vous voyez varie en fonction du Tattva qui coule dans les narines. S'il y a un Agni-Tattva, vous verrez des lumières de couleur rouge. Si le tattva Akasa coule, vous verrez des lumières de couleur bleue. Si l'Apas-Tattva (l'eau) prédomine, vous verrez des lumières de couleur blanche. S'il y a du Prithvi-Tattva, vous aurez des lumières jaunes. S'il y a du Vayu-Tattva, vous verrez des lumières de couleur noire. Vous pouvez changer le Tattva de différentes façons. Mais la meilleure façon est la pensée. "Ce que vous pensez, vous le devenez." Quand l'Agni-Tattva coule, pensez intensément à l'Apas-Tattva. L'Apas-Tattva va bientôt commencer à couler.

Extase

Pendant la méditation, vous obtenez le ravissement ou l'extase. Il y a cinq sortes d'extase : le petit frisson, l'extase momentanée, l'extase envahissante, l'extase de transport et l'extase générale. Le petit frisson ne soulève que les poils du corps (comme la peau d'une oie). Le ravissement momentané est comme les productions de la foudre, moment par moment. Comme les vagues qui se brisent au bord de la mer, l'extase envahissante descend rapidement sur le corps et se brise. Le ravissement qui transporte est fort et soulève le corps jusqu'à le lancer en l'air. Lorsque le ravissement envahissant survient, le corps entier est complètement surchargé, gonflé comme une vessie pleine.

Aller au-delà de la conscience du corps

Les aspirants sont impatients de faire rapidement des expériences spirituelles. Dès qu'ils les obtiennent, ils ont peur. Ils sont terriblement alarmés lorsqu'ils dépassent la conscience du corps. Ils se demandent s'ils reviendront ou non. Pourquoi devraient-ils avoir peur ? Peu importe qu'ils reviennent ou non à la conscience corporelle. Toutes nos tentatives visent principalement à dépasser cette conscience corporelle. Nous sommes habitués à certaines limites. Lorsque ces limitations disparaissent soudainement, nous avons l'impression qu'il n'y a plus de base définie sur laquelle nous appuyer. C'est la raison pour laquelle nous avons peur lorsque nous dépassons la conscience corporelle. C'est une expérience nouvelle. Il faut du courage. La bravoure est une condition indispensable.

Sruti dit : "Nayam-atma balahinena labhyah- Cet Atman peut difficilement être atteint par des personnes faibles (timides). Sur le chemin, nous nous heurtons à différentes forces. Un dacoït ou un anarchiste peut facilement réaliser Dieu, car il est sans peur. Pour lui, seule une poussée dans la bonne direction est nécessaire. Comment Jagai et Madhai, les voleurs de première classe, sont devenus de très bons saints ! Ils ont lancé des pierres sur Nityananda, le disciple du Seigneur Gouranga. Nityananda les a gagnés par pur amour divin. Dacoït Ratnakara devint le Sage Valmiki.

Visions d'esprits

Parfois, les mauvais esprits vous troublent. Ils peuvent avoir des visages laids et féroces avec de longues dents. Chassez-les avec votre forte volonté. Donnez l'ordre : "Sortez." Ils vont s'en aller. Ce sont des vampires. Ce sont des primaires. Ils ne feront aucun mal aux Sadhakas. Votre courage est ici mis à l'épreuve. Si vous êtes timide, vous ne pouvez pas aller plus loin. Tirez votre force et votre courage de l'Atman intérieur, la Source inépuisable (Avyaya). Vous rencontrerez aussi de très bons esprits. Ils vous aideront beaucoup dans votre marche en avant.

Il y a une sorte de vision que l'on a parfois pendant la méditation. Vous pouvez voir une lumière éblouissante avec un mouvement brusque. Vous pouvez voir une tête de forme merveilleuse, de la couleur d'une flamme, rouge comme le feu et très affreuse à regarder. Elle a trois ailes d'une longueur et d'une largeur merveilleuses, blanches comme un nuage éblouissant. La tête ne prononce jamais un mot, mais reste immobile. De temps en temps, on entend des battements de ses ailes déployées.

Pendant la méditation, certaines des visions que vous voyez sont vos propres pensées matérialisées, tandis que d'autres sont des visions réelles et objectives.

Déchirez voile après voile.

Si vous faites l'expérience de vision fugitive du Soi pendant une méditation intense, si vous voyez une lumière flamboyante pendant la méditation et si vous avez des visions spirituelles d'anges, d'archanges, de Rishis, de Munis, de Devatas et de toute autre expérience spirituelle extraordinaire, ne vous laissez pas envahir par la terreur. Ne les confondez pas avec des fantômes. N'abandonnez pas la Sadhana. Continuez. Persévérez avec diligence. Déchirez voile après voile.

S'il y a une erreur dans la Sadhana (méditation), consultez immédiatement les Sannyasins seniors ou les âmes réalisées et supprimez l'erreur. Si votre santé générale est saine, si vous êtes joyeux, heureux et fort, physiquement et mentalement, si le mental est paisible et imperturbable, si vous obtenez Ananda en méditation et si votre volonté devient forte, pure et irrésistible, pensez que vous vous améliorez en méditation et que tout va bien.

Continuez à marcher avec audace. Ne regardez pas en arrière. Traversez le vide intense et l'obscurité. Percez la couche de Moha. Faites fondre le subtil Ahankara maintenant. Svarupa brillera toute seule. Vous ferez l'expérience de Turiya (état d'Arudha).

Obstacles à la méditation

Les obstacles à la méditation viennent en réalité de l'intérieur. Les environnements viennent de l'intérieur ; vous créez vos propres environnements. Essayez d'être heureux, quelle que soit la situation dans laquelle vous vous trouvez. Ne vous plaignez pas. Supportez les souffrances. Vous pouvez conquérir la nature. Maya est Tuchha (rien) ou Alpa (petite ou non-entité) pour un Brahma-Jnani.

La somnolence, les passions, la confusion mentale, les Manorajya (construction de châteaux en Espagne) sont les principaux obstacles qui empêchent de fixer le mental sur Dieu ou sur Brahman. Les cinq obstacles à la méditation, à savoir, le sens du désir, la mauvaise volonté, la paresse, le trouble et la perplexité, doivent être supprimés. En effet, si ces obstacles ne sont pas levés, la méditation ne peut pas avoir lieu. Le mental qui convoite beaucoup de choses par le biais du sens du désir n'est pas concentré sur un seul objet ; ou bien, étant submergé par le sens du désir, il n'entre pas dans la progression de la méditation dans le but d'écarter l'élément sensuel. Le mental qui est harcelé par la mauvaise volonté concernant un objet n'avance pas. Le mental qui est vaincu par la paresse et la torpeur est peu maniable. Obsédé par l'inquiétude et l'agitation, il ne se repose pas, mais tourne en rond. Frappé par la perplexité, il n'emprunte pas le chemin qui mène à la méditation et au Samadhi. Les obstacles à la méditation sont donc réellement intérieurs. Ils ne viennent pas de l'extérieur. Entraînez le mental correctement.

Laya (le sommeil), Vikshepa (le mouvement du mental d'un objet à un autre), Kashaya (la mémoire des plaisirs sensuels) et Vasanas et Rasasvada (le bonheur dérivé de Savikalpa Samadhi) cachés sont quatre pierres d'achoppement dans la méditation.

Tandri et Manorajya

Lorsque le mental a été retiré des objets par Vairagya et Uparati, ne lui permettez pas de s'endormir ou faire Manorajya (fantaisies et imagination sauvage). Lorsque vous réfléchissez constamment à la signification du Mahavakya "Aham Brahmasmi" ou "Tat Tvam Asi" à travers le processus de Mahavakyanusandhana, toutes les Vishayas (voir, entendre, toucher, goûter et sentir) s'arrêtent. Mais, grâce à la force des Samskaras, Manorajya (construction de châteaux en Espagne) continuera. Le mental construit des châteaux en Espagne. C'est ce qu'on appelle Manoratha en sanskrit. C'est un sérieux obstacle à la méditation. Il devrait être arrêté par Vichara. Parfois, au cours de la méditation, le mental se glisse soudainement dans ses vieux sillons pour dormir. Les gens pensent qu'ils méditent, alors qu'en fait ils dorment. Un mélange de somnolence (Tandri) et de Manorajya (construction de châteaux en Espagne, rêverie) est confondu par les aspirants avec la méditation profonde et le Samadhi. Le mental semble être établi dans la concentration et libre de Vikshepa (distraction). C'est une erreur. Alasya et Stabdhata (stupéfaction résultant de la peur ou de l'émerveillement, agitation mentale et dépression mentale) sont d'autres facteurs perturbants dans la méditation.

Surveillez attentivement le mental. Faites Ekagra (concentration) et laissez-le reposer dans Svarupa Brahman. Soyez réfléchi, prudent et vigilant. Levez-vous pendant dix minutes et aspergez d'eau froide le visage et la tête, si la somnolence s'installe. Enlevez les deux obstacles sérieux de Tandri et Manorajya par Vichara, Pranayama et un léger régime Sattvique. Tandri et Alasya sont éliminés par Pranayama, Sirshasana, Sarvangasana et Mayurasana et le régime Sattvique léger. Trouvez les causes perturbatrices et supprimez-les. Évitez la compagnie de ceux que votre mental n'aime pas. Ne discutez pas. Ne contredisez pas. N'essayez pas de convaincre les personnes qui sont déraisonnables et peu développées. Parlez peu. Observez Mouna. Vivez seul. Ainsi, vous éviterez toutes sortes d'excitations. Ayez un Satsanga constant. Étudiez des livres élevant tels que le Yogavasishtha, les Upanishads, etc. Ayez Brahma-Bhavana. Répétez OM avec sens et sentiment. Toutes les pensées déprimantes se dissiperont.

Si vous êtes alerte et si, par des efforts prolongés et par une vigilante et incessante Svarupa-Chintana (méditation sur Brahman), vous surmontez les obstacles du sommeil, de Manorajya, etc., Brahmakara Vritti et Brahma-Jnana constant se lèveront en un rien de temps. Ajnana disparaîtra. Vous serez établi dans l'État de Sahaja Paramananda. Tous les Karmas Sanchita (accumulés) seront brûlés dans le feu de la sagesse.

Les rêves dans la méditation

Diverses sortes de rêves fantastiques troublent beaucoup certains aspirants. Parfois, il y a un mélange de méditation et de rêves. La présence de rêves indique que vous n'êtes pas encore bien établi dans la méditation profonde, que vous n'avez pas enlevé le Vikshepa (le mouvement du mental) et que vous n'avez pas fait une Sadhana constante et intense. Le phénomène des rêves étant très particulier et inexplicable, il est très difficile de contrôler les rêves à moins d'éliminer tous les Samskaras du Karana Sarira (corps causal) et de contrôler toutes les pensées. Au fur et à mesure que vous grandissez en pureté, en Viveka et en concentration, les rêves diminuent.

Dépression

Très souvent, la dépression survient lors de la méditation chez les néophytes en raison de Samskaras antérieurs, de l'influence des entités astrales, de mauvais esprits, de la mauvaise compagnie, de jours nuageux, du problème d'estomac dû à l'indigestion et des intestins chargés dus à la constipation. Elle doit être rapidement éliminée par des pensées joyeuses, une marche rapide, des chants, des rires, des prières, le Pranayama, etc.

Vikshepa

Senteurs, lits moelleux, lecture de romans, spectacles, théâtres, cinémas, musique vulgaire, danse, fleurs, compagnie de femmes, régime Rajasique - tout cela excite les passions et perturbe le mental. Trop de sel, trop de piments, trop de sucreries provoquent une soif intense et perturbent la méditation. Trop de paroles, trop de marche et trop de fréquentations perturbent le mental dans la méditation.

Les impulsions perturbent la méditation. Toutes les obscures impulsions subconscientes doivent être contrôlées par l'intellect et la volonté. L'impulsion sexuelle et l'ambition sont deux facteurs réellement perturbants dans la méditation. Ils mènent une guérilla. Ils attaquent les Sadhakas encore et encore. Ils semblent affaiblis pendant un certain temps. Ils sont souvent ranimés. Ils devraient être extirpés par de grands efforts, Vichara, Viveka (pouvoir de discrimination entre Atman et Anatman, Soi et non-Soi) et Sivoham-Bhavana.

C'est le son qui met le mental en mouvement. C'est le son qui le fait réfléchir. Le son le perturbe beaucoup dans la méditation. Un son qui a un sens dérange plus qu'un son sans sens. Un son continu comme le murmure silencieux d'une rivière n'est pas aussi perturbant qu'un son abrupt, soudain, aigu et cassé. Le mental ne ressent pas un son lorsqu'il y est habitué. On ne ressent que lorsque l'horloge s'arrête.

Tushnimbhuta Avastha

La Tushnimbhuta Avastha est un état mental calme dans lequel il n'y a ni attraction ni répulsion pour les objets pendant une courte période. Il se produit dans l'état de Jagrat. C'est un état neutre du mental, c'est un obstacle à la méditation. Il faut l'éviter. Les Sadhakas ignorants la confondent avec le Samadhi.

Kashaya

Kashaya signifie colorant. Raga, Dvesha et Moha sont le Kashaya ou la coloration du mental. Kashaya est l'influence subtile dans le mental produite par la jouissance et laissée là pour fructifier dans le temps à venir et distraire le mental du Samadhi. C'est un sérieux obstacle à la méditation. Elle ne permet pas au Sadhaka d'entrer dans le Samadhi-Nishtha. Elle induit le souvenir subtil des plaisirs éprouvés. C'est un Vasana caché. De

Samskara naît Vasana. Samskara est la cause et Vasana est l'effet. C'est une sorte de Mala (impureté du mental). Vichara constant associé au Brahma-Bhavana est le seul remède puissant pour éradiquer cette terrible maladie Kashaya.

Vrittis Sattvique

Pendant la méditation, lorsque votre mental est plus Sattvique, vous serez inspiré. Le mental va composer de beaux poèmes et résoudre certains problèmes de la vie. Éliminez aussi ces Vrittis Sattviques. Tout cela est une dissipation de l'énergie mentale. Elevez-vous de plus en plus haut au seul Atman.

Savikalpa Samadhi

Même le bonheur de Savikalpa Samadhi est un obstacle, car il vous empêche d'entrer dans l'état de Nirvikalpa. Il produit une fausse Tushti (contentement) et vous arrêtez votre poursuite de la Sadhana.

Le mental doit être libéré de tous ces obstacles. Alors seulement, vous entrerez dans l'état pur Advaïta Nirvikalpa. Vichara et Brahma-Bhavana sont les seules aides pour atteindre cet état supérieur.

Méditation et travail

Celui qui médite n'est pas en mesure de travailler. Celui qui travaille n'est pas capable de méditer. Ceci n'est pas de l'équilibre. Ceci n'est pas de l'équanimité. Les deux principes, la méditation et l'action doivent être bien équilibrés. Vous devez être capable, si vous êtes prêt à suivre l'injonction divine, de reprendre le travail qui vous est confié, même s'il s'agit d'un travail extraordinaire, et de le quitter le lendemain, avec la même tranquillité que celle avec laquelle vous l'avez pris et sans sentir que la responsabilité vous en incombe. Vous devez être capable de travailler dur dans le monde avec une force énorme et, lorsque le travail est terminé, vous devez être capable de vous enfermer dans une grotte comme un reclus absolu pendant longtemps avec une grande tranquillité mentale. C'est cela l'équilibre, c'est cela la vraie force. Alors seulement vous aurez dépassé les qualités (Gunatita). "Celui, ô Pandava, qui ne déteste ni le rayonnement (Sattva) ni l'énergie sortante (travail), ni même la paresse et le sommeil (Moha) quand ils sont présents ni ne se languit après eux quand ils sont absents - on dit qu'il a dépassé les qualités" (Gita, XIV-22).

Lorsque vous progressez dans la pratique spirituelle, il vous sera très difficile de faire en même temps de la méditation et du travail de bureau, car le mental sera soumis à une double contrainte. Les personnes qui pratiquent la méditation trouveront qu'elles sont plus sensibles que celles qui ne méditent pas et, de ce fait, la pression sur le corps physique est énorme. Pendant la méditation, le mental travaille dans différents sillons et canaux avec différents Samskaras. Il a beaucoup de mal à s'adapter aux différents types d'activités peu agréables. Dès qu'il sort de la méditation, il tâtonne dans l'obscurité. Il est déconcerté et perplexe. Le Prana (énergie) qui se déplace vers l'intérieur dans différents canaux et sillons et qui est subtil pendant la méditation doit se déplacer dans de nouveaux canaux différents pendant les activités matérielles. Il devient très grossier pendant le travail. Il doit travailler dans des sillons et des canaux différents. Lorsque vous vous asseyez à nouveau pour méditer le soir, vous devez vous efforcer d'effacer les Samskaras que vous avez accumulés au cours de la journée et d'obtenir le calme et l'unicité du mental. Cette lutte entraîne parfois des maux de tête.

Il est donc de l'intérêt des étudiants avancés du Yoga dans le Grihastha (les chefs de famille) d'arrêter toutes les activités matérialistes lorsqu'ils avancent dans la méditation, s'ils souhaitent progresser davantage. Ils seront eux-mêmes obligés d'abandonner tout travail, s'ils sont vraiment sincères. Le travail est une entrave à la méditation pour les étudiants avancés. C'est la raison pour laquelle le Seigneur Krishna dit dans la Gita : "Pour un sage qui cherche le Yoga, l'action est appelée le moyen ; pour le même sage qui est intronisé dans le Yoga (état de Yogarudha), la sérénité (Sama) est appelée le moyen". Ensuite, le travail et la méditation deviennent incompatibles comme l'acide et l'alcali ou le feu et l'eau ou la lumière et l'obscurité.

Les raisons des échecs dans la méditation

Certains pratiquent la méditation depuis 15 ans et pourtant ils n'ont pas fait de réels progrès. Pourquoi ? Cela est dû à un manque de sérieux, de Vairagya, un manque de désir ardent de libération et un manque de Sadhana intense et constante. Il y a toujours une plainte parmi les aspirants : "Je médite depuis 12 ans. Je n'ai fait aucune amélioration. Je n'ai aucune réalisation". Pourquoi en est-il ainsi ? Quelle en est la raison ? Ils ne se sont pas plongés dans une profonde méditation dans les recoins les plus intimes de leur cœur. Ils n'ont pas correctement assimilé et saturé le mental avec les pensées de Dieu. Ils n'ont pas fait de Sadhana régulière et systématique. Ils n'ont pas parfaitement discipliné les Indriyas. Ils n'ont pas recueilli tous les rayons sortants du mental. Ils n'ont pas fait l'autoaffirmation, "Je vais réaliser ceci à la seconde même." Ils n'ont pas donné à Dieu la totalité de leur mental. Ils n'ont pas gardé un flux croissant de Conscience Divine comme le flux d'huile (Tailadharavat).

Même après de nombreuses années de pratique spirituelle, vous devrez noter très attentivement si vous restez stationnaire sur le chemin spirituel ou si vous progressez. Parfois, vous pouvez aussi reculer, si vous n'êtes pas très vigilant et prudent, si votre Vairagya diminue et si vous êtes relâché dans la méditation. Une réaction peut s'installer.

Tout comme l'homme qui court bêtement après deux lapins n'attrapera aucun d'entre eux, un méditant qui court après deux pensées contradictoires n'obtiendra de succès dans aucune des deux pensées. S'il a des pensées divines pendant dix minutes, puis des pensées matérialistes conflictuelles pendant les dix minutes suivantes, il ne réussira en rien à atteindre la Conscience Divine. Vous devez courir après un seul lapin avec vigueur, force et unicité. Vous serez sûr de l'attraper. Vous ne devez avoir que des pensées divines à tout moment. Ainsi vous réaliserez Dieu bientôt.

Quand on se met à méditer, il ne faut pas se hâter de désirer les fruits tout de suite. La hâte engendre le gaspillage. Une jeune femme fit 108 fois le tour d'un arbre Asvattha (Filicus religiosa) pour avoir un enfant et a immédiatement touché son abdomen pour voir s'il y avait un enfant ou non. C'est tout simplement de la folie. Elle devra attendre quelques mois. De même ceux qui lisent des ouvrages traitant de l'Atma-Jnana, qui s'en délectent, qui les méditent régulièrement et progressivement et qui ne se hâtent pas de désirer les fruits tout de suite, verront leur mental mûrir par degrés et à la fin l'Atman sans fin sera atteint. Ils obtiendront Atmasakshatkara (la réalisation du soi).

Au début, vous devrez vous exercer pour obtenir un équilibre du mental. Plus tard, vous aurez un état mental équilibré habituel. C'est aussi le cas de la méditation. Après quelques années de pratique, la méditation devient habituelle.

Conditions pour la réalisation du Soi

Tout comme vous saturerez l'eau avec du sel ou du sucre, vous devrez saturer le mental avec des pensées de Dieu et de Brahman, avec des pensées de gloire divine, de Présence divine, avec des pensées spirituelles sublimes d'éveil de l'âme. Alors seulement, vous serez toujours établi dans la Conscience Divine. Avant de saturer le mental avec des pensées de Brahman, vous devrez d'abord assimiler les idées divines. D'abord l'assimilation, puis la saturation. Puis vient la réalisation, immédiatement, sans délai. Souvenez-vous toujours du triplet : "Assimilation-Saturation-Réalisation."

Libérez-vous des pensées basiques du mental, les différents Sankalpas (imaginations) inutiles. Tout comme vous rendez l'eau trouble pure par l'ajout d'un produit de clarification (strychnos potatorum), vous devrez rendre le mental trouble, rempli de Vasanas et de faux Sankalpas, pur par Brahma-Chintana (penser et réfléchir à l'Absolu). Si le mental s'attarde constamment sur les objets sensuels, la conception de la réalité de l'univers augmentera sûrement. S'il pense sans cesse à l'Atman (l'Absolu), le monde apparaît comme un rêve. Notez le mot "incessant". C'est important. Alors seulement, il y aura une véritable illumination. Alors seulement, il y aura l'aube de la connaissance spirituelle. Le Jnana-Surya (le Soleil de la connaissance) se lèvera au firmament de Chidakasa (l'espace de la connaissance).

Vous trouverez très souvent ces termes dans la Gita : "*Ananyachetah*" "*Matchittah*" "*Nityayuktah*" "*Manmanah*" "*Ekagramanah*" "*Sarvabhavah*" ces termes signifient que vous devrez donner votre mental complet, 100% à Dieu. Alors seulement vous aurez la réalisation du Soi. Même si un seul rayon du mental court à l'extérieur, il est impossible d'atteindre la conscience de Dieu.

Ce sont les actions du mental qui sont vraiment appelées Karmas. La véritable libération résulte du désengagement du mental. Ceux qui se sont libérés de la fluctuation de leur mental prennent possession de la Nishtha suprême (méditation). Si le mental est purgé de toutes ses impuretés, il deviendra très calme et toutes les illusions du monde, avec leurs naissances et leurs morts, seront bientôt détruites.

Le mental existe grâce au "je". Le "je" existe à cause du mental. Le "je" n'est qu'une idée dans le mental. " Le mental " et le " je " sont identiques. Si le "je" disparaît, le mental disparaîtra aussi ; et si le mental disparaît, le "je" disparaîtra. Détruisez le mental par Tattva-Jnana. Détruisez le "Je" par "Aham Brahmasmi Bhavana", par Nidhyasana constant et intense. Lorsque le mental disparaîtra ou que les pensées cesseront, Nama-Rupa cessera d'exister et le but sera atteint.

CHAPITRE 34

Samadhi

Caractéristiques du Samadhi

Lorsque le mental est complètement absorbé par un objet de méditation, cela est appelé Samadhi. Il s'identifie à l'objet de la méditation. Dans le Samadhi, il n'y a ni Dhyana ni Dhyata (ni méditation, ni méditant). Le méditant et le médité, le penseur et la pensée, l'adorateur et le vénéré deviennent un ou identiques. Triputi (triade) disparaît. Le mental perd sa propre conscience et devient identique à l'objet de la méditation. Le méditant a dissous sa personnalité dans l'océan de Dieu, s'y est noyé et l'a oubliée jusqu'à devenir simplement l'instrument de Dieu. Lorsque sa bouche s'ouvre, il prononce les paroles de Dieu sans effort ni préméditation, par intuition directe et lorsqu'il lève la main, Dieu coule encore à travers elle pour accomplir un miracle.

En Samadhi, il n'y a ni vue ni audition. Il n'y a pas de conscience physique ou mentale. Il n'y a que la conscience spirituelle. Il n'y a que l'Existence (Sat). C'est votre vraie Svarupa. Lorsque l'eau s'assèche dans une flaque, la réflexion du soleil dans l'eau disparaît également. Lorsque le mental se fond en Brahman, lorsque le lac mental s'assèche, le Chaitanya (Chidabhasa) reflété disparaît également, le Jivatman (personnalité) s'en va, il ne reste que l'Existence.

Turiya est la condition spirituelle où il n'y a pas de jeu mental, où le mental est dissous en Brahman. C'est la "quatrième dimension", où il y a une félicité brahmanique infinie. Ce n'est pas une condition d'inertie, d'oubli ou d'annihilation. C'est un état de conscience absolue qui rend toute tentative de description difficile. C'est le but de tout. C'est Mukti. C'est Moksha.

En général, lorsque vous avez ce que vous appelez un sommeil sans rêves, c'est l'une des deux choses suivantes : soit vous ne vous souvenez pas de ce dont vous avez rêvé, soit vous tombez dans une inconscience absolue qui est presque la mort - un goût de mort. Mais il y a la possibilité d'un sommeil dans lequel vous entrez dans un silence absolu, l'immortalité et la paix dans toutes les parties de votre être et votre conscience se fond dans le Satchidananda. On peut difficilement appeler cela un sommeil, car il y a une "conscience" parfaite. Dans cet état, vous pouvez rester quelques minutes, heures ou jours, mais ces quelques minutes vous donnent plus de repos et de rafraîchissement que des heures de sommeil ordinaire. Vous ne pouvez pas obtenir cela par hasard, cela nécessite un long entraînement.

Le Samadhi n'est pas un état inerte comme le pensent beaucoup de gens. Une vie dans l'Esprit (Atman ou Divin) n'est pas une annihilation. Lorsque le soi est lié à ses événements empiriques, ses activités ne sont pas pleinement exercées et, lorsque les limites de l'existence empirique sont transcendées, la vie universelle est intensifiée et vous avez un enrichissement du soi. Vous aurez une vie intérieure riche. Vous aurez une vie cosmique et supra-cosmique élargie.

Les différentes sortes de Samadhi

Un Raja Yogi obtient Nirodha-Samadhi par Chitta-Vritti-Nirodha (en limitant les modifications mentales). Un Bhakta obtient Bhava-Samadhi par le biais de Prema du Seigneur. Un Vedantin obtient Bheda-Samadhi par Mithyatva-Buddhi et se concentre sur l'idée de l'Asti-Bhati-Priya (la méthode Anvaya).

Seul le Raja Yogi tente l'anéantissement des Vrittis, le Nirodha Samadhi (*"Yogaschittavrittinirodhah"* - Sutras du Yoga Patanjali, I-2). Un Vedantin a toujours Atma-Bhava, Brahma-Bhava chaque fois qu'il rencontre des objets. Il n'essaie donc pas d'annihiler les Vrittis, il n'y a pas de Pratyahara pour lui. Il n'y a pas de Bahirmukha Vritti pour lui. Il rejette Nama-Rupa et prend Asti-Bhati-Priya (Bheda-Samadhi). Un Bhakta voit Narayana ou Krishna dans tous les objets. Il ne contrôle pas non plus les Vrittis. Comme les Vedantins, il change son attitude mentale. C'est le mental qui crée toutes les différences et les séparations. Le monde est tout Ananda, seulement si vous changez votre angle de vision, votre attitude mentale. Vous trouverez le paradis sur terre.

Vous pouvez ramener à la conscience objective normale un Raja Yogi ou un Bhakti Yogi ou un Jnana Yogi en secouant simplement le corps ou en soufflant une conque. Chudalai a fait sortir son mari Sikhidhvaja du Samadhi en secouant son corps. Le Seigneur Hari a fait sortir Prahlada de son Samadhi en soufflant Sa conque.

Samadhi par le Hatha Yoga

Un Hatha Yogi tire tout son Prana des différentes parties de son corps et l'amène au Sahasrara Chakra (lotus à mille pétales) au sommet de la tête. Puis il entre dans le Samadhi (état de superconscience). Il est donc très difficile de le ramener à la conscience objective en secouant simplement son corps. Des Hatha Yogis sont restés enterrés sous la terre dans le Samadhi pendant des années. Ils bouchent les narines postérieures par Khechari Mudra (un Kriya Hatha Yoguique majeur) avec leurs longues langues.

Le Prana et l'Apana qui se déplacent respectivement dans la poitrine et l'anus sont unis par les processus yogiques des Bandhas Jalandhara, Mula et Uddiyana et le Prana-Apana uni est conduit dans le Sushumna Nadi du canal rachidien. Les Pranas, lorsqu'ils sont ainsi entraînés, entraînent le mental également le long du Sushumna Nadi qui est également connu sous le nom de Brahma Nadi. Lors de l'ascension du Sushumna Nadi, les trois Granthis ou nœuds, à savoir Brahma-Granthi dans Muladhara-Chakra, Vishnu-Granthi dans Manipura-Chakra et Rudra-Granthi dans Ajna-Chakra, doivent être sectionnés par des efforts acharnés. Ces nœuds empêchent l'ascension de la Kundalini. Le Bhastrika Pranayama brise ces nœuds. Lorsque la Kula-Kundalini Sakti, qui sommeille dans le Muladhara-Chakra sous la forme d'un serpent enroulé avec 312 courbes ou tours, avec le visage vers le bas, est éveillée par la Sadhana spirituelle, elle monte vers le Sahasrara Chakra ou le lotus à mille pétales dans la couronne de la tête et emporte avec elle le mental et le Prana également. Lorsque le mental est dans Sushumna, le Yogi est exclu de la conscience objective et physique du monde. Il est pratiquement mort pour le monde, voit diverses visions et se déplace dans l'espace mental, éthéré (Chidakasa). Le Samadhi commence.

Samadhi par le Raja Yoga

La méditation profonde mène au Samadhi ou à l'unité avec Dieu. Si vous pouvez fixer le mental pendant dix secondes de façon régulière sur un objet particulier ou Murti, c'est Dharana (concentration). Dix de ces Dharanas deviennent Dhyana (méditation). Dix de ces Dhyanas forment un Samadhi. Le mental est rempli d'Atman ou de Dieu. Il perd sa propre conscience et s'identifie à l'objet de la méditation (Tatchitta, Tanmaya, Tadakara). De même qu'un jouet fait de sel fond dans l'eau, de même, le mental fond dans Brahman à Nirvikalpa Samadhi. Une illumination mystique soudaine met fin à toute l'existence empirique et l'idée même ou le souvenir d'une chose telle que ce monde ou l'individualité étroite du mental dans ce monde quitte complètement le Soi.

Chez les yogis entraînés, on ne peut pas dire où se termine Pratyahara (abstraction) et où commence Dharana (concentration) ; où se termine Dharana et où commence Dhyana (méditation) ; où se termine Dhyana et où commence Samadhi (état superconscient). Au moment où ils s'assoient dans l'Asana, tous les processus se produisent simultanément à la vitesse de l'électricité ou de l'éclair et ils entrent dans le Samadhi selon leur volonté consciente. Chez les néophytes, le Pratyahara a d'abord lieu. Ensuite, Dharana commence. Puis Dhyana commence lentement. Avant que Samadhi ne se manifeste, leur mental, impatient et fatigué, s'effondre. Une Sadhana constante et intense, avec une nourriture légère, mais nutritive, permettra de réussir à obtenir le Samadhi.

Samadhi Yoguique et Samadhi Védantique

l y a une différence entre l'état Nirvikalpa d'un Yogi et l'état Nirvikalpa d'un Vedantin. Le premier se rapporte au mental. Le second se rapporte uniquement à l'Atman ou au Brahman pur. Dans le Samadhi yogique, le

Dhyeya demeure. Dhyeya signifie l'objet de la méditation. Dans le Samadhi Védantique, la Kevala Asti (Existence seule) demeure.

Savikalpa Samadhi et Nirvikalpa Samadhi

Le rez-de-chaussée représente la vie de passion dans l'univers des sens. Le premier étage correspond à Savikalpa Samadhi. Le deuxième étage correspond à Nirvikalpa Samadhi. Le troisième étage représente le Sahajavastha ou un Jivanmukta. Le déplacement d'une charrette à bœuf peut être comparé au Savikalpa Samadhi. Elle s'arrête. C'est Nirvikalpa Samadhi. Les bœufs sont détachés. C'est Sahajavastha. Lorsque le Yogi a atteint le dernier stade parfait de la méditation et de Samadhi, dont le feu brûle sûrement tous les résidus de ses actions, il obtient immédiatement la libération (Jivanmukti) dans cette vie même.

Dans Savikalpa Samadhi, il y a Triputi ou la triade - Dhyata (le méditant), Dhyana (méditation) et Dhyeya (objet de méditation). Dans le Nirvikalpa Samadhi, ce Triputi disparaît (Triputirahita). Nirvikalpa signifie "libre de toutes sortes de modifications et d'imaginations". " Le mental se fond complètement en Brahman. Le bonheur ou la béatitude que vous obtenez dans le Savikalpa Samadhi est appelé Rasasvada. C'est aussi un obstacle (Pratibandha ou Vighna) à la poursuite du progrès spirituel. Il vous fait vous arrêter ici. Il ne peut pas vous libérer. Vous devez continuer à marcher pour atteindre le plus haut état de Nirvikalpa où se trouve votre entière liberté.

Avantages de la Sadhana du Bhakti Yoga

Les pratiques du Hatha Yoga et du Raja Yoga ne sont pas adaptées à la majorité des personnes de notre époque, bien qu'ils aient toujours un charme irrésistible pour de telles pratiques en raison de leur caractère apparemment concret et de leur promesse de récompenses rapides. La grande majorité des personnes n'ont pas un bon physique et une constitution robuste. Ce sont des faibles. À notre époque, les enfants engendrent des enfants. Il y a des bébés mères. La dévotion ou le Bhakti Yoga est donc facile et sans danger. Tout personne peut répéter le Nom de Dieu. Tout le monde peut chanter Ses louanges. Sans une mère, on ne peut pas avoir de fils. De même, sans Ananya Bhakti (dévotion concentrée ou unique), vous ne pouvez pas avoir de Jnana. Lorsque Bhakti est pleinement mûr, Brahma-Jnana se réalise, sans grand effort de la part du Sadhaka.

Tout mantra est très puissant. Il purifie le mental. Il induit Vairagya. Il provoque Antarmukha Vritti. Chaque Mantra a un Rishi qui l'a donné, un Devata comme pouvoir d'information, un Bija ou graine, un mot significatif qui lui donne un pouvoir spécial, un Sakti ou énergie de la forme du Mantra, c'est-à-dire les formes de vibration établies par ses sons, un Kilaka ou pilier qui soutient et renforce le Mantra. Le Kilaka est une sorte de prise qui dissimule le Mantra-Chaitanya. Par la répétition constante et prolongée du Mantra avec Bhava (sentiment ou attitude mentale juste) et la concentration, le Mantra-Chaitanya est éveillé. Ensuite, le Sadhaka reçoit le Mantra-Siddhi. Il y a un courant spirituel dans tous les Mantras. Un mantra amène l'âme du dévot d'abord à un centre, puis à un autre et ainsi de suite, jusqu'à ce qu'il accède au but ou à la région finale. Dhruva a obtenu le Darshana du Seigneur Hari en répétant le Dvadasakshara (composé de douze lettres) Mantra "Om Namo Bhagavate Vasudevaya" donné par Rishi Narada. Prahlada a eu le Darshana de Mahavishnu en répétant le Mantra "Narayana". Valmiki a réalisé Dieu en répétant "Mara-Mara" (qui devient Rama-Rama au cours de la répétition). Tukaram du Maharashtra ne faisait plus qu'un avec le Seigneur Krishna en chantant toujours "Vittala-Vittala", le nom de l'image réputée de Sri Krishna à Pandharpur.

Contemplation ; saturation ; identification.

Notez les trois processus qui se déroulent dans le mental pendant la méditation. Il s'agit de CONTEMPLATION, SATURATION, IDENTIFICATION. C'est un autre triplet. Souvenez-vous de ces trois mots-images. Répétez-les mentalement pendant que vous faites la Sadhana. Cela vous aidera vraiment beaucoup.

Contemplez sur Atman. Remplissez le mental avec Atman. Puis le mental s'identifie à Brahman conformément à ce qui est connu sous le nom de Bhramarakitanyaya (analogie de la guêpe et de la chenille). On devient ce que l'on pense. Pensez que vous êtes Brahman ; Brahman vous deviendrez.

Lorsque le mental est retiré des objets et qu'une réflexion profonde s'installe, la conscience objective se ferme ; Savitarka Samadhi commence. Ratiocination, analyse et synthèse (modes de raisonnement a priori et a posteriori), investigation et raisonnement abstrait ont lieu. C'est le Samadhi du raisonnement. Les mauvaises pensées ne peuvent pas entrer maintenant. Le mental est Sattvique.

L'étude approfondie des œuvres philosophiques avec Chitta Suddhi est en soi une forme de Samadhi. Ici, le mental est libre de toute pensée matérialiste.

Lorsque votre méditation devient profonde, vous n'opérez généralement qu'à travers le subtil Karana Sarira. La conscience du Karana-Sarira devient votre conscience normale. Les yogis ont une conscience Karana-Sarira normale. Les Bhaktas comme le Seigneur Gouranga, Tukaram, Tulasidas s'identifient à leur Karana Sarira et ont une conscience Karana-Sarira normale. Un Bhakta de conscience Karana-Sarira est un occupant de Brahma Loka même lorsqu'il vit dans le tabernacle de chair. Il ne fait qu'un avec Brahman ou Hiranyagarbha. Il a l'Aisvarya Divine et pourtant il a un mince corps éthéré. Il conserve son individualité. Un tourbillon ne fait qu'un avec la masse entière de l'eau. Il a également une existence distincte. Il en va de même pour le Bhakta qui a une vie avec Karana-Sarira dans Isvara.

Comment atteindre le Samadhi par le Vedanta.

Purifiez le mental par Japa, Pranayama, Satsanga, Svadhyaya, Dana, Yajna, Tapas et le service désintéressé. Puis fixez-le sur Dieu. Détruisez Sankalpa-Vikalpa du mental. Unissez les courants du mental avec le courant spirituel. Abandonner l'idée ou la notion de "je", "il", "tu", Ghata (pot), Pata (tissu), c'est-à-dire Nana-Bhava, Dvaita-Bhava. Prenez plutôt Brahma-Bhavana. Ensuite, le Samadhi ou état de superconscience se produira automatiquement.

Il existe quatre façons de détruire l'ego ou Ahankara, à savoir, deux méthodes advaitiques (positives et négatives), une méthode de Bhaktas d'abandon de soi, absolu et sans réserve (Atmanivedana) et la quatrième, l'abnégation complète des yogis du Nishkama Karma.

La méthode Védantique négative est le déni : "Je ne suis pas le corps, je ne suis pas le mental." "Brahma satyam jaganmithya jivo brahmaiva na-aparah : Brahman seul est réel. Le monde est irréel. Jiva est identique à Brahman". Le monde inclut le corps. Méditez sur cette idée. Aham disparaîtra. La méthode positive est que tout n'est que Soi : "Sarvam khalvidam brahma-Tout est Brahman. Il n'y a rien d'autre que Brahman".

Une modération intelligente dans la Sadhana est indispensable pour atteindre le Samadhi

Si vous communiez avec Brahman, sans imaginations ni modifications mentales, alors la grande servitude du mental cessera, tous les doutes disparaîtront et tous les Karmas périront :

"Bhidyate hridayagranthih chhidyante sarvasamsayah kshiyante chasya karmani tasmin drishte paravare"

L'abeille stupide, sachant que des fleurs fleurissent dans un certain arbre, part à une vitesse effarante et le dépasse ; et, en faisant demi-tour, elle l'atteint lorsqu'il n'y a plus de pollen. Une autre abeille stupide, partant à faible vitesse, l'atteint lorsqu'il n'y a plus de pollen. Cependant, une abeille intelligente, qui part à la vitesse nécessaire, atteint facilement les fleurs, prend le pollen à cœur et, en le transformant en miel, savoure son goût.

De même, parmi les étudiants en chirurgie qui pratiquent un travail chirurgical sur une feuille de lotus placée dans un récipient d'eau, un étudiant stupide, faisant descendre le couteau avec rapidité, soit coupe la feuille de lotus en deux, soit la noie dans l'eau. Un autre tout aussi stupide, par peur de couper ou de couler, n'ose pas la toucher avec le couteau. Le plus malin fait le mouvement avec le couteau avec une force uniforme, termine son cours et gagne de l'argent en faisant un travail similaire quand l'occasion se présente.

Pour prendre un autre exemple : sur une annonce du roi, "Celui qui apporte une toile d'araignée de quatre brasses de long reçoit 4 000 pièces", un homme stupide tire la toile d'araignée en hâte et la coupe ici et là. Un autre homme stupide, par peur de la couper, n'ose même pas la toucher avec ses doigts. L'homme intelligent, en revanche, la roule d'un bout sur un bâton avec une force modérée, l'apporte et obtient la récompense.

Pour prendre un quatrième exemple, un marin stupide, qui navigue à pleine voile quand le vent est fort, fait dévier le bateau de sa route. Un autre homme stupide, qui baisse les voiles quand le vent est faible, fait en sorte que le bateau reste à la même place. L'homme intelligent, lui, navigue à pleine voile quand le vent est faible, et à demi-voile quand le vent est fort et atteint sa destination en toute sécurité.

Encore un exemple : lorsque le professeur annonce à ses élèves : "Celui qui remplit le tube sans mettre de liquide à côté obtient la récompense", un élève stupide, avide de gain, remplissant à la hâte, en met à côté. Un autre aussi stupide, par peur d'en mettre à côté, n'ose pas tenter la tâche. Par contre, un élève intelligent remplit le tube avec une force calme et régulière et obtient la récompense.

De même, lorsque le signe apparaît, un aspirant fait de gros efforts, en disant "J'atteindrai rapidement le Samadhi" ; mais son mental, par un effort excessif, devient distrait et il n'est pas capable d'atteindre l'extase ou le Samadhi. Une autre personne, voyant le défaut d'un effort excessif, renonce à l'effort, en disant "À quoi me sert le Samadhi maintenant ?" Son mental, par un relâchement excessif, devient oisif et lui aussi n'est pas capable d'atteindre le Samadhi. Mais celui qui libère avec une force intelligente, calme et uniforme le mental relâché du relâchement et le mental distrait de la distraction, le conduit vers le but ou Lakshya (c'est-à-dire Brahman) et atteint Nirvikalpa Samadhi (Advaita-Nishtha). Devenez ainsi.

Soyez silencieux. Connaissez-vous. Connaissez cela. Faites fondre le mental en Cela. La vérité est tout à fait pure et simple.

CHAPITRE 35

Manonasa

Le mental, par ignorance et non-discrimination, considère sa fausse personnalité comme vraie et pense qu'il est l'auteur de tous les karmas et devient ainsi égoïste. Il s'imagine qu'il est en esclavage. Il s'identifie avec Jivatman ; il devient Jivatman lui-même et prend la responsabilité de faire de bons ou de mauvais Karmas et de jouir ou de souffrir de leurs fruits. C'est donc le mental qui fait les Karmas (actions) et la responsabilité des Karmas lui incombe.

Le mental est le voleur d'Atman. C'est un voleur. Le mental entraîne Jivatman dans les Vishayas (plaisirs sensuels). Jivatman est l'Abhasa de Chaitanya ou l'intelligence réfléchie dans le mental. Le mental et Jivatman vivent toujours ensemble. Ils ne peuvent être séparés. Éliminez le mental, le voleur d'Atman, par le biais de Vichara, Manana et Nididhyasana (méditation constante et profonde) sur Brahman.

Le mental a le pouvoir de créer ou de défaire le monde entier en un clin d'œil. Par conséquent, éliminez ce mental, le tueur d'Atman, que ce soit par la destruction des Vasanas (désirs subtils latents) ou le contrôle du Prana ou de Brahma-Vichara et de Mahavakya-Chintana. Le meilleur moyen de se débarrasser de ce grand danger que représente Maya, à l'origine de tous les malheurs, est la destruction du mental. Avec la destruction du mental, les trois périodes de temps se dissolvent. Avec la destruction du mental, l'Atman commence à poindre.

L'extinction de Vasanas (Vasana-Kshaya), Manonasa (anéantissement du mental) et Tattva-Jnana (compréhension de la Réalité), quand ils sont pratiqués ensemble pendant longtemps, sont considérés comme fructueux. Ils doivent être pratiqués en même temps. Tant que ces trois pratiques ne sont pas pratiquées de manière égale, le siège suprême (Parama Pada) ne peut être atteint, même après des centaines d'années. Par la pratique de ces trois éléments pendant longtemps, les nœuds fermes du cœur sont sans aucun doute coupés, comme la rupture des fils d'une tige de lotus déchirée en deux.

Le sens de Manonasa

La destruction du mental ne signifie pas l'annihilation du Soi. Les Vedantins divisent le mental en deux parties, l'une supérieure et l'autre inférieure. Cette dernière qui conduit aux désirs doit être détruite.

La destruction des désirs, l'anéantissement d'Ahankara, la destruction de Sankalpa - tout cela signifie le contrôle du mental ou l'anéantissement du mental (Manonasa ou Amanaskata). La destruction de l'égoïsme, de Raga-Dvesha (attraction et répulsion pour les objets) et de tous les Vasanas n'est que Manonasa. Manonasa passe par la destruction des Vasanas. Manonasa ne signifie pas que vous devez prendre une épée et couper le mental en morceaux.

Manonasa signifie la mort de la forme actuelle du mental (c'est-à-dire le mental instinctif des émotions et des passions), la forme qui perçoit les différences là où il n'y en a pas, qui identifie le Soi avec le corps. Sa mort signifie en réalité sa transformation en et, par conséquent, la naissance de la conscience cosmique.

La grande majorité des personnes vivent uniquement dans Annamaya Kosha. Leurs pensées sont orientées vers le fait de manger, de se laver le corps et de s'habiller proprement, c'est tout. Même les personnes dites instruites ne vivent que dans l'Annamaya Kosha. Parfois, ils vivent dans Manomaya Kosha (gaine mentale). Un aspirant spirituel et un Viveki vivent dans le Vijnanamaya Kosha (gaine) de Buddhi. Le Vijnanamaya Kosha est développé par la pensée et le raisonnement abstraits, par la méditation systématique, le Brahma-Chintana, l'étude des Upanishads, le Yogavasishtha et les Brahma-Sutras. Vous devez tous développer le Vijnanamaya Kosha par l'étude de la littérature Védantique et de la pensée pure. Alors vous serez en sécurité. Le mental cessera de vous tromper et de vous tourmenter.

Laya Chintana de Antahkarana

Le mental est absorbé dans Mahat ou Buddhi. Buddhi individuel est absorbé dans Buddhi cosmique ; Buddhi cosmique dans Avyakta ; Avyakta dans Brahman. C'est le Laya-Chintana ou Antahkarana ou Mental.

Sambhavi Mudra, Bhrukuti-Drishti (regarder le point entre les deux sourcils), Nasikagra-Drishti (regarder fixement le bout du nez), Nadanusandhana (entendre les sons de l'oreille) - tous appartiennent au Laya-Yoga. Par ces pratiques, le mental obtient rapidement Laya. L'état Unmani se développe rapidement. L'Avastha Unmani du Laya-Yogis correspond au Bhava-Samadhi des Bhaktas. Dans le Sambhavi Mudra, les yeux sont ouverts mais le mental est fixé sur le Lakshya. Les yeux ne voient pas les objets extérieurs.

Lorsque le mental et les sens sont affinés et finalement contrôlés, le Karanendriya-Vyapara (les diverses activités de l'Antahkarana et des sens) cesse. Le Jivatva (personnalité-notion et sensation) disparaît. Brahmatva (l'existence) demeure. C'est la Kevala Asti.

Les deux sortes de Manonasa

Manonasa est de deux sortes, à savoir (1) Svarupa Manonasa, destruction de la Svarupa du mental, comme dans le cas du Jivanmukta et

(2) Arupa Manonasa, destruction de la forme même du mental, comme dans le cas des Videhamuktas, lorsqu'ils quittent leur corps physique. La première est appelée "destruction du mental avec forme". La seconde est appelée "destruction mentale sans forme".

Comment réaliser Manonasa

Il y a cinq façons d'effectuer Manahkshaya (destruction du mental). Deux sont des méthodes yogiques. Trois méthodes concernent le Jnana Yoga. (1) Lorsqu'une pensée surgit, chassez-la. Dites-vous : "Neti, Neti - pas cette pensée, pas cette pensée. Je ne veux pas de cette pensée." (2) Pratipaksha Bhavana-substituer une contre-idée, l'amour pour la haine, le courage pour la peur, etc. (3) Avoir Brahma-Bhavana. Tous les Sankalpas mourront. (4) Être un Sakshi du mental. Soyez indifférent (Udasina). (5) Se demander constamment "Qui suis-je ?". Toutes les pensées vont mourir. Pour une personne de Vichara (investigation), le mental se réduit en un rien. C'est plus facile et plus efficace que la méthode "Neti, Neti" ou "Pratipaksha Bhavana".

Sankalpa, le désir, Raga, Dvesha, Ahankara et le mental sont les six briques du manoir de Jiva. Ce sont les six maillons de la chaîne qui constitue la personnalité de Jiva. La destruction d'une brique ou d'un maillon entraîne la destruction de tout l'édifice ou de toute la chaîne.

Par conséquent, coupez chaque jour les branches de Sankalpa de cet arbre de Manas et détruisez complètement l'arbre du mental à sa racine. La coupe des branches n'est que secondaire. L'éradication de l'arbre par la suppression du "je" est la chose la plus importante. Par conséquent, si, par des actions vertueuses, vous détruisez l'idée du "je" qui forme la racine même de l'arbre du mental, alors il ne pourra pas renaître.

Le pouvoir, les possessions, l'argent et le savoir renforcent l'Abhimana, c'est-à-dire l'idée du "je". Ils épaississent aussi le mental. Il faut y renoncer pour éclaircir le "je" et le mental. C'est à travers Vairagya et Tyaga que vous devrez éclaircir le mental. Lorsqu'il devient filiforme à travers le processus d'éclaircissement, on l'appelle Tanumanasi.

Le mental peut être contrôlé soit par le contrôle du Prana (méthode Hatha Yogique) soit par l'arrêt de la fluctuation du mental (méthode Raja-Yogique - "Yogas-chittavrittinirodhah" de Maharshi Patanjali). Le contrôle du mental conduit à l'arrêt de la respiration et le contrôle de la respiration conduit à l'arrêt du mental, car le Prana et le mental sont sous un seul Sambandha. Pendant la méditation, la respiration devient très lente. Ceux qui pratiquent la méditation peuvent être conscients de ce fait. Cela montre que lorsque le mental est concentré, le Prana s'arrête de lui-même sans aucun effort.

Le Pranayama ne peut pas provoquer Manonasa (anéantissement du mental). Les Vrittis ne sont calmés que temporairement.

246

Une pensée constante et pure de Paramatman dans notre cœur provoque un Kumbhaka naturel et l'absorption du mental dans le cœur, l'état ultime et l'état auquel aspirent les sages. L'absorption du mental en lui-même est la Béatitude éternelle (le Salut). Par la perception directe de l'Atman, le mental sera détruit et générera une Félicité infinie. Dans une telle perception, le voyant, la vue et le vu deviennent un.

Manonasa et Manolaya

Manolaya est une absorption temporaire du mental dans l'objet de la méditation. Lorsque vous méditez sur la forme de Bhagavan Sri Krishna, le mental est absorbé temporairement dans la forme de Bhagavan Sri Krishna.

Manolaya se déroule pendant le sommeil, le mental est absorbé dans sa cause, Mula Avidya.

Manolaya n'est pas suffisant pour atteindre Jnana. Dans Manolaya, le mental est enclin à se réveiller. Manolaya ne peut pas vous sauver de l'esclavage. Manolaya ne peut pas vous donner Mukti. C'est seulement Manonasa (annihilation du mental inférieur) qui peut vous donner la libération. En Manonasa, le mental ne renaît pas. Il est mort. Manonasa est provoquée par Brahma-Jnana.

CHAPITRE 36

Le mental : comparaison

Agité comme un fantôme

Le mental est comme un fantôme qui s'agite. Autrefois, un Brahmin Pandit, par le biais de Mantra-Siddhi, avait le contrôle d'un fantôme. Le fantôme dit au Pandit : "Je peux faire n'importe quel travail pour toi en une minute. Tu dois toujours me donner un peu de travail. Si tu me laisses même une seconde sans travail, je te dévorerai aussitôt". Le Brahmane accepta. Le fantôme creusa un réservoir pour le Brahmane, laboura les champs et effectua divers travaux en peu de temps. Il ne put donner au fantôme d'autres travaux. Le fantôme le menaça : "Maintenant, il n'y a plus de travail pour moi. Je vais te dévorer." Le brahmane était assez perplexe. Il ne savait pas quoi faire. Il alla voir son gourou et lui expliqua toute sa situation. Son maître lui dit : "Ô, Chela, utilise ton bon sens ou Yukti (Buddhi). Installe un grand poteau en bois, solide et lisse devant ta maison. Applique de l'huile de ricin, de la cire et d'autres substances grasses sur le poteau. Demande au fantôme de monter et descendre toute la journée et toute la nuit". Le disciple a agi en conséquence et a contrôlé le fantôme. Le fantôme est devenu impuissant. De même, vous devez toujours donner une sorte de travail ou autre au mental, par exemple, Japa, méditation, Svadhyaya, service, Kirtan, prière, Pranayama. Vous devez l'occuper pleinement. Alors seulement le mental peut être facilement contrôlé. Vous pouvez être établi dans le Brahmacharya physique et mental.

Dispersé comme le mercure

L'activité du mental est comparée à celle du mercure mobile. Si vous posez une petite quantité de mercure sur le sol, il se divise en plusieurs petits morceaux et s'écoule dans différentes directions. Vous ne pouvez pas les récupérer à nouveau. De même, les rayons du mental sont dispersés dans différentes directions, dans des objets sensuels. Il devient difficile de collecter les rayons mentaux dissipés. Vairagya et Abhyasa vous aideront à rendre le mental unidirectionnel.

Effronté comme un chien de rue

Le mental peut être comparé au chien de rue effronté et errant avec de nombreuses blessures sur le corps. Le chien se rend à la porte d'une maison. Quelqu'un lui jette une pierre et il s'enfuit. Il va vers une autre maison. Là aussi, il reçoit une bonne raclée et des coups. Puis il revient à la première maison d'où il a reçu un jet de pierre. Quelqu'un lui jette à nouveau une grosse pierre et il est à nouveau blessé. Le chien ne quittera jamais son habitude d'errer malgré les mauvaises blessures répétées qu'il reçoit. De même, ce mental court toujours vers des objets sensuels, même s'il connaît d'immenses misères, des chagrins et des peines, des douleurs et des tribulations. Il n'abandonnera jamais ses vieilles habitudes. Vous devrez battre ce mental éhonté et le ramener à sa source, Brahman, en chantant OM avec sentiment encore et encore. Laissez-le goûter à l'Ananda, la Béatitude infinie de l'Atman. Alors, seulement, il trouvera son repos dans OM, sa demeure originelle de paix éternelle.

Saute comme une balle de tennis

Quand vous jouez au tennis, la balle monte très haut dans le ciel et la seconde suivante, elle redescend sur le sol. De même, le mental saute très haut vers la gloire divine, s'attarde très brièvement sur les vertus divines Sattviques au début de la méditation chez les néophytes, et aussitôt tombe dans ses vieux sillons pourris, ses ornières désagréables, ses avenues malsaines, ses canaux puants et s'attarde sur des pensées inutiles et abominables. L'âme qui se développe, la nouvelle flamme frémit à la vue de ces pensées choquantes. Cela n'a pas d'importance, vous n'avez pas à vous inquiéter. Tout comme vous élevez la balle à nouveau vers le ciel par un bon coup, une bonne torsion ou une légère frappe, vous devrez élever le mental à nouveau avec effort vers les hauteurs de la gloire divine et de la conscience divine.

Réfléchit comme un miroir

Le mental d'un être humain est comparé à un miroir dans lequel se reflète la Réalité (Brahman). L'étendue de vos connaissances sur la Réalité dépend de l'état de votre mental - selon qu'il correspond ou non à la pleine richesse de la Réalité. Les couleurs ne sont pas révélées aux aveugles, ni la musique aux sourds, ni les vérités philosophiques aux faibles d'esprit : "Nayam-atma balahinena labhyah." La révélation sera imparfaite ou déformée s'il y a une quelconque souillure ou imperfection. Les désirs et les passions égoïstes s'interposent entre l'instrument du mental et la Réalité à révéler. Les désirs subtils cachés (Gupta Vasanas) attaquent les Sadhakas (aspirants) de différentes manières. Les Sadhakas devraient toujours surveiller le mental par une introspection sérieuse. Lorsque la personnalité du sujet affecte la nature de l'instrument, la réflexion devient floue.

Encore une fois, si vous placez un grand miroir devant un chien et que vous gardez du pain devant, le chien aboie aussitôt en regardant son reflet dans le miroir. Il s'imagine bêtement qu'il y a un autre chien. De même, l'être humain ne voit son propre reflet qu'à travers son mental-miroir dans toutes les personnes, mais il imagine bêtement comme le chien qu'elles sont toutes différentes de lui et se bat à cause de la haine, de la méchanceté et de la jalousie.

Oscille comme un pendule

Dans une horloge, le pendule se déplace vers la droite et de là vers la gauche. Lorsque les enfants jouent sur une balançoire, celle-ci se déplace vers le haut d'un côté et s'élève aussitôt vers le haut de l'autre côté. De même, dans le cas des aspirants qui ne sont pas établis ou bien installés dans une méditation profonde, leur mental ressemble également au pendule ou à la balançoire. Ils pensent parfois au karma yoga, entrent dans le monde et font des actions ; tandis que, à d'autres moments, ils courent vers l'Himalaya pour mener une vie contemplative. Il y a une lutte intérieure pour savoir s'il faut faire du karma yoga ou du Dhyana yoga. Vous devez décider une fois pour toutes et être ferme dans la pratique du karma yoga ou vous enfermer dans une pièce ou une grotte pendant quelques années dans la pratique de la méditation. Il n'est pas bon de courir au travail pendant six mois, puis de se réfugier dans la forêt pendant six mois pour méditer. Décidez d'une façon ou d'une autre. Coupez le nœud gordien. Travaillez jusqu'à ce que vous obteniez Chitta-Suddhi. Puis méditez jusqu'à ce que vous réalisiez. C'est la voie la plus sage.

Tombe comme une balle de tennis

Si vous laissez une balle de tennis tomber du plus haut de l'escalier, elle ne s'arrêtera à aucune des marches intermédiaires de l'escalier. Elle descendra immédiatement jusqu'au au rez-de-chaussée. De même, si vous ne prenez pas les précautions nécessaires, si vous vous mêlez aux personnes matérialistes, vous aurez une chute rapide comme la balle de tennis. Le mental que vous avez élevé par des pratiques spirituelles en six ou huit ans sera entaché de diverses sortes d'impuretés. Prenez donc garde, ô aspirants

Comparaisons diverses

Le mental est comparé à un PETIT VASE qui contient de petits articles, car le mental contient aussi des Vasanas, des Trishnas, des Samskaras, des Vrittis, des idées, des Gunas, etc.

Le mental est comparé à un DHARMASHALA ou lieu de repos public, car les Vrittis tels que l'envie, l'avidité, la colère, l'orgueil, l'hypocrisie, l'égoïsme, etc., se repose dans le mental. Il est Dharmashala pour ces Vrittis.

Le mental est comparé à une ROUTE PUBLIQUE. Sur une route publique, tout le monde peut marcher. Toutes sortes de gens se déplacent sur une route publique. De même, toutes sortes de pensées se déplacent dans ce mental.

Le mental est comparé à la MAISON D'UNE PROSTITUTE, parce que le mental est attaché à un objet à un moment, à un autre objet le moment suivant, comme la prostituée. Il a un penchant pour un objet à un moment donné, pour un autre objet à un autre moment.

Le mental est comparé à un CERF, parce qu'il est instable. Il est comparé à un SINGE, parce qu'il saute d'un objet à l'autre. Il est comparé à un OISEAU, parce qu'il vole comme un oiseau. Il est comparé au VENT, parce qu'il est impétueux, comme le vent. Le mental est comparé à un fantôme, parce qu'il se comporte comme un diable.

Le mental est comparé à un ENFANT, car il a besoin de corrections.

Le mental est comparé à un MOTEUR, parce qu'il fonctionne quand la nourriture-carburant est fournie.

Le mental est comparé à un JARDIN. Il y a de belles fleurs dans un jardin. Vous pouvez cultiver plusieurs sortes de fleurs dans un jardin. De même vous pouvez cultiver les fleurs de la paix, de l'égalité de vision, du contentement, etc. dans le jardin du mental.

Le mental est comparé à un TEMPLE (Mano-Mandira). Lorsque le mental est purifié, lorsque les mauvais Vrittis tels que l'envie, l'avidité, etc. sont détruits, le Seigneur prend place dans le mental et celui-ci devient ainsi le temple du Seigneur.

Le mental est également comparé à une FLEUR, car il est offert au Seigneur par le dévot.

Le mental est comparé aux RENES selon les Upanishads. Celui qui tient les RENES-mental tendues peut atteindre la demeure de la Félicité.

CHAPITRE 37

Essence du Jnana-Yoga

Qu'est-ce que Jnana ?

Tattva-jnana est la libération des trames de son propre mental. Seule une telle libération conduit à l'accomplissement de Moksha. Le mental devient de la nature de Jnana grâce aux efforts vers une direction spirituelle ; mais il devient de la nature de l'univers par Ajnana. Si le mental est baigné dans l'eau de Jnana et nettoyé de toutes ses impuretés, alors le brillant Moksha se révélera dans son éclat originel à ceux qui s'efforcent de le suivre. La véritable béatitude est celle qui survient lorsque le mental, dépouillé de tous ses désirs par le Jnana éternel, détruit sa forme subtile.

La gloire de Jnana

Un Hatha Yogi commence sa Sadhana avec le corps et le Prana. Un Raja Yogi commence sa pratique spirituelle par le mental. Un Jnana Yogi commence sa Sadhana spirituelle avec Buddhi et la volonté. Pour être plus précis, un Jnana Yogi commence directement avec Brahman. Il répète constamment : "Aham Brahmasmi". Celui qui tente de fixer le mental sur Brahman fait vraiment le plus haut Karma Yoga, le plus haut Yajna, le plus haut devoir et la plus grande charité. Il n'a pas besoin de visiter Tirthas. Il n'a pas besoin de distribuer de la charité.

Qualifications pour l'étudiant du Jnana Yoga

Un aspirant spirituel ou un chercheur sincère de la Vérité doit se détacher complètement des choses extérieures, de multiples objets de sens, et avoir une capacité d'abstraction métaphysique et de concentration sur les choses intérieures.

Pour l'aspirant à la voie Jnana-Yogique, vous avez les quatre moyens de salut, Sadhana-Chatushtaya, dans la pratique préliminaire Védantique. L'un des quatre moyens est le Shatsampat (sextuples vertus). Parmi ces six vertus, Sama, Dama et Samadhana sont réellement des pratiques yogiques pour contrôler le mental. Sama représente Chitta-Vritti-Nirodha des Raja Yogis par Vasana-Tyaga, Dama correspond à Pratyahara. Samadhana est l'Ekagrata des Yogis. Yoga et Jnana sont les deux ailes de l'oiseau Hamsa (Moksha).

Sama (calme mental grâce à Vasana-Tyaga) et Dama (retenue des Indriyas) sont deux éléments importants de Shatsampat. Sama et Dama sont en fait des Kriyas yogiques. Lorsque cette Sadhana est terminée, vous devrez recourir à Sravana et à Manana. Lorsque vous passez à Nidhyasana profonde, l'isolement est nécessaire pendant trois ans.

La purification du mental n'entraînera pas, à elle seule, Brahma-Jnana. Le mental purifié est rendu apte à recevoir la lumière transcendantale et Ananda. Vous devrez vous réfugier dans Sravana, Manana et Nididhyasana après avoir purifié le mental.

Sravana, Manana et Nididhyasana (audition des Srutis, réflexion puis méditation sur Brahman) sont les trois processus Védantiques pour l'obtention de Jnana (Jnanadvaita-Nishtha). C'est l'échelle à trois barreaux par laquelle le Vedantin monte vers Brahman. Si vous faites Sravana ou écouter les Srutis une fois, vous devez faire Manana dix fois (réflexion de ce que vous avez entendu) et cent ou mille fois le Nidhyasana (méditation profonde et constante). Alors, seulement le vrai fruit est atteint.

Seul une personne avec Antarmukha Vritti, angle de vision changé, Vairagya et Mumukshutva est apte à l'étude du Vedanta et à la pratique de OM et de la contemplation Jnana Yogique. Seul une telle personne en bénéficiera réellement. Lorsqu'une personne acquiert la ferme conviction que les noms et les formes sont irréels et que l'Adhishthana qui leur est associé est réel, on dit alors que son angle de vision est modifié.

Ce n'est que grâce à votre énergie inébranlable et à vos propres efforts infatigables que vous pouvez obtenir Brahma-Jnana. Guru et Sastras peuvent vous montrer le chemin et dissiper vos doutes. Anubhava de type Aparoksha (connaissance directe et intuitive) est laissée à votre propre expérience. Un homme affamé devra manger pour lui-même. Celui qui a de fortes démangeaisons devra se gratter pour lui-même.

Le mental et Brahman

La capacité du mental à penser existe, car il est éclairé par Brahman ou Atman qui brillent en lui et c'est par cela que le mental est capable d'activité. Ceux qui ont réalisé le Soi disent que le mental est pénétré par Brahman. "Celui qui habite dans le mental, qui est dans le mental, que le mental ne connaît pas, dont le corps est le mental, qui de l'intérieur gouverne le mental, est ton Soi, le Souverain Intérieur, immortel." (Brihadaranyaka Upanishad, III-vii-20) "Ce que l'on ne peut pas penser avec le mental, mais ce par quoi ils (les sages) disent que le mental est fait pour penser, sachez que cela seul est Brahman" (Kena Upanishad, 5). Le mental n'est qu'un simple mendiant. Il emprunte sa lumière et son intelligence au souverain intérieur, l'Atman qui est autolumineux. Tout comme un morceau de fer bouge devant un aimant, ce mental bouge en présence du souverain intérieur. Il fait, pense, ressent et imagine devant la Présence Divine, tout comme un Premier ministre fait et travaille devant la présence du roi. Le mental brille grâce à ses plumes empruntées. Il apparaît comme le Chaitanya (la conscience pure). Comment le mental qui tâtonne dans l'obscurité, qui change chaque minute, qui a une naissance de Mahat et aussi une mort (dissolution) dans la Prakriti peut-il être qualifié de conscience pure ?

Les pensées sont diverses et changeantes. Des bonnes pensées se manifestent. Cinq minutes plus tard, des pensées négatives apparaissent. Le mental est très inconstant et changeant. Il ne peut donc pas être l'Atman immuable ou le Brahman Kutastha-Nirvikalpa (immuable, assis sur le roc).

Jada et Chaitanya

Le mental, Buddhi, Indriyas et toutes les autres choses sont Jada. Cette chose qui n'a aucune connaissance d'elle-même et des autres choses s'appelle aussi Jada. Brahman est seulement Chaitanya-Vastu. Chaitanya ou Chit ou Chetana est Svayamprakasha (autolumineux) et Sarva-Prakasha (illuminant tout). Il illumine le mental, Buddhi et tous les Indriyas en interne ; et en externe le soleil, la lune, les étoiles, la foudre, le feu, etc.

Brahman est Chaitanya

Qui voit les défauts dans le soleil - qu'il brille ou qu'il soit caché par les nuages ? C'est l'œil. Qui voit les défauts de l'œil, qu'il s'agisse d'une cataracte ou de Timira ou non ? C'est Buddhi (l'intellect). Qui voit les défauts de Buddhi, s'il y a confusion ou clarté dans Buddhi ? Qui illumine Buddhi ? C'est Aham (le "je" infini). Cet Aham est le Kutastha ou Atman ou Brahman, l'illuminateur de tout.

Qui illumine dans les rêves ? Il n'y a pas d'autre lumière. Le mental n'est pas autolumineux. C'est Jada. C'est Brahman qui illumine les objets dans le rêve.

Supposons qu'il y ait une lumière flamboyante la nuit. Vous vous tenez à distance. Quelque chose se tient entre vous et la lumière comme un obstacle et vous ne pouvez pas voir la lumière. Mais vous pouvez voir clairement les objets qui sont éclairés par la lumière. Bien que vous ne puissiez pas voir la lumière directement, vous concluez clairement qu'il doit y avoir une grande lumière par la perception des objets. Il doit donc y avoir un illuminateur autolumineux derrière cette nature. Cet illuminateur, la "Lumière des lumières" (Jyotisham-api tajjyotih) est l'Adhishthana (support) de ce monde illusoire.

Si vous vous asseyez et réalisez que vous ne pensez qu'en raison de la Vie unique et que le mental, animé par la Vie unique dans l'acte de penser, est une partie du tout qui est Dieu, alors vous argumenterez que votre mental n'existe plus en tant qu'entité séparée et le résultat est que le mental et le corps disparaissent physiquement (pour ainsi dire) et que la seule chose qui reste est l'Être-Existence qui n'est pas explicable en mots.

Brahman est Sakshi

Raga, Dvesha, plaisir et douleur, Kartritva (qui agît), Bhoktritva sont les seuls Dharmas du mental. Atman est Sakshi (témoin) et Asanga (sans attaches). Comme un cristal (Sphatika) qui, bien que teinté des sept couleurs, n'est pourtant pas affecté par celles-ci, Atman n'est pas non plus affecté par les actions du mental.

L'idée même de création suggère qu'il doit y avoir un créateur. L'idée même de la matière suggère qu'il doit y avoir un esprit. L'idée même de phénomène changeant suggère qu'il doit y avoir un noumène immuable. L'idée même d'un mental changeant suggère qu'il doit y avoir un Sakshi et un contrôleur (Niyamaka) immuables pour le mental. C'est le Kutastha Brahman qui comprend clairement tout et qui est Sakshi ou témoin silencieux de Jiva et de ses activités.

Vous ne pouvez voir que les objets. Mais le Sakshi ou Kutastha Brahman voit le mental, ses modifications, Jivatman ou conscience réfléchie et les différents objets de l'univers.

Brahman est Ahandha

Le temps, l'espace et Vastu (substance) sont les trois composantes du mental. Chaque objet a trois sortes de limitations (Pariccheda). Le raisin, par exemple, ne peut être obtenu qu'à une certaine saison et à certains endroits. Ainsi, le raisin a Desa-Kala-Pariccheda (limitation par l'espace et le temps). Il y a aussi le Vastu-Pariccheda. On ne trouve pas de raisin dans un manguier. Mais, l'existence de Brahman ou Satchidananda est libre de ces trois sortes de Pariccheda (Trividha-Pariccheda-Rahita), parce qu'Il est éternel, infini et l'essence et Adhishthana pour toutes les substances.

Un Anglais est différent d'un Indien. Il y a Svajatiya Bheda. Un arbre est différent d'une pierre. Il y a Vijatiya-Bheda. Il y a une différence entre un fruit, une fleur et des feuilles dans l'arbre. Il y a une différence entre une main, un bras, une jambe, un pied, etc. C'est la Svagata-Bheda. Brahman n'a pas ces trois sortes de Bheda. Il ne peut pas y avoir d'autre Brahman, car l'infini est Un. Il n'y a donc pas de Svagata-Bheda dans Brahman. Le monde a émané de Brahman. Il est illusoire, donc il ne peut pas apporter Vijatiya-Bheda pour Brahman. Le monde est Brahman lui-même. Sat-Chit-Ananda n'est pas trois entités. Ils ne font qu'un. C'est seulement Sabda-Bheda, comme l'eau, Pani, Jala. Sat est Chit. Chit est Sat. Chit est Ananda. Il n'y a donc pas de Svagata-Bheda en Brahman. Bheda est une création mentale produite par l'espace, la couleur, la taille, etc.

Si un objet est exempt des trois types de Pariccheda (limitation) de Desa, Kala, Vastu et des trois types de Bheda décrits ci-dessus, il est alors appelé Akhanda. Vous pouvez attribuer l'Akhanda-Lakshana à cette substance. Cette Lakshana ne peut être attribuée qu'à Brahman

Recherche de "Qui suis-je"

Moksha (libération de la roue samsarique de la naissance et de la mort) vient par Jnana (connaissance de l'Atman ou de Dieu). Le Jnana passe par Vichara (l'interrogation juste) de "Qui suis-je ?" ou la compréhension et la réflexion sur la signification essentielle et juste du Mahavakya, "Tat Tvam Asi" (Tu es cela) des Upanishads. L'interrogation de "Qui suis-je" et la compréhension de "Tat Tvam Asi" sont une seule et même chose.

Brahma-Jnana, qui s'interroge sur la véritable nature du "je", est le feu qui détruit le mental. C'est le "Jnanagni" dont il est question dans la Gita (IV-37) : "*Jnanagnih sarvakarmani bhasmasatkurute tatha* - le feu de la sagesse réduit toutes les actions (et le faux "je") en cendres".

Lorsqu'une pensée surgit dans le mental, interrogez-vous : pourquoi cette Vritti (modification) est-elle apparue ? De quoi s'agit-il ? Qui suis-je ? Toutes les pensées finiront par mourir. Toutes les activités mentales cesseront. Le mental se tournera vers l'intérieur. Il reposera dans Atman. C'est la Sadhana Védantique. Vous devrez persister constamment dans la Sadhana, quelles que soient les pensées errantes qui surgissent. La seule pensée "Qui suis-je ?" détruira toutes les autres pensées de nature terrestre. Cette pensée mourra d'elle-même. L'ego disparaîtra. Il restera Kevala Asti, Chinmatra, Kevala Suddha Chaitanya, Chidakasa-Matra qui est Nama-Rupa-Rahita (libre de tout nom et de toute forme), Vyavahararahita, Mala-Vasana-Rahita, Nishkriya, Niravayava, qui est Santa-Siva-Advaita de la Mandukya Upanishad. C'est Atman. Cela doit être connu.

Le Sakshi Bhava

C'est Vritti (modification dans le mental) qui vous lie à l'objet. Vous vous identifiez au Vritti et, à travers Vritti, à l'objet. Soyez un Sakshi (témoin silencieux des activités du mental) du Vritti du mental. C'est cela, le secret. Il n'y aura plus de servitude. Soyez le spectateur des représentations théâtrales du mental et ne vous impliquez pas avec le mental lui-même.

Quand vous voyez un homme qui souffre de coliques appendiculaires, vous ne ressentez aucune douleur. Mais quand vous avez la même colique, vous pleurez et ressentez une agonie intense. Pourquoi ? À cause de l'égoïsme (Ahankara), vous vous identifiez au corps. S'il n'y a pas d'Ahankara, vous ne ressentirez aucune douleur. Cette absence d'Ahankara ne peut survenir que lorsque vous devenez impersonnel, lorsque vous devenez le Sakshi, lorsque vous vous identifiez à Brahman (Absolu).

"Je ne suis ni le Prana ni les sens. Je suis tout à fait différent de ceux-ci. Je suis Sakshi (témoin) de ces derniers et de leurs activités. Je suis Sat-Chit-Ananda Svarupa". Cela suffit pour la méditation Védantique Nirguna (méditation sans forme et sans attribut). Vous serez immédiatement élevé au plus haut sommet de la gloire. C'est la meilleure formule.

Si vous avez Nischaya (détermination) fort uniquement sur la formule ci-dessus, cela s'appelle Paroksha Jnana (connaissance indirecte du Brahman). Si vous avez un Anubhava réel par la méditation, il est appelé Aparoksha Jnana (connaissance intuitive directe de Brahman) ou Atmasakshatkara.

Si vous dépassez la conscience du corps, si vous pouvez abandonner l'idée du corps et si le mental repose dans l'Atman ou le Soi, alors, sans doute, vous êtes Sukhi, Santa et Mukta (heureux, paisible et libre).

Le mental a le pouvoir réflexif de regarder dans ses propres profondeurs. Un Raja Yogi développe ce pouvoir. L'introspection aide à cultiver cette faculté yogique. À partir d'aujourd'hui, entrez dans le silence dans une pièce sombre et silencieuse. Observez attentivement le mental. Soyez patient. Ne vous identifiez pas avec lui. Soyez un Sakshi ou un témoin silencieux. Séparez-vous. Vous pouvez percevoir directement les différents états mentaux.

Soham Dhyana

L'effort pour garder le mental toujours concentré sur Atman ou Brahman est ce qu'on appelle Atma-Vichara.

Jusqu'à ce que le bienheureux Jnana se révèle à vous, vous devez faire une Sadhana constante et intense. Vous ne devez pas cesser de penser à Brahman (Brahma-Chintana) même pendant une demi-seconde, même le temps d'un clin d'œil. Vous devez devenir Nidhyasana-Parayana (celui dont le seul refuge est la méditation sur OM avec sentiment et sens). Alors seulement Brahma-Jnana est possible.

Vous devrez détruire Jiva-Bhavana en entretenant "Aham Brahmasmi" Bhavana opposé. Jiva-Bhavana est créée par Buddhi Vyavaharique. Vous devrez détruire ce type de Buddhi Vyavaharique en développant Buddhi Suddha ou la raison pure.

Bien que vous voyiez votre corps et le monde, ils n'existent pas vraiment. Ne bougez jamais d'une fraction de pouce par rapport à votre position établie dans Atman. Pensez constamment que vous êtes l'Atman omniprésent (Chidakasa). Même si vous êtes en présence d'une mitrailleuse, répétez "Soham" - "Soham" - "Aham Brahma Asmi". Rugissez comme un lion. La peur ne vient que lorsque l'on s'identifie à ce corps de chair périssable. Si vous vous identifiez à l'Atman infini, éternel et immortel, vous deviendrez immédiatement absolument sans peur. La peur est une modification imaginaire du mental d'un Ajnani.

Découvrez votre centre. Reposez-vous dans votre centre ou équilibre. Ce centre est Atman ou Brahman ou la Vérité Unique qui brille dans votre cœur d'éternité en éternité. Si vous pouvez vous reposer dans votre centre, ni les ennuis, ni les tribulations, ni les pertes, ni les déceptions, ni le chagrin, ni la tristesse ne peuvent vous affecter et vous déséquilibrer.

Si vous parvenez à rester en phase avec l'Infini, vous aurez un mental équilibré. Rien ne peut vous faire de mal. Vous serez toujours dans la joie, car vous vous identifiez à Atman. Vous vous reposez dans le Soi Supérieur. Bien qu'ils aient été écorchés vifs, Mansoor et Shams Tabriez, les grands Jnanis soufis, n'ont jamais ressenti aucune douleur. Ils ont simplement prononcé « Analhaq » (je suis Lui). Chaque goutte de sang qui tombait prononçait également « Analhaq ». Ils étaient toujours dans la béatitude d'Atman. Quelle merveille ! Ce sont les vrais Jnanis. Ils ont montré leur pouvoir et leur connaissance d'Atman.

Un petit bateau de pêche est ballotté ici et là, même par les vagues ordinaires d'une rivière. Mais un grand bateau à vapeur reste inébranlable, même si des vagues violentes s'abattent sur lui avec une formidable impétuosité. De même, un homme du monde au mental inconstant est ballotté ici et là, même par les petites vagues de Raga-Dvesha ; tandis qu'un saint ou un Jivanmukta au mental équilibré et serein reste dans le monde bien stable sans être le moins du monde affecté par les vagues orageuses d'ennuis, de tribulations, de misères, d'afflictions, etc. Il repose toujours paisiblement dans le calme perpétuel de l'Atman ou du Soi absolu.

Chaque fois que vous êtes très inquiet, chaque fois que vous faites une grosse dépression, chaque fois que vous avez de graves crises de douleur, pensez que vous êtes Atman, plein d'Ananda. Retirez le mental des objets et des pensées du monde et fixez-le sur Atman. Entrez dans une chambre d'isolement et affirmez : 'Je suis Anandamaya Atman.'

Comment peut-il y avoir de la douleur ? La douleur appartient au mental. C'est une création mentale. "Je suis au-dessus du mental. Atman est un océan d'Ananda. Atman est un entrepôt d'Ananda, de pouvoir et de connaissance. Je sens que je suis Suddha Chaitanya, la conscience omniprésente qui est au fond de toutes ces formes, au fond du mental. Je suis Atman. Je suis tout Ananda". Cette pratique vous procurera une joie, une puissance et une exaltation immenses.

Étranglez toute pensée de carence, d'imperfection, de faiblesse, d'infériorité. Même si vous n'avez rien à manger, aucun vêtement à porter, même si vous souffrez d'une terrible maladie incurable, accrochez-vous avec ténacité aux idées : "Je suis Dieu. Je suis parfait. Je possède tout. Je suis en parfaite santé. Je suis toute joie". Rappelez-vous que ceci est votre bonne attitude mentale. Ce que vous pensez habituellement prépare un modèle que les processus de la vie tissent en permanence, débordant dans la vie.

258

"Je suis cet Atman ou Brahman qui est Eka (Un), Chidakasa, Akhanda (sans parties, indivisible), le Moi de tous les êtres (Sarvabhutantaratma)". Essayez de vous établir dans ce Bhava avec tous les efforts possibles (Prayatna). Alors Chanchalata du mental disparaîtra. Vous obtiendrez alors la béatitude éternelle. Vous deviendrez un Jivanmukta. Il n'y a pas un atome de doute sur ce point.

Imaginez que vous tenez le monde entier en votre sein, dans l'éther physique qui est à nouveau soutenu dans votre propre corps Svarupa (Chinmaya) (Chidakasa, Jnana-Vigraha). Alors les idées d'extériorité et de séparation disparaîtront. Il n'y a rien en dehors de vous. Il n'y a rien en dehors de Brahman.

Apavada-Yukti du Vedanta

Le jouet éléphant en bois a caché la réalité BOIS quand on le prend pour un éléphant. De même, ces noms et formes ont dissimulé la réalité BRAHMAN derrière ces noms et formes. Débarrassez-vous de Bhranti (illusion) dans le mental, qui est profondément enraciné depuis Anadikala (temps sans commencement). Ceci est du bois. Ce n'est pas un éléphant. De même, ceci est Brahman. Ce n'est pas le monde. C'est Atman. Ce n'est pas un corps. C'est Apavada-Yukti dans le Vedanta. Prenez ce qui reste et qui est vrai, après avoir rejeté la fausse chose, c'est-à-dire l'éléphant, le bois, le corps, etc.

La dualité est la nature même du mental. Il ne peut jamais penser en termes d'unité. C'est à travers Chitta-Suddhi et la Sadhana védantique qu'il devra être formé à penser en termes d'unité.

L'argile est la seule réalité dans les trois périodes de temps. Le pot est une chose irréelle : "*Vacharambhanam vikaro namadheyam mrittiketyeva satyam*" - l'argile est la seule réalité. Les modifications telles que la jarre, le pot, etc., ne sont en parole que des ornements (Chhandogya Upanishad). De même, Brahman ou Atman est la seule chose réelle, l'éternel Vastu qui n'a ni commencement, ni fin, ni changement. Les modifications, le corps, le mental, les Indriyas et le monde sont tous totalement faux. Ils n'ont que leur nom. Voyez l'argile dans tous les récipients en terre cuite. Voyez l'Atman dans tous les objets (Atma-Drishti).

Les vaches sont différentes. Elles se distinguent par leur couleur et par d'autres particularités. Mais le lait est le même. L'être humain, sans les coutumes, les manières, le mode d'habillement et de consommation, est le même partout dans le monde. Ses passions et ses sentiments sont les mêmes partout dans le monde. Les langues sont différentes selon les régions et les climats, mais l'idée qui sous-tend toutes les langues est la même. C'est l'unité derrière la variété, la dualité et la multiplicité. Il y a une essence ou Rasa dans le sommeil. Tous se sentent semblables. Il n'y a pas de Nanabhava en sommeil. De même, il y a une substance homogène derrière les objets. C'est Atman. C'est Brahman. C'est votre vrai moi.

Il existe une noix de coco faite uniquement de sucre. Elle a des marques, des lignes, une enveloppe extérieure, des crêtes, des yeux et tout le reste. Mais, vous avez un Bhava (sentiment) interne dans le mental, que ce n'est que du sucre. De même, bien que vous voyiez les différents objets de l'univers, vous devez avoir un Bhava et un Nischaya (détermination) de l'Atman qui se trouve au fond de tous ces objets, qui est la réalité et l'essence ultime de tout.

Pourquoi regardez-vous dans les feuilles, les brindilles, les fleurs, les fruits du manguier ? Regardez dans la source, la graine. Le tissu n'est que du coton et du fil. Prenez le tissu en tant que coton uniquement. De même, prenez le monde comme Atman ou Brahman.

Lorsque vous voyez une personne ou un objet, pensez et sentez qu'il s'agit d'Atman ou de Narayana. Par une pratique incessante, le Nama-Rupa, (nom et forme) disparaîtra. Atman ou Narayana brillera. L'idée-monde disparaîtra. Cela prend beaucoup de temps. Cela demande des efforts acharnés. Vous verrez et sentirez Atman ou Narayana partout. Au cours de l'entraînement, vos vieux Samskaras vous troubleront. Ce sont vos vrais ennemis. Luttez contre eux avec audace. C'est la pratique du Samyag Jnana. Vous aurez Samyag Darshan d'Atman. Vous transmuterez tous les objets en Atman. Pensez et sentez que toutes les actions sont Atma-Puja. L'idée d'infériorité et l'idée de service subalterne disparaîtront à mesure que vous verrez Narayana ou Atman partout.

La naissance de Jnana

Tout comme vous savez que la floraison des manguiers vous donnera bientôt des fruits, vous pouvez également savoir que vous aurez Abheda-Jnana (connaissance de l'identité d'Atman et de Paramatman) lorsque la fleur de Santi fleurira dans votre mental.

Tout comme les six saveurs - l'acide, l'amère, l'astringent, le sucré, le salé et le piquant - ne sont pleinement appréciées que lorsque la Sakti des saveurs et la Sakti du mental s'unissent, de même le plénum (Brahman complet) surgit lorsque tous ces objets de culte comme le contentement, la vision égale, etc. sont combinés avec Santi (douce patience ou quiescence du mental).

Santi ou paix mentale est de deux sortes : Santi de Sadharana (paix ordinaire) et Santi de Parama (paix suprême). Santi ordinaire survient lorsque les Vrittis (modifications dans le mental) sont contrôlées et que Vikshepa (agitation du mental) est supprimé. Parama Santi se manifeste quand on obtient Jnana (connaissance du Brahman ou de l'Absolu).

Description de l'état de Jnana

L'État de Jnana est un état très difficile à comprendre. C'est un état extrêmement élevé où tous les Tattvas tombent d'eux-mêmes et où Chidakasa - comme le vaste océan infini de "Vyoma" ou "espace éthéré" ou "Gagana" - brille de lui-même. C'est l'état de pure connaissance qui transcende les plaisirs des paysages et des beautés naturelles. Les beautés des jardins d'agrément, des rivières, des lacs, des montagnes enneigées, des forêts vertes, etc. sont les créations de Maya. Cela nous voile les yeux et nous empêche de faire l'expérience de l'infinie beauté Sahaja (naturelle) de l'Atman. La musique mélodieuse d'oiseaux est également une création de Maya. Cela nous empêche d'entendre le Nada naturel d'OM, le plus doux des Pranava Dhvani. Cet état de Nirvana qui transcende toute la nature est l'état de Jnana.

Jnana-Mouna est cet état où le mental reste fusionné en Brahman ou Atman ou Svarupa. Dans cet état, il n'y a pas la moindre trace de notion de "je". Comme il n'y a pas d'activité mentale et comme il n'y a pas d'exécutant, tous les Karmas sont brûlés dans Jnanagni (le feu de la sagesse). Jiva se sent complètement différent des cinq Koshas ou gaines, car il s'identifie à l'Atman.

Dans Jnana (Absolu), il n'y a ni Orient ni Occident, ni aube ni couchant, ni augmentation ni diminution, ni assis ni debout, ni vie ni mort, ni conscience éveillée ni état de rêve, ni parole ni sermon, ni pensée ni connaissance, ni lumière ni obscurité. Les trois acteurs (Karta), l'action (Karma) et l'instrument (Karana) brillent comme un seul dans le Soi des Jnanis. Quel état exalté ! C'est tout simplement merveilleux. C'est magnifique. On devient sans voix. On ne peut jamais le décrire correctement avec des mots.

Je me suis assis en Padmasana. J'ai médité sur Atman. Je me suis oublié et j'ai oublié l'environnement. J'ai vu quelque chose que je n'avais jamais vu jusqu'à présent. J'ai entendu un Nada que je n'avais jamais entendu jusqu'à présent. J'ai eu la sensation et la connaissance, que j'étais absolument libre de toute forme d'attachement. J'ai fait l'expérience de nouvelles connaissances. La pensée d'Atman a continué pendant un certain temps. J'ai fait une nouvelle expérience de pur bonheur. C'est un vide plein de Lumière, de Connaissance et de Béatitude, libéré des vicissitudes de ce monde.

Lorsque le Soi est une fois reconnu et réalisé, il ne peut jamais être oublié. L'impression de la reconnaissance du Soi, une fois faite, ne peut jamais être effacée du mental. Elle reste toujours présente dans le mental.

Mukti

Mukti est seulement pour le mental. Mukti est pour Prakriti. Il n'est pas pour Jiva. Jiva est déjà Brahman. Jiva est toujours libre. Il est identique à Brahman. Lorsque l'eau s'assèche, la réflexion du soleil dans l'eau disparaît également. De même, lorsque le lac du mental s'assèche par l'extirpation de tous les Sankalpas et Vasanas, le reflet de l'intelligence, Chidabhasa dans le lac du mental, disparaît également. Le nom de Jivatman disparaît. L'ego disparaît.

CHAPITRE 38

Le mental chez un Jivamukta

"Dehabhimane galite vijnate paramatman Yatra yatra mano yati tatra tatra samadhayah"

"Avec la disparition de l'attachement au corps et avec la réalisation du Soi Suprême, peu importe l'objet vers lequel le mental est dirigé, on fait l'expérience du Samadhi."

Amana est un terme sanskrit qui signifie "sans mental". "Amanaskata" est une condition où il n'y a pas de mental. C'est une absence de mental. Vous trouverez cela chez les Jivanmuktas ou les sages libérés.

Sattva résiduel

Jivanmukta est un sage libéré (des entraves des naissances et des morts) tout en vivant. Dans le cas d'un Jivanmukta, bien que le mental instinctif avec des désirs bas soit détruit, le mental spirituel Sattvique ne périt pas. Comme les fleurs et les fruits latents dans une graine, un résidu de Sattva, la cause de l'intelligence, repose toujours dans le cœur. Si vous dites que le mental est anéanti dès qu'il atteint Jnana, l'état de Jivanmukti est impossible. Comment pourra-t-il faire le Vyavahara (les affaires du monde) sans un instrument, à savoir le mental ? Un Jnani s'identifie avec Brahman omniprésent et utilise son mental et son corps comme ses instruments pour le Vyavahara (les activités matérialistes) ; un Ajnani s'identifie avec son corps. Il y a eu des cas de Jivanmuktas comme Raja Janaka qui a atteint le Jnana et qui a utilisé le mental et le corps de cette manière pour le bien-être de l'humanité en général.

Sri Rama et Sri Krishna se sont toujours reposés dans Brahman, même lorsqu'ils dirigeaient leurs royaumes. Ils ont toujours été très conscients de leur nature Brahmanique essentielle Sat-Chit-Ananda, même s'ils ont pris des formes humaines. Ils utilisaient leur mental et leur corps comme instruments lorsqu'ils exerçaient diverses activités.

Existence empirique et existence-réalité

Même ce monde ne disparaît pas de manière aussi absolue qu'on le suppose dans l'État de Jivamukti. En fait, le monde empirique cesse d'exister. Mais, cela ne signifie pas l'anéantissement. Cela signifie simplement que le monde change pour ainsi dire de forme et de couleur pour l'Absolu. C'est l'existence empirique et non la totalité de l'existence qui disparaît. L'Existence-Réalité demeure, mais ses formes limitées disparaissent. L'extérieur doit disparaître ; les vues spatiales et temporelles des choses doivent disparaître ; la détermination causale d'une chose par une autre doit disparaître ; la multiplicité et l'unité doivent disparaître. C'est inévitable. Mais l'univers, avec toute sa réalité, ne disparaîtra pas, même pour l'âme libérée. Il ne fera que changer de forme, de sens et de signification. Rien ne disparaîtra, sauf une fausse vue, un horizon limité, une idée erronée et une vision circonscrite. Le fait, la réalité, l'existence resteront cependant aussi fondamentaux que jamais ; mais le point de vue changera.

Le mental des Jnanis ne peut être qualifié de mental, mais seulement de Tattva (la réalité). Le mental est ce qui se différencie à travers divers objets. En revanche, le mental d'un Jnani devient sans tache, comme le cuivre transmuté en or par un processus alchimique. Le mental d'un Jnani est Sattva lui-même, tandis que les personnes sans Jnana suivront le chemin tracé par leur mental. Lorsqu'un Jnani voit à l'extérieur, il peut simplement voir, mais les Vritti ne peuvent pas assumer Vishayakara comme dans le cas des personnes au mental matérialiste. Tout comme le mental est libre de tout Vishayakara à l'état de sommeil profond, il est libre de tout Vishayakara à l'état de veille également chez un Jnani. Le monde lui apparaît comme un simple rêve. Il habite en Brahman même lorsqu'il travaille. Chez ceux qui ont reconnu leur Soi, les Vasanas purs avec lesquels ils exécutent des Karmas ne les feront pas renaître. Le mental d'un tel Jnani est appelé Sattvique, mais un mental sans Jnana est généralement appelé Manas.

Le mental parfaitement équilibré

A présent, notez la nature du mental d'un Jivanmukta. Il est parfaitement équilibré en toutes circonstances. Son mental est toujours calme et n'est pas affecté par les Dvandvas (paires d'opposés). Il est libre de Harsha et de Soka (exaltation et dépression). Il n'est ni exalté par les plaisirs ni déprimé par la tristesse et le chagrin. Sans être affecté par les joies ou les douleurs des plaisirs, bien qu'agissant en eux, le mental d'un Jivanmukta deviendra insensible à ces derniers. Grâce au contentement intérieur et à l'absence de douleur, les Jnani acquerront une sérénité mentale certaine en toutes circonstances et en tout lieu. Même lorsque les douleurs et le repos qui viennent de son corps se manifestent sur son visage, son mental n'est jamais affecté par eux ou leur contraire. Il est exempt de Vasanas impurs. Il n'y aura ni colère ni désir. Il n'y aura pas d'impulsion maléfique de Kama dans un tel mental. Il n'y aura pas le moindre désir d'objets. Son mental est au-dessus des choses du monde. Il n'est pas affecté par le monde. Il n'a pas besoin d'avoir une pièce séparée ou d'Asana. Il n'a pas besoin de fermer les yeux. Il n'a pas besoin de faire un Pratyahara des sens.

Un mental qui, bien qu'il semble apprécier les divers objets, ne les apprécie pas en réalité, peut être considéré comme étant Brahman lui-même.

Double conscience

L'occultiste apprend par la maîtrise de soi et la discipline à travailler sur deux plans à la fois, c'est-à-dire à être partiellement hors de son corps en même temps qu'il travaille sur le plan physique ; de sorte que, pendant qu'il écrit ou parle, il peut faire d'autres choses avec son corps astral. Si tel est le cas avec un occultiste, il n'en est rien d'un Jnani à part entière qui se repose dans son propre Svarupa. Un Jnani a une double conscience. Il a la conscience de Brahman ainsi que la conscience du monde. Il voit le monde comme un rêve en lui-même. Un Jnani est toujours en Samadhi. Il n'y a pas de "dans le Samadhi" et de "hors du Samadhi" pour un Jnani comme pour un Raja Yogi.

Lorsque vous jouez à l'harmonium, vous devez d'abord ajuster l'accord. Il peut être fixé soit sur la deuxième anche, soit sur la quatrième, selon la force et la puissance de votre voix. Ensuite, vous commencez à jouer sur les différentes anches. Les Sapta Svaras sont émis. Vous pouvez alors jouer différents Raga-Raginis. Celui qui connaît les principaux Srutis peut être comparé à un Jnani qui connaît l'Atman ou le soutien de cet univers. Celui qui ne connaît que le Sapta Svara sans connaître le Sruti fondamental est comme un Ajnani qui ne connaît pas l'Atman, mais qui ne connaît que les objets-sens.

Lorsque vous voyez un objet avec vos yeux, vous savez que c'est grâce à la lumière du soleil que vous pouvez le voir. Vous avez un double Drishti. De même, un Jnani a toujours un double Drishti quand il fait du Vyavahara. Même lorsqu'il travaille, il sait qu'il ne travaille pas ; il est sans attaches. Même s'il voit le monde, il n'est que Brahman pour lui.

Sama Bhava et Sama Drishti

Il y a une légère différence entre Sama Bhava et Sama Drishti. Le premier est l'état du mental (comme équilibré entre le plaisir et la douleur, le gain et la perte, la chaleur et le froid, la victoire et la défaite). Le deuxième est la condition de la connaissance. Les Jnani ne voient que l'Atman que ce soit dans un charognard ou un roi.

Lorsque vous vous attendez à rencontrer un de vos amis à la gare, le mental essaie de le voir en plusieurs autres personnes ayant une physionomie similaire (Sadrisya), parce que le mental est absorbé par l'idée de rencontrer un ami particulier à un moment donné. Le mental est très désireux de le voir. Un jeune homme lascif voit une femme dans un pilier entouré d'un tissu de femme. Son mental est chargé de pensées très puissantes et lascives. Une personne intoxiquée par Dieu, au contraire, voit Dieu dans un arbre, une pierre, un garçon, un enfant, une fille, une vache, un chien - en fait, dans tout. "Sarvam khalvidam brahma."

Un Jivanmukta, bien qu'il ait des pouvoirs infinis, ne peut pas exprimer tous ses Siddhis à travers son mental fini.

CHAPITRE 39

Les pouvoirs d'un Yogi

Siddhis et Riddhis

Il y a neuf Riddhis et huit Siddhis (majeurs) et dix-huit Siddhis (mineurs). Les huit Siddhis sont Anima (taille atomique), Mahima (taille colossale), Garima (volume excessif), Laghima (extrême légèreté), Prapti (réalisation de tout ce que vous désirez), Prakamya (volonté sans entrave), Isatva (qualité divine) et Vasitva (contrôle de tous les sens). Riddhi signifie richesse. Il est inférieur à Siddhi.

Bhutajaya

Un Raja Yogi obtient la conquête du mental (Manojaya) par le Nirvikalpa ou Nirbija (sans graines ou Samskaras) Samadhi et, par Manojaya, obtient aussi Bhutajaya (conquête des cinq éléments). Le feu ne brûlera pas un tel Yogi. L'eau ne le noiera pas. Le dernier Swami de Bénarès, qui a vécu il y a 80 ans, et Sri Jnanadeva d'Alandi (près de Poona) ont eu plusieurs Siddhis. Sri Jnanadeva a fait bouger sa maison pour recevoir Changdeva qui venait sur le dos d'un tigre. Il a fait marcher le Masjid. Trailinga Swami a vécu pendant six mois sous le Gange.

Connaissance du passé

Le Yogi a le pouvoir de plonger dans les profondeurs de son subconscient où les Samskaras sont ancrées et d'avoir une vision et une compréhension directes des Samskaras de différentes naissances grâce à son nouvel œil yogique. "Samskara-sakshatkaranat purvajatijnanam" (Patanjali Yoga-Sutras, III-18). Il fait le Samyama yogique (Dharana, Dhyana et Samadhi) sur ces Samskaras latents qui ne sont que les expériences passées sous une forme plus subtile. Il acquiert ainsi la connaissance de sa vie passée.

Ashtavadhana et Satavadhana

Un mental non entraîné ne peut voir ou entendre en même temps, mais un mental perfectionné peut voir et entendre en même temps. Il peut être lié à plusieurs organes, à un seul ou à aucun. Il peut être manipulé de la façon dont le yogi le souhaite. Il peut faire huit choses à la fois. C'est ce qu'on appelle Ashtavadhana. Il peut faire des centaines de choses à la fois. C'est le Satavadhana.

La séparation du corps astral du corps physique

Un Yogi sépare son corps astral du corps physique, voyage en un clin d'œil dans différentes parties du monde, ainsi que sur des plans plus élevés, et retourne à ce corps physique comme un oiseau qui retourne à sa cage prison. Un mince fil de Prana relie le corps physique et le corps astral et, dès qu'il sort de son corps, le yogi voit dans sa vision astrale son corps physique comme une fange. Le processus est très simple quand on connaît la technique du yoga qui consiste à se séparer du corps physique.

Les Siddhis psychiques : une source de grand danger pour les Sadhakas spirituels

Une personne peut avoir des pouvoirs psychiques et des Siddhis grâce à la concentration du mental. Mais, elle peut ne pas avoir la pureté mentale. La pureté mentale est d'une importance primordiale pour la réalisation du Soi.

Ne pensez pas trop aux Siddhis psychiques. La clairvoyance et la clairaudience ne valent pas la peine d'être possédées quand une illumination et une paix bien plus grandes sont possibles sans les Siddhis plutôt qu'avec eux.

Pourquoi vous occupez-vous des Siddhis psychiques ? Ils sont absolument inutiles. Repoussez-les impitoyablement, même lorsqu'ils tentent de se manifester. Ils vous induiront en erreur et causeront votre perte. Prenez garde, le Seigneur Bouddha a évité Mara (les tentations et les Siddhis). Essayez d'obtenir Brahma-Jnana. Alors vous aurez tout. Tous les Siddhis spirituels vous accueilleront les mains tendues. Alors, vous ne pourrez pas avoir de chute.

Un Jnani ne se soucie jamais des pouvoirs psychiques, car il n'en a pas besoin dans sa vie quotidienne. Par son Sat-Sankalpa, un Jnani fait ce que fait un Raja Yogi par son Samyama yogique. Il fait simplement ce qu'il veut. Tout ce qu'il désire se matérialise immédiatement.

CHAPITRE 40

Nécessité d'un Gourou

"Apprends ceci par la prosternation, l'investigation et par le service. Les sages, les voyants de l'essence des choses, t'instruiront dans la sagesse". (Gita, IV-34)

Un gourou ou un précepteur spirituel est nécessaire pour les aspirants. Certains pratiquent pendant quelques années, de manière indépendante. Plus tard, ils ressentent vivement la nécessité d'avoir un gourou. Ils rencontrent quelques obstacles sur leur chemin. Ils ne savent pas comment procéder et comment éviter ces obstacles. Ils commencent alors à chercher un maître. Cela se produit particulièrement dans la pratique du Yoga.

Il est du devoir du gourou de placer chacun de ses disciples sur le chemin du développement spirituel qui convient le mieux au Chela, l'un sur un chemin, l'un sur un autre, selon la perception qu'a le gourou de la tendance innée de chacun.

Isvara est le Gourou des gourous. Il enlève le voile de l'ignorance et bénit les Jivas ignorants. L'aspirant devrait considérer son gourou immédiat sous sa forme physique comme l'incarnation de ce Gourou des gourous et devrait lui vouer la même dévotion. Le gourou dans sa forme physique est la source principale et l'incarnation de tout le bien et du bonheur qui peuvent revenir au Chela. Le disciple devrait réaliser la nécessité suprême d'obéir aux ordres et aux consignes du gourou et garder sa foi en lui intacte et inébranlable.

Révélez à votre gourou les secrets de votre cœur ; et plus vous le ferez, plus grande sera la bienveillance, ce qui signifie que vous acquerrez de la force dans la lutte contre le péché et la tentation.

Sakti Sanchara ou la transmission de pouvoir spirituel

Tout comme vous pouvez donner une orange à une personne et la lui reprendre, de même le pouvoir spirituel peut être transmis par l'un à l'autre et repris également. Cette méthode de transmission du pouvoir spirituel est appelée Sakti-Sanchara. Comme les oiseaux, les poissons et les tortues, la transmission du pouvoir spirituel peut être effectuée par le gourou par le toucher ou la vue, ou par la volonté et la pensée. Le tansmetteur pénètre parfois dans le corps astral de l'étudiant et élève son mental grâce à son pouvoir. L'opérateur fait s'asseoir le sujet devant lui et lui demande de fermer les yeux, puis transmet sa puissance spirituelle. Le sujet ressent le courant électrique qui passe effectivement du chakra Muladhara plus haut jusqu'au cou et au sommet de la tête. Il fait divers Kriyas Hatha Yogique, Asanas, Pranayama, Bandhas, Mudras, etc., par lui-même sans aucune instruction, par l'inspiration. Ici, Prakriti travaille elle-même. L'élève ne doit pas retenir son Iccha-Sakti. Il doit agir en fonction de la lumière intérieure. Le mental est très élevé. Au moment où l'aspirant ferme les yeux, la méditation vient d'elle-même. Grâce au Sakti-Sanchara, la Kundalini est éveillée chez le disciple par la grâce du gourou.

Un professeur spirituel transmet vraiment son pouvoir spirituel à son disciple. Une certaine vibration spirituelle du Satgourou est transférée au mental du disciple. Sri Ramakrishna Paramahamsa a transmis son pouvoir spirituel à Swami Vivekananda. Le Seigneur Jésus a fait la même chose à ses disciples. C'est le toucher spirituel du Maître. Un disciple de Samartha Ramdas a transmis son pouvoir à la fille de la danseuse qui était très passionnée envers lui. Le disciple l'a regardée et lui a donné le Samadhi. Sa passion s'est évanouie. Elle est devenue très religieuse et spirituelle. Mukund Rai, un saint du Maharashtra, a mis le Badshah dans le Samadhi.

Par la grâce du gourou, le dévot atteint le Yoga à huit étapes (Ashtanga Yoga) ; par la grâce du Seigneur Shiva, il atteint la perfection dans le Yoga qui est éternel.

CHAPITRE 41

Conseils aux aspirants

Les aspirants au yoga sont classés en trois niveaux : (1) Arurukshu, celui qui tente de gravir les marches du yoga, (2) Yunjana, celui qui est activement engagé dans la pratique du yoga et (3) Yogarudha, celui qui a déjà atteint le sommet du yoga.

Le caractère indispensable de la pureté intérieure

Les aspirants sont très désireux de se réaliser. Mais, lorsque cette prise de conscience se produit, ils commencent à trembler, à frémir. Ils ne peuvent pas supporter le flamboiement lumineux de Dieu. Ils sont si chétifs, impurs et faibles qu'ils ne peuvent pas faire face à l'éclat puissant et à la splendeur divine. Ils n'ont pas préparé l'instrument à accueillir la Lumière divine. Notez comment Arjuna trembla de peur devant l'immense vision cosmique de Virat et pria le Seigneur Krishna de lui montrer à nouveau la forme habituelle à quatre mains, qui représente l'harmonie, la perfection, la puissance et la sagesse.

Il est difficile de parler de Brahman. Il est encore plus difficile à comprendre. Il est encore plus difficile de pratiquer la Sadhana spirituelle, ce qui correspond à l'enseignement de la Gita, chapitre II-29 :

" Le regardant comme merveilleux, en parlant comme merveilleux, l'entendant comme merveilleux, et pourtant, ayant entendu, personne n'a compris."

Cela exige un mental subtil, pur et clair, une volonté déterminée, de la patience, de la persévérance et Utsaha (gaieté) pour la réalisation de Brahman.

Le besoin de force vitale et de courage

Un aspirant spirituel devra faire face courageusement à des déformations, des calomnies et des malentendus. Cela a toujours été le lot de ceux qui ont essayé de s'élever au-dessus de leurs semblables. La force morale et le courage sont nécessaires pour y faire face et pour permettre de maintenir sa position et ce qu'on pense être juste, quoi que puissent penser, dire ou faire ceux qui l'entourent. Les gens vous mépriseront et vous persécuteront. Il vous faudra faire preuve d'audace sur le plan moral pour vivre selon vos propres convictions. En tant qu'aspirant qui a dépassé les règles de la société, vous devez agir selon les préceptes de votre conscience et de votre raison pure. C'est alors seulement qu'on peut grandir spirituellement.

Lorsque quelqu'un accède à la gloire et au pouvoir, les ennemis arrivent d'eux-mêmes. Même Sri Sankaracharya avait beaucoup d'ennemis. Même les Sannyasins qui vivent dans les forêts ont des ennemis. Les êtres jaloux et mesquins créent diverses sortes de méfaits contre les gens qui sont prospères et célèbres. Ayez le Sakshi-Bhava (sentiment de témoin) et dépassez l'idée d'escroquerie ou d'ennemi. Devenez un Udasina (homme indifférent). Développez la puissance de l'endurance. Supportez l'insulte, la blessure avec un mental calme. Alors seulement vous pourrez être heureux dans ce monde.

Il y a autant de Sadhanas spirituelles que d'esprits individuels. Ce qui convient à un mental peut ne pas convenir à un autre. Le Raja Yoga sera facile pour un mental, tandis que le Jnana Yoga sera facile pour un autre. Une forme de Tapas peut convenir à un mental. Un autre type de Tapas conviendra à un autre.

Routine spirituelle quotidienne

Voici une routine spirituelle quotidienne pour les aspirants à temps plein. Ceux qui travaillent dans des bureaux et des entreprises peuvent s'adapter et apporter les modifications nécessaires en fonction de leur convenance et du temps dont ils disposent.

Japa méditation	et	Matin	4 heures
		Soir	4 heures
Svadhyaya (étude)			3 heures
Entretien nécessaire)	si		1 heure
Asanas Pranayama	et	Matin	1 heure
		Soir	1 heure
Marche			1 heure
Sommeil			5 heures
Service			1 heure ½
Bain, etc.			1 heure
Nourriture			1 heure
Repos			½ heure

TOTAL	24 heures

Un horaire légèrement différent

Il est difficile, au début, de fixer le mental sur Dieu pendant vingt-quatre heures. Dès que la méditation est terminée, le mental commence à errer, il fait de son mieux pour garder ses vieilles habitudes. Qu'allez-vous faire pour contrôler ses habitudes ? Vous devez lui donner un autre objet Sattvique à saisir. Il veut de la variété. Étudiez alors des livres philosophiques pendant quelques heures. Dès que l'étude est terminée, prenez des notes sur ce que vous avez étudié. Vous pouvez consacrer un peu de temps à cette tâche. Cela servira à détendre le mental. Cela constituera une récréation mentale. Vous pouvez passer un certain temps au service des pauvres et des malades, selon vos capacités. Je vous donne ci-dessous un calendrier pour votre routine quotidienne :

Méditation	8 heures
Études	4 heures
Écriture	2 heures
Service	2 heures
Nourriture, bain, exercice	2 heures
Sommeil	6 heures
TOTAL	24 heures

Le plus impie des hommes peut, en se dévouant sincèrement à Dieu, atteindre la plus haute Félicité. "Même si le plus grand pécheur m'adore, de tout son cœur, il doit lui aussi être considéré comme juste, car il a justement décidé" (Gita, IX-30). "*Pratijanihi na me bhaktah pranasyati* - sache avec certitude que Mon dévot ne périt pas" (Gita, IX-31). Quelle raison y a-t-il alors pour le désespoir ? Donc, soyez debout et agissez. Dieu couronnera sûrement vos efforts de succès. Même le plus vil d'entre nous obtiendra Moksha.

Om purnamadah purnamidam purnat purnamudachyate Purnasya purnam-adaya purnam-eva-vasishyate Om Santih Santih Santih

OM. CECI EST PLEIN. CELA EST PLEIN. DE CE PLEIN, L'AUTRE PLEIN ÉMANE. EN ENLEVANT CE PLEIN À L'AUTRE PLEIN, LE PLEIN RESTE ENCORE PLEIN. OM PAIX, PAIX, PAIX.

Hari Om Tat Sat

APPENDICE 1

Au mental

Ton histoire

Ô mental ; ô enfant de Maya !

Tu veux toujours t'appuyer sur une forme ;

Tu as deux formes :

Suddha Manas, le mental pur

Asuddha Manas, le mental impur.

Le temps, l'espace et la causalité

Sont tes catégories.

Tu travailles selon

La loi de l'association ;

Tu penses, ressens et sais.

Tu es Atma-Sakti.

Tu es Manomaya Kosha.

Tu es comme un miroir ;

Brahman se reflète sur toi.

On te compare à un arbre :

Ego est la graine de cet arbre

Sankalpas sont les branches

Buddhi est le premier germe.

Tu as trois autres formes :

Le mental conscient

Le mental subconscient

Le mental superconscient.

Tu es constitué de la forme

La plus subtile de la nourriture.

Tu es un faisceau d'habitudes,

Samskaras et Vasanas.

Tu es quadruple :

Manas fait Sankalpa-Vikalpa,

Buddhi détermine,

Chitta exécute,

Ahankara s'autoarroge.

Chitta relève du mental,

Buddhi relève d'Ahankara.

Le tout est Vritti-Bheda.

Ta naissance

Ton père, le Brahman suprême

A un jour ressenti la solitude.

Il était seul,

Un sans second.

Il voulait se multiplier ;

Il pensa :

"Que je devienne plusieurs."

Il y eut une vibration ou Spandan

Chez ta mère, Maya,

L'indifférencié,

Le non-manifesté ;

L'équilibre fut perturbé.

Tu es née tout de suite.

Ton corps était fait de Sattva pur ;

Tu étais connu sous le nom de "Manas".

Le Seigneur t'a ordonné

De remplir quatre fonctions.

Tu es donc devenu quadruple :

Manas, Chitta, Buddhi, Ahankara.

Tu t'es séparé du Seigneur

Par un "je" autoproclamé.

Tu as cédé aux objets sensuels

En compagnie des sens.

Et tu as oublié ton origine divine.

Tu t'es attaché aux fils, à la femme,

Aux biens, aux noms, aux titres et aux honneurs ;

Tu es devenu tout à fait matérialiste.

Tu t'es identifié au corps,

Aux fils, à la femme, à la maison et aux biens

Par Avidya ou par ignorance.

C'est la cause de ta chute

Et de toutes sortes de misères et de souffrances.

C'est, en bref, l'histoire de ta vie.

Abandonne les attachements

Et l'identification avec le corps.

Anéantis l'ignorance

En atteignant Brahma-Jnana ;

Tu peux devenir un avec Brahman

Et retrouver ta nature divine.

Ta demeure

Ô mental errant !

Tu as trois demeures.

À l'état de veille,

Ta demeure est l'œil droit et le cerveau ;

À l'état de rêve,

Tu te reposes dans le Hita Nadi de la gorge ;

À l'état de sommeil profond,

Tu te reposes dans le Puritat Nadi du cœur.

Selon les Hatha Yogis,

L'Ajna Chakra est ton siège.

Tu peux être facilement contrôlé

Si on se concentre sur l'Ajna.

Les aspirants connaissent maintenant

Tes lieux de repos ;

Ils t'atteindront sûrement

Et te chasseront impitoyablement.

Quitte ces maisons d'habitation

Et retourne à ta maison d'origine,

L'"Omkar Bhavan",

Dans le Brahmapuri sans limites.

Ta nature

On te compare à du mercure,

Car tes faisceaux sont dispersés.

Tu es comparé à un cerf,

Parce que tu es instable.

Tu es comparé à un singe,

Parce que tu sautes d'un objet à l'autre.

Tu es comparé à un oiseau,

Parce que tu voles comme un oiseau.

Tu es comparé à un fantôme,

Parce que tu te comportes comme un diable.

Tu es comparé au vent,

Parce que tu es impétueux

Comme le vent.

Tu es comparé à un moteur,

Parce que tu travailles

Quand la nourriture-carburant est fournie.

On te compare à un enfant,

Car tu as besoin de coups de bâton.

Tu es comparé aux rênes

Dans le Kathopanishad ;

Celui qui tient les rênes serrées

Peut atteindre la Demeure de la Béatitude.

Tu es comparé à un chien

Qui erre dans les rues.

Tu es comparé à une fleur,

Car un fidèle t'offre au Seigneur ;

C'est le seul bon compliment pour toi.

Tes très bons amis

Ô mental ! Ô Ennemi de la paix !

Tes amis sont nombreux.

Ils t'aident de diverses manières.

Tu es donc très fort.

Ahankara est ton meilleur ami ;

Il est très puissant aussi ;

Il est ton commandant général.

La convoitise est ton grand copain ;

Elle est ton bras droit ;

Elle vit avec toi pour toujours ;

Elle est ton compagnon permanent ;

Tu es attaché à elle.

La colère est ton ami ;

Elle est ta ministre de la guerre ;

Elle est ta main gauche ;

Elle t'assiste beaucoup.

Raga-Dvesha sont tes connaissances intimes ;

Ils te sont très chers ;

Ils te rendent de grands services.

La cupidité est ton meilleur ami ;

Elle te suit comme ton ombre ;

Elle est ton serviteur obéissant.

L'orgueil te nourrit,

L'hypocrisie te sert,

Moha te conseille,

La jalousie t'inspire,

La ruse te vivifie,

Elle est ton serviteur de propagande.

La malhonnêteté te donne de l'énergie ;

L'arrogance t'engraisse ;

La tromperie te rajeunit.

Tes ennemis

Ô mental, pourquoi trembles-tu ?

Montre ta force maintenant.

Tu ne peux pas te tenir debout maintenant.

Rends-toi ou tu seras tué.

Tu trembles quand tu entends les mots

"Vairagya", "Tyaga", "Sannyasa",

"Satsanga", "Sadhana", "Yoga".

Vairagya est ton pire ennemi ;

C'est une hache pour te couper.

Le renoncement est une épée pour t'abattre.

Sannyasa est une bombe atomique

Pour te réduire en cendres.

La méditation te rôtira.

Le Samadhi te fera frire.

Prends tes jambes à ton cou, ô mental ;

Fuis immédiatement, va-t'en.

Ne t'attarde pas, arrête tes ravages.

Tu seras écrasé maintenant.

On t'arrachera les dents.

Tu seras soufflé.

Tu seras écrasé.

Japa et Kirtan aussi

Ont uni leurs forces.

Le Pranayama travaille dur.

Vichara est fougueux.

Viveka est persévérant.

Il n'y a pas le moindre espoir pour toi.

Retourne à ta maison d'origine

Et repose-toi paisiblement.

Tes combines

Ô mental ! Ô vagabond !

Dans ce terrible Samsara,

J'ai découvert tes ruses ;

Tu ne peux plus me tromper, à présent.

Tu tentes les matérialistes

Par l'imagination.

Tu produis l'ivresse

Et la turbulence du mental.

Tu mets aussi un voile.

Il n'y a rien dans les objets ;

Et pourtant tu fais croire aux gens

Qu'il y a un grand plaisir dans les objets sensuels.

Tu provoques l'oubli chez les gens.

Tu causes des perversions de l'intellect.

Tu mets en appétit, tu tentes et tu envoûtes.

Tu provoques le dégoût dans la monotonie.

Tu veux toujours de la variété.

Tu excites les émotions.

Tu joues avec les instincts.

Tu agites les sens.

Tu détruis la discrimination.

Louange, respect, renommée

Sont tes appâts tentants.

Ô mental ! Je ne peux pas vivre avec toi,

Je ne peux pas tolérer ta compagnie.

Tu es un traître,

Tu es perfide.

Tu ne peux pas jouer avec moi à présent.

Assez, assez de tes ruses.

Je suis un Viveki.

Je vais me reposer dans Brahman.

Je serai toujours heureux.

Tes secrets

Ô mental ! Ô Tueur d'Atman !

Je connais tes secrets maintenant.

Tu n'as pas d'existence réelle.

Tu apparais comme un mirage.

Tu empruntes ton pouvoir au Brahman, le substrat.

Tu n'es que Jada,

Mais tu sembles être intelligent.

Tu te caches comme un voleur,

Quand ta nature est découverte,

Tu es vraiment heureux,

Quand tu es cajolé,

Tu siffles et tu lèves ta capuche,

Quand tu es directement attaqué.

Tu peux être facilement attaqué

Par la méthode Pratipaksha-Bhavana.

Tu gardes les Samskaras

Dans ton subconscient ;

C'est ta force, c'est ta forteresse.

Tu sors de ta forteresse

Et tu attaques Jiva encore et encore,

Puis tu te caches dans le subconscient.

Tu joues avec les Gunas.

Tu as trois couleurs :

Blanc, rouge et noir.

Quand tu es Sattvique,

Tu es blanc ;

Quand tu es Rajasique,

Tu es rouge ;

Quand tu es Tamasique,

Tu es noir.

Les Vasanas et les Sankalpas

Sont tes forces vitales ;

Tu existes grâce à eux.

Tu n'es nulle part

Si elles sont détruites ;

Je te soumettrai maintenant

Et j'atteindrai la félicité éternelle.

Tes bourdes

Ô mental ! Ta gloire est indescriptible.

Ta nature essentielle est toute béatitude.

Tu es né de Sattva.

Tu es pur comme le cristal et la neige.

Tes pouvoirs sont ineffables.

Tu peux tout faire.

Tu peux faire et défaire les choses.

Tu t'es abîmé

En compagnie de Rajas et de Tamas,

En étant ami avec les sens et les objets.

Tu as tout oublié de ta nature divine.

La mauvaise compagnie t'a souillé.

Les méchants Vrittis t'ont dégradé.

Tu as un jour été tenté par l'envie ;

Et maintenant tu es devenu un esclave de l'envie

Tu étais très calme, tranquille et serein ;

Et maintenant les désirs t'ont rendu agité.

Tu étais très proche du Seigneur suprême autrefois ;
Le matérialisme a aveuglé ton cœur
Et t'a éloigné du Seigneur.
Restes en compagnie des saints et des sages ;
Fuis la compagnie de Rajas, de Tamas et des sens.
Libère-toi de la souillure des désirs.
Tu peux retrouver ta position d'origine ;
Tu peux atteindre ton doux foyer d'origine.

Tes faiblesses

Ô mental ! Tu es le plus grand imbécile de la terre !
Tu es ennuyeux, stupide et obstiné ;
Tu n'as jamais entendu les paroles des sages ;
Tu as tes propres manières insensées ;
Tu ne souhaites pas assister au Satsanga des saints ;
Tu n'aimes pas, tu détestes, tu dis du mal des Mahatmas ;
Tu fais partie de la lie de la société ;
Tu aimes toujours te délecter dans la saleté.
Tu ne découvres jamais tes propres défauts,
Mais tu amplifies les défauts des autres ;
Tu leur superposes même des Doshas.
Tu n'aimes jamais entendre les louanges des autres ;
Tu ne veux que te glorifier toi-même ;
Tu caches habilement tes propres fautes.
Tu ne penses jamais aux pieds glorieux du Seigneur,
Mais tu penses à toutes sortes de bêtises.
Tu sais que tu peux obtenir la Félicité Suprême
En méditant sur le Seigneur Suprême ;
Et pourtant tu erres ici et là
Comme le chien de rue errant.
Je t'ai réprimandé, grondé ;
Je t'ai fait des remontrances ;
Et pourtant tu t'en tiens à tes propres voies.

Tes pouvoirs

Ô Mental ! tu n'es pas faible.
Tu n'es pas impuissant.

Tu n'es pas un mendiant.

Tu n'es pas esclave des objets.

Tu n'es pas impur.

Tu n'es pas un commis.

Tu n'es pas pauvre.

Tu es omnipotent.

Tu es la lumière des lumières.

Tu es le Soleil des soleils.

Tu es le Roi des rois.

Toute la richesse du Seigneur t'appartient.

Tu es le fils du nectar.

Tu es l'enfant de l'Immortalité.

Tu es Amrita Putra.

Tu es la pureté même.

Tu es la force même.

Tu es la fontaine de joie.

Tu es un océan de béatitude.

Tu es le réservoir de l'immortalité.

Tu es le fleuve de la félicité.

Tu es la demeure de la paix.

Tu es la douce harmonie.

L'agitation n'est pas dans ta nature.

Tu es clairvoyant.

Les Ashta Siddhis sont à toi.

Les Nava Riddhis sont à toi.

Les pouvoirs de jugement,

De discrimination, de Vichara,

De réflexion, de méditation,

De lecture des pensées, de télépathie,

De Trikala-Jnana sont à toi seul.

Brahmakara Vritti surgit de toi seul.

La porte de l'intuition est en toi.

La clé de la connaissance est avec toi.

Tu es le Seigneur des seigneurs.

La voie de la félicité

Ô mental !

Je vais te montrer le chemin
De la félicité éternelle.

Marche sur le chemin avec audace
Et va directement à la demeure.

Ne pense plus aux objets.

Ne tiens pas compagnie aux sens.

Libère-toi de Rajas et de Tamas.

Tue les Vasanas et les envies.

Abandonne le "Mien" et le "Je".

Que ta conduite soit pure.

Que ton comportement soit noble.

Que ta Nishtha soit stable.

Sois ferme dans tes résolutions.

Cultive des qualités vertueuses.

Tiens-toi à la routine spirituelle quotidienne.

Tiens un journal spirituel quotidien.

Suis les "Vingt Instructions".

Écris des mantras pendant deux heures par jour.

Sois sincère et non violent.

Fais 200 Malas de Japa.

Fais Kirtan tous les jours pendant une heure.

Étudie la Gita et la Bhagavata,
Les Upanishads et le Yoga Vasishtha.

Jeûne à Ekadasi.

Suis un régime Sattvique.

Sois modéré en tout.

Aie d'abord la réalisation Saguna.

Cela te permettra de t'équiper des "Quatre Moyens"
Et d'atteindre la réalisation Nirguna.

Seule Bhakti te donnera Jnana.

Gloire de la vie divine

Ô Mental !

Écoute la gloire de la vie divine.

Tu l'aimeras immensément ;

Tu te réjouiras et tu danseras.

La gloire de la Vie Divine

Est la gloire du père,

De ton créateur, de ton maître,

De ta source et de ton soutien.

Tu seras toujours en paix.

Tu seras toujours béni.

Tu ne feras qu'un avec le Seigneur.

Aucun souci, aucune inquiétude ou anxiété

Ne t'affectera.

Tu ne seras pas touché

Par la faim et la soif.

Tu seras libéré de la peur,

De la fatigue et de la maladie.

Aucun ennemi ne t'attachera.

La bombe atomique ne peut pas te toucher.

La chaleur ne te tourmentera pas.

Le froid ne te fera pas de mal.

Tu dormiras profondément.

Tu profiteras d'un sommeil sans sommeil.

Tu feras l'expérience du Samadhi.

Il n'y a ni insectes ni scorpions,

Ni serpents ni moustiques.

Tu boiras le nectar de l'immortalité.

Il n'y a ni inondations,

Ni tremblements de terre ni épidémies.

Il n'y a pas de conflits entre les communautés.

Il n'y a pas d'hooliganisme.

Il n'y a pas d'émeutes ou de grèves.

Il y a des rivières de miel.

Tu profiteras de la manne céleste

Et de toute la divine Aisvarya.

Tu sentiras l'unité avec le Seigneur Suprême.

Tu ne renaîtras plus jamais sur le plan terrestre.

Tu deviendras immortel.

Buvez le nectar du Nom

Ô mental ennuyeux !

Rejette la paresse.

Médite sur le Seigneur Hari.

Bois, ô mental,

Cet élixir immortel

Du nom du Seigneur Hari,

La joie des dévots,

Le médicament qui détruit

La peur du Samsara

Et toute illusion chez l'homme.

Bois, ô mental,

La Médecine Divine

Du nom de Sri Krishna,

Qui suscite le flux de l'extase divine

Qui éveille la Kundalini

Et la fait monter dans le Sushumna Nadi,

Qui aide le flux de nectar du Sahasrara.

Bois, ô mental,

L'Amrita du nom de Vishnu.

Il n'y a pas de meilleur élixir

Que le nectar du Souvenir

Du Nom du Seigneur.

Le Nom t'emmènera sur l'autre rive

Celle de l'intrépidité et de l'immortalité.

Mano Mandir

Ô mental !

Bois le nectar

Du saint nom du Seigneur.

Fuis la mauvaise compagnie.

Abandonne le thé,

L'alcool et la cigarette.

Abandonne le tabac,

Les vêtements coûteux.

Porte des vêtements simples.
Vis simplement
Et pense profondément.
Associe-toi avec les saints,
Les dévots et les sages.
Écoute les discours du Seigneur.
Contrôle l'envie,
La colère et l'avidité.
Garde ta demeure sainte.
Alors seulement
Le Seigneur habitera
Dans le "Mano-Mandir",
Le Temple du Mental.
Un mental pur
Est la maison de l'amour.
Enlève les graines
De jalousie et d'orgueil.
Alors seulement
Mon Roi habitera en toi,
Allume la lumière de l'amour
Et illumine son palais.

Servez les saints

Ô Murkha mental !
Tu ne peux pas t'attendre
À un iota de bonheur
Dans les objets sensuels.
Renonce à tout espoir vain
Si tu espères encore.
C'est comme essayer
D'obtenir du beurre
En barattant de l'eau.
C'est comme
La tentative de l'oiseau Chatak
D'obtenir de l'eau de la fumée ;
Ses yeux seront abîmés.

C'est comme

La tentative de boire de l'eau

Dans le mirage ;

Ou d'obtenir de l'argent

De la nacre.

Pense aux pieds d'Hari.

Récite son nom.

Vis en compagnie

Des saints et des Bhaktas.

Fait du Kirtan régulier.

Médite sur Sa forme.

Sers les saints.

Tu jouiras de la félicité.

Admonition

Ô Mental ! Prends le chemin de la dévotion et de la compagnie des dévots ;

Alors Sri Hari fera sa demeure sacrée en ton Soi intérieur.

Abandonne à jamais tous sévices sur l'homme ou la bête ;

Aime et loue tout, le plus grand comme le plus petit.

A l'aube, ô Mental, pense intensément à Ram ;

Puis, doucement, mais de façon audible, chante le doux nom de Ram.

La bonne conduite, le bien suprême, n'y renonce jamais un instant

Le juste, toute l'humanité sur terre, déclare les très bénis.

Ô Mental ! n'aie jamais de Vasanas méchant.

De même, ô Mental, n'aie jamais la mentalité immorale.

Ô Mental ! Éthique et moralité ne quittent jamais ;

Et toujours intérieurement, l'essence de la vérité perçoit.

Ô Mental ! tu devrais abandonner toute intention de péché ;

Accroche-toi toute ta vie à une intention pure et sincère.

Abandonne l'imagination vaine de plaisir sensuel ;

Une telle indulgence entraîne la honte et une censure sans fin.

N'aie jamais, ô Mental, cette colère, si lourde de préjudices indicibles ;

Ne t'empêtre jamais dans le désir avec tout son charme bigarré.

Jamais en toi-même, le moindre accès donne,

A l'orgueil et à la jalousie tant que tu vivras.

Un idéal élevé dans la vie tu devrais concevoir,

Toutes les maltraitances du monde avec tolérance reçois.

Toi-même tu devrais toujours observer la douceur de la parole,

Par la douceur, le cœur le plus profond de l'humanité est atteint.

Réalise, ô mental, de telles actions justes, nobles et pures,

qui, après la mort, tendent à faire durer ta renommée pour toujours.

Porte le service désintéressé, comme un bois de santal ;

Au fond de ton cœur, prie pour le bien universel.

Ô mental ! Ne convoite pas les richesses et les trésors terrestres

Ta nature égoïste, ô mental, rejette-la sans pitié.

L'avidité du mental non satisfait apporte de grands chagrins ;

Les actes immoraux, plus tard, déchirent le cœur par de vifs remords.

Que ton amour soit toujours répandu sur le Seigneur divin,

Aux vicissitudes de la vie, soumets-toi calmement et sans crainte.

Les douleurs physiques sont considérées comme de simples bagatelles,

Car, dans la nature essentielle, tu es le maître de la nature.

Repose-toi aux pieds du Seigneur Hari

Ô Mental ! Tu as toujours été

Dans l'habitude de penser

Cette femme, ces enfants et ces bungalows

Sont tes grandes possessions.

Tu n'as pas su t'incliner

Devant le Seigneur suprême et les saints.

Repose, mon Mental, repose aux pieds de Hari.

Ô Mental ! Ce corps va sûrement disparaître.

Chaque moment de la vie est de plus en plus court ;

Le Serpent du Temps avale.

Le Prana partira à tout moment.

Tu es insouciant et enjoué.

Tu es bête et stupide.

Ô Mental ! Tu es aveugle.

Tu ne vois que cette vanité des choses.

Tu ne vois pas la grande fin qui approche.

La mort s'insinue silencieusement.

Réveille-toi, ô Mental,

De ton sommeil d'ignorance
Et pense au très miséricordieux Hari.
Il n'y a aucun espoir pour toi
Sauf à travers le glorieux Hari.
Brise l'illusion
Et réfugie-toi dans Hari.
Alors seulement tu es béni.
C'est ce que dit Sivananda.

Pourquoi as-tu oublié ?

Ô Mental ! Tu es toujours dans l'illusion,
Même après avoir fait un peu de Sadhana
Et profité du Satsanga des grandes âmes.
Pourquoi, ô Mental, oublies-tu
Que ce monde est une manifestation du Seigneur Hari ?
Pourquoi te mets-tu en colère,
Bien que tu saches
Que tous sont des formes de Lord Hari ?
Pourquoi offres-tu des plantains rassis à Hari,
Qui nourrit le monde entier
Avec toutes sortes d'aliments ?
En vain, tu offres au Seigneur
Plats sucrés, fruits et Shundal !
Nourris-le avec le nectar de la dévotion
Et sois heureux pour toujours.

Sacrifie les passions

Ô Mental, pourquoi es-tu si anxieux ?
Abandonne toute anxiété.
Répète le nom du Seigneur Hari.
Assieds-toi en méditation dans un endroit calme.
Adore le Seigneur en secret
De sorte que personne ne puisse le savoir.
Tu deviendras fier
De l'apparat de l'adoration.
Pourquoi sacrifies-tu des animaux ?
Sacrifice l'égoïsme, Raga-Dvesha

Et les passions sexuelles.

Quel besoin y a-t-il de tambours,

Des cloches et des tam-tams ?

Tapez dans tes mains

Et dépose ton mental à ses pieds.

Pourquoi t'efforces-tu de l'illuminer

Avec lampe, petromax et bougie ?

Allume la lampe précieuse du Mental.

Laisse éclater son éclat jour et nuit.

Au mental et aux sens –I

Ô Mental ! Tu es un idiot. Tu m'as traîné dans les voies des sens et tu as amené le déshonneur sur moi.

Je ne veux plus te tenir compagnie à l'avenir.

Tu fais l'école buissonnière. Tu es un singe malicieux. Tu es un chien de rue qui erre. Tu es un porc qui se délecte de la saleté. Tu es un vilain misérable. Tu es un vagabond.

Tu es né d'Ananda (la béatitude). Tu es de très haute lignée. Ton père est Brahman ou l'Absolu. Tu es né dans une famille très exaltée, réputée et cultivée et pourtant tu t'es dégradé et tu nous as dégradés aussi par ta compagnie inutile. Ta mère Maya est elle aussi née dans une famille très élevée. Elle est l'épouse de Brahman.

Ton Svabhava même est de courir vers des objets extérieurs et sensuels. De même que l'eau coule sans effort par sa nature même, de même tu cours par ta nature même vers les choses matérielles périssables. Tu reçois des coups, des coups de poing et des coups de pied et pourtant tu répètes les mêmes vieilles choses. Tu es devenu comme un habituel, vieux criminel. Les conseils et les admonestations ne t'ont fait aucun bien et n'ont pas reformé ta nature et ton caractère. Honte à toi !

A présent, je vais me déconnecter totalement de toi. Je vais te laisser seul. Tu peux faire ce que tu veux. Adieu à toi ! Je retourne à ma demeure suprême et originelle d'immortalité et de félicité éternelle (Param Dhama).

Ô Oreille ! Tu as aussi été gâté par ta compagnie avec le mental. Tu prends un immense plaisir à écouter la critique des autres et toutes sortes de nouvelles du monde, mais tu ne prends pas autant de plaisir à écouter les Lilas du Seigneur et le Kirtan, les discours religieux et les sermons.

Ô Œil ! Tu n'as aucun intérêt pour regarder l'image du Seigneur, les images de Dieu dans les temples, les saints et les Mahatmas ; mais tu es entièrement absorbé par le regard que tu portes sur les femmes.

Ô Nez ! Tu es très heureux de sentir l'odeur des parfums, de la lavande, etc., mais tu ne manifestes aucun intérêt à sentir le doux parfum des fleurs, etc. offertes au Seigneur.

Ô Langue ! Tu danses de joie en mangeant des mets sucrés, des fruits et tous les autres plats appétissants ; mais il n'y a aucune joie pour toi de prendre Charanamrita et Prasad du Seigneur dans les temples.

Ô Peau ! Tu te réjouis de toucher des femmes et d'autres choses douces ; mais tu ne ressens pas le bonheur de toucher les pieds du Seigneur et des saints.

Ô Vak-Indriya ! Tu parles quotidiennement de toutes sortes de bêtises. Tu prends plaisir à abuser des autres, aux bavardages et aux commérages, mais tu ne ressens aucune joie à chanter le Nom du Seigneur et à faire Japa et étudier la Gita et d'autres Écritures saintes.

Ô Mains ! Vous êtes très heureux de recevoir des pots-de-vin, de battre les autres, de voler les biens des autres, de toucher les femmes ; mais vous ne vous réjouissez pas de faire la charité, de servir les pauvres et Sadhus, en rendant un culte au Seigneur et en lui offrant des fleurs.

Ô Pieds ! Vous prenez plaisir à aller dans les cinémas, les clubs, les restaurants, les hôtels ; mais vous ne trouvez pas de bonheur en allant dans les lieux de pèlerinage, les temples et les ashrams.

Ô Sens ! Comportez-vous correctement à l'avenir. C'est la dernière chance pour vous. Améliorez-vous et faites-vous une bonne réputation. Si vous vivez pour le Seigneur et le servez, vous serez toujours heureux. Toutes les misères prendront fin.

Au revoir à vous tous !

Au mental et aux sens—II

Ô Mental !

Pense toujours au Seigneur Narayana.

Répète le nom de Hari.

Médite sur sa forme à quatre mains.

Fixe-toi à Ses pieds de lotus.

Ô Langue !

Chante toujours le nom et la gloire d'Achyuta.

Fais Kirtan et Bhajan.

Prends Son Prasad et Charanamrita.

Ô Oreilles !

Écoutez les Lilas de Kesava.

Et Kirtan de Hari.

Ô Yeux !

Contemplez l'image de Mukunda.

Ô Nez !

Sens les feuilles et les fleurs de Tulasi

Qui ont été utilisées dans le culte de

Sri Krishna.

Ô Mains !

Offrez des fleurs à Govinda.

Offrez la lumière à Sri Rama.

Balayez le temple.

Nettoyez les lampes dans le temple.

Apportez des fleurs et Tulasi pour le culte.

Faites la charité et rendez service,

En adoration de Panduranga.

Ô Pieds !

Faites Pradakshina autour du temple.

Faites un pèlerinage aux temples de Vishnu.

Ô Corps !

Servez les Bhaktas, les saints et le Guru.

Servez les pauvres et les malades.

Prière au Seigneur

Ô Seigneur de compassion !

Entends ma prière.

Le mental est très malicieux.

Il est très turbulent.

Il est désobéissant.

J'ai grondé le mental.

Je lui ai fait des admonitions.

Je lui ai donné de bons conseils.

Mais il a ses propres méthodes.

J'ai dit clairement au mental

Ne pas prendre de Laddu

Quand il y a de la diarrhée.

Il a dit : "Très bien"

Comme la dame qui a des douleurs d'accouchement.

Mais il mange encore du Laddu !

J'ai dit au mental

Ne pas dire du mal des autres.

Mais il ne cesse jamais cette habitude !

J'ai dit et répété au mental

Ne pas se mettre en colère.

Mais il s'énerve

Pour des choses insignifiantes !

Je ne peux pas contrôler le mental.

Tu es le résident

Et le souffleur du mental.

Toi seul peux le contrôler,

S'il te plaît, fais-le pour moi.

APPENDICE 2

Influences psychiques

Personnalité

Dans le langage courant, quand on dit que le Dr Tagore a une bonne personnalité, cela veut dire que le Dr Tagore a une silhouette forte, robuste et haute, un beau teint, un nez fin, des yeux vifs et brillants, une poitrine large, un corps musclé, des membres symétriques, des cheveux bouclés, etc. Ce qui distingue un être humain d'un autre est la personnalité. En réalité, la personnalité est quelque chose de plus que ceci. Elle comprend le caractère, son intelligence, ses nobles qualités, sa conduite morale, ses réalisations intellectuelles, certaines facultés marquantes, des traits ou caractéristiques particuliers, une voix douce et puissante, etc. Toutes ces choses réunies constituent la personnalité de Mr. tel et tel. La somme totale de toutes ces choses constitue la personnalité. De simples caractéristiques physiques ne peuvent pas constituer la personnalité.

Ce que vous appelez un parapluie est en fait un long bâton, plus un tissu noir et quelques fines pièces de fer. De même, ce que vous appelez "personnalité" est en réalité le corps physique externe, plus le cerveau et le système nerveux et le mental qui a son siège dans le cerveau.

Si un homme est capable d'influencer de nombreuses personnes, on dit de lui qu'il a une personnalité magnétique. Un Yogi ou Jnani à part entière est la plus grande personnalité au monde. Il peut être d'une petite taille. Il peut aussi être laid. Il peut être vêtu de haillons. Et pourtant, c'est une personnalité puissante, un grand Mahatma. Les gens affluent par milliers vers lui et lui rendent hommage. Un homme qui a atteint la perfection éthique par la pratique continue d'une conduite correcte ou Yama et Niyama a également obtenu une personnalité magnétique. Il peut influencer des millions de personnes. Mais il est inférieur à un Jnani ou un Yogi qui a la pleine connaissance du Soi.

Les gens riches ont aussi une certaine personnalité. Cela est dû au "pouvoir de l'argent". Ils peuvent être licencieux. L'argent a sa propre part dans la constitution de la personnalité. Il lui insuffle une sorte de coloration. Le caractère caritatif peut masquer leur caractère licencieux. Les gens affluent vers eux. Le Seigneur Jésus dit : "La charité couvre une multitude de péchés."

Le caractère donne une forte personnalité. Les gens respectent une personne qui a un bon caractère. Les gens moraux inspirent le respect partout. Celui qui est honnête, sincère, vrai, bon et a le cœur libéral impose toujours le respect et influence aux gens. Les vertus Sattviques rendent un homme divin. Celui qui dit la vérité et pratique Brahmacharya devient une grande et dynamique personnalité. Même s'il dit un mot, il y a du pouvoir en lui et les gens sont magnétisés. La formation du caractère est d'une importance capitale si une personne veut développer sa personnalité. Brahmacharya est la racine d'une personnalité magnétique. Le développement d'une forte personnalité n'est pas possible sans célibat.

La personnalité peut être développée. La pratique des vertus est indispensable. Il faut essayer d'être toujours joyeux. Un homme morose et lugubre ne peut pas attirer et influencer les gens. C'est un infectieux parasite au sein de la société. Il répand la morosité partout. Un homme de nature joyeuse avec l'esprit de service, empreint d'humilité et d'obéissance, peut influencer des millions de personnes. La loi du " semblable attire le semblable " fonctionne sur les plans physique et mental. Un homme à forte personnalité n'a pas besoin d'envoyer des invitations aux gens. Tout comme les abeilles viennent butiner dès que les fleurs fleurissent, les personnes au mental faible sont attirées d'eux-mêmes par des personnes de forte personnalité.

Une voix puissante et douce, des connaissances en musique, en astrologie, en astronomie, la chimie, l'art, etc., contribuent à la personnalité de l'être humain. Il faut savoir se comporter et s'adapter à d'autres personnes. Vous devez parler avec douceur et gentillesse. Cela produit une énorme impression. Vous devez être poli, aimable, courtois. Vous devez traiter les autres avec respect et considération. Celui qui respecte les autres est respecté. L'humilité apporte le respect par elle-même. L'humilité est une vertu qui subjugue le cœur des autres. Un homme d'humilité est un aimant puissant.

Vous devez connaître les façons d'approcher les gens. Vous devez savoir comment parler avec eux et comment se comporter à leur égard. Le comportement est le plus important. Une personne arrogante, têtue et obstinée ne peut jamais devenir une forte personnalité. Elle n'est aimée de personne.

Développer une nature joyeuse. Gardez toujours un visage souriant et joyeux. Cela vous donnera une bonne personnalité. Les gens vous aimeront beaucoup. Vos supérieurs seront très contents. Ayez une nature aimable, un tempérament modeste et sans prétention. Vous réussirez vos entretiens avec tous les grands. Prenez des notes sur ce que vous voulez leur dire au cours de l'entretien. Conservez un petit aide-mémoire dans votre poche. Rappelez-vous bien les points et parlez lentement et doucement. Alors la personne écoutera patiemment. Ne vous agitez pas dans vos discussions. Ne soyez pas nerveux. Soyez audacieux. Ayez du respect avec sincérité dès que vous voyez la personne. Ne vous tenez pas droit comme l'homme proverbial qui tient la lampe à gaz dans un cortège de mariage. Inclinez doucement la tête avec sentiment. L'homme sera immensément heureux. Il sera heureux de vous recevoir avec une profondeur de sentiments et vous aurez du succès dans votre entretien. Parlez d'abord des points importants et examinez simplement dans votre mental si vous avez terminé les huit points dont vous vouliez parler. En Occident, les gens se soucient de leur personnalité. En Inde, les gens se soucient de l'individualité et affirment : "Aham Asmi" - ce qui signifie "j'existe". Ils essaient de détruire la personnalité pour réaliser le Soi.

Efforcez-vous de posséder une personnalité magnétique. Essayez de posséder ce pouvoir étrange et mystérieux, le magnétisme personnel qui charme et fascine les gens. Comprenez les secrets de l'influence personnelle. Développez votre volonté. Conservez toute l'énergie qui fuit. Profitez d'une santé robuste et épanouie, d'un niveau élevé de vigueur et de vitalité et atteignez la réussite sociale et financière dans tous les domaines de la vie. Si vous pouvez comprendre les étonnants secrets de l'influence personnelle, vous pouvez augmenter votre capacité de gain et avoir une vie plus large et plus heureuse.

Une forte personnalité est un atout très précieux pour vous. Vous pouvez la développer si vous le souhaitez. "Là où il y a une volonté, il y a un chemin" est une maxime qui est aussi vraie aujourd'hui qu'elle l'était à l'époque d'Adam. Gagnez des lauriers de nom et de gloire et atteignez le succès dans la vie grâce à une personnalité dynamique. Vous pouvez y arriver. Vous devez le faire. Vous connaissez la science maintenant. Je vous soutiendrai.

Le pouvoir de la suggestion

Vous devez avoir une bonne compréhension des suggestions et de leurs effets sur le mental. Vous devez faire preuve de prudence dans l'utilisation des suggestions. Ne donnez jamais de mauvaises suggestions qui auront des résultats destructeurs pour quiconque. Vous feriez beaucoup de mal et rendriez un mauvais service. Réfléchissez bien avant de parler. Les enseignants et les professeurs doivent avoir une connaissance approfondie de la science de la suggestion et de l'autosuggestion. Ils pourront ainsi éduquer et élever les étudiants de manière efficace. Dans le sud de l'Inde, lorsque les enfants crient dans les maisons, les parents les effraient en disant "Regarde ici, Balu ! Irendukannan est arrivé. (L'homme aux deux yeux est venu.) Tais-toi. Ou je te livrerai à lui." "Puchandi (ou le fantôme) est venu". Les suggestions de ce genre sont très destructrices. L'enfant devient timide. Le mental des enfants est élastique, tendre et souple. Les Samskaras sont imprimés de façon indélébile à cet âge. Changer ou effacer les Samskaras devient impossible quand ils grandissent. Lorsque l'enfant devient un homme, il manifeste de la timidité. Les parents doivent insuffler du courage à leurs enfants. Ils devraient leur dire : "Voici un lion. Regarde le lion sur cette photo. Rugis comme un lion. Sois courageux. Regarde la photo de Shivaji, Arjuna ou Clive. Deviens chevaleresque." En Occident, les enseignants montrent les images des champs de bataille aux enfants et leur disent : "Regarde ici, James ! Regarde cette photo de Napoléon. Regarde sa cavalerie. Ne voudrais-tu pas devenir un commandant en chef de l'armée ou un général de brigade ?" Ils insufflent le courage dans le mental des enfants dès leur enfance. Quand ils grandissent, ces Samskaras sont renforcés par des stimuli externes supplémentaires.

Les médecins devraient avoir une connaissance approfondie de la science de la suggestion. Les médecins sincères et sympathiques sont très rares. Les médecins qui n'ont aucune connaissance de la suggestion font plus de mal que de bien. Ils tuent parfois les patients en les effrayant inutilement. S'il y a une petite toux de nature ordinaire, le médecin dit : "Mon ami, vous avez la tuberculose. Vous devez aller à Bhowali ou en Suisse ou à Vienne. Vous devez vous faire faire une série d'injections de tuberculine". Le pauvre patient est effrayé. Il n'y a aucun signe de tuberculose. C'est un cas ordinaire. Il s'agit d'un simple catarrhe de la poitrine due à l'exposition aux froids. En fait, le patient développe une phtisie par peur et inquiétude à cause de la mauvaise suggestion destructrice du médecin. Le médecin aurait dû lui dire : "Oh, ce n'est rien. C'est un simple rhume. Vous irez mieux demain. Prenez un purgatif et inhalez un peu d'huile d'eucalyptus. Adaptez votre régime alimentaire. Il vaut mieux que vous jeûniez aujourd'hui." Un tel médecin, c'est Dieu lui-même. Il doit être adoré. Un médecin peut dire : "Eh bien, monsieur, si je parle ainsi, je vais perdre mon cabinet. Je ne peux pas m'en sortir dans ce monde." C'est une erreur. La vérité remporte toujours la victoire. Les gens se précipiteront vers vous, car vous êtes sympathique et gentil. Vous aurez un cabinet florissant.

Il y a la guérison par suggestion. Il s'agit d'un traitement sans drogue. Il s'agit d'une thérapeutique suggestive. Par une bonne et puissante suggestion, vous pouvez guérir n'importe quelle maladie. Vous devrez apprendre cette science et la mettre en pratique. Tous les médecins des systèmes homéopathique, allopathique, ayurvédique et yunâni devraient connaître cette science. Ils peuvent combiner ce système avec leurs propres systèmes. Cette heureuse combinaison leur permettra d'avoir un cabinet florissant.

Ne vous laissez pas facilement influencer par les suggestions des autres. Ayez votre propre sens de l'individualité. Une suggestion forte, même si elle n'influence pas le sujet immédiatement, fonctionnera en temps voulu. Elle ne sera jamais vaine.

Nous vivons tous dans un monde de suggestions. Notre caractère est quotidiennement modifié inconsciemment par l'association avec les autres. Nous imitons inconsciemment les actions de ceux que nous admirons. Nous absorbons quotidiennement les suggestions de ceux avec qui nous sommes en contact quotidien. Nous agissons en fonction de ces suggestions. Un homme au mental faible cède aux suggestions d'un homme au mental fort.

Le serviteur est toujours sous l'influence des suggestions de son maître. La femme est sous l'influence des suggestions de son mari. Le patient est sous l'influence des suggestions du médecin. L'élève est sous l'influence du professeur. La coutume n'est que le produit de la suggestion. La robe que vous portez, les manières, le comportement et même la nourriture que vous mangez ne sont que le résultat de suggestions. La nature suggère de différentes manières. Les rivières qui coulent, le soleil qui brille, les fleurs odorantes, les arbres qui poussent, tout cela vous envoie sans cesse des suggestions.

Tous les prophètes de jadis étaient des hypnotiseurs. Ils connaissaient parfaitement la science de la suggestion. Leurs paroles avaient un pouvoir énorme. Chaque mot qu'ils prononçaient avait un pouvoir magique et un charme particulier. Tous les auditeurs restaient envoûtés. Un prédicateur spirituel produit une sorte d'hypnose dans le mental des autres. Les auditeurs sont sous l'influence de ses suggestions. Il y a du pouvoir dans chaque mot qui est prononcé. Il existe deux sortes de Vrittis dans les mots, à savoir, Sakti-Vritti et Lakshana-Vritti. Dans les Upanishads, Lakshana-Vritti est utilisée. "Vedasvarupoham" ne signifie pas "incarnation des Védas". Le Lakshana-Vritti désigne bien "Brahman", qui ne peut être atteint que par l'étude des Upanishads : par Sabda Pramana.

Notez ici le pouvoir des mots. Si quelqu'un appelle un autre "Sala" ou "Badmash" ou "idiot", il est pris immédiatement de fureur. Un combat s'ensuit. Si vous appelez quelqu'un "Bhagavan", "Prabhu" ou "Maharaj", il est extrêmement satisfait.

Hypnotisme et Mesmérisme

Un grand esprit peut influencer un petit esprit. Il s'agit de l'hypnose ou du mesmérisme. Ce n'est pas du tout une science nouvelle. C'est aussi de l'Anadi. Elle existe depuis des temps immémoriaux. Ce n'est que Mesmer et Braid qui ont popularisé cette science en Occident. Les Rishis hindous connaissaient cette science depuis longtemps. Démosthène et Socrate, Visvamitra et Patanjali Maharshi utilisaient autrefois l'hypnotisme et le mesmérisme. C'est James Braid, le chirurgien de Manchester, qui a donné le nom d'hypnotisme à cette science et qui a été le premier à la fonder en Occident. Le terme "hypnotisme" a une origine grecque qui signifie "sommeil".

Mesmer était un philosophe, un médecin et un astrologue. Il est né en 1784. Il est mort en 1815. Il a introduit la théorie du magnétisme animal. Il croyait que l'être humain avait un pouvoir magnétique merveilleux qui lui permettait de guérir et d'influencer les autres. Il utilisa ce pouvoir dans le traitement de diverses maladies. Le système du magnétisme est connu sous son nom.

Tous les orateurs possèdent le pouvoir d'hypnotisme. Consciemment ou inconsciemment, ils soumettent l'esprit des auditeurs. Les auditeurs sont influencés par le discours puissant des orateurs. Ils sont pour ainsi dire charmés dans l'immédiat. Tous les prédicateurs religieux et les prophètes du monde possèdent ce pouvoir à un degré remarquable.

La suggestion est la clé de voûte de l'hypnose. L'hypnotiseur fait une suggestion et la personne agit implicitement. Le mental inférieur obéit implicitement au mental supérieur. La suggestion est une idée communiquée par l'opérateur au sujet. La suggestion est une science. Il faut être très habile pour formuler la suggestion de manière compétente. Nous vivons dans le monde de la suggestion et sous le charme et l'influence de l'hypnotisme. L'hypnotisme est une force puissante dans le monde. Nous sommes tous hypnotisés par le charme de Maya. Nous devrons nous déshypnotiser pour obtenir la connaissance du Soi. Le Vedanta donne de puissantes suggestions pour se déshypnotiser. L'hypnotisme est un état mental dans lequel les suggestions, verbales et visuelles, sont reçues comme vraies qu'elles soient vraies ou non. Il y a un désir irrésistible de réaliser les suggestions. Le pouvoir de la volonté et le pouvoir de la suggestion sont très étroitement liés.

L'opérateur développe son pouvoir d'hypnose par la pratique de la concentration sur le cristal et d'autres méthodes de concentration. Le Pranayama aide aussi beaucoup au développement de ce pouvoir. Le Brahmacharya est également essentiel. Un homme de peu de caractère ne peut pas devenir un hypnotiseur puissant.

Une personne peut être hypnotisée par le regard, la suggestion ou les passes. L'opérateur fait quelques "passes" devant le sujet et celui-ci est mis dans un état hypnotique. Les passes en sens inverse ramèneront le sujet à une conscience normale. Parfois, si l'hypnotiseur est un homme puissant, il peut hypnotiser plusieurs personnes dans un groupe. La personne qui résiste aux suggestions de l'hypnotiseur ne peut pas être hypnotisée aussi facilement. Si l'on croit en l'hypnotiseur et que l'on pense qu'on peut être hypnotisé, on peut rapidement tomber sous son charme et sous son influence.

Il existe également une autre variété d'hypnose appelée hypnose scénique, dans laquelle l'hypnotiseur hypnotise tout le public et lui montre plusieurs tours. Il met une dame dans une petite boîte serrée en position debout, lui attache les mains et ferme la boîte, puis coupe la boîte avec une scie. Ensuite, il ouvre la boîte brisée et la dame en sort sans aucune blessure. Un célèbre Fakir est monté sur scène en Angleterre avec une corde rouge à la main, l'a jetée en l'air et est monté par la corde, puis a disparu dans les airs. C'est de l'hypnose de scène. C'est le fameux "tour de corde" du fakir. Ce n'est qu'une ruse après tout. Un hypnotiseur hypnotise un garçon et place sa tête et ses pieds au-dessus de deux chaises. Il place ensuite un grand poids sur son corps. Le corps ne se plie pas. Il demande au public de serrer les doigts des deux mains et fait passer un fort courant électrique. Tous les spectateurs ressentent le choc du courant. Il commence à faire passer le courant dans ses propres mains et pense fortement que le courant doit passer dans les mains des autres.

L'hypnose est très bénéfique pour corriger les mauvaises habitudes des enfants et pour traiter l'hystérie et d'autres maladies nerveuses. L'habitude de l'opium et l'habitude de boire sont également supprimées. L'hypnotiseur ne doit pas faire un mauvais usage du pouvoir. Il s'expose à une chute irrémédiable. Partout où il y a du pouvoir, il y a côte à côte une possibilité d'abus. Il y a aussi des tentations. Il faut être très prudent.

Un hypnotiseur regarde la trotteuse d'une montre et la trotteuse s'arrête immédiatement. Il demande à un sujet de regarder la trotteuse d'une montre et arrête sa pensée. Ses yeux deviennent apathiques. L'hypnotiseur fait léviter le corps d'un sujet hypnotisé et le fait bouger dans l'air grâce à un grand anneau de fer. La personne hypnotisée a les yeux bandés. Elle est capable de marcher sur une corde qui est disposée sur le sol en zigzag. Elle est capable de lire le contenu d'une lettre scellée et de répondre correctement aux questions. C'est ici que le mental inconscient du sujet opère. Il peut voir à travers un mur opaque. Merveilleux sont les mystères de la science de l'hypnotisme ! Merci à Mr. James Braid d'heureuse mémoire !

Télépathie

La télépathie est un transfert de pensée d'une personne à une autre. Tout comme le son se déplace dans l'espace éthéré, la pensée se déplace également dans l'espace mental, Chidakasa. Il y a un océan d'éther tout autour. Il y a aussi un océan mental tout autour. La pensée a une forme, une couleur et un poids. Elle a autant de matière que ce crayon. Lorsque vous avez parfois une bonne pensée d'une nature élévatrice, il est très difficile de dire si c'est votre propre pensée ou celle d'une autre personne. Les pensées d'autres personnes entrent dans votre cerveau.

La télépathie a été la première télégraphie sans fil des Yogis. Les Yogis envoient leurs messages par télépathie. La pensée voyage à une vitesse électrique inimaginable. Parfois, le soir, on pense à un ami avec une telle intensité qu'on reçoit une lettre de sa part tôt le matin. C'est de la télépathie inconsciente. Votre pensée puissante a voyagé et atteint immédiatement le cerveau de votre ami et il vous a immédiatement répondu. Il se passe tant de choses intéressantes et merveilleuses dans le monde de la pensée. D'ordinaire, les gens qui n'ont pas développé le pouvoir de la télépathie tâtonnent dans l'obscurité.

La télépathie est la communication du mental avec le mental. La glande pinéale, qui est considérée par les occultistes comme le siège de l'âme, joue un rôle important dans la télépathie. C'est cette glande pinéale qui reçoit effectivement les messages. C'est un petit morceau de matière nerveuse qui se trouve dans le cerveau ou l'arrière-cerveau. C'est une glande endocrine. Elle a une sécrétion interne qui est directement versée dans le sang.

Pratiquer la télépathie au début à courte distance. Il est préférable de pratiquer la nuit, pour commencer. Demandez à votre ami d'avoir une attitude réceptive et de se concentrer à dix heures. Demandez-lui de s'asseoir en Virasana ou Padmasana les yeux fermés dans une pièce sombre. Essayez d'envoyer votre message exactement à l'heure prévue. Concentrez-vous sur les pensées que vous voulez envoyer. Faites preuve de force. Les pensées vont quitter votre cerveau et entrer dans celui de votre ami. Il peut y avoir quelques erreurs au début, ici et là. Lorsque vous progresserez dans la pratique et que vous connaîtrez bien la technique, vous serez toujours correct dans l'envoi et la réception des messages. Plus tard, vous serez en mesure de transmettre des messages à différents coins du monde. Les ondes de pensée varient en intensité et en force. L'expéditeur et le destinataire doivent s'exercer à une grande et intense concentration. Ensuite, il y aura de la force dans l'envoi des messages, de la clarté et de la précision dans la réception des messages. Au début, pratiquez la télépathie d'une pièce à l'autre dans la même maison. Cette science est très agréable et intéressante. Elle nécessite une pratique patiente. Le Brahmacharya est absolument indispensable.

Vous pouvez influencer un autre homme sans qu'il n'y ait de langage audible. Ce qui est recherché, c'est la concentration de la pensée qui est dirigée par la volonté. C'est la télépathie. Voici un exercice pour votre pratique de la télépathie. Pensez à votre ami ou à votre cousin qui vit dans un pays lointain. Faites-vous une image nette de son visage. Si vous avez sa photo, regardez-la et parlez-lui de façon audible. Lorsque vous vous retirez au lit, pensez à la photo avec une concentration intense. Il vous écrira la lettre souhaitée dans les jours qui suivent. Essayez vous-même. Ne doutez pas. Vous serez très surpris. Vous obtiendrez le succès et une ferme conviction dans la science de la télépathie. Parfois, lorsque vous écrivez quelque chose ou que vous lisez un journal, vous recevez soudain un message de quelqu'un qui vous est cher. Vous pensez soudain à lui. Il vous a envoyé un message. Il a pensé à vous sérieusement. Les pensées-vibrations voyagent plus vite que la lumière ou l'électricité. Dans ce cas, le subconscient reçoit les messages ou les impressions et les transmet au conscient.

Les grands adeptes ou Mahatmas qui vivent dans les grottes himalayennes transmettent leurs messages par télépathie aux aspirants méritants ou aux yogis du monde. Ces Jijnasus ou Yogis exécutent leurs ordres et diffusent leurs connaissances dans le monde entier. Il n'est pas nécessaire que les Mahatmas viennent à la tribune et prêchent. Qu'ils prêchent ou non, cela n'a pas d'importance. Leur vie même est une incarnation de l'enseignement. Ils sont l'assurance vivante de la réalisation de Dieu. Prêcher à la tribune appartient au type d'hommes de seconde classe qui n'ont aucune connaissance de la télépathie. Les Yogis cachés aident le monde par leurs vibrations spirituelles et leur aura magnétique plus que les Yogis de la tribune. De nos jours, les membres du Congrès s'attendent à ce que même les Sannyasins travaillent à la tribune du Congrès. Ils les forcent même à le faire. Comme leur mental est saturé de Karma Samskaras, ils ne sont pas capables de saisir et de comprendre la grandeur, l'utilité et la magnanimité de la Nivritti pure des Dhyana-Yogis. Le champ ou le domaine d'activité des Sannyasins est entièrement différent. Ils ne peuvent pas devenir présidents de Sabhas ou de Mandalas. Leur sphère est de nature cosmique. Leur domaine est Adhyatmique et se rapporte à la science du Soi. Permettez-moi de répéter les paroles de Bhagavan Sri Krishna :

"Lokesmin dvividha nishtha pura prokta mayanagha,

Jnanayogena samkhyanam karmayogena yoginam."

"Dans ce monde, il y a un double chemin, comme je l'ai dit précédemment, ô sans péché, celui du Yoga par la connaissance, des Sankhyas, et celui du Yoga par l'action, des Yogis" (Gita, III-3). La gloire de l'hindouisme sera perdue, si les Sannyasins disparaissent. Ils ne pourront jamais disparaître de l'Inde. Les Samskaras de Tyaga et le renoncement sont ancrés dans leurs cellules, leurs nerfs et leurs tissus. Les bouddhistes ont des moines. Les mahométans ont leurs Fakirs. Les chrétiens ont leurs prêtres, leurs ecclésiastiques et leurs révérends pères. Dans chaque religion, il y a des gens dans le monde qui ont l'esprit de renoncement. Dans chaque religion, il doit y avoir un ensemble de personnes qui sont entièrement dévouées à la contemplation divine. Il est du devoir des chefs de famille de répondre à leurs désirs. Ils recevront leurs bénédictions. Ce sont ces personnes qui mènent la vie de Nivritti Marga, qui peuvent faire des recherches dans le domaine du yoga et donner au monde de nouveaux messages. Ce sont ces hommes qui peuvent vraiment aider le monde en général et faire Loka-Kalyana.

Clairvoyance

La clairvoyance est la vision d'objets lointains par l'œil astral interne ou l'œil psychique. Tout comme le sens physique dans le corps physique, il existe des contreparties astrales de ces Indriyas dans le corps astral intérieur, subtil. Le Yogi ou l'occultiste développe ces organes intérieurs par la pratique de la concentration. Il développe la vision clairvoyante. Il peut voir des objets dans des contrées lointaines. Ce Siddhi ou pouvoir est appelé Dura Drishti.

Tout comme les rayons lumineux traversent un verre, tout comme les rayons X traversent des objets solides et opaques, le yogi peut voir les choses à travers un mur solide, il peut voir le contenu d'une enveloppe scellée et le contenu d'un trésor caché sous le sol grâce à son œil psychique intérieur. Cet œil psychique est l'œil de l'intuition ou de Divya Drishti ou de Jnana-Chakshus. Il faut développer cet œil intérieur par la concentration. Tout comme le microscope grossit les petites cellules, les germes, etc., le yogi peut voir très clairement les choses du monde astral grâce à cet œil intérieur et peut les agrandir également par une focalisation spéciale de la lentille astrale intérieure.

Il crée un tube astral par la volonté et la pensée et, grâce à ce tube astral, il voit les choses à distance. La vision peut ne pas être très claire au début. Tout comme le nouveau-né apprend, il apprend aussi au début. Au fur et à mesure qu'il progresse dans sa pratique, sa vision intérieure devient très distincte. Il existe une autre méthode. Le yogi fait un voyage astral et voit inconsciemment les choses pendant son voyage astral.

Tout comme les rayons lumineux voyagent dans l'espace, les rayons lumineux astraux voyagent à une vitesse énorme. Ils sont captés par l'œil astral. Chacun d'entre vous possède ces sens astraux. Mais peu d'entre vous les développent consciemment. Un clairvoyant peut voir les événements du passé en consultant les enregistrements Akasiques et possède également Trikala Jnana. Le degré de pouvoir varie selon les individus. Les clairvoyants avancés sont très rares.

Clairaudience

La clairaudience est l'audition des sons lointains sur le plan astral au moyen de l'oreille astrale. Ce processus est similaire à la clairvoyance. Les vibrations sonores astrales sont captées par le sens astral de l'ouïe. Un clairvoyant ne doit pas nécessairement être un clairaudiant. Il s'agit de deux pouvoirs distincts.

Patanjali Maharshi donne la méthode pour développer ce pouvoir d'audition à distance. "Shrotrakasayoh" (Yoga Sutras de Patanjali, 3-41). Par Samyama sur la relation entre l'oreille et Akasa vient l'audition divine. Samyama est une combinaison de concentration et de méditation.

Tous les habitants de Pitriloka possèdent ce pouvoir. Lorsque leurs descendants exécutent Sraaddha et Tarpana dans ce monde, ils entendent ces sons par le pouvoir de la clairaudience et ils sont très heureux.

Ces Siddhis psychiques sont tous des sous-produits de la concentration. Tout comme il existe divers dérivés du goudron de houille et diverses préparations à base de pétrole, ces Siddhis se manifestent également chez un yogi lorsqu'il se concentre. Ce sont tous des obstacles sur le chemin de la spiritualité. L'aspirant doit les ignorer et développer Vairagya. Alors seulement, il sera capable d'atteindre le but.

Toutes les vibrations sonores du passé sont dans les enregistrements Akasiques. Le yogi peut bien les entendre. Il peut entendre les sons de Shakespeare, Johnson, Valmiki, Visvamitra, etc. Tout comme vous pouvez entendre aujourd'hui la musique et le chant d'un chanteur qui est mort il y a cinquante ans dans les disques d'un gramophone, le yogi peut également entendre les sons de ces personnes du passé par la concentration en reliant son audition astrale aux enregistrements Akasiques. Tout comme les impressions de votre enfance restent dans votre cerveau et votre subconscient, les impressions des sons anciens restent dans les enregistrements Akasiques. Tout comme le responsable expérimenté des archives peut faire ressortir en peu de temps n'importe quel vieil enregistrement, le yogi peut aussi entendre le son du bon vieux temps en un clin d'œil.

APPENDICE 3

Annihilation de l'ego

Le mental, c'est Atma-Sakti. Le mental est un faisceau de Vasanas (désirs) et de Sankalpas (pensées, imaginations). Le mental est un faisceau de Raga-Dvesha (ce qu'on aime et ce qu'on n'aime pas). L'anéantissement du mental est Manonasa.

Le Manolaya est l'absorption temporaire du mental. Cela ne peut pas donner Moksha. Le mental peut revenir et errer dans des objets sensuels. Seul Manonasa peut donner la libération ou Moksha.

Vichara

Comment le mental est-il purifié, maîtrisé, comment ses activités sont-elles arrêtées et comment est-il annihilé ? Voici quelques points utiles et pratiques. Le mental peut être contrôlé et annihilé par Vichara ou par la question "Qui suis-je ? C'est la meilleure méthode et la plus efficace. Cela annihilera le mental. C'est la méthode Védantique. Réaliser l'irréalité du mental par la pensée philosophique.

Éliminer l'ego

Éliminer le sentiment d'égoïsme. L'ego est la graine de l'arbre du mental. La pensée "Je" est la source de toutes les pensées. Toutes les pensées sont centrées sur le petit "je". Découvrez ce qu'est le petit "je". Ce petit "je" va être réduit à néant. Il sera absorbé dans le "Je" infini ou Parabrahman, la source du petit "Je" ou Ahankara (égoïsme).

Le Soleil de la Réalisation du Soi est pleinement visible lorsque le nuage de l'égoïsme disparaît.

Vairagya

Vairagya (détachement) est une autre méthode d'annihilation du mental. Il s'agit d'un dégoût pour les objets de plaisirs sensoriels en découvrant les défauts de la vie sensuelle. Les objets sont périssables. Le plaisir sensuel est momentané et illusoire.

Abhyasa

Abhyasa ou pratique est une autre méthode. Concentrer le mental en le fixant sur Brahman. Faites en sorte qu'il soit stable. Abhyasa est une méditation incessante. Cela mène au Samadhi.

Non-attachement

Asanga ou non-attachement est une épée pour détruire le mental. Éloigner le mental des objets. Détacher. Attacher. Détacher le mental des objets. Et l'attacher au Seigneur. Faites-le encore et encore. L'essence de la graine du germe de l'expérience du monde, qui est le désir, peut être détruite par le feu du non-attachement.

Vasana-Kshaya

Vasana-Kshaya est une autre méthode. Vasana est le désir. Le renoncement aux désirs conduit à Vasana-Kshaya. Cela conduit à l'annihilation du mental (Manonasa). Le désir pour les objets de plaisir est esclavage ; y renoncer est émancipation. Le désir est la nature la plus essentielle du mental. Le mental et l'égoïsme sont synonymes.

Pranayama

La vibration du Prana provoque un mouvement du mental. Elle lui donne vie. Pranayama ou le contrôle du Prana mettra fin aux activités du mental. Mais il ne peut pas le détruire jusqu'à ses racines comme Vichara.

Contrôlez les pensées

Contrôlez les pensées ou Sankalpas. Évitez l'imagination ou la rêverie. Le mental sera annihilé. La seule extinction des Sankalpas est Moksha ou libération. Le mental est détruit lorsqu'il n'y a plus d'imagination. L'expérience de l'illusion du monde est due à votre imagination. Elle disparaît lorsque l'imagination est complètement stoppée.

Renonciation

La renonciation mentale aux biens est une autre méthode. L'expérience absolue peut aussi être réalisée si vous apprenez à être dans un état de Samadhi de suspension de la pensée.

Soyez équilibré

Une autre méthode consiste à atteindre l'équanimité. Soyez équilibré dans la douleur et le plaisir, la chaleur et le froid, etc.

Seul celui qui a transcendé le mental expérimente la paix et la béatitude éternelles et repose dans son propre Satchidananda Atman.

Dévotion et service

Japa, Kirtan, la prière, la dévotion, le service du gourou et l'étude sont également des moyens d'anéantir le mental.

GLOSSAIRE

REMARQUE : Il ne comprend que les termes sanskrits dont les équivalents français ne sont pas indiqués simultanément (ou presque simultanément) à leur première apparition dans le texte.

A

ABHASA : réflexion

ABHEDA : sans différence

ABHIMANA : identification avec le corps

ABHYASA : pratique spirituelle

ACHARYA : précepteur

ADAMBHITVA : sans prétention

ADHAMA-UDDHARAKA : qui relève les opprimés

ADHIBHAUTIC : élémentaire

ADHIDAIVIC : céleste

ADHYATMIC : spirituel

ADVAITA : non-dualité

ADVAITA-NISHTHA : établissement dans l'état de non-dualité

AGNI : feu

AGNI-ASTRA : missile de feu

AGNIHOTRA : une offrande du feu

AHAM : "Je" ou l'ego

AHAM BRAHMA ASMI : je suis Brahman

AHANGRAHA UPASANA : méditation dans laquelle l'aspirant s'identifie avec Brahman

AHANKARA : égoïsme

AHIMSA : non-violence

AISVARYA : pouvoir divin

AJNA CHAKRA : centre d'énergie spirituelle entre les deux sourcils

AJNANA : ignorance

AKHANDA EKARASA : l'Essence unique indivise

AKARTA : qui n'agit pas

AKASA : éther

AKASAMATRA : que l'éther

AKHANDA : indivisible

AKHANDAKARA : de la nature de l'indivisibilité

AMALAKA : phyllanthus emlica, groseille indienne

AMRITA : nectar

AMRITA PUTRA : fils de nectar

AMSA : part

ANADI : sans commencement

ANAHATA : son mystique entendu par les Yogis

ANANDAGHANA : masse de béatitude

ANANDAMAYA : rempli de béatitude

ANANTA : infini

ANANYA BHAKTI : dévotion exclusive envers le Seigneur

ANASAKTA : sans attache

ANATMA : non-Soi

ANITYA : transitoire

ANNAMAYA KOSHA : enveloppe de nourriture, le corps physique grossier

ANTARGATA : immanent

ANTARIKA : interne

ANTAR-INDRIYA : sens-organe interne

ANTARJYOTIS : lumière interne

ANTARMUKHA VRITTI : courant de pensée introspectif

ANTARVAHA SARIRA : le corps subtil d'un Yogi par lequel il réalise l'entrée dans les corps des autres

ANUBHAVA : réalisation spirituelle

ANUBHAVA-GURU : précepteur qui a eu une réalisation spirituelle

ANUSANDHANA : investigation dans la nature de Brahman

ANVAYA : l'aspect positif

APANA : le souffle qui va vers le bas

APANCHIKRITA : non-quintuplé

APAS : eau

APAVADA-YUKTI : emploi de la méthode logique de négation

ASABDA : sans son

ASAMPRAJNATA SAMADHI : état superconscient où le mental est totalement annihilé

ASANA : posture corporelle

ASANGA : non-attaché

ASHRAMA : ermitage

ASHTA : huit

ASHTAVADHANA : faisant huit choses à la fois

ASTI-BHATI-PRIYA : la même chose que Satchidananda, les qualités éternelles dans Brahman

ASTRA : un missile invoqué avec un Mantra

ASUBHA : peu propice

ASUDDHA : impur

ASUDDHA MANAS : mental impur

ASVANI MUDRA : un Kriya Hatha Yoguique

ATMA(N) : le Soi

ATMA-DRISHTI : la vision où on voit tout comme le Soi

ATMA-JNANA : connaissance du Soi

ATMAKARA : relatif à Atman

ATMA-SAKSHATKARA : réalisation du Soi

ATMA-SAKTI : pouvoir de l'âme

AVASTHA : état

AVICHHINNA : continuel

AVIDYA : nescience ou ignorance

AVINASI : impérissable

AVYAKTA : non manifesté

B

BAHIRMUKHA VRITTI : courant de pensée sortant

BAHIR-VRITTI : idem que ci-dessus

BAHIR-VRITTI-NIGRAHA : retenue du courant de pensée sortant

BAHYA-VRITTI-NIGRAHA : idem que ci-dessus

BHAJANA : chant dévotionnel

BHAKTA : dévot

BHAKTI YOGA : Yoga de la dévotion

BHASTRIKA PRANAYAMA : un type d'exercice de respiration

BHAVA(NA) : sentiment attitudinal

BHAVA-SAMADHI : état superconscient atteint par le dévot par une intense divine émotion

BHEDA BUDDHI : l'intellect qui divise

BHOGA : plaisir

BHOKTRITVA : l'état d'être de celui qui prend plaisir

BHRANTIMATRA : simple illusion

BHUTAJAYA : contrôle sur les éléments

BHUTA-SAKTI : pouvoir des éléments

BRAHMACHARI(N) : célibataire

BRAHMACHARYA : célibat

BRAHMAKARA VRITTI : pensée de Brahman

BRAHMA LOKA : le monde de Brahma, le créateur à quatre têtes

BRAHMAN : la Réalité Absolue

BRAHMANA : membre appartenant à la caste des prêtres

BRAHMA NADI : pareil que Sushumna

BRAHMA-NISHTHA : une personne établie dans la Connaissance de Brahman

BRAHMANUBHAVA : réalisation du Soi

BRAHMIN : pareil que Brahmana

BUDDHI : intellect

C

CHAITANYA : pure conscience

CHAKRA : centre d'énergie spirituelle

CHANCHALA : vacillant

CHANCHALATA : agitation du mental

CHARANAMRITA : eau sanctifiée par les pieds d'une déité ou d'un homme saint

CHATAK : oiseau

CHELA (Hindi) : disciple

CHIDGHANA : masse de conscience

CHINMAYA : plein de conscience

CHINTANA : penser

CHIRANJIVI : celui qui a gagné la vie éternelle

CHIT-MATRA : conscience seule

CHIT-SVARUPA : de la forme même de la conscience

CHITTA : mental subconscient

CHITTA SUDDHI : pureté du mental

D

DAMA : retrait des organes-sens

DAMBHA : hypocrisie

DANA : charité

DARPA : vanité

DARSANA : vision

DEHADHYASA : attachement au corps, identification avec le corps

DEHATMA-BUDDHI : l'intellect qui fait qu'on s'identifie avec le corps

DEVA : être céleste

DEVATA : une déité, aussi le Seigneur

DHAIRYA : courage

DHARANA : concentration

DHARMA : conduite correcte ; caractéristique

DHRITI : patience spirituelle

DHYANA : méditation

DHYANA YOGA : le yoga de la méditation

DINABANDHU : ami du pauvre et du démuni. Dieu

DOSHA : défaut

DOSHA-DHRISHTI : la vision qui perçoit les défauts

DRISHTI : vision

DRISHTI-SRISHTI VADA : la théorie que le monde n'existe qu'aussi longtemps qu'il est perçu

DURA-DRISHTI : vision à distance

DVAITA : dualisme

E

EKADASI : le onzième jour de la quinzaine lunaire indienne

EKAGRA : concentré

EKAGRATA : concentration du mental

G

GANIKA : prostitué
GHRINA : rancune
GUNA : qualité
GURU : précepteur

H

HATHA YOGA : le yoga de la perfection physique
HIRANYAGARBHA : mental cosmique
HITA : tubes astraux près du cœur

I

IDA NADI : courant nerveux psychique qui circule dans la narine gauche
INDRIYA : organe des sens
ISVARA : Seigneur, Dieu

J

JAALA : jonglerie, illusion
JAGADGURU : précepteur du monde
JAGAT : monde
JAGRAT : état éveillé
JALANDHARA BANDHA : exercice de Hatha Yoga
JAPA : répétition du Nom du Seigneur
JIVA : âme individuelle
JIVANMUKTA : qui est libéré dans cette vie
JIVASRISHTI : création de l'âme individuelle, tel qu'égoïsme, le mien, etc.
JIVATMA(N) : l'âme individuelle

JNANA : connaissance du Soi

JNANA-BHUMIKA : plan de connaissance

JNANAGNI : feu de connaissance spirituelle

JNANA-INDRIYAS : organe de connaissance ou de perception

JNANA YOGA : le Yoga de la connaissance

JNANA YOGI(N) : personne qui pratique le Yoga de la connaissance

JNANI(N) : sage

K

KALA-SAKTI : Mère Divine se manifestant comme Temps

KALPA : une période de 4 320 000 000 années

KALPANAMATRA : ne se trouvant que dans l'imagination

KAMA : désir, envie

KAMANA : plein de désir

KANDAMULA : racines et tubercules

KARANA SARIRA : le corps causal ou le corps graine

KARIKA : commentaire

KARMA : action opérant selon la Loi de la Cause et de l'Effet

KARMA-INDRIYAS : organes d'action

KARMA YOGI(N) : personne qui pratique le Yoga du service désintéressé

KASHAYA : une influence subtile dans le mental produite par le plaisir, Vasana caché

KEVALA ASTI : pure Existence

KIRTAN : chanter le Nom du Seigneur

KRIYA : exercice de Hatha Yoga

KRODHA : colère

KSHAMA : pardon, mansuétude

KSHATRIYA : membre appartenant à la caste dirigeante

KULA-KUNDALINI : même que Kundalini

KUMBHAKA : rétention du souffle

KUNDALINI : l'énergie cosmique primordiale localisée dans l'individu

KUTASTHA : l'immuable Brahman

L

LAKSHANA : caractéristique

LAKSHYA : but

LAYA : absorption

LILA : sport divin

LILA-VILASA : la splendeur du sport divin

LINGA SARIRA : le corps subtil, le corps astral

LOBHA : convoitise

LOKA-KALYAN(A) : bien du monde

M

MADA : fierté

MADHUKARI BHIKSHA : aumône collectée de porte à porte comme une abeille collectant du miel de fleur à fleur

MAHABHEDA : Kriya Hatha Yoguique

MAHARAJA : empereur

MAHARSHI : grand sage

MAHATMA : grande âme

MAHAVAKYA : (Lit.) Grande sentence ; déclarations Upanishadique, quatre en nombre, exprimant l'identité entre l'âme individuelle et l'Âme Suprême

MAHAVAKYANUSANDHANA : investigation des vérités des Mahavakyas

MALA-VASANA-RAHITA : libre des impuretés et des désirs subtils

MANO-MANDIR : temple du mental

MANAS : mental

MANDALA : région, sphère

MANIPURA CHAKRA : centre d'énergie spirituelle dans la région du nombril

MANONASA : annihilation du mental

MANTRA : incantation

MANTRA SIDDHI : pouvoir psychique acquis par la répétition de Mantra

MARGA : chemin

MATRA : unité, seul

MATSARYA : jalousie

MAUJA (Urdu) : douce volonté

MOUNA : silence

MAYA : le pouvoir d'illusion de Brahman

MAYURASANA : la posture du paon

MITHYA-DRISHTI : la vision que l'univers n'est pas réel

MITHYATVA-BUDDHI : l'intellect qui considère ce monde comme irréel

MOHA : illusion

MOKSHA : libération

MUDRA : un type d'exercice dans le Hatha Yoga

MUKTI : libération

MULA AVIDYA : ignorance primitive

MULA BANDHA : un exercice de Hatha Yoga

MULADHARA CHAKRA : centre d'énergie spirituelle situé à la base de la colonne vertébrale

MUNI : ascète

MURKHA : idiot

N

NADA : un son mystique

NAIYAYIKAS : disciple de la Nyaya school of Indian philosophy

NAMA : nom

NAVA RIDDHIS : les neuf pouvoirs spirituels mineurs

NETI, NETI : pas ceci, pas cela

NIDIDHYASANA : méditation profonde

NIRABHIMANATA : libre de l'attachement égocentrique

NIRABHIMANI : personne sans Abhimana

NIRAKARA : sans forme

NIRAVAYAVA : sans membres

NIRBIJA-SAMADHI : Samadhi dans lequel Bija ou graines des Samskaras sont grillées par Jnana

NIRGUNA : sans attributs

NIRGUNA BRAHMAN : l'Absolu impersonnel et sans attributs

NIRODHA : suppression

NIRVANA : libération

NIRVIKALPA : sans modifications du mental

NIRVIKARA : sans changement

NIRVISHAYA : sans objet

NISCHAYATMIKA : avec ferme conviction

NISHKAMA : sans désir

NISHKRIYA : sans action

NISHTHA : méditation, établissement (dans un certain état)

NISSANKALPA : sans pensée ou imagination

NIVRITTI : renonciation

NIYAMA : observances

NYAYA : logique

O

OM(KARA) : la syllabe sacrée symbolisant Brahman

OM TAT SAT : une bénédiction, une invocation solennelle de la bénédiction Divine

P

PADMASANA : posture du lotus

PARAMAHAMSA : la quatrième ou la plus haute classe des Sannyasins

PARAMANANDA : béatitude suprême

PARAMATMA(N) : l'Âme Suprême

PARAM DHAMA : la Demeure Suprême (Brahman)

PINGALA NADI : courant nerveux psychique qui circule dans la narine droite

PITRILOKA : le monde occupé par la hiérarchie divine des ancêtres

PRABHU : Seigneur

PRACHARANA : Kriya du Hatha Yoga

PRADAKSHINA : circumambulation

PRAJNA : Chaitanya associé avec le corps causal dans l'état de sommeil profond

PRAJNANAGHANA : masse de conscience

PRAJNA-SAKTI : pouvoir de la conscience

PRAKAMYA : volonté sans entrave

PRAKASA : luminosité

PRAKRITI : Nature, le principe primitif non intelligent

PRAMANA : preuve

PRANA : la force vitale, le courant de vie

PRANAVA : même que OM

PRANAVA DHVANI : le son cosmique OM

PRANAYAMA : contrôle du souffle

PRAPANCHA VISHAYA : objets matérialistes

PRARABDHA : destinée

PRASAD : toute chose consacrée en étant offerte à Dieu ou à un Saint

PRATIPAKSHA BHAVANA : entretenir une idée contraire

PRATISHTA : réputation, renommée

PRATYAGATMA : Soi intérieur, Brahman

PRATYAHARA : retrait des sens de leurs objets

PRATYAKSHA : perception directe

PRAVAHA : marée haute

PREMA : affection

PRITHVI : terre

PUJA : adoration

PUNDIT : un érudit

PURITAT NADI : un des canaux astraux ou passages subtils dans le corps

R

RAGA-DVESHA : attraction et répulsion, aimer et ne pas aimer, amour et haine

RAGA-RAGINIS : structure mélodieuse en musique

RAJA : roi

RAJASIC : passionné, actif

RAJA YOGA : le Yoga de la méditation

RIDDHIS : pouvoirs spirituels mineurs

RISHI : un voyant de la Vérité

RUPA : forme

S

SABDA : son

SABDA-BHEDA : différence dans le son

SABDA BRAHMAN : forme son de Brahman

SABDA-JAALA : jonglerie de mots

SABHA : assemblée

SADHAKA : aspirant spirituel

SADHANA : discipline spirituelle

SADHU : un homme droit, un Sannyasin

SAGUNA : avec attributs

SAHAJA : naturel

SAHAJANANDA : état de béatitude qui est devenu naturel

SAHAJA PARAMANANDA : état de béatitude absolu qui est devenu naturel

SAHAJAVASTHA : état superconscient qui est devenu naturel et continu

SAHASRARA : centre d'énergie spirituelle au sommet du crâne

SAKSHI : témoin

SAKTI : pouvoir, puissance

SAKTI-CHALANA : un Kriya du Hatha Yoga

SAMA : calme du mental induit par les éradications des Vasanas

SAMA-BHAVA : sentiment d'égalité

SAMADHANA : équilibre mental

SAMADHI : l'état de superconscience où est expérimenté l'Absolu

SAMA-DRISHTI : vision égale

SAMANYA : ordinaire

SAMBHAVI MUDRA : un Kriya du Hatha Yoga

SAMSARA : la roue de la transmigration, cycles de naissance et de mort

SAMSKARA : impression dans le mental subconscient

SAMYAG-DARSANA : vision claire

SAMYAG-JNANA : Connaissance Suprême

SAMYAMA : concentration, méditation et Samadhi

SAMYAVASTHA : état d'équanimité

SANDHYA : l'adoration quotidienne de l'offrande d'oblations au Dieu-Soleil trois fois par jour, à l'aube, à midi et au coucher

SANGRAHA BUDDHI : l'intellect qui veut accumuler et posséder

SANKALPA : pensée, imagination

SANKALPAMATRA : existant seulement en pensée

SANKHYA : système de la philosophie indienne fondé par Kapila Muni

SANNYASI(N) : renonçant, moine

SANTA-SIVA-ADVAITA : paisible, auspicieux, non-duel Brahman

SANTI : paix

SAPTA SVARA : les sept notes de la gamme de musique indienne

SARA VASTU : substance vraie, réelle entité

SARVA : tout

SARVANGASANA : posture Yoguique

SARVATMA BHAVA : sentiment du Soi dans tout

SASTRAS : écritures

SATAVADHANA : faire cent choses à la fois

SATCHIDANANDA : Existence-Absolue, Connaissance-Absolue, Béatitude-Absolue ; Brahman

SATGURU : véritable précepteur

SATSANGA : compagnie des sages

SAT SANKALPA : pure volonté

SATTVIC : pure

SATYA : vérité

SAVIKALPA : avec modifications

SAVITARKA SAMADHI : Samadhi avec argumentation

SEVA : service

SIDDHANTA : doctrine établie

SIDDHASANA : une posture méditative

SIDDHI : pouvoir psychique majeur ; perfection

SIRSHASANA : posture sur la tête

SIVOHAM : une déclaration Védantique voulant dire "Je suis Siva (l'Absolu)"

SLOKA : vers

SMRITI : mémoire

SOHAM : une déclaration Védantique voulant dire "Je suis Lui (Brahman)"

SPHURANA : vibration, éclore

SRAADDHA : cérémonie annuelle quand on offre les oblations aux divinités

SRADDHA : foi

SRUTI : refrain musical

STHULA AVIDYA : ignorance grossière

STOTRAS : vers d'éloges

SUBHA : auspicieux

SUDDHA : pure

SUDDHA MANAS : le mental pur

SUDDHA SANKALPA : pure volonté

SUDDHI : pureté

SUKHA : bonheur

SUKHASANA : la posture confortable

SUKSHMA : subtil

SUKSHMA SARIRA : le corps subtil, le corps astral

SUSHUMNA : le courant nerveux psychique qui passe à travers la colonne vertébrale et par lequel la Kundalini s'élève par la pratique du Yoga

SUSHUPTI : l'état de sommeil profond

SUTRADHARA : celui qui tire les ficelles, Dieu

SVABHAVA : nature innée

SVADHYAYA : lecture des écritures

SVAPNA : état de rêve

SVARA-SADHANA : science du souffle

SVARODAYA : même que ci-dessus

SVARUPA : nature essentielle

SVARUPA-LAKSHANA : signes distinctifs de la nature essentielle de Brahman

T

TADANA : Kriya du Hatha Yoga

TAIJASA : Chaitanya associé avec le corps astral dans l'état de rêve

TAMASIC : ennuyeux, terne

TANMATRAS : éléments subtils

TAPA : brûlant

TAPAS : pénitence

TAPASYA : pratique de la pénitence

TARPANA : libation d'eau pour satisfaire les divinités

TATTVA : principe, Réalité

TATTVA-JNANA : connaissance de Brahman

TAT TVAM ASI : Tu Es Cela

TIRTHA : endroit de pèlerinage comportant habituellement un endroit pour se baigner

TIRTHA-YATRA : pèlerinage

TITIKSHA : endurance

TRATAK(A) : concentration stable

TRIKALA JNANA : connaissance des trois périodes du temps

TRIPHALA : les trois fruits utilisés dans le système Ayurvédique de médecine

TRIVENI : l'endroit où trois fleuves saints se rencontrent

TUL(A)SI : la plante sainte indienne basilic

TURIYA : état superconscient

TUSHNIMBHUTA AVASTHA : état mental neutre

TYAGA : renonciation

U

UDBODHAKA : stimulant

UDDIYANA : exercice du Hatha Yoga pour soulever le diaphragme

UDDIYANA BANDHA : même que ci-dessus

UDGITHA : prière sonore prescrite dans la Chhandogya Upanishad qui doit être chantée à haute voix

UNMANI AVASTHA : état sans mental de Yogis

UPADHI : attribut limitant

UPAHITA CHAITANYA : pure conscience associée avec les Upadhis, l'âme individuelle

UPASAKA : adorateur

UPASANA : adoration

URDHVARETAS : Yogi chez qui l'énergie séminale coule vers le cerveau et est stocké comme Ojas Sakti ou énergie spirituelle

UTSAHA : joie, enthousiasme

V

VAIRA-BHAKTI : constante et intense pensée de Dieu provoqué par la haine et l'inimité

VAIRAGYA : détachement

VAISESHIKA : système de la philosophie indienne fondé par Kanada Rishi

VAK-INDRIYA : l'organe de la parole

VAKYA : sentence

VARUNA-ASTRA : missile d'eau

VASANA : désir latent subtil

VASTU : substance, entité

VAYU : air

VEDA : les écritures révélées des hindous contenant les Upanishads

VEDANTA : (Lit.) fin des Vedas ; l'école de pensée basée à l'origine sur les Upanishads védiques

VIBHU : tout pénétrant

VICHARA : investigation

VIDEHAMUKTA : personne ayant atteint la Salut sans corps

VIJATIYA-VRITTI-TIRASKARA : se défaire des pensées étrangères, c.-à-d., les pensées autres que celle de Dieu

VIJNANAMAYA KOSHA : l'enveloppe de l'intellect

VIJNANAVADA : idéalisme subjectif

VIKALPA : imagination

VIKARA : modifications ou changements

VIKSHEPA : agitation du mental

VIRAT : macrocosme ; le Seigneur dans Sa forme comme univers manifesté

VIRAT-VISVARUPA-DARSANA : la vision de la forme cosmique du Seigneur

VISESHA : spécial

VISHAYA : sens-objet

VISHAYAKARA-VRITTI : le flot de pensée objective

VISHAYA-VRITTI-PRAVAHA : le courant continu de pensée d'objets matériels

VISISHTADVAITA : la doctrine de non-dualisme conditionné

VISTARA : expansion

VISVA : Chaitanya associé avec le corps grossier dans l'état éveillé

VIVARTA : apparence illusoire, variation apparente, surimposition

VIVEKA : discrimination

VRATA : vœu religieux

VRITTI : une vague de pensée, une modification du mental

VYAKARANATMAKA : grammatical

VYANJAKA : indicatif, manifesté

VYAPAKA : tout pénétrant

VYAVAHARA-RAHITA : sans activité matérialiste

VYAVAHARIC : matérialiste

VYAVASAYATMIKA : avec résolution et détermination

Y

YAJNA : sacrifice

YAMA : retenue de soi

YOGA : (Lit.) union ; union de l'âme individuelle avec l'Âme Suprême, toute action qui est faite en vue d'une telle union

YOGABHRASHTA : personne qui a chuté de l'état élevé du Yoga

YOGAMAYA : le pouvoir de l'illusion divine

YOGA SADHANA : la discipline spirituelle du Yoga

YOGI(N) : personne qui pratique le Yoga ; personne qui est établie dans le Yoga

YONI-MUDRA : Mudra dans lequel on bouche les oreilles, les yeux, le nez, et la bouche avec le pouce et les doigts de la main pour permettre d'entendre les sons Anahata

Printed in Great Britain
by Amazon

80477312R00192